EL HIJO DEL CAPITÁN TRUENO

Miguel Bosé

El hijo del Capitán Trueno

ESPASA

Obra editada en colaboración con Editorial Planeta – España

© 2021, Miguel Bosé

Diseño de portada: Planeta & Diseño
Fotografía de portada: © Patrice Calmettes
Fotografía de solapa: © Esteban Calderón González
«Amigo conductor» letra de José Espinosa por cortesía de sus
herederas

© 2021, Editorial Planeta, S. A. - Barcelona, España

Derechos reservados

© 2021, Editorial Planeta Mexicana, S.A. de C.V.
Bajo el sello editorial ESPASA M.R.
Avenida Presidente Masarik núm. 111,
Piso 2, Polanco V Sección, Miguel Hidalgo
C.P. 11560, Ciudad de México
www.planetadelibros.com.mx

Primera edición impresa en España: noviembre de 2021
ISBN: 978-84-670-6424-7

Primera edición impresa en México: noviembre de 2021
Segunda reimpresión en México: noviembre de 2021
ISBN: 978-607-07-8069-1

Impreso en los talleres de Impresora Tauro, S.A. de C.V.
Av. Año de Juárez 343, Colonia Granjas San Antonio, Iztapalapa
C.P. 09070, Ciudad de México.
Impreso en México –*Printed in Mexico*

Dedicado a todos y a cada uno de mis amigos de aquella época, a todos.
A mi familia, a todos y a cada uno de sus componentes, también.
Gracias de corazón por haberme acompañado en este trecho de vida,
por ser mis cómplices. Gracias.
Dedicado y agradecido a la vida que me ha tocado vivir.
Gracias.

1

El paraíso perdido

Mi madre colgó el teléfono de un golpe seco, apagó el cigarrillo y dio orden de estar listos para salir de inmediato. La Tata se puso seria y le preguntó:

—Pero qué va a hacer usted, señora, qué va a hacer usted, por Dios...

—Nos vamos a la finca. Esto se va a acabar ya.

—Y los niños, piense usted en los niños, señora...

—Los niños los vistes y los subes al coche... Tú también y rápido...

—La va a armar...

—Sí, Tata, la voy a armar... —contestó mientras revisaba frenéticamente que todo lo necesario para el viaje estuviese en su bolso y prosiguió—. ¿No es hoy Noche Vieja? Pues vamos a ir a celebrarla como Dios manda... en familia... nosotras, los niños y su padre... esto se acaba hoy mismo... con el año.

Agarró escaleras arriba y a la mitad emergió encaramándose a la barandilla como una gárgola. Gritó:

—¡Que sea ya, Reme, ya!, ¿me entiendes?... Y lleva *champagne* que lo vamos a celebrar.

Cuando mi madre llamaba a la Tata por su nombre, de algo serio se trataba y nunca auguraba nada bueno.

—¿Le echo también las escopetas y se las cargo, señora?... Ya que estamos...

Sacudiendo la cabeza, resignada, invocando a su armada de santos protectores, la Tata se persignó varias veces, enfiló la subida al área de niños y dando órdenes, con voz de sargento:

9

—¡Miguel... Lucía... Paola... a vestirse... que nos vamos al campo!...

Hacía calor. A pesar de ser diciembre, hacía mucho calor dentro de la cabina del Dodge Barreiros, horneaba. El cielo azul raso cegaba de sol, pero si se te ocurría bajar la ventanilla, aunque fuese solo un poquito, te entraba un aire frío y seco del demonio que como una navaja te rajaba las mejillas, así que preferimos dejar que los rayos nos picaran a través del cristal. Como eran cerca de las tres de la tarde, el sol, que ya vencía a oeste, pegaba con todas sus fuerzas a la derecha del coche y el peor lado del viaje se lo llevaba el de detrás del asiento del copiloto, el que yo, amablemente aposta, le había cedido a mi hermana Lucía para que se asara viva y estuviese todo lo molesta que se merecía estar, por gruñona y quejica. Hacía guiños y muecas y se frotaba los ojos, lo que me divertía a morir. Le tenía verdadera tirria. Paola, demasiado pequeña para enterarse de nada, sentada en medio de nosotros dos en el asiento trasero, iba a su bola, ajena a todo. Hacía girar a una pequeña muñeca, agarrándola por los brazos, jugando a torturarla. Ambas chorreaban la gota gorda, abrochadas y atrapadas del cuello por sus abrigos de lana de entretiempo, gruesos como mantas zamoranas por muy ingleses y de Zebra de Serrano que se hicieran pasar. Teníamos prohibido quitárnoslos.

Mi madre conducía y fumaba. Podía espiar por el retrovisor su determinación y el destello de su ira tras sus gafas oscuras. La Tata de vez en cuando se giraba para cerciorarse por un si acaso alguno de nosotros hubiese fenecido de calor o de hambre, ya que nos fuimos de Somosaguas escopetados y sin haber comido bocado. Pero ahí nadie se quejaba. Se oía pensar muy fuerte, eso sí, pero quejarse, nadie se quejaba. Ni hablaba. También estaba prohibido.

La noche anterior no conseguí dormir. Desde mi cama, no dejaba de oír a mi madre hablar en voz alta y discutir con la Tata. Pasaron horas y horas y al final, ya harto, decidí ir a investigar a ver qué se tramaba, a echar un vistazo. La Tata no había cerrado la puerta de mi cuarto, ni tampoco la del altillo que separaba la zona de niños de la de matrimonio. Cuando quería hacerme partícipe de cosas de la casa o testigo de sucesos, me las acostaba, ligeramente entreabiertas. Quizá para saberse cubierta en la retaguardia y acompañada en las broncas e intrigas de la familia. Y es que acabando el verano habían empezado a ser muchas, demasiadas, sin tregua, a diario. El poder hablarlas con alguien de confianza, a toro pasado, la dejaba muy tranquila. Conmigo, el hombrecito de la casa, podía quejarse, confesarse. Se descargaba a sus anchas y sosegaba después. Me otorgó esa responsabilidad desde lo muy precoz. Yo solo escuchaba y procesaba. Con las niñas ese trato no lo tenía.

Salí *con mucho* despacio de mi cama, evitando hacer crujir las sábanas. Mi hermana Lucía roncaba plácida, atascada entre las lianas de sus vegetaciones. Me escurrí por la estrecha hendidura de la puerta hacia la penumbra del pasillo. De ahí subí de puntillas con pie de gato los tres escalones hasta el rellano que nos separaba de la zona de mis padres y crucé la frontera. Justo enfrente, del otro lado de la escalera principal, la puerta abierta de par en par del cuarto de mis padres. Todas las luces estaban encendidas, y las paredes tapizadas de seda adamascada amarillo oro resplandecían y reflectaban una luz que siempre me pareció mágica, como fuera de este mundo, como la de un templo o de una iglesia. Me fui a por la barandilla y me acurruqué en la oscuridad. Sin ser sentido, me agarré a los barrotes, en cuclillas. Desde ahí tenía buena visión y escucha.

Mi madre pasaba por delante del marco de la puerta sin cesar. Del cuarto de vestir al dormitorio, del dormitorio al cuarto de vestir, ida y vuelta, ida y vuelta, y en cada pasada movía el aire y de su habitación exhalaba una mixtura de perfumes, una mezcla de tabaco y nardos que me extasiaba, me amansaba. Era el inconfundible «olor a mi madre», la mujer más bella del mundo entero, la más hermosa de todas de lejos, la madre más perfecta que ningún niño podría desear tener, llena de virtudes y de misterios, y de la que vivía perdida y constantemente enamorado. Y esa era la mía, solo mía, de mi propiedad, mi suerte, mi diosa, y cuando se me acercaba o me abrazaba, esas pocas preciosas y contadas veces que lo hacía, yo cerraba los ojos y me dejaba ir. Desmayando en ella, recostando mi cabeza en su *twin* de cachemira suave como una caricia de amante, respiraba hondo apoyado entre su cuello y su pelo esas notas equilibradas, reconfortantes, apaciguadoras, de aquel erótico aroma suyo a cigarrillo rubio y nardos, acunadas por el frío e imperceptible tintineo de sus tres hilos de perlas prístinas.

Por favor, que alguien me lo atesore siempre en la memoria, porque aquel era el éxtasis más absoluto, el más seguro de todos los refugios que tuve jamás. Aquel del que nunca hubiese querido irme.

Agazapado ahí, entre el bosque de barrotes de la baranda de la escalera de roble, asistía al constante trasiego de mi madre, cargando vestidos y zapatos, bolsos y *foulards*. Pensé que estaba haciendo maletas, que otra vez se iba a marchar, y se me empezó a encoger el corazón. ¡Pero si hace nada que ha vuelto! ¿Dónde se la va a llevar papá otra vez? ¡No es justo, nunca está aquí, nunca! La sangre me hervía y maldecía a mi padre, muerto de celos. Luego, noté que la Tata regresaba de vuelta al cuarto de vestir cada una de las cosas que mi madre llevaba al de dormir y pensé que a lo mejor estaban poniéndole orden a los armarios. Aun así, algo no me cuadraba porque parecían discutir, cuando, de costumbre, esas acciones solían llevarse a cabo en silencio. Quizá si estiro la oreja, pensé... Pero no atinaba a enterarme bien de la conversación, tan solo palabras sueltas cuando alguna de las dos cruzaba: «Años lleva... todos lo saben... estoy hasta la coronilla... Señora... esto no se lo doy... quite usted... Devuélveme eso, Tata... Que no se va usted, señora... Hasta en Milán lo saben... Que no se va... ande, deme eso... Es una puta... el señor es un cobarde... un traidor... El señor es como es, señora... Mañana me voy... Nos vamos, señora... Me voy yo sola... La va a armar... Le pego un tiro... le mato...».

Algo iba realmente muy mal y mi padre estaba de por medio. Hasta ahí me quedaba claro, pero poco más. Cuando hablaron de tiros y de escopetas empecé a asustarme en serio.

—Me voy a hacer un *caffè*... ahora vuelvo... ¡y no toques nada, Tata, o te pego un tiro a ti también!

En una secuencia de fotogramas recortados por los palos de la baranda, mi madre voló escaleras abajo hacia el salón y luego torció a la izquierda, dirección cocina, apresurada, fustigando su cabellera negra y brillante, exhalando demonios y esas notas de tabaco y nardos, celos y *vendetta*. No me vio, no sintió mi presencia al bajar, y al pasar la mano por la lira de los barrotes, las puntas de sus uñas rozaron como pitones las de los dedos de mis pies en la penumbra y un calambrazo me recorrió la espalda. Paralizado, suspendiendo el aliento, esperé a que el eco de sus pasos se perdiese cuesta abajo en la monumental oscuridad del inmenso cuadro del *Cóndor*, de Obregón. Solo entonces, soltando de un golpe todas las tensiones, ágil y raudo como un hurón, hui de regreso a mi cuarto. Con el acelerador del corazón a mil, me enterré entero entre las sábanas de la madriguera de mi cama y, sin oxígeno, me desmayé.

A la altura de Aranjuez, carretera de Valencia, nacional III, mi hermana Lucía vomitó y hubo que parar.

—¡Lo que faltaba! —dijo mi madre contrariada... no, qué digo, encabronadísima como si todo fuese una conspiración, un saboteo de sus planes.

—Señora, hay que limpiar bien a la niña... ¡No va a aparecer así en el campo!

—¡Pues date prisa!... ¡Vamos tarde ya!

Y aparcados en la cuneta de una carretera intransitada de en medio de la nada, rodeada de mesetas desiertas y de viñedos pelados, bajo un cielo raso azul brillante de sol invernal y postes de la luz que se daban a la fuga a pérdida de vista y paralelos a nuestro destino, en ese improbable escenario con vómito de fondo, mi madre decidió tener uno de sus raros gestos de extrema dulzura, de cara «amorosidad», esos de los que aleatoriamente era capaz pero que dosificaba en extremo. Un capricho.

Cuando aparecían, su tradicional frialdad era traicionada, derritiéndola durante muy cortos instantes en afectos que infundían esperanzas hasta en el corazón más huérfano, el mío por ejemplo, los nuestros, haciéndonos creer que en alguna parte del hielo, en su centro tal vez, aún existía amor.

Apoyada en el coche, de brazos cruzados, se me quedó mirando oculta tras sus gafas de sol y me sonrió. Así de simple empezó la cosa.

—*Ehi tu Mighelino... stai bene? Hai caldo... si vede che hai caldo... Vuoi toglierti il cappotto?... dai togliamo il cappotto... anche la Paola, sù...* Quitaos todos los abrigos.

Uno a uno nos despojó a los tres del agobio de aquellos cilicios, nos dio de beber con cuidado y a sorbos largos de la cantimplora que la Tata nunca olvidaba echar al coche en cada viaje, nos limpió la boca y luego nos secó el sudor con su pañuelo, nos peinó con sus dedos, cardándonos con ligeras sacudidas para refrescarnos la cabeza, se preocupó por nuestro bienestar, nos arrancó sonrisas con bromas personales, hurgó en su bolso del que sacó unos caramelos de fresa que peló y metió en cada boca, y finalmente nos dio un beso en la frente para no sentirse tan culpable por aquel arrebato de dulzura que nos comprometía a todos, y así, a cambio, poder asegurarse las alianzas que kilómetros más tarde y más arriba iba a necesitar. De eso no me cupo ninguna duda. Lo sentí, lo tenía ya documentado. Lo hacía siempre y picábamos a sabiendas. Se trataba de puestas en escena emocionales, canjeables por una serie de intereses puntuales, de las que aparentemente ella no era consciente. Seguramente se trataba de un mecanismo aprendido o de un ejercicio de supervivencia, porque heredado no lo era.

Quitándose la chaqueta de ojo de perdiz gris ceniza de Fath, que tiró en el interior del coche con indolencia, se ajustó la pasta del oscuro de sus gafas al arco de su nariz y nos preguntó:

—*Siamo pronti? Tutti a posto? Allora andiamo! Tutti in macchina, bambini... si parte!*

Así que saltamos al coche y, mientras arrancaba, le preguntó a la Tata con recochineo, por eso de molestarla un poco, algo que adoraba hacer en general con cualquiera y sobre todo tras las broncas:

—Yo creo que los niños tienen hambre, Tata... Les podías haber dado algo de comer antes de salir, ¿no?

La Tata no aguantó más y saltó.

—Mire, señora, me voy a morder la lengua porque más me vale... Se lo advertí una y otra vez, que los niños no podían estar tanto tiempo sin nada en el estómago y con un viaje tan largo por delante... Se lo dije... y usted que venga, que vamos, que date prisa... ¡Me voy a callar!...

Y a la vez que la Tata protestaba, mi madre la iba imitando, repitiendo sus mismas palabras, tonos y gestos, y esa burla compartida nos hacía cómplices, nos divertía a rabiar. A la Tata no.

—*Ma stavo scherzando Tata*, ¡bromeaba!

Cuando sacada de quicio, le alargaba el brazo tocándole la cara, haciéndole carantoñas y revolviéndole el pelo. Risas y más risas y todos botando en los asientos. Y mientras que la Tata se enfurruñaba, mi madre arrancó a dirigirnos en un *Frère Jacques* a voz en grito con el que alegrar las caras largas, sin darse cuenta de que la Reme, que se había dolido mucho, ya se había ido a sus cosas volando por la ventanilla, volviendo a cuestionarse, como tantas otras veces, si en verdad su misión en la vida era la de educarnos o la de tener que aguantarle las ligerezas y los caprichos a una mujer inmadura que estaba arrastrando a todos a una debacle y a su familia al matadero. «Mírala ahí, cantando como una adolescente loca, como si no supiera lo que le va a caer encima, y tan contenta». Pensaba en la poca cabeza que tenían ella y el otro, el torero, en el daño que hacen los celos, lo malos que son que todo lo ciegan, en lo mucho que hacen perder las sienes, y en por qué la gente se casa sin conocerse. Y luego, ya al final, pensó que si esa era su misión, que no podía abandonarnos a pie de calvario. Así que volvió la cabeza y miró a mi madre con pena, mucha pena y compasión, porque sabía que eso era todo lo que había y que con ello debía lidiar, tratar de poner orden con mucha mano izquierda y mientras tanto tragar. Faltaba poco para las cuatro de la tarde y menos aún para llegar a Villa Paz.

Habíamos caído dormidos profundos, descoyuntados en la incubadora del asiento trasero, y la voz de mi madre nos despertó.

—*Stiamo arrivando... sù bambini... svegliatevi!*

La monumental botella de cartón de quince metros de altura del Brandy 103 de Osborne, con la que Roger Moore, el Santo, se anunciaba en la tele, señalaba el mismo kilómetro 103 de la carretera de Valencia, punto del desvío a Villa Paz y ubicación de Saelices, pueblo de la Tata, pueblo de las mejores fiestas de pueblo de mi infancia, pueblo en el que, en agradecimiento por el sistema de cañerías que mi padre le regaló, se puso una calle a mi nombre el día de mi bautio. Pueblo de trastadas, correrías y chiquilladas, pueblo también de la Rosi, la de casa, y del Trinca, camionero oficial de Villa Paz, quien al ver pasar el Dodge Barreiros color crema de la Señora, quedó petrificado, y supo en ese exacto momento que lo que hacía tiempo ya sabían todos, lo que tarde o temprano era inevitable que pasara, estaba por pasar. Aquello que la Tata vaticinó no hace mucho un día: que se iba a armar. Y así fue que todos vieron desde el bar de la plaza cómo el coche de la Señora giró a la derecha a toda pastilla por la pista de tierra que llevaba al cruce del puente romano del río. Y del polvo que levantó, se lo tragó.

A los pies de las ruinas del castillo, cruzaba un arroyo que marcaba la linde de la finca y el paisaje cambiaba por un instante. Había un bosque en el que solíamos hacer parada para beber el agua fresca de la bienvenida y respirar el verde olor a hierbas y a tierra húmeda. A mano derecha se tupía de fresnos, álamos y olmos y serpenteaba, magnificándose a lo largo, ancho y alto en una de esas hoces verticales e imponentes, típicas de Cuenca. Sus paredes escarpadas estaban repletas de nidos de halcón peregrino que chorreaban vómitos blancuzcos de plumas y huesos. Yo solía conocer la ubicación de cada uno de ellos y a todos accedía trepando desde el suelo o descolgándome desde el techo para llevar el recuento de los polluelos. Me apasionaba. Mi padre, que se enteró de mi afición, intentó varias veces sobornarme para que le trajese algún pichón crecido y alistarlo en sus cohortes de cetrería, ofreciéndome sumas tentadoras, pero jamás traicioné a mis rapaces.

Por mediados de agosto, nos acercábamos con canastas a recoger las moras maduras de entre las espinas de las zarzamoras con las que luego hacer mermeladas en la cocina de la casa de la matanza. De paso aprovechábamos para comernos cuantas de ellas las prisas nos dieran tiempo y ganas, acabando con la cara llena de arañazos, los labios bien pintados, sus inevitables y malditas manchas en la camisa, y en consecuencia, una cogolla y una buena bronca de vuelta casa. Pero la mancha de la mora con otra verde se quita. Y funcionaba.

Esta vez sin embargo no hubo parada. Pasamos deprisa salpicando el agua del arroyo y nada más salir del verde, último punto de escondite antes de entrar en zona abierta en la que poder ser avistados desde la casa, mi madre pisó el acelerador a fondo, cambiando marchas a pares, como una fiera, para acortar al máximo el tiempo de reacción de los posibles vigías en el caso de ser detectado el coche. Y a partir de ahí fue una carrera entre el velocímetro y los latidos de mi corazón.

Imaginé la cara de los mayorales viendo pasar a ese bólido, el de la Señora, desde lo alto de la colina del Puche, en donde quedaban el tentadero y los corrales de encierro y manejo de la ganadería brava, mirando fijamente la casa de la finca como quien espera el impacto de un misil y pensando, se va a armar. Pero nadie movió un dedo. Nadie avisaría a los guardeses de la casa mayor por el teléfono de manilla de lo que les estaba por caer. Tenía que pasar y no iban a impedirlo. Conociéndoles, ya se frotaban las manos.

Los guijarros saltaban en todas las direcciones y golpeaban duro los bajos del coche con un ruido de metralla. Se oían chasquidos y silbidos por todas partes y creí que el coche iba a partirse en dos. Atrincherados en el asiento trasero, hechos ovillo y tapándonos la cabeza y los oídos con las manitas, pensamos que mi madre se había vuelto loca y nos empezó a entrar mucho miedo. El Dodge botaba y saltaba como semental de rodeo. La Tata se aferró a la agarradera y mantuvo el tipo. El polvo se arremolinaba por dentro y fuera de la cabina del coche hasta cortarnos la respiración. Fue entonces que vislumbré a mi izquierda los tilos y los castaños de Indias tras el muro del jardín de la casa y supe que faltaban pocos metros para acabar con aquella demencia.

De golpe, mi madre levantó el pie del pedal del acelerador y el coche, dejándose llevar por la inercia, redujo velocidad y remontó solo el último tramo de la cuesta.

Cuando la polvareda se disipó, sacamos las cabezas enharinadas de la madriguera trasera y, rodando despacio, nos dirigimos hacia el arco de la entrada del patio principal de la casa. Mi madre mientras, con placidez, fue haciendo recuento de los vehículos aparcados hasta allá arriba, casi a pie del palomar, contando que, entre particulares, de caza, para perros, de ojeadores y secretarios, remolques y furgonetas, habría unos cuarenta. Con un paneo a conciencia, supo quién estaba ahí dentro presente, en el bando de los traidores, con nombres y apellidos. Me la imaginé relamerse y sonreír, pero en verdad no la vi hacerlo.

Había que afinar muchísimo para pasar por el arco de entrada al patio sin rasguñar la pintura del coche. Mi madre, además de excelente conductora, había enhebrado por ese hueco decenas de automóviles, miles de veces, tractores en marcha atrás incluso, y le tenía pillado el tranquillo.

Una vez dentro, paró el coche y lo apagó. Silencio.

Puso el freno de mano, abrió la puerta del conductor con el mínimo ruido, olfateó el ambiente quitándose sus gafas de sol y dijo con voz tranquila:

—Dai... scendete bambini, scendete.

Despacio, cada quien abrió su puerta oteando el espacio. Entre cuatro gruesas y monumentales paredes blancas encaladas, con ventanas enrejadas bien ordenadas, mitad sol y mitad sombra, nos apeamos del coche y ahí nos quedamos plantados, muy muy quietos. A la espera. Latidos.

El empedrado del patio estaba alfombrado por no menos de mil quinientas perdices de pico y pata roja y pluma rayada, abatidas en los ojeos de la partida de caza de la mañana. La visión era estremecedora. Un cementerio de silencio y muerte. No era un buen presagio. Escalofríos por el espinazo.

Como un susto, de uno de los umbrales oscuros que ocultaban y escondían quién sabe cuántos rezos, susurros y corazones en vilo, salió corriendo una de las mujeres del campo, y otro agujero de sombra de una esquina más allá la engulló como a una rata. Se palpaban en el aire ojos espiando.

Mi madre llamó a la puerta de la vivienda de Andrea y Resure, el matrimonio encargado de la casa. La estaban esperando. Era obvio. Le abrieron.

—Pase usted, señora...

—No gracias, Resure. ¿Y el señor?

—Dentro de la casa, con los invitados... y usted ya sabe...

Mi madre asintió y dio media vuelta. Se fue derecha hacia la entrada principal. Resonaban sus tacones en el eco del patio.

—Tenga cuidado, señora —le pidió Resure.

—Estamos aquí para lo que usted necesite —dijo Andrea, y a mi madre le constaba. Estaban ahí para lo que necesitara, como la mayoría del personal de la casa. Porque para todos, ellos y ellas, su señora era mi madre, solo mi madre, y seguiría siéndolo.

Abrió la puerta de su casa y por un momento se oyó jolgorio, gentío y un fondo de flamenco. En cuanto cerró la puerta, la Tata, siseando como un látigo, dio la orden:

—Meteos al coche... —corriendo...—, ¡ya! —Y mis hermanas la acataron como suricatos.

Yo hice por saltar para ir tras ella, pero la Tata me retuvo fuerte del brazo, clavándome las uñas. Me dijo que me quedase ahí quieto, que mi madre sabía lo que hacía. Pero a mí no me gustaba dejarla sola con un hombre tan fuerte como mi padre, que aunque la quisiese mucho, tenía muy mal genio.

¿Qué pasó allá adentro durante ese tiempo? ¿Qué se dijeron? ¿Qué murmuró la gente? ¿Qué sucedió en realidad? No lo sé. Se contaron muchas historias. Se fabricaron muchas portadas. Se especuló en todas direcciones. Se repartieron culpas. Pero no había que ser muy hijo de esos dos para imaginárselo.

A partir del momento en el que mi madre fue tragada por la casa, la fiesta desafinó y toda celebración se apagó, solo se oyeron golpes de muebles, alborotos y roturas de cristales. Conociendo la clase de gente que habría, seguro que cundieron por igual el pánico y las apuestas. Más tarde se sabría que, al verla entrar, muchos invitados pegaron la espantada, cada uno a su manera. Unos huyeron escaleras arriba para atrincherarse en sus habitaciones, otros rompieron las cristaleras del salón, atravesándolas para darse a la fuga por el jardín como si de un tiroteo se tratase. Mi padre dio la orden a su prima Mariví, su amante, de refugiarse arriba en el torreón, las habitaciones del matrimonio. Los flamencos se jiñaron vivos, boquiabiertos del pasmo. Otros se despidieron dando por concluida la visita. En un momento dejaron de ser amigos del diestro y se lavaron las manos. Pero es que a mi madre se le tenía mucho miedo y, más aún, mucho respeto.

No me cabe duda de que entre los presentes más de uno hubiese querido arrepentirse ahí mismo y tal vez contarle que estaban allí por un malentendido, una trampa, y que en realidad... Pero ya era demasiado tarde. Del primero al último, habían sido fichados para los restos.

A los pocos minutos vimos aparecer a mi padre por la entrada principal, como saliendo por toriles, con paso firme y decidido, un cigarrillo entre los labios, enfundado en sus zahones y arrastrando a mi madre por el brazo, que iba tropezando sobre el empedrado, agarrándola con fuerza y sacudiéndola de mala manera, claramente queriéndola echar de ahí.

No pude más. Salté del coche y me fui a por ellos gritando.

—¡No, papá! ¡No, papá! ¡No..., así no! ¡Le haces daño! ¡Mamá... mamá!

—¡Suéltame, Luis Miguel... *mi fai male!... lasciami andare!*

Me lancé contra mi padre, trepándome a él con toda mi rabia, intentando detenerle, obstaculizado por la Tata que se quedó a medio camino, pero nos arrastró sin esfuerzo, como un astado regio de un poder superior que se lleva por delante un burladero.

Resopló hondo y paró quieto. Soltó a mi madre y la encaró con mucha hombría y templanza, aguantando violencia.

—Mira, Lucía... Te lo voy a pedir por las buenas y una sola vez... coge a los niños y márchate ya pa Madrid y que no se te ocurra volver de ahora en adelante ni aquí ni a ninguna otra parte donde te enteres que estoy, ¿lo he dejado claro? Pues eso... ¡ospa!

—Esta es mi casa y ni tú ni nadie tiene derecho a echarme de ella, ¿entiendes? Vengo con mis hijos, con tus hijos, y yo de aquí no me muevo, ¡ya estoy harta!

—Lucía... no demos el espectáculo delante de los niños... que ahí adentro hay una fiesta..., hay invitados, mujer... vamos a celebrarla en paz, por favor...

—¿En paz? Tú no vas a tener paz nunca más... ¡Ahora mismo voy a entrar y voy a meterle fuego a la casa entera para que ardan todas esas zorras y todos los traidores!

— Lucía... esto hay que hablarlo en otro momento y en otro sitio... mañana mismo quedamos a almorzar tú y yo como dos personas cabales..., civilizadas..., y lo discutimos, ¿te parece bien?... Dime dónde y yo bajo a Madrid... En José Luis, en Jockey, donde tú quieras... en Horcher... yo acudo.

—¡Yo no me voy de aquí hasta que no salga la puta de tu prima por la puerta de mi casa o te pego un tiro!

—La puta de mi prima se llama Mariví y te pido un respeto... Es alguien de mi familia.

—Serás muy torero, pero no tienes cojones para echarme de aquí, ¡cobarde!

Y ahí se acabó lo que se daba. Mi madre había sido capaz de incluir en la misma frase tres palabras muy delicadas y en extremo respetables para los oídos de mi padre, a saber: «torero» y «cojones», ambas sagradas y a su vez inmiscibles con la de «cobarde». Y de golpe al torero se le fue la sangre a la yugular, la del cuello, ya que él presumía de tener otra más abajo entre los muslos. Resopló y levantó la mano como el rayo con la peor de las intenciones.

—¡No, papá! —le grité empujándole y él intentando deshacerse de mis molestias—. ¡No te atrevas a tocar a mamá o te mato!

Quietos.

Foto.

Pausa.

Silencio.

Ya.

Mi madre se pronunció y sentenció, rotunda:

—¡Quiero *il divorzio*!

«Dios... La acaba de liar», pensó la Tata echándose las manos a la cara.

Mi padre cerró la mano abierta en un puño con mala intención, pero chasqueó los dedos antes de bajarla. Perfil contra perfil, se aguantaron las ganas de partirse la cara el uno al otro durante unos instantes eternos antes de recomponerse. Mis hermanas, metidas en el coche, inmóviles, asistieron al drama desde la barrera del respaldo de los asientos, con los ojos a ras de manitas. Sudando y temblando, vibraron hasta hacerse invisibles, ausentes.

Plantado en medio del ruedo del patio, dirigiendo su voz poderosa y bien proyectada a todos los vomitorios en la sombra, a las rendijas y celosías de orejas largas y a todas las puertas cerradas de los necios de la nueva resistencia, mi padre ordenó tajantemente:

—¡Que alguien acompañe a la señora a la entrada de la finca y que se quede ahí vigilando para que no se vuelva p'atrás!... ¿Me habéis oído todos?... o me voy a cagar en todos los muertos de todos los malnacidos y en el de todo dios, ¡lo juro por mis santos cojones!... Y tú, mico, ¡largo de aquí y métete en el coche o te meto yo de una patada! —me dijo fulminándome con toda la furia que sus ojos negros podían descargar. Porque miraba como un toro. Pero era más peligroso que un toro.

Dio media vuelta rumbo a la entrada de la casa y aún hubo tiempo para que se echaran en cara toda clase de cosas bonitas, amenazas, reproches, insultos, como dos mastines que se enseñan dientes, separados por el espacio del largo de sus correas atadas a la estaca, equivalente a la distancia de una ruptura anunciada y amarga, ya definitivamente irreversible.

Y cuando mi padre pegó el portazo final, mi madre me agarró de la mano, me subió al coche, cerramos puertas y arrancamos rumbo a quién sabe qué iría a ser de ellos dos, de nosotros, de la familia. Nuestra familia.

De vuelta al polvo y a los guijarros que esta vez sonaban más amigables, más cadenciosos, rumbo a Madrid y en medio de una falsa y desgarrada calma, Miguelito hizo recuento de todo lo sucedido y de lo poco esclarecedor que todo ello había sido.

¿Algún día alguien le contaría algo? Por el bien de su cabecita, lo deseaba con urgencia. Miró a sus hermanas, que no pensaban en nada o quién sabe en qué, que simplemente estaban ahí. Miró a la Tata, enganchada de vuelta a la agarradera como a la ida, como si nunca la hubiese soltado, con las frecuencias de comunicación apagadas. Volvió a mirar al retrovisor en el que vio a su madre conducir imperturbable, descompuesta tras sus gafas oscuras de las que descolgaban dos lágrimas mudas, visiblemente tocada por la derrota y la desolación, llevándose el cigarrillo a la boca con mano temblorosa, aferrada al volante como queriéndolo doblar, y poco más. Algo muy grande se acababa de romper, algo muy grande que encogía el corazón de todos.

Como solía y mandaba el ritual de cada final de verano, Miguelito no quiso marcharse sin echar una última ojeada por el cristal trasero del coche para despedirse de su amado paraíso hasta el próximo año. Despedirse de la casa de los mil secretos, la de sus sueños, la de los misterios y fantasmas, la más mágica del mundo, la casa de su vida, en la que se imaginaba crecer y vivir, y de golpe la vio arder. Estaba en llamas.

Se le paró el corazón, se quedó sin respiro.

Como si de una pesadilla se tratase, la casa de Villa Paz se alzaba envuelta en un inmenso pilar de humo negro que se elevaba hasta el cielo, ahí, ante sus ojos, con llamaradas vomitadas por las ventanas del torreón, donde se ubicaba el dormitorio de sus padres. Quedó aterrado, mudo, paralizado ante la visión de aquel dragón devorado en su mismo fuego.

¡Dios mío de mi vida, esto no puede estar pasando, haz que no sea cierto, no puede ser cierto, Dios mío de mi vida! ¡Villa Paz está en llamas, Villa Paz está ardiendo, está ardiendo! Pero nada pudo hacer.

Miguelito permaneció ahí, pegado a la luna trasera del escaparate, devastado, asistiendo impotente a aquella película de terror. Su pequeña alma se llenó de congoja, se le partió en mil pedazos y sin que nadie lo advirtiera, sin querer ser visto, lloró, lloró y lloró sin consuelo, atónito y destrozado ante aquel vórtice sobrecogedor de llamas y humareda que se iban alejando a vuelta de rueda, metro a metro, ya fuera de alcance, engullendo la casa entera.

Con los dedos quietos, levantó su mano y se despidió por última vez. Dijo adiós a aquel paraíso perdido y supo, desde muy dentro, que nunca jamás volvería a él. Una voz se lo decía.

Años más tarde, ni todas sus lágrimas juntas pudieron apagar aquel incendio que no solo quemó la casa de Villa Paz, también ardió su infancia.

Miguelito nunca más volvió a vivir tanta magia ni la misma, y eso le dejó partido en mil cachitos. Nunca más volvería a la finca.

Dijo adiós y para siempre a aquellos infinitos campos de girasoles, a los cantos en las eras vareando tortas de pipa, a las matanzas, al manejo de reses bravas y a las charlas con los mayorales. Adiós a los libros de ganadería, a la Payasa, al Saltatapias, a sus caballos y a Petra la loba. A pescar cangrejos con *lampara* con sus amigos del campo, a ellos también adiós, a la Julia, a las acampadas en las choperas, a jugar a fantasmas. Adiós a las zarzamoras, a criar codornices, adiós a los concursos de canto reclamo del macho perdiz, adiós a las fiestas de Saelices y a los bailes de moda, adiós a sus primeros once años de vida, adiós... Se le quebró el corazón y su infancia quedó hecha cenizas.

Pero eso no era nada. Lo peor estaba aún por llegar.

2

El heredero

Todo estaba a punto. Mi madre, embarazada de ocho meses, acababa el rodaje de *Cela s'appelle l'aurore* con Luis Buñuel en Córcega, y aparcaba así, indefinidamente, su carrera en el cine para ir a reunirse con mi padre en México y empezar una nueva vida como esposa y madre. De ahí bajarían hacia Centroamérica cumpliendo con los contratos de ferias y festejos taurinos pendientes hasta que a ella le llegara el momento.

Despegó de Madrid sin saber que mi padre no iba a estar para recibirla a su llegada al aeropuerto capitalino y embarcó muerta de amor y harta de echarle tanto de menos. Vestía un sari azafrán y oro que pretendía disimular su avanzado estado, aunque por la cintura que calzaba, el tamaño de su tripa tenía apariencia de no más de cuatro meses. Su pelo aún corto, el de Clara, el personaje de la película de Buñuel, le daba un aspecto dulce y adolescente, y sin hablar casi español se subió al avión. Era mediados de marzo de 1956.

Desconocía las razones por las que mi padre no iba a estar a pie de avión como previsto. Excepto mi tío Domingo, nadie las sabía. Más tarde descubriría que al mundo secreto del clan de Quismondo nadie tiene acceso. A lo largo del viaje enfrentaría una serie de aventuras que la pondrían en el contexto de lo que los Dominguín eran en realidad en territorio latinoamericano. Nada que ver con la versión española que ella conocía.

Tras un largo viaje con escala en las Azores y en La Habana, aterrizó por fin en el aeropuerto Benito Juárez de Ciudad de México y de inmediato fue «secuestrada» por un grupo de «encargados» del entorno leal a mi padre, quienes, mientras la fueron llevando en volandas por un laberinto de pasillos, le contaron que Luis Miguel había tenido que salir por patas del país, amenazado de muerte por el séquito del célebre torero mexicano Armillita y por su afición. Hablaban afanados, esforzándose por traducirle los hechos y, en el arrastre de tanta carrerilla, mi madre iba desfalleciendo. Solo entendía «Dominguín» y «muerte», y preguntó alarmada si algo grave le había pasado a su marido.

Antes de tener respuesta, ya la habían subido a un trasto volador de tamaño medio, bastante desastrado y remendado. Con sumos cuidados, la ayudaron a sentarse, asegurándola a su asiento con infinitas correas cruzadas, semejantes a ataduras de carga. «Este no es un avión de pasajeros», pensó, y mientras que los que la habían acompañado se despedían con reverencias y besamanos, otros hombres, entre veinte y treinta, les tomaron el relevo, distribuyéndose y ocupando toda la cabina hasta rebosarla. Le hablaban en otro español, uno con un acento que era incapaz de comprender. Eran amables pero con aspecto temible. Eran grandes y fornidos, con bigotes y barbas, sombrero caqui de un ala, vestidos con algo parecido a un uniforme militar, oliendo a macho de jungla y fumando sin cesar un tabaco muy fuerte y de denso olor.

El que aparentaba ser el líder, un tipo al parecer muy gracioso, por cómo bromeaba con sus compañeros, tendió con firmeza la mano a mi madre del otro lado del exiguo pasillo. En un saludo caballeroso, y con sonrisa aliviadora, le dijo ayudándose de señas:

—Bienvenida, señora... Usted tranquila... va a ser un viaje corto... Guatemala queda ahí cerquita no más... ya al rato ya verá a su marido... Luis Miguel la está esperando en el aeropuerto de la Base Sur con un carro a pie de pista... ya al rato le ve... y hágame un favorzotote, ¿sí?... Recuérdele a su cuñado, el señor Domingo, el hermano de su esposo, que no se olvide de hacerle llegar la lana a nuestras familias... Pos por si acaso... ya sabe usted que nadie sabe cómo pueda ponerse la cosa... por ahí de plano que ni regresamos... por ahí que ni volvemos a ver no más que a Diosito... Me le recuerda, ¿sí?... se lo encargo... Es usted rebonita y bien chula, señora... ya verá que la vamos a cuidar, ya verá, mi reina... ¡Pinche torero, todas para él!

Un estallido de carcajadas retumbó en la carcasa, casi reventándola, seguido de comentarios que a saber cuánto chile cargaban.

—Eso sí... le pido que nada más abrir compuerta, usted se me baje y corra hacia él como si viera demonio... No se me demore, señora... no me mire p'atrás..., solo corra lo más rápido que pueda y rece, solo rece..., porque de seguido va a haber mambo, ¿oyó?... Corra y rece... no se detenga... vaya hacia el carro y que Dios les bendiga a usted y a su hijo... Pero no se preocupe, que ya se lo recuerdo al rato luego luego, ¿sí?

Sin entenderle lo más mínimo, mi madre captó perfectamente el mensaje. Comprendió que había muchos nervios y miedo. Pero sobre todo entendió que se trataba de una despedida.

Aquel grupo de hombres era un comando de mercenarios que venían en apoyo de la contrarrevolución guatemalteca que combatía contra la dictadura militar del teniente coronel Castillo Armas, quien tres años antes y con el apoyo de los norteamericanos había derrocado al presidente democráticamente electo, Jacobo Arbenz, tras acusarle de socialista y de dañar, entre otras cosas, los intereses de la United Fruit Company, propiedad de los hermanos John Foster y Allen Dulles, este último por entonces director de la CIA.

¿Quién financiaba ese pequeño grupo armado? Pues como ya era costumbre en muchos de los conflictos de Centro y Sudamérica de la época, se encargaba mi tío Domingo Dominguín, comunista y activista político. Los fondos venían de lo que conseguía «desviar» de los dineros que su hermano Luis Miguel se ganaba jugándose la vida delante del toro, día sí y día también, en los ruedos del mundo a las cinco en punto de la tarde.

Para bien o mal, mi padre tenía absoluta debilidad por su hermano mayor. Le engatusaba y sabía sacarle con maestría cuanto le diera la gana en el momento necesario. Ya fuese para apoyar revoluciones u operaciones clandestinas, para manutención de compañeros y miembros del Partido Comunista de España en el exilio, o para producirle películas a su amigo Buñuel, el primogénito de los Dominguín no dudaba en desangrar a su hermano pequeño. Luis Miguel babeaba por él y jamás aprendió a decirle que no. En el fondo, le hubiese gustado serle igual en todo. Igual de intelectual, de culto, de leído y rápido de reflejos en las tertulias de altura política o en lo que le echasen. Domingo era un hombre fascinante, preparado, comprometido, valiente, de labia irresistible, y a Luis Miguel le fascinaba que su hermano mayor fuese tan admirado y respetado. Sin oponer resistencia, se le rendía entero. Le consentía todo. Todo.

Así que aquel avión cargado de guerrilleros a punto de tomar tierra en Guatemala en el que viajaba mi madre embarazada de mis ocho meses, envuelta en un sari azafrán y oro, era, pues, otra de esas pequeñas contribuciones a la causa revolucionaria. Aunque visto de otro modo, también era el primer avión privado al que mi madre se subía. Una cortesía de los Dominguín.

—Mire, señora, allá abajo está su marido... Al lado del carro negro oscuro, ¿lo ve?

Mi madre apenas si pudo atisbar por la ventanilla a tres hombres trajeados al lado de un inmenso «carro negro oscuro», cuando empezó a ponerse nerviosa. Volvió a repasar las instrucciones dadas por aquel «tipo simpático», zarandeada por las sacudidas del artefacto a merced de las térmicas.

—Acuérdese, señora, usted bajará primero... y así ponga pie en tierra corra con todas sus fuerzas... corra y no pare, ¿sí?... va a estar bien, señora... ¡que Dios la bendiga... fue un placer!

Y al ir a estrecharle la mano, se le abrió la chamarra poniendo al descubierto dos enormes pistolones en cartucheras cruzadas en pecho, granadas y balas de enorme calibre. De seguido, empezaron a aparecer armas por todas partes, como pistilos y estambres de acero que hicieron sonar los chasquidos de sus cargadores.

El transporte ya encaraba la pista de aterrizaje.

Rodaron hasta apostarse a unos cincuenta o sesenta metros del vehículo, tal vez menos, lo más que pudieron. De un golpe de palanca, los motores de hélice del aparato dispararon el zumbido de sus revoluciones al máximo, ensordeciendo toda aquella locura hasta un volumen insoportable, poniéndole banda sonora al asalto.

Al abrirse la compuerta, cayeron unas escalerillas de golpe y trastazo. Mi madre, agarrándose la tripa y el bolso a dos manos, se lanzó del avión tal y como había sido adiestrada, agachando la cabeza y con el alma en un puño. Mi padre, mi tío Domingo y Domingo Peinado, primo hermano de ambos, corrieron a su encuentro y, rodeándola, protegiéndola por los cuatro costados, se la llevaron blindada y en vilo hasta el coche en el que se metieron agolpados, y al grito de «¡Dale ya, por Dios, dale ya, vamos o te corto los cojones!», arrancaron rechinando neumáticos, derrapando hacia la cancela de la salida del aeropuerto, dejando atrás un infierno.

Cuerpo a tierra en los asientos, nadie pudo ver la escena. A pie de avión unos, otros atrincherados dentro y tras la carlinga, los amigos de mi tío Domingo empezaron a librar batalla a los militares locales que disparaban desde lo alto del edificio del pequeño aeropuerto y desde todos los ángulos estratégicos. Las balas de ambos bandos lo impactaban todo, aleatoriamente, sin puntería, y en medio de la confusión, mientras se averiguaba quién iba contra quién, alguna perdida también impactó en el maletero del auto.

Mi padre cubría el cuerpo de mi madre con el suyo, amagando su cabeza mientras se cagaba en todo. Pasaron mucho miedo y el escape pareció durar una eternidad. Apretados unos contra otros, pisaron a fondo para huir de aquella emboscada sangrienta.

—¡¡¡Hijos de puta, esos fascistas me las van pagar!!! —gritó el tío Domingo.

Entonces mi padre besó a mi madre en la cabeza y le susurró que tranquila, que no pasaba nada, que ya había pasado todo, que estaban a salvo y que se iban al hotel, que tranquila mi amor, le repetía. Mi madre lloraba de pánico y sus pulmones, gravemente enfermos desde los diecinueve años, que habían superado una tuberculosis y una operación de caballo de horas y horas de quirófano para sanarle un foco infeccioso, grande como un agujero negro y nada bueno para su salud, ahora se resentían. Se ahogaba. Nos ahogábamos.

Tras aquella intervención en un hospital de Roma, le habían recomendado seriamente no tener carrera. Según el reporte del equipo médico, los esfuerzos emocionales que la interpretación actoral demandaba podían degradar su salud. «Los pulmones son los órganos que rigen la respiración, por lo tanto, el control de las emociones y de la vida, y ser actriz no ayuda». Pero mi madre no escuchaba, no atendía a razón, y tras los meses de convalecencia obligatoria, y de los estrictos y amorosos cuidados en Via Salaria en Casa Visconti, «la Tusa de Milán», así le decía Luchino, llamó a su agente, Esa de Simone, y volvió a retomar su incipiente y aparcada carrera en el cine.

Al llegar a las habitaciones del hotel, lo primero que hicieron fue besarse hasta cansarse, hasta saciarse y sacarse el miedo de la médula. Después, mi padre le dijo a mi madre que se instalara y que descansara, que su equipaje no iba a llegar, que lo había organizado todo para que fuese directamente al siguiente destino. Y luego le espetó:

—Lucía, mi amor... tengo que pegarme una ducha y vestirme de luces pitando... en un par de horas toca arrimarme... Me siento muy cargadito... va a ser una buena tarde... la plaza está vendida... (arrodillándose y abrazándole el vientre, besándoselo, apoyando su cabeza).... Mañana temprano nos largamos de este infierno con Peinado... Domingo ha tenido que huir... un día de estos se lo van a cargar... Según me cuentan, está haciendo bien las cosas... Mi hermano es valiente, pero me va a matar a sustos...

—¿Y adónde nos vamos mañana? —preguntó mi madre juntando palabras en español.

—A Panamá... nos vamos a Panamá, Lucía... con los Eleta... Toreo en la Macarena... y allá es seguro... es el lugar más seguro del mundo.

—¿Y el *bambino*?

—El *bambino* nacerá donde tenga que nacer, Lucía... Ya sabes que me gustaría que fuese paisa... que naciera en Medellín, donde pasé mi infancia... pero da igual dónde nazca... Ahora..., ¡si llega a nacer en México, te mato!

Así pues, al día siguiente nos fuimos a Panamá, yo acurrucado en la tripita de mi madre, mi madre acurrucada de amor en mi padre, mi padre abrazando y protegiéndonos a ambos, los tres en uno, llenos de amor bonito, queriéndonos mucho, rumbo al Pacífico, al palmeral tropical de Coco de Mar.

Nací el 3 de abril de 1956 en el Hospital de San Fernando de Ciudad de Panamá. Poco más de tres horas de parto fueron más que suficientes para entrar en un cuadro de peligro severo que acabó en una cesárea irremediable para poder salvar, *in extremis*, las vidas de mi madre y la mía. Todo se complicó.

Cuando el doctor Chito Arozamena, médico encargado en el parto, a quien le faltaba una oreja, le contó la gravedad de la situación a mi padre en el mismo quirófano, este le contestó tajante que sacaran al niño a cachos si era necesario, pero que salvaran a la madre y que nada de cesáreas, que eso en España no estaba permitido ni por el Estado, ni por la medicina ni por Dios. Firme e hipocrático, don Chito hizo oído sordo a tal barbaridad y decidió que Dominguín mandaría en el ruedo, pero que en el quirófano mandaba él. Le pidió que abandonara el lugar y le dejara hacer su trabajo. Y así fue como de un tajo limpio, y con mi padre en el pasillo fumándose los nervios uno tras otro, al cabo de un par de cajetillas, el doc nos había salvado la vida a los dos, y punto. Más tarde y para colmo, mi padre se encararía con él cuestionándole su desobediencia. Pero el bien ya estaba hecho y la profesión cumplida. Y además, el bebé resultó ser un varón, para engorde y orgullo del torero.

Horas antes del parto, Don Chito le explicó a mi madre todas las posibilidades en las que un niño podía presentarse, que iban desde la más deseable, venir de cabeza, la de con un pelo de complicación, atravesado, la de nalgas escorado o de pies por delante, las un tanto complicadas, bla, las más complicadas, bla, bla, las nada deseables, bla, bla, bla y, finalmente, la de cara, por la que no había que preocuparse, ya que era muy rara y de una entre un millón. Pues esa fue.

Nací de cara. Nací olfateando el mundo y lo primero que saqué fue la nariz.

De color azul morado fórceps, con una cabeza deformada hacia atrás, apepinada y tan espantosamente grande, de inmediato temieron fuese hidrocefalia. Tenía los lagrimales cerrados y cuerpo de prematuro. Dicho por boca del doctor, «uno de los niños más feos que había traído al mundo y en el que no había ni el más mínimo rastro de la belleza de sus padres... «Aparecerá en algún momento, digo yo, pero antes de enseñárselo a la madre hay que apañarlo un poco, ¡señores!», y se pusieron manos a la obra con vendas moldeadoras para el cráneo, bálsamos para lagrimales, ungüentos de árnica para los moratones, aceite de rosa mosqueta que difuminara pliegues y cicatrices y aspiradores de mocos para conseguir que mi llanto fuese más sonoro, mi llanto, que, como el de una cría de perro chico, se asemejaba más a un quejido no humano, a un conato de eructo pero sin volumen. Respiraba. Eso sí. Por lo menos.

Mi madre no paraba de decir que quería verme, que por favor le mostraran a su hijo, que, entre los unos con excusas y los otros con evasivas, nadie le contaba la verdad.

Mi padre entonces decidió tomar el toro por los cuernos y fue a la sala de neonatos, que no era otra cosa más que un patio interno de la clínica al aire libre, cubierto por una tela de gasa que protegía de los mosquitos e insectos locales, y que permitía a los recién paridos gozar del calor natural del trópico a temperatura de incubadora. Le dijo al doctor Arozamena: «Lucía se está poniendo muy nerviosa y cree que al niño le ha pasado algo o que tiene algo grave y más vale que se lo enseñemos o va a entrar en crisis... Hay que llevárselo ya... Me encargo yo».

Cuando fue a tomarme en brazos, vio que al lado de mi cuna había una bebé chinita, guapa a rabiar, bien hermosa. No se le pasó por la cabeza más que una mala idea, una pésima broma. Me dejó donde estaba, fajado y vendado hasta las cejas como una larva de momia, y hurtó de su cuna a la niñita china a la que llevó contra la voluntad del cuerpo de enfermeras, perseguido por todas ellas hasta el cuarto de mi madre. Muy serio abrió la puerta y acercándole a la niña, le dijo: «¡Ya me dirás que es esto, Lucía!». Al ver a la chinita, mi madre blanqueó, se tapó la boca con las manos, exhaló un *«non è possibile, mio dio!»*, reventó en llanto, y entre el sofoco, el cansancio del parto y la broma de mal gusto de mi padre, se desmayó, exhausta por la tensión acumulada, lo que, a fin de cuentas, fue lo mejor que pudo pasarle a todos, visto lo vivido.

—No ha tenido ninguna gracia... —le dijo Peinado a Luis Miguel. Pero a mi padre le pareció que la tontería había merecido por lo menos una oreja, y reía como un adolescente en medio de aquel trasiego de palanganas, paños y maldiciones. Bastó un alarde para echarse encima los odios del San Fernando entero.

A la mañana siguiente, se pidieron perdones, se retomó la normalidad, se volvió a la calma, y mi padre le contó todo el proceso del parto a mi madre. Le dijo lo muy orgulloso que estaba de ella, de lo valiente que había sido, y le repitió entre besos y abrazos cuánto la amaba y la verdad sobre... «Y a propósito... ¿Cómo le vamos a llamar?».

En la partida de nacimiento soy Luis Miguel por mi padre, como era de uso llamar a los primogénitos, y Luchino en honor a mi padrino, Luchino Visconti. Apellidos: González Bosé Lucas Borloni.

No se perdió ni un segundo. Durante los siguientes días, fueron acudiendo desde todos los rincones del mundo reporteros, fotógrafos y agencias que cubrirían el tan esperado acontecimiento. Ahí mismo, en la habitación del hospital convertido en estudio de pose y filmación, mi padre, mi madre y yo fuimos recibiendo a todo aquel que fue llegando. El todo orquestado con eficacia, mano izquierda, encanto y maestría por el torero, como mandaba la ocasión, bien aleccionado y apoyado desde España por el gran estratega, el abuelo y patriarca del clan Dominguín, Domingo González Mateos.

Se hicieron decenas de reportajes del niño con apenas horas de existencia. El niño en la cuna, el niño sujeto por la enfermera en uniforme y máscara higiénica de hilo, su cuidadora personal, el niño en brazos de su madre en la cama del hospital, el niño siendo admirado por su padre, el niño con amigos, el niño con el mejor de sus faldones, el niño durmiendo como un angelito, la familia con el niño, el niño para arriba, el niño para abajo...

Portadas y reportajes hasta decir basta. Pero es que se trataba del primogénito de una de las parejas más queridas y admiradas del planeta, de las más populares y glamurosas de la época. Mi destino ya estaba servido, pero eso yo no podía saberlo.

Mi madre se hartó de darme el pecho enseguida, y al terminar su tarea publicitaria, se le fueron de golpe y juntos todos los dolores, se dio de alta ella sola y preguntó que si eso era Panamá, que dónde se podía ir a bailar chachachá para reventarse los puntos de la cesárea. Una salvaje.

Soy hijo de dos animales de raza pura, bellos a rabiar, fascinantes, únicos e irrepetibles, con naturalezas extremadamente resistentes al dolor físico y más aún a las adversidades, de carácter indómito y de personalidad apasionada, dominantes, curiosos y audaces, valientes, egocéntricos, elegantes, creativos, modernos, abiertos, de mundo, de la calle, con don de gentes, ambos urbanitas de raíces campesinas, de valores sólidos y tradicionales, no creyentes y destinados el uno al otro, la otra al uno. Esa es mi genética de base. Mitad español y mitad italiano, castellano y lombardo por exactos iguales. A partir de esa información, empecé a ser. Luego llegaría la vida, los misterios y muchas otras circunstancias.

Miguelito fue, a pesar de su desgarbo, muy querido y amado desde inmediatamente. Tratado como el príncipe primogénito que para sus padres y para el entero entorno de los amigos y la familia familia era, fue recibido como el pequeño y ansiado milagro que de una vez por todas se esperaba asentase la cabeza arriesgada y la naturaleza salvaje donjuanesca de su castizo padre, así como la rebeldía incontrolable y apasionada de la voluble Miss Italia, su madre. En principio esas fueron las expectativas, y felices, todos quedaron a la espera...

Había nacido el heredero.

3

Mi casa, mi país, mi tierra, mi familia

Al cabo de un mes de estancia en Panamá, viajamos a Colombia, donde mi padre tenía que cumplir con una benéfica en Medellín, ciudad de sus amores, en la que pasó gran parte de su infancia y adolescencia, y en la que me reconocería le hubiese encantado que yo naciera.

Colombia era para mi padre su patria del alma. Ahí regresaba tras cada cierre de temporada y allí intentó más de una vez convencer a mi madre de irnos a vivir. Una de ellas, a una hacienda de cultivo de palma de aceite que estuvo a punto de comprar. A cada vez, mi madre se negaba diciendo que al campo sí, pero que a la selva, donde todo era venenoso, nunca. Mi madre era, y siguió siendo, aracnofóbica extrema. Y fue que nunca.

Allá en Colombia, mi padre tenía gran parte de sus mejores y más íntimos amigos, entre los cuales la familia Santos, la de Hernando en particular, el Peluso, su amigo del corazón, y su mujer Elena la Pelusa, así se les conocía. Se hacían querer. Eran amorosos, tocones y divertidos, brillantes y generosos, el matrimonio perfecto.

Nos instalamos en el Hotel Tequendama, en Bogotá, casi enfrente de la plaza de toros de La Santa María, en la que mi padre, con tan solo diez años de edad y apenas alzando hasta la cruz de un novillo, tomó la alternativa causando un tremendo revuelo. Hernando, más adelante director del diario *El Tiempo*, que su familia fundara décadas antes, fue desde muy chico taurino hasta la médula y de inmediato se identificó con la figura del joven Dominguín, se hizo su seguidor, amigo y compinche de juventudes, en lo bueno y en lo malo. Y así fue hasta la muerte de ambos. Se amaban. Simplemente se amaban como tortolitos. Se pasaban los días abrazados, entrelazados en algún sofá, mirándose a los ojos, echándose piropos, embelesados, haciéndose carantoñas ante los atónitos ojos de sus respectivas familias, hijos, hijas y cónyuges. Llegó un momento en el que hubo tanto descaro que todos dejamos de sospechar y pasamos a otros asuntos.

En la familia Santos ya habían nacido Guillermo, Hernando, Rafael, y recién había aterrizado Camilo. Cuna con cuna, nos ponían a berrear mientras se celebraba el encuentro con el tradicional ajiaco, como hasta la fecha. Aún quedaban por llegar Juana, Francisco —Pacho— y Adriana. Ellos pasaron a ser nuestra familia colombiana, y siguen siéndolo, con todos sus cónyuges añadidos.

Acabados los compromisos taurinos de mi padre y las ceremonias de vinculación entre los cachorros de las manadas Santos y Dominguín, volamos de regreso a España.

Mientras mis padres descansaban en sus literas de avión, el Mozo, uno de los picadores de mi padre, nacido en Nombela, Toledo, se quedó a cargo de mis cuidados. El Mozo era hermano del Chiquilín, el otro picador de la cuadrilla, el que más tarde pretendiera a la Tata Remedios. Y como de niñera no tenía ni un pelo, sin libro de instrucciones a mano, tan grande como era, metro ochenta y pico de ogro manso de ojos azules, ciento treinta kilos de buena gente y muchos nervios por complacer, me posó delicadamente en la palma de su mano, en la que sobradamente le cabía un plato liso, y una tras otra me atizó todas las raciones de biberón previstas para el vuelo entero de golpe y seguidas hasta que, como luego les contara a mis padres, «se ha portao fenomenal el nene, se lo ha zampao todo enseguida y ha dormido todo el viaje como un angelito. Eso sí, vomitó un poquillo al tercer biberón porque creo yo que ya estaba muy lleno, pero del resto bien...».

La Habana, islas Azores, y tras sobrevolar Lisboa, el avión puso rumbo a la ciudad de Madrid, España, que en adelante iba a ser mi casa, mi país, mi tierra. Allí, entre Madrid, los campos de Cuenca y la serranía de Jaén, habría de crecer junto a mis hermanas y el resto.

Aquel vuelo ponía rumbo también, cómo no, a la presentación en sociedad del heredero, al olfateo genético y público de toda la familia y parientes para mi aceptación en la estirpe. Y aunque ese protocolo les fuese permitido por gracia y consideración del torero como gesto de buena voluntad, no estaba exento de una cierta lástima hacia ellos. Aquella tradición le irritaba el orgullo, le chirriaba en su torería, ya que yo, Miguelito el Primogénito, era de incuestionable naturaleza, y por ende el hijo de sus santos cojones, el de los del cabeza de familia y sustento económico de toda ella, a saber, una sarta de gandules, putas, vagos, zorras, malnacidos, lagartas, traidores, chupones, víboras, bastardos, brujas, fariseos, catetos, falsos, ladrones, ratas, chupasangres y otras subespecies nombradas de forma menos bonita y de las que, excluyendo a sus hermanos y padres, todo el resto hacía parte. Sin excepción.

Menos el abuelo Domingo, el tío Domingo, el tío Pepe y algún que otro primo Peinado, como Domingo, Amancio y Primitivo, la familia Dominguín entera odió a «la italiana» desde el primer instante. En especial las hembras del clan, todas ellas alfa, todas ellas temibles y altaneras. Y a pesar de que mi padre las ponía constantemente en su sitio y las ataba en corto, los primeros años supusieron un calvario para mi madre. Ahora, eso sí, no fallaba: en cuanto él se ausentaba, ella quedaba totalmente desprotegida. Sin hablar el español suficiente con el que entenderse, asignatura en la que no tuvo apoyo ni recibió ayuda por parte de nadie en la corte de la capital, tuvo que cuidarse las espaldas a diario, sola. Se pretendía y se había acordado tenerla lo más aislada posible, de sol a sol. Y sin guardián que las echase el ojo, nada más salir de la oscuridad de sus madrigueras, urdían sus intrigas y empezaba el acoso.

Así que muy poco duró la estancia en la calle Nervión 25 de la colonia de El Viso de Madrid. Mi padre se hartó: «¡Hasta las narices estoy de estas brujas!». Y para su tranquilidad y la nuestra decidió que lo mejor era trasladarnos al campo, a la finca de Villa Paz, en Saelices, provincia de Cuenca, a poco más de 100 kilómetros de Madrid. Lo que les desbarataba totalmente sus planes de futuro, que era el de criar a los muchos hijos que pensaban tener, meterles en un colegio de la capital e ir a la finca solo los fines de semana cuando hubiese tentadero para los amigos de fuera y, por supuesto, al abrirse las vedas de caza. Pero ¡qué demonios!, allá estaríamos más seguros ya que todo aquel que pretendiese ir de visita tendría que avisar con tiempo y obtener un salvoconducto, o de lo contrario ahí no entraba. Las Dominguinas, también apodadas las Gracias por el nombre de mi abuela, conocían bien las reglas, muy bien, y detestaban ese lugar, aquella fortaleza que las excluía y mantenía a raya.

No obstante, y muy hábilmente, desde el primer día en que mi padre decidió hacer de esa casa su residencia y base operativa, se las apañaron para emboscar una avanzadilla de su peor calaña. Habían conseguido infiltrar a sus acólitos con títulos de parientes más o menos cercanos, que en poco tiempo consiguieron colocar oídos hasta en los rincones más recónditos del territorio. Extendieron sus tentáculos, recabando cualquier información turbia de las vidas del personal de la finca, desde empleados de la casa, incluidos puestos de un cierto mando, y por supuesto, los de la gestión administrativa. Hasta tal punto se hicieron con todo, que les bastaba con soplarles en la nuca una dosis de amenazas de cuando en cuando para acallarles o someterles. Manejaban extorsiones sutiles, hipnóticas. Esos enviados eran muy mala gente. Mala de verdad. Envidiosa, falsa y apocada. Así era el cuerpo sibilino de la embajada de la familia Dominguín en la finca de Luis Miguel, Villa Paz.

Eran tres: la tía Ana Mari, hermana del abuelo Domingo y tía de mi padre; su marido, el tío Miguel, capitán en reserva de la Guardia Civil y la hija de ambos, Ana María del Milagro Gutiérrez González, Mariví, más adelante renombrada «la *Poupée*», prima hermana de mi padre, de no más de catorce años de edad por aquel entonces. La adolescente ya prometía y estaba siendo adiestrada a conciencia por sus progenitores en determinadas artes con un fin muy específico: el de desplazar a mi madre en todo territorio de mi padre, material y emocional, y convertirse en su amante, lo que años más tarde conseguiría.

Con ellos vivía también, ya muy mayor aunque de inmensa lucidez, la abuela Pilar, madre de mi abuelo Domingo y de la tía Ana Mari, abuela paterna de los Dominguín, mi bisabuela, de Quismondo, de pura cepa, Toledo. Toda ella sabiduría, coleccionista de cajas, ajena a las tribulaciones de su hija Ana Mari y otros entes, republicana, roja y cristiana hasta la médula, campesina a mucha honra, que todo veía y todo callaba, de ojos pequeños y gafas de pasta negra redondas cercando mucha miopía, siempre vestida entera de negro y un pañuelo de cabeza atado a la barbilla. Era amable, pero con quien había que serlo era dura, franca y sin rodeos. No se callaba. Nadie la callaba. Así de honesta e intachable pudo cargar a cuestas con la vida y familia que le tocaron, y lo hizo con la cabeza bien alta. Miguelito la quería mucho a pesar de que la conoció poco. No aguantó demasiado, no quiso aguantar más, «¡que bastante he aguantao ya y he visto!», pero sí lo suficiente para estar en un pequeño altar, en un rincón de sus memorias más tiernas y perfumadas.

Aquellos tres demonios habían sido sugeridos a mi padre por su madre, la abuela Gracia, para que se encargaran de la casa y vigilasen al personal, «que en el campo se roba mucho mucho, Luis Miguel, mucho, y hay que andarse con mil ojos. Ellos son de los nuestros. Van a proteger tus intereses y todo lo tuyo como si fuese suyo, y también para encargarse que todo esté a tu gusto cuando llegues, que siendo de la familia las cosas ya saben cómo hacerlas, hijo...». Y luego: «Es que a mí me dan mucha tranquilidad, mucha, porque de poder yo, ya sabes que yo me iba de cabeza a la finca (mentira)... pero yo ya no estoy muy bien de los huesos, alhaja mía... Y además, de paso le das techo y comida a la pobre de la abuela Pilar, que ya le queda poco a la mujer, piensa en el disgusto de tu padre si no la atiendes... Y también a tu prima Mariví la ayudas con los estudios privados en casa, los que tiene que tener para que aprenda a ser una señorita como Dios manda sin tener que bajar a la escuela del pueblo ese todos los días, el de Saelices, pa mezclarse con la chusma, porque quieras o no, mínimo enfermera o secretaria, pero algo la niña tendrá que ser el día de mañana, con los años que tiene y lo guapa que es, ¿te has fijao... No te parece?».

Y sin que mi padre lo sospechase, el horno ya estaba encendido. La maniobra era tan consensuada y descarada que nadie hablaba ni comentaba por vergüenza ajena.

Accedió a la propuesta, más que nada porque la abuela Gracia tenía labia gitana y le vendía muy bien las cosas. Pero también por acabar con el atosigo de su santa y pesada madre, «la abuela pelotari», como él la llamaba, que tanto le tocaba las pelotas. Nosotros la apodábamos «la Topacios», por su piedra preciosa, su alhaja favorita, de la que siempre iba aderezada.

María Gracia Lucas Lorente era gitana de las cuevas de Tíjola, Almería, y jamás renegó ni de su casta ni de su raza, ni de la miseria de sus orígenes, ni de sus rituales ni creencias, ni de su lengua, ni de su pasión por la pelota vasca. Conoció a mi abuelo Domingo, cinco años menor que ella, en la estación de trenes de Alsasua, Navarra, y enseguida se casaron. Ella venía de ganar en un frontón, él de una novillada. Tenía pelo azabache y ojos grandes negros y moros, y cuando joven, una de esas bellezas que tanto gustaba pintar a Julio Romero de Torres. Pero sobre todo, era la matriarca indiscutible del clan Dominguín.

El abuelo Domingo, el patriarca, ya con serios dolores en el vientre, se negaba a hacerse explorar por no saber de qué iba a morirse, aunque lo barruntaba. Muy resignado, se lo había advertido a mi padre: «La familia lejos, Luis Miguel, lo más lejos posible o te traerán muchos quebraderos de cabeza. Y más esta nuestra siendo como son todos pa echarles de comer aparte a cada uno. Son todos unos liantes, hijo, y en cuanto te descuidas te la arman. La familia fuera, Luis Miguel. Si quieres, hacemos una temporadita corta y con el dinero que le ganes, les compras un pisito a cada uno o una parcela en el pueblo, se la pones a su nombre, y puerta, hazme caso, hijo. No pases tú por lo que yo ya he pasao. Ahora tú ya tienes tu familia, la tuya propia, y esa es la principal, la única que cuenta y por la que vas a tener que arrimarte, a la que tienes que mantener, y a los demás que les den, que nos den, chaval, pero hazme caso. ¡Fuera, todos fuera! ¡Ospa!».

Y bien sabe el cielo que mi padre querría haberle hecho caso, pero por un lado nunca fue del todo capaz, por otro le venían a todas horas con quejas y lamentos, chantajes y desgracias, miserias y limosnas, y cedía agotado, acababa cediendo. «Es que es la familia», se decía él, pero en cuanto claudicaba, se le llevaban los demonios. Se frustraba, se sentía débil, atado de manos, era incapaz de decir que no. Tardaría muchos años en aprender a decirlo. «Tenía que haber escuchado a mi padre», se repetía una y otra vez y se enfurecía consigo. Y es que si dejas entrar a una rata, entran todas.

Villa Paz se convirtió en mi primera casa, y la fue del alma. De mi madre ya lo era desde hacía años. A la vuelta de Las Vegas, en donde se casaron por lo civil como lo hacían las grandes estrellas, mi padre le entregó las llaves de todas las puertas, armarios, despensas, almacenes, aljibe, vaquería, cocinas, *camarotes* y ermita, todas, y le pidió a todo el personal que, en lo que quisiera, la señora Lucía fuese asistida, que ella era desde ahora la señora de la casa. Y la verdad es que todos se alegraron del nombramiento, lo aplaudieron y festejaron. Para todos fue un alivio, y todos sin excepción se pusieron a su servicio de inmediato.

Pero además, mi padre asignó y encomendó los cuidados personales de su esposa a quien hasta entonces había sido su mano derecha en la casa, su ayuda privada, la joven Remedios, la Reme de Saelices, quien se convertiría en su guía, escudero, profesora de español y sombra. Con ella, mi madre ya nunca se sentiría sola, ganaría una hermana y una confidente, su aliada más leal para los restos. Mi madre, con la ayuda de la Reme y la implicación de todo el personal, al que fue conquistando, empezó un revuelo de cambios y mejoras, tanto en la decoración como en los uniformes. Aportó una nueva estética, más moderna y audaz, mezclando Italia con Castilla, tapizando las paredes con tela de saco, los sillones de la biblioteca con tejidos de imitación de piel de cebra, y los de la chimenea de la entrada, en rojo con agujas de pino pintadas a mano en blanco. Llenó los salones con ramos de cardos y flores silvestres en cabezas de cerámica siciliana y orzas de matanza. Entrelazó ramas de castaño de Indias y tilo en las cabeceras de las camas de los invitados. Trenzó romero, tomillo y gamones entre los barrotes del barandal de la escalera central para las grandes fiestas o cacerías. Compuso bodegones de frutas, y esparció zurrones de castañas de Indias y nueces del nogal del columpio en los centros de mesa, que aguantaran los largos otoños e inviernos. Lo nunca visto. Aquello entusiasmó y llenó los aires de alegría nueva. Todos hablaban de la suerte de tener una señora tan guapa, elegante y con tan buen gusto, todos. Todos menos tres.

Los parientes residentes, que hasta entonces habían campado a sus anchas, fueron relegados del día a la mañana a un puñado de habitaciones en la planta baja, entre el comedor de caza y la escalera de subida a los siniestros *camarotes* con vistas al patio central interior. No más horizontes, no más campos de girasoles, no más amaneceres. Estaban de lujo, no podían quejarse, estaban muy bien instalados, pero habían perdido la libertad de vagar por los salones y de entrar en las habitaciones sin permiso a su antojo. Les habían sido denegadas las llaves de las despensas, vaquerías y cuartos secaderos de matanza. Eso estaba en boca de todos y era intolerable. No todo era cierto. Fueron ellos quienes voluntariamente decidieron convertirse en los apestados y se encerraron en su perímetro a sufrir un castigo imaginario, muy conveniente. Disponían de dos cuartos de dormir, un salón de estar con radio, teléfono, mesa camilla con brasero y tresillo familiar, un baño completo y una cocinita con despensa. No necesitaban más, pero ellos lo entendieron como un destierro y les supuso un golpe muy duro y muy bajo, una humillación pública insoportable.

Mi padre les había despojado en un santiamén de todos sus poderes y alcances, trasladando el manejo de la casa entera y el mando absoluto sobre todo el personal a mi madre, la señora Lucía, en adelante y para el mundo la señora de Dominguín, madre de su primogénito, el pequeño Miguelito, el rey de la casa, el príncipe heredero de la casta, y punto. Era de esperar. Como lo hubiese hecho cualquier marido. Y no se habló más. Punto. Más leña al fuego.

A pesar de los esfuerzos de mi madre por salvar los malentendidos y por, de alguna manera, integrar a aquellos tres desdichados en la vida cotidiana y en los quehaceres de la casa, no hubo nada que hacer. Encontró una resistencia sin sentido, terca y orgullosa, y se topó con un muro que nunca consiguió franquear. La oposición a participar en cualquier operación que implicara cariño o gestos familiares le fue denegada rotundamente y se lo dejaron bien claro: «Querida, tú a lo tuyo que más te vale, y nosotros a lo que nos queda». Así que mi voluntariosa madre desistió. Y del mismo modo que ellos se negaron el tránsito por el resto de los espacios de la casa, a los demás les fue terminantemente prohibido transgredir las puertas que daban acceso a sus territorios. Algo absurdo y enfermizo, sí, pero muy bien manejado. Toda esta farsa trascendió y estalló un drama.

Se levantaron llagas y ampollas, y de inmediato el reporte viajó por teléfono hasta la calle Príncipe, donde mi abuela ardió entre furias y truenos. Su sangre gitana le hervía a la más mínima y se le cegaban las sienes. Se golpeaba el pecho por los pasillos aullando que su hijo Luis Miguel le había quitado la confianza y había acabado con lo que ella tanto se había esforzado en organizarle.

A los pocos minutos de recibir el parte, poniendo el grito en el cielo, pidió que le localizaran a su alhaja torera, y mi padre, que en ese momento estaba en el mismo Villa Paz, supo de inmediato qué lenguas habían destilado tales rumores y qué zona de la casa habitaban.

Tras apaciguar y poner en su sitio a su santa madre pegándole cuatro gritos, le recordó que Villa Paz era su casa así como Príncipe la de ella, y que si no le gustaba, que no pusiera nunca más un pie en la finca, «que me haces un favor, mamá, de verdad que me lo haces, y hasta aquí ha llegado la tontería, que Lucía es mi mujer y mi mujer se va a ocupar de mí, de mis casas y de mis asuntos ya pa siempre, hasta de mis calzoncillos, que se te meta de una puñetera vez en la cabeza, y déjaselo bien claro a todas las brujas de la familia... sí, y en especial a Carmina y Pochola... que así pasa en todos los matrimonios, mamá, y si te gusta bien, y si no, ajo y agua, que ya soy mayorcito, coño», y colgando el teléfono, se fue derecho embistiendo por los pasillos a por los parientes residentes del piso de abajo. Pegó una patada en la puerta y les anunció que ellos ya no eran nada ni nadie, y que la próxima vez que se enterase de que levantaban el aparato para chismorrearle a su madre o a quien fuese de la familia lo que en su casa pasaba, les ponía de patitas en la calle y a buscarse la vida.

Hubo llantos de rodillas, desmayos y pedir de perdones entre lágrimas falsas como puños de traiciones. Hubo promesas y arrepentimientos, juramentos de que no volvería a pasar. Pero al poco tiempo, a pesar de las advertencias, lo pasado se repetiría muchas otras veces y siempre a espaldas de mi padre, aprovechando sus ausencias. Los tres se encaraban con quien fuese, porque en el fondo, ellos se debían a quien se debían, al comando de la calle Príncipe. Y a pesar de que no pasara un día sin que mi madre dejara de atenderles como lo que eran, gente de la familia de su marido, como si nunca hubiesen sido castigados o desautorizados, ellos volvían a las andadas. Estaba en sus naturalezas.

Hasta que mi padre se hartó de engañar y desobediencias, de chismes envenenados que le quitaban la cabeza de donde tenía que tenerla, entre dos astas, y desterró para siempre a los Gutiérrez González de la finca. Los tíos y la prima fueron bien colocados a salvo en una vivienda urbana, lejos de toda tentación, y la abuela Pilar, que se había ganado un pisito para ella sola en un barrio de la capital, prefirió sin embargo volver a Quismondo, a su raíz.

Aun así, la familia no se daba por vencida. Hicieron lo imposible para quitarse de en medio a la extranjera y lo intentaron hasta el último aliento. Con el tiempo, mi tía Pochola reconsideró la causa y se fue alejando de los propósitos de las otras. Mi tía Carmina enfermó gravemente y el enfrentamiento con mi madre dejó paso a un lugar donde los rezos y las oraciones eran más necesarias. No fue el caso de muchas otras, cuya maquinaria de desprestigios y maldades fue engrasándose en secreto con la intención de hacer mucho daño, hablo de novela de terror.

Por un lado, mi abuela Gracia se dejaba aconsejar por Dios, con quien hablaba a voces en la oscura soledad del gabinete de su excusado; por otro, se organizaban partidas de «falsa canasta» y a la mesa se invitaban espíritus que «las Gracias» recibían en trance. Aquellas prácticas se fueron haciendo muy comunes y habituales en la calle Príncipe a pesar de las advertencias de los tres hermanos Dominguín, quienes previnieron a su madre del peligro de tales rituales. Pero entre mi abuela, la Sole, la Lola y el Tornillito se levantaba el peso de cualquier mesa, y los mensajes del más allá eran más frecuentes que los telegramas.

Mi madre, recién caída de los cielos romanos a una vida rural y feliz, estaba a punto de catar el fascinante abanico de envidias y malevolencias culturales, seculares diría, que hacían de España ese país apasionado, único, cautivador, capaz de embrujar y destruir hasta a la más Ava.

4

REMEDIOS

—Señor..., Señor..., corra... venga usted... ¡deprisa!

—¿Qué pasa, Isabel?...

Con la cara de susto que calzaba la mujer, y ese sofoco en el habla, mi padre tuvo que pensar en lo peor y pensó en lo peor...

—¿A quién se ha comido la loba?

Dando un brinco, enfundado en sus zahones y polainas, abriéndose camino a empujones contra toda puerta que se le pusiese de por medio, llegó al comedor del servicio donde un remolino de empleados zumbaba como un panal.

—Es la Reme, señor... Está acongojada y le dan vahídos... se nos ha privado ya dos veces y no sale de su pena... ¡tié usted que hacer algo!

—Hacedme paso... paso...

Según mi padre fue adentrándose entre aquella turba, se fueron desgranando los cuchicheos. Ahí estaba Remedios, sentada en su desmayo, pálida como un nenúfar, alicaída y aguantada por varias de sus compañeras, las sólitas dispuestas a apuntalar la desgracia de cualquier mortal. Mi padre aventó el aire con mano firme e hizo el gesto de «dejadme solo», el que todos reconocían, el mismo que a su cuadrilla, y se encuclilló a la altura de la cara de la Reme, que estaba sucumbida por culpa de un berrinche del tres al cuarto, ausente y con los ojos abiertos.

—¿Quién se te ha muerto, Reme?... ¿Quién te ha roto el corazón? ¿Quién ha sido el cobarde?... Dímelo, que salgo ahí afuera a buscarle y le pego dos tiros... dímelo, Reme bonita, tú sabes que tú eres mi niña y que a ti nadie te toca.

Pero sus palabras no eran oídas por una Reme secuestrada en algún lugar de su profundo pesar. Y mientras que a su lado, sosteniéndole la mano, quedaba a la espera de un nombre, el del difunto o el del mal hombre, intentó seguirle el rastro al humo de su mirada perdida para encontrar el camino hacia el lugar del crimen. Remedios se había ido a un trance, y como una santa, traspuesto. Bajo la bóveda del personal que por encima de ellos cerraban cabezas que apenas dejaban pasar la luz, abrigados por la oscuridad del encorvado templo de aquellos cuerpos que olían a cera y a caldo, en oídos de mi padre crepitaban historias oscuras, chismes seguramente, pero que no dejaban de inquietarle. Y se fue tras ellos...

—¡Alcaraván comí... a otro tonto pero no a mí!... Así le ululaba la lechuza a la luna cada noche desde que salía para alumbrar el cielo apagado y negro hasta que el sol la mandara a acostar... Y la Poposa no podía dormir porque ese sonido le congelaba la sangre... y aunque ella sabía de sobra que se trataba de un pájaro, el timbre de su canto no dejaba de ser humano y escalofriante... parecía un lamento, un llanto...

—¿Y quién era esa lechuza, Tata? —preguntó la pequeña Paola.

—Nadie lo sabía con certeza... nadie conocía ese misterio... pero se decía que era el espíritu de la Bruja Graja, un día quemada viva por el Rey... Se cuenta que, mientras ardía en la hoguera, ella le maldijo y le juró que hasta el final de sus días, y por haberle quemado la sangre en el fuego, ella congelaría la suya cada noche con su canto aterrador... y que el hechizo pasaría de generación en generación hasta la tercera de sus descendientes... ¡Y esa fue su venganza!

—¿Y por qué generación vamos? —preguntó Miguelito.

—Mmm... creo que por la tercera —contestó la Tata.

—Menos mal, ¡porque ya estoy de brujas hasta la coronilla! —añadió Lucía.

—¡Pero si la bruja mayor del reino eres tú, pelandrusca! —dijo la Tata haciendo una mueca—. Escuchad, que aquí viene lo mejor... Al caer la medianoche, justo cuando el campanario de la iglesia del castillo tocaba las doce, la cueva de la Poposa se iluminó con un resplandor que ni el de mil fogatas... y una voz se hizo escuchar... una voz muy suave y tranquilizadora, como la de un hada, que le decía a la joven... «Ha llegado el día... ha llegado el final de tu sufrimiento... hoy pasarás la primera prueba... dejarás de ser lo que has sido y por unas horas serás la más bella de las doncellas... esta noche empiezan las fiestas del castillo, y el Príncipe heredero busca esposa para convertirla en su reina... y tú no pasarás inadvertida... vestirás el traje de los Mares y los Océanos, hecho de raso de agua atornasolado en tonos verdes y azules, bordado a mano por las Ondinas, hijas de los arroyos, escama a escama, en el que los peces de los más bellos colores tomen vida al nadar entre sus pliegues... y que, mientras camines, ondulen en él las algas, las esponjas y las gorgonias... y que las estrellas de mar, los erizos y las diminutas caracolas se mezan en sus corrientes... ¡Vístete y ve!... El Príncipe se rendirá ante la asombrosa magia que da vida a tu vestido y quedará extasiado... serás la elegida de la noche y el baile parecerá no tener fin... pero recuerda que, poco antes de que raye el alba, cuando escuches a la lechuza cantar por séptima vez «¡alcaraván comí... a otro tonto pero no a mí!», deberás abandonar el palacio o se descubrirá tu identidad, tu verdadero semblante, ¡y todo se habrá arruinado!... Tres noches habrán de pasar antes de que quedes libre del hechizo... pero hasta entonces no podrás equivocarte en nada o quedarás para siempre atrapada en tu desdichada naturaleza... ¡recuérdalo bien!... y ahora ve, vuela y sé la más bella de todas!»... Así que una mano invisible vistió a la Poposa con el traje de todos los Mares y Océanos, peinó su cabello rizándolo como las olas que rompen contra los arrecifes, la coronó con una diadema de espuma incrustada de corales y nácar, calzó sus zapatos de arena diamantina, y una fuerza más misteriosa aún la elevó del suelo y se la llevó, aupada en el aire ligero, sentada en una nube, hasta la entrada del castillo del príncipe y ahí la depositó...

La Tata se les quedó mirando, callada. Todos pasmados, todos a la espera de más...

—Y luego, ¿qué pasó?

—Que luego todos se fueron a dormir porque se había hecho muy tarde... y mañana la segunda parte... ¡A la cama, ya!

Y entre protestas y decepciones, la Tata, con su buena y firme mano izquierda, recogió su rebaño, y uno a uno hasta contar tres, los fue arropando a todos, yendo de un cuarto a otro, mientras rezaban:

Ángel de la Guarda, dulce compañía,
no me desampares ni de noche ni de día...

Cuatro esquinitas tiene mi cama,
cuatro angelitos cuidan mi alma...

—Rezo por papá y mamá, por los abuelos y para que nunca nos falte comida ni nunca nos pongamos malitos... Buenas noches, Tata...

Y ese buenas noches, que venía acompañado de un enorme y mecánico bostezo, nos abría las puertas del sueño.

—Nunca se la ha visto así... pobre chica... con lo trabajadora que es... De esta, ya no sale... total, por una tontería... ¡amos que!... con solo diecisiete añitos que la chica tenía...

—Pero el caso es que estaba arrodillada dándole cera al suelo y que en un tris se ha escorao y ¡zas!... como un chopo...

—Yo la vi que se echó las manos al pecho como si se le hubiese encogido el corazón... con un gesto así... y los ojos en blanco con la cabeza p'atrás y... se ha puesto a sudar... la cara como un cirio... —murmuraba la compañía de cuervos.

—Queréis callaros todos ya de una puñetera vez, ¡coño!, ¡que bastante gallinero tengo ya con el que hay! —zanjó mi padre con autoridad, y volviéndose a la Reme—. Escúchame bien... mírame... me vas a contar quién te ha hecho daño, que te juro que le meto el estoque hasta la bola y luego se lo tiro a los cerdos.

La Andrea llegó, abriéndose paso con sales que le dio a inhalar y la Reme empezó a volver en sí. Gemía.

—¡Tonterías!... ¡Todas tonterías, una más grande que la otra!... Y vosotras... ¿qué hacéis ahí, carroñeras?... ¡Fuera... fuera de aquí y cada una a lo suyo, que aquí no se le ha perdido nada a ninguna! —gritó espantando al personal a latigazos de delantal.

Y hasta que no hubo desalojado la plaza no paró de repartir chasquidos, manotazos y puntapiés. Cerró la estancia de un portazo, trancó el cerrojo y recomponiéndose vestiduras y pelos, se volvió hacia la Reme aún fría y en caliente le espetó:

—¡Vamos, díselo!... ¡Dile al señor el porqué de este alboroto y de tanta tragedia, Reme!... ¡Díselo, o se lo cuento yo como que me llamo Andrea la de Quismondo!

Mi padre, apabullado por tal arranque de furia, empezó a entender por primera vez de qué pasta podía estar hecho el mundo de las cocinas y lavaderos, qué se urdía en los aljibes y en la vaquería a diario a sus espaldas, y quiénes en realidad podrían ser sus habitantes, los que probablemente se transformaban en especies nocturnas que salían a devorarse unos a otros... porque esa ni era la Andrea que él conocía, la amable y cuasi muda Andrea, ni la Reme era su Reme, esa mujer hecha de un roble que todo lo puede, la inquebrantable. Y al resto de las empleadas, ¿qué demonios les había pasado de pronto? No reconoció a ninguna de ellas, las discretas y respetuosas ante su señor, las de miradas escurridizas. Parecía como si de pronto la tierra se hubiese abierto y de sus entrañas hubiese surgido un aquelarre de comadrejas ensañadas y urracas de mal augurio.

—Díselo, Reme... habla ya... ¡Tu señor se lo merece! —volvió a insistir la Andrea. Y desde las profundidades de su desmayo, la Reme le suplicó con voz mártir.

—Andrea, por favor... al señor no se le molesta... y menos por tonterías... tienes razón tú...

—Pero, a ver... ¿se puede saber lo que está pasando, tendré derecho? —protestó mi padre.

Y agarrándose con fuerza al delantal para evitar darle un guantazo a mano abierta a la Reme, la Andrea saltó.

—¡Que quiere segar, señor, que quiere segar!... ¡Ni se le ha muerto nadie, ni ha roto con ningún novio, ni está embarazada!... ¡Que solo quiere irse a segar!

—¿Cómo que quiere irse a segar?

—Sí, señor... no es más que eso... y se lo aguanta y se lo aguanta por vergüenza a decírselo a usted por si no le da la tarde libre, y luego pasa lo que pasa... que se sofoca y le dan esos desmayos de preñada... ya ve usted lo tonta que es la chica... Lleva ganando el concurso de siega desde los trece y para ella es el día más sagrado, el más esperado del año... pero con ese sentido del deber que tiene y lo asquerosamente responsable que es... pues este año se lo va a perder.

Y el cielo por fin se abrió, esclareciendo el drama.

Doce calles se marcaban en la linde del sembrado y doce concursantes se apuntaban, de todas las edades y géneros. Cada uno afilando su hoz hasta el último segundo. La hoz que ellos mismos habían forjado, que les había sido prestada o que habían recibido en herencia. Pero por encima de la gloria estaba en juego la admiración, el respeto y el honor del campeón y el de su familia. Y Remedios de la Torre Morales, la Reme, la Marota, hija del Maroto, campesino y arriero dos veces por semana, llevando a lomo de mula, grano, queso, chacina o lo que el hambre de Tarancón demandase, defendía el título un año más. Hacía cuatro que se lo llevaba y este, después del escándalo que se había montado en Villa Paz y tras haberle puesto su señor el tractor a disposición para que acudiese a tiempo al concurso, no lo podía dejar escapar. Según las malas lenguas, ella siempre llegaba a la cita corriendo, a ras de hora, miraba a sus contendientes como sobrada, especialmente a los varones, y eso les enervaba. Su actitud, sumada a su palmarés, amedrentaba las autoestimas. Generaba tensión y esa era parte de su estrategia.

Cabían apuestas y, por supuesto, gritar porras que humillaran. El pueblo entero flanqueaba el recorrido de aproximadamente cincuenta metros de largo que se había acordonado con soga gruesa para que ningún concursante se saliera del perímetro y, para que no se invadiesen otras calles, un reguero de cal pintado en tierra marcaba el ancho de cada una. Se escogía siempre la hora de más calor, la de las tres de la tarde, cuando las espigas, de puntillas en lo alto de los surcos, calzaban a pique sus sombras y hasta los botijos sudaban. Después, al terminar el reto, cargarían en hombros al vencedor y se irían a celebrarle a la plaza de la iglesia, metiéndose entre pechos y espaldas y a vociferios una comilona amontonada en largas mesas corridas con bancales de madera de asiento, en la que todos habrían puesto su parte. Correría el vino agrio de pitarra y se cantaría lo que no está oído para así conmemorar el principio de la cosecha. Pero, entre ceja y ceja, la Reme solo tenía una cosa, ganar, ganar y ganar atando más haces que nadie, más prietos y tiesos y más en pie que el año pasado, cortando lo más a ras de surco posible la mies, sin dejar ni esto de paja en tierra, nada que quemar para hacer rastrojo, y de paso, como guinda, machacando a más de un mozo, cuanto más apuesto o más cobarde, mejor, dejándoles atrás tendidos, babeando, rendidos, sin fuerzas. Laureles para la victoria. Eso eran, solo para eso servían.

Finalmente, después de tanta tensión, se dio el trabucazo de salida y la gente empezó con los azuces y los «dale, que tú puedes», con los *aburrilos* y los «dobla las rodillas, cabrón», «aprieta el lomo y échate p'alante, chaval», a alimentar o cambiar apuestas según iba avanzando la cosa.

La Reme solo podía oír el fuerte latir del tambor de su corazón retumbar por sus adentros, que la aislaba del estruendo exterior. Solo el aire seco y caliente, que al respirar entraba a quemarle los pulmones, la mantenía fija en su rumbo hacia la meta. Con la mano izquierda agarraba cuantos más tallos podía, que iba almacenando axila arriba, mientras que con la derecha se dedicaba exclusivamente a cercenarlos a golpe de hoz y a arrancarlos. Cuando sentía que había suficiente carga, escupía al suelo un largo de pita de brazo y medio de los que sujetaba entre dientes, arrojaba la siega encima, la comprimía sujetándola con una rodilla, y con un golpe seco de cuello, como el de un leopardo que rasga un girón de carne de su presa, aseguraba el fardo atándolo con un nudo seguro surgido de la magia de sus dedos prodigiosos, que sin tardar sacudía con vigor para desparramarlo en ramo, plantarlo firmemente en tierra, y a por otro.

Una y otra vez, una y otra vez, una y otra vez, una y otra vez, ganando metros.

Los días largos del verano no se daban aún por vencidos y a eso de las nueve y media de la noche, aún con luz, cuando el ronquido del tractor se empezó a oír al doblar la curva de la última manga del río, toda Villa Paz salió a vitorear a la Reme. No se sabe cómo fue que la noticia llegó a la casa antes que ella, pero lo cierto es que voló.

Sentada sobre la chapa protectora de la rueda izquierda trasera del tractor, pañuelo atado al mentón y dando tumbos, soltó una mano para saludar al enjambre de trabajadores de la finca entera que se habían reunido para celebrar la victoria, que ya era de toda la gente de Villa Paz. La bajaron a tirones, jalándola, y a hombros y trompicones la pasearon por la explanada delantera de la casa, le hicieron el paseíllo por el ruedo del patio interior central y la mantearon como un pelele hasta que el señor salió por la puerta principal y entonces la aterrizaron. Se hizo un silencio a la espera de algunas palabras, un silencio iluminado por sonrisas y brazos entrelazados sobre hombros de júbilo y de unidad.

—Señoras y señores, hoy creo que me voy a poner blando porque gracias a una chica sencilla... una buena chica... aunque sea de Saelices... que es lo raro... ya que ahí la buena gente no suele abundar... (risas y comentarios) discreta y terca... me siento uno más de esta familia y me siento muy chiquito... se me hace un nudo de orgullo en la garganta... y cuando veo esta camaradería, me entran ganas de romper a llorar del gozo y de abrazaros a todos... Sois gente de bien, buenos trabajadores y leales a esta casa y a esta tierra, y por ello os estaré agradecido toda la vida, o por lo menos hasta que me dejéis... Así que... ¡hoy no se trabaja!... ¡hoy está prohibido trabajar!... hoy toca festejar la victoria de la Reme, que no es solo suya, sino de todos... ¡Viva Remedios de la Torre!

—¡Viva! —respondieron todos con entusiasmo a la de una levantando pañuelos y brazos.

—¡Viva Villa Paz!

—¡Viva!

—¡Viva Saelices y su gente!

—¡Viva España!

—¡Viva!

—¡Y que viva Franco!

—¡Vivaaaa!

Y mi padre, apuntando hacia el cuarto de matanza, empujó a palmadas las espaldas del alboroto. Agarró a la Reme por el brazo, le tomó la cara entre sus manos, le besó la frente y le dijo:

—Espero entenderte algún día, niña... eres buena chica... ¡pero eres rara de cojones!... ¡Enhorabuena, bonita! —Y la dejó ir—. ¡Ah!...

y quiero que a partir del lunes te encargues de la casa y del personal... yo sé que tú puedes...

—¿Cómo dice usted, señor? —contestó atemorizada.

—Lo que has oído, Reme... a partir del lunes serás el ama de llaves de la casa de Villa Paz y no quiero ni un rechiste... Tú aún no lo sabes, pero vas a ser muy importante en esta vida... Tienes madera, Remedios de la Torre... tienes madera...

A una de las celosías de entre todas las ventanas de la planta baja del patio mayor, esas palabras golpearon más duro que al resto. Tras ella, la tía Ana Mari y el tío Miguel, como lúgubres figuras de un Solana, resecas de envidia y rencor, se preguntaron: «Y si Remedios pasa a ser el ama de llaves de la casa, y la Andrea y Resure son los encargados de la finca entera, ¿en qué posición se nos deja a nosotros, la familia?». Se oyó un ligero crujir de pescuezo, un fruncir de rabia y, tras una breve pausa, un cruce de miradas, un entendimiento al vuelo y un acuerdo jurado que no traería más que otra oleada de desgracias a la casa, como todo lo que aquella extraña, malévola y vigilante pareja urdía.

Todavía era sábado, y durante lo que sobró de día se tomó muy en serio la prohibición de trabajar. A pesar de que todo sábado suele prolongarse en domingo, resultaba que este iba a coincidir con el arranque de la cosecha, y tras la misa temprana en la capilla de la casa que repartiría a todos bendiciones, la gente entraría en faena, así que nadie se desveló. Había ganas y la mies ya tumbaba, apretada y dorada, en su punto. Pero el campo, que no entiende de fines de semana ni de fiestas de guardar, sí entendía que una victoria tan sonada no podía ser pasada por alto y se permitió amanecer una hora más tarde.

Remedios de la Torre Morales, la victoriosa, oteaba los campos que poco a poco iban siendo devorados por las hoces y las guadañas y subida al muro de la cerca de los comederos, mientras almorzaba su tajada de pan con aceite y sal, miraba a los segadores con envidia, queriéndose entre ellos, a golpe de cintura, cosechando allá abajo. A simple vista, sabía quién tenía mejor brazo con la horca o mejor lomo para el fajado, y reconocía a cada quien en sus voces y cantos aunque se viesen diminutos. Esa era su vida, pensaba masticando, la que siempre imaginó, la mejor del mundo, la más libre, a la que volvería. La que le correspondía por ley a la más pequeña de las hermanas y cuarta de cinco.

Consuelo, la mayor, siempre cargando con la casa a cuestas, pegada a su madre, bien parecida, concentrada en carnes y en carácter, de altura no muy alejada del suelo, de nobleza inquebrantable y de timidez extrema. Sus ojos claros evitaban el encuentro de cualquier mirada, incluso la de Miguelito chico. Muy parecida en rasgos y temperamento a la Reme, jamás abandonaría el pueblo. Casó y tuvo hijos, todos en Saelices, en casa, y todos ellos migraron a hacer fortuna. Muerto el marido quedó sola. No tuvo más negro por ropa que el que se solía o mandaban los lutos, y siempre había alguno propio o al que unirse en solidario. No llegó a la Transición.

Leocadia, la Leo, la segunda, marchó a la ciudad en plena juventud a trabajar en la casa de unos señores de Madrid. Él, abogado, y ella, sus labores. Como todas las hermanas, excelente cocinera. Personalmente muy aseada siempre, cargada de cataratas hasta en los bolsillos del delantal, lo que le provocaba un temblor constante en la cabeza, así como el nervio de un pájaro que busca y rebusca insecto en un tronco, o se asusta de continuo debido a querer dar con el mejor ángulo para enfocar bien. Era cariñosa, y cuando íbamos de visita a la casa de Almagro 55, subíamos a hurtadillas por el ascensor de servicio, nos abría la puerta de la casa desatascando sonoramente tres enormes cerrojos, nos sentaba a la mesa de formica de la cocina con vistas al hueco del patio interior, nos servía limonada y nos regalaba dos tofis a cada uno que nos tenían entretenidos la tarde entera. A veces nos daba un vaso de leche tibia con Cola Cao. No llegó a la Transición, creo. O tal vez sí.

Flora, la tercera, muy parlanchina y un tanto intrigante, desgracia que heredaron sus dos hijas, pero multiplicada por cien, se vino a Madrid más tarde a rebufo de las hermanas ya establecidas. Su marido consiguió por recomendación de mi padre un puesto como repartidor de gas butano. Buen hombre, al igual que su hijo Felipe. Dos santos pacientes que acabaron por hacerse voluntariamente sordos. Flora, la del nombre más bello, se convirtió en la alergia oficial del resto de las hermanas, hermano y familia. Siempre cuestionando lo que los demás tenían o dejaban de tener, comparándose con todo y descargando contra el prójimo su complejo social. Las hermanas la apodaban la Marquesa, pero en cuestiones de matanza, era imbatible. Llegó a la Transición.

Luego seguía Remedios, la Reme, quien vivió muy activamente la Transición, y por quinto y último, el único varón, Jesús, un buenazo, trabajador y dócil, con muy mala suerte en el matrimonio. El único que supo ahorrar e invertir en un patrimonio con el que las hijas de la Marquesa se relamían. Llegó a la Transición.

Todos ellos conocidos en el pueblo como los Marotos, por ser hijos del Maroto, campesino y arriero de camisa blanca y traje de pana gruesa y negra de tres piezas, quien varias veces por semana llevaba a lomos de su mula parda, grano, chacina, queso, alfalfa o lo que el hambre de la gran Tarancón y la de su familia demandasen, y de la Marota, una mujer a quien la Guerra Civil le pasó seis veces por encima, y a la que sobrevivió por hábil, honesta y mirar de frente al diablo.

Pero el destino puso su suerte en Remedios, quien reinaría sobre todos nosotros con una autoridad, determinación, imparcialidad y compasión irreprochables, al punto de pasarse la vida sacándonos a todos las castañas del fuego.

—¡Alcaraván comí... a otro tonto pero no a mí!

Fue a la noche siguiente, ya en guatiné, zapatillas de felpa, recién bañados, perfumados, peinados, cenados, y al pie de la chimenea del cuarto de jugar, cuando la Tata arrancó el segundo capítulo de «La Poposa».

—¡Alcaraván comí... a otro tonto pero no a mí!... Ya caía la segunda noche, y con el canto de la lechuza daban comienzo las campanadas de la iglesia del castillo... pero esta vez... tenían un sonido más lúgubre que el de la noche anterior...

—Tata... ¿qué quiere decir «lúgubre» —preguntó Paola, y Miguelito el sabelotodo se adelantó a contestar.

—Lúgubre significa triste, que suena a muerte, una muerte lenta y vestida de un negro lúgubre, con una calavera lúgubre y los ojos lúgubremente hundidos y una guadaña afilada y horriblemente lúgubre que viene a por ti y te...

—¡Para ya, idiota... que voy a tener malos sueños!... ¡Tata, dile que pare ya! —se quejó Lucía.

—Miguel... o te callas o te callas... Os mando a todos a la cama y no hay más Poposa...

—Y «guadaña», ¿qué quiere decir «guadaña»? —volvió a preguntar Paola.

—¡Que te calles tú también, Señorita del Pitiminí... habrase visto! —interrumpió la Tata, retomando— ... Y así como pasó en la primera noche, la cueva de la Poposa se hizo con una luz brillante que ni mil fogatas podrían superar y se oyó un susurro de mujer, como el de un hada, una voz dulce y tranquilizadora que habló y dijo: «Poposa... en este segundo día vestirás el traje de los Grandes Bosques y Valles, bordado por los cantos de los Duendes de las Montañas y de las Ninfas de...

—¿Qué son unas «ninfas»?

—Unas ninfas son muchas ninfas, Paola... ¡Calla... Virgen santa!... Sigo... bordado por los cantos de los Duendes de las Montañas y de las Ninfas de los Árboles, en seda de Gusano de la Clorofila y hebra de tela de la Araña del Amanecer... Los colores serán serenos y poderosos como los de la naturaleza, a saber, el verde en todos sus tonos, como el de la hierba y de todas las hojas, el marrón y gris de las cortezas, y el azul cristalino de los arroyos y torrentes... Estarás aún más bella que ayer, pero recuerda... antes del rayar del amanecer habrás de desaparecer o quedarás expuesta y todo el mundo sabrá lo que en verdad eres... ¡Corre!... ¡Apresúrate, que el Príncipe ya enamorado te espera!... Así que, tal y como pasó la noche anterior... unas manos invisibles vistieron a la Poposa con el traje de los Grandes Bosques y Valles, y vio con asombro cómo en las laderas de su ropaje, entre los sotos de hayas y avellanos, revoloteaban diminutos pájaros y toda clase de mariposas y abejas de la miel, libélulas que se colgaban de los juncos en la ribera de los estanques, arroyos llenos de peces, ranas y salamandras, todas ellas pequeñísimas, y de su cintura caían cascadas de agua transparente y pura, de las que estallaban arcos iris... Un tocado de flores silvestres, perfumadas y muy delicadas, apoyaba en sus hombros y se desgranaba por su espalda... Su cabello, suelto y dorado por polen de sol, era mecido por el soplo suave que remontaba de las praderas de sus caderas, y un tul de brisa era su velo... Sus guantes de aterciopelado y fresco musgo, largos hasta por encima del codo... como por aquí... nunca antes vistos, y sus zapatos... escuchadme bien... sus zapatos estaban hechos de perlas de río y de luciérnagas entrelazadas que se encendían y apagaban sin cesar... Maravillada... llena de asombro... se dejó llevar una vez más por aquella fuerza misteriosa que la transportó por los aires de la noche y la depositó en el umbral del palacio... Allí pasó la velada, bailando y enamorando al Príncipe... y también ella quedó un poco prendada de ese muchachote tan guapo y gentil y... cuando mejor se lo estaba pasando... ¿sabéis lo que pasó?

—Sí... que llegó la Tata y le dijo a los tres niños, «se ha hecho muy tarde y es hora de irse a la cama» —refunfuñó Lucía.

—«Mañana más» —añadió Paola con su vocecita semidormida.

Y entre protestas y decepciones, la Tata, con su buena y firme mano izquierda, recogió a su rebaño, y uno a uno, como cada noche hasta contar tres, los fue arropando a todos mientras rezaba con ellos yendo de un cuarto a otro:

Ángel de la Guarda, dulce compañía,
no me desampares ni de noche ni de día...

Cuatro esquinitas tiene mi cama,
cuatro angelitos cuidan mi alma...

—Rezo por papá y mamá, por los abuelos y para que nunca nos falte comida ni nunca nos pongamos malitos... Buenas noches, Tata...

Y ese buenas noches, que venía acompañado de un enorme y mecánico bostezo, nos abría, como de costumbre, las puertas del sueño.

Remedios era una mujer bella. Tenía el pelo castaño corto ondulado, un cutis luminoso de piel gruesa y un lunar abultado en medio de la mejilla izquierda. Sus ojos eran vivarachos, de comadreja inquisitiva, y su boca acorazada con dientes blancos como el mármol de Carrara. Tuvo muchos pretendientes, al parecer, pero solo se supo de dos. El primero, el más tenaz e insistente, «el Chiquilín», hermano del Mozo, también picador de la cuadrilla de mi padre. Cargaba con ese apodo por su pasión a las homónimas galletas. No era grueso ni amurallado como el Mozo, todo lo contrario, sino de estatura media, delgado y bien fornido, atlético. Se peinaba el pelo hacia atrás con fijador y de no tener esos ojos tan descaradamente azules, azul toledano, hubiese pasado por García Lorca. De Nombela y embaucador, a la Reme la hacía reír. Y tontear, lo que se dice tontear, tonteaban mucho. Pero de ahí no pasaba. La venía a rondar a Nervión 25, en El Viso, nuestra primera casa en Madrid, al lado de la Plaza de la República Argentina. Tras la reja del exiguo jardín, la Reme salía a sacarle sus galletas favoritas y él, de entrada y para romper el hielo, le pedía matrimonio. La conversación siempre empezaba así, seguía con un sonoro «no» envuelto en papel de carcajada y, seguidamente, ella se dejaba cortejar, ¿por qué no? La valla de adobe que los separaba de cintura para abajo, del lado de la Reme ocultaba dos piernas gordas de tobillo ancho hinchadas por una mala circulación, que le suponían un serio complejo y que a menudo la mortificaban, y del lado del Chiquilín, una mano escondida y hundida en lo profundo del bolsillo de su ancho pantalón, que agarraba algo grande y duro.

El otro pretendiente, el más sonado y sin duda el más famoso, fue Picasso.

Picasso enloqueció literalmente por ella. La proponía en público, como «la mujer que yo hubiese querido que fuese mi mujer», y lo hacía con descaro incluso delante de Jacqueline, en especial, delante de Jacqueline. La plagaba de adjetivos honoríficos que iban desde hacendosa, extraordinaria cocinera, buena, discreta, callada, obediente, alegre siempre, de belleza castellana, de cutis sin contaminar, de carnes prietas, amorosa, limpia, cariñosa, no empalagosa, natural, de elegancia campesina, no gritona, virgen, hasta muchos otros que se sacaba de la manga o «los nunca oídos en ninguna lengua».

A todos ellos, pretendientes, galanes y moscones, o a los que por si acaso no se hubiesen dado por enterados y albergasen vanas esperanzas, les hacía llegar la misma propaganda en copla, de su puño y boca:

Solo tengo tres amores
a los que mi entrega debo:
Miguelito el de mi Vida,
Lucía la de mi Alma
y Paola la de mi Amor,
y es la misión que me manda
desde el cielo que haga Dios.
Y que se enteren los hombres
de Saelices, Hito y Tarancón,
que ya no cabe más nadie
ni en el coño de la Reme
ni en todo su corazón.

Y claro, así no hubo manera.

El anuncio de la boda en Las Vegas no se hizo esperar y esa mañana, Remedios, el ama de llaves de la casa de Villa Paz, fue desper-
tada junto al resto de las compañeras de dormitorio por una Andrea a porrazos en la puerta.

—¡Que el señor se ha casado!... ¡Que el señor se ha casado!

Rápidamente saltaron de las literas y se asomaron a la puerta
en camisón...

—Pero ¿con quién?

—Con esa actriz italiana tan guapa... ¿cómo se llama?... ¡ay, lo
tengo en la punta de la lengua!

—Lucía... Lucía... ¡ay... no sé!

—¡Bosé!... ¡Lucía Bosé!

—¡Esa... esa... esa!

—¡Dios bendito!... ¡Pues se ha llevado a la más guapa... porque
no creo que haya otra belleza más bella en el mundo!

—¡Menudo ojo tiene el jefe!

A la vuelta de los comentarios efusivos del desayuno, Julián el
administrador leyó a los reunidos en el corazón del patio mayor,
en voz clara y alta para no tener que repetirlo dos veces, el contenido de un telegrama que se había recibido en intendencia a su
nombre de parte de mi padre.

—«Llegamos el jueves. STOP. Preparen todas las habitaciones. STOP. Perdices escabechadas. STOP. Habrá fiesta. STOP. Llego con mi esposa. STOP. Ánimo. STOP». Eso es todo... ¡Eeeestop!... Y ya estamos a martes, señores y señoras... ¡a martes!... y llegan pasado mañana... o sea, que a partir de ahora mismo ya, nadie descansa, nadie come ni bebe, nadie mea o caga y lo de dormir... que sea por turnos, que hay mucha faena que cumplir para dar buena impresión... ¡Ya tenemos señora!

Tras los aplausos, los vivas y gritos de regocijo, cada capitán agarró por banda a su equipo, distribuyó a cada quien su puñado de responsabilidades y nervios, se remangó hasta las orejas, y sin pensarlo, de cabeza al tajo. Había poco tiempo y demasiado impecable por hacer.

En el salón de estar de la dependencia de la familia Gutiérrez González se respiraba un insoportable resentimiento y malestar. La tía Ana Mari se ofendía por no haber sido ellos, los familiares, los que recibieran el dichoso telegrama en lugar de ese administrador de quinta que nada pintaba en el asunto, y el tío Miguel, calzonazos de profesión, asentía contrariado, dejándose envenenar. Como una loba enjaulada, la tía oficial recorría p'atrás y p'alante los contados pequeños metros del cuarto rebotando contra las paredes con la misma letanía al «San No-hay-derecho-que-esto-nos-pase-a-nosotros», en bucle en boca. La joven Mariví, mientras tanto, leía revistas de la moda de París y decidía sus futuros conjuntos, ajena al drama, o tal vez como si ya tuviese un plan.

Y se hizo jueves.

Cuando llegó la comitiva de los esposos, por lo menos seis o siete coches oscuros del más lujoso lujo levantando polvareda, la servidumbre de la casa de Villa Paz y el personal de sus dependencias de servicios ya estaban esperándola formados en cuatro filas, dos por flanco.

Voluntarios que se prestan a abrir todas las puertas, la gente que se apea, y del tercer vehículo baja mi padre, impecable, con traje gris perlado, camisa *blanc cassé*, corbata negra y gafas oscuras. Tiende la mano que otra enguantada agarra, y tirando de ella aparece la mujer más bella del universo, entallada en un dos piezas de lana de algodón azul de Prusia de Jacques Fath y zapatos toscanos negros de medio tacón combinando con un bolso de viaje de Gucci de piel de avestruz y asa de bambú. Tres giros de perlas. Fue como ir al cine y que los artistas saliesen de la pantalla para saludar uno a uno a todos, con una amabilidad que de inmediato les sedujo hasta entumecerles. También fue la primera vez que oyeron la musicalidad embriagadora de la lengua italiana, tan dulce, tan romántica.

Hasta los Gutiérrez González, obligados a tomar parte en la formación de acogida junto al servicio puesto que, de alguna manera, lo eran, y presentados en un paréntesis, por turno, con sus títulos de parentesco, lo que de alguna otra manera les alivió a corto plazo, se dejaron también derretir momentáneamente ante la gracia y la abrumadora belleza de mi madre, la señora Lucia Bosé, la recién estrenada, única y verdadera señora de toda la finca de Villa Paz «de hasta donde los ojos alcanzaran a ver», desde ese mismo instante y en adelante. Para unos, una esperanza, un proyecto entusiasmante. Para otros, un norte, una figura al mando, un respiro. Para los desplazados o por desplazar, una incomodidad, un traspié, una intrusa a quien había que escarmentar sin más tardar.

Al pie de las majestuosas escaleras del recibidor, mi padre distribuyó habitaciones, equipajes y comandas. Asignó a cada invitado su ayudante de cámara, se dio cita para el aperitivo antes de la cena, y tras el «siéntanse como en su casa», el recién estrenado matrimonio se retiró a las habitaciones de su torreón para darle continuidad a sus amoríos. No sin antes interpelar a la Reme, que subió temblando al cuarto de los señores.

—Bueno, Reme... Ella es Remedios, Lucía... de la que te hablé... ¿Qué te parece tu señora?... ¿a que es guapa a rabiar?

—Muy guapa, sí señor...

—La más guapa y encantadora de las mujeres... la madre de mis futuros hijos... la compañera de mi vida... la dueña de mi corazón... mi locura... mi amor... mi gran amor... —Y mientras iba enumerando calificativos a una Reme fácil de ruborizar, de paso cubría de piropos sinceros a su esposa. Mi madre reía, la Reme sudaba.

—¿Ya me puedo ir, señor?

—No, Remedios, aún no... Quiero pedirte un favor muy grande... ¿Recuerdas que un día te dije que ibas a ser una persona muy importante?... Pues lo vas a ser... Quiero... queremos... que de hoy en adelante te ocupes tú sola de la señora, de sus cuidados, de su ropa, de enseñarle la casa, las costumbres del campo, en fin, todo... Que seas su escudero, su sombra... para que la guardes como un ángel y para que no respire más que el aire que yo deje en sus labios cada día... que sus ojos no miren a nadie, que sus manos no rocen más piel que la mía... que la protejas de todo... Reme...

—*Ma cos'è che dici*, Luis Miguel... *Non capisco neanche la metà!*

—Y eso también... que le enseñes el español o estamos perdidos...

—¡Pero si yo no sé hablar en italiano!

—¡Pues mira qué bien!... ¡que te lo enseñe ella!

—*Ma... ho capito bene o cosa intendi che dovremmo fare noi due... insegnarci a vicenda l'italiano e lo spagnolo? Ma tu sei veramente matto!*

—Vichenda... vichenda... mato... mato... ¡Cómo me *piache* el italiano, Dios!... Y otra cosa más... En cuanto llegue el primer niño... dejas de ser ama de llaves y te haces tata de nuestros hijos... la tata Reme... y prepárate porque vamos a tener familia numerosa... ¡ocho o nueve por lo menos!... milaneses y toledanitos... y a partir de ese momento, claro... viajarás y vendrás con nosotros a todas partes... Reme... ¿no estás contenta?... ¡Hoy es el día más grande de mi vida!... Mi campo, mi mujer, mi tata, los niños, una nueva vida... porque voy a dejar de torear... ¿no te lo he dicho?... Nadie lo sabe todavía... quiero estar con mi familia... se lo he prometido a... a la italiana... por lo menos un par de temporadas... Bueno... ¿qué me dices?

—Yo... yo, señor... Yo no sé nada del manejo de niños...

—¡Bah!... pero se aprende, ¿no?... Esas cosas son de mujeres... ya nacéis sabiendo esas cosas, ¿no?

—No sé cómo enseñar a nadie... y menos el español, señor... No di lengua en la escuela... lo poco que fui a ella... quiero decir...

—Eso es cuestión de tiempo y de paciencia, Reme... ¡como todo!... Entonces, ¿es que sí?

—Me lo tengo que pensar, señor... Con todo el respeto que le tengo... quisiera hablarlo con padre y madre... si usted lo permite... por favor, señor...

A mi padre de pronto se le cambió la cara. No estaba acostumbrado a que le dijeran que no y mucho menos a que se le discutiese nada. Agarrándola del brazo la apartó al saloncito de estar a espaldas de la chimenea, fuera de la vista y del oído de mi madre y le recordó...

—No sé si me has entendido bien, Reme... no te lo estoy pidiendo por favor... aunque tenga que guardar las formas delante de mi esposa... Te estoy dando una oportunidad de oro, una por la que todas las jovencitas de este país se matarían... ¿Ser la tata de los hijos de Luis Miguel Dominguín?... ¿Conocer mundo?... ¿Tener un buen sueldo, el mejor?... Estar por encima de todos... de eso se trata... ¿me entiendes?

—Sí, señor... lo entiendo... lo entiendo...

—Entonces... ¿a qué esperas?

—Señor... por respeto a usted y a mis padres... quisiera consultarlo con ellos... darles la noticia y a ver qué me aconsejan... entiéndalo... señor...

—Pues yo no sé qué te vayan a aconsejar... pero lo que yo te aconsejo... si te vas a atrever a decirme que no... es que antes de que despierte mañana hayas hecho la maleta y ¡puerta!... Y no quiero volver a verte nunca más en los restos de mis días... ¿entendido?

—Sí, señor...

—¡Y eso es una orden!

—Tenga confianza, señor... confíe en mí... confíe en mí... por favor...

Temblando más que cuando entró, la Reme salió del dormitorio rezando, se agarró de la barandilla para no desfallecer y tiró escaleras abajo.

—*Cos'è sucesso*, Luis Miguel? *Mi sembrava tu fossi arrabbiato?* —le preguntó mi madre acariciándole la mejilla.

—Sí... me he *arrabiado* muchísimo... *moltissimo* con la *ragassa*... la Reme...

—*Ma perchè?... Cosa ti ha detto?*

—¡Eeeeh!... Mi ha *deto* que tu *non* eres tan *guappa... bella...* como se pensaba... y yo me he vuelto *mato...* muy *mato...*

Y como era de esperar, en respuesta a tal adorable fanfarronería, mi madre estalló a reír con todas sus perlas, muerta de encanto y de cara dura.

Tirando de su manojo de ama de llaves, la Reme corrió a buscar refugio, consuelo y un momento de soledad al único lugar posible. Abrió el portón de la capilla, se encerró en ella y, vencida por los acontecimientos que la aturdían, con el alma confundida, se hincó en el reclinatorio central, entrelazó sus dedos y los apretó en plegaria para que nada de su angustia pudiera derramarse. Apoyó en ellas su frente y empezó a repasar lo ocurrido, las palabras, mientras retomaba el aire. Demasiada información hasta para el Cristo que se desangraba en el altar. Demasiado orden que poner en su cabeza, demasiada calma que recuperar y demasiado que explicar a tantos, demasiados consejos que escuchar, demasiadas dudas y decisiones que tomar para una joven de Castilla la Nueva a sus diecisiete años. «Que Dios me ilumine», deseó, y oró toda la noche.

Dieron las ocho de la mañana y mi padre, de vuelta de su entrenamiento, sudando aún, desayunaba solo en la inmensa, alargada mesa del comedor, cuando tras él, abriendo la puerta de la cocina, entró la Reme directa al grano y sin dar los buenos días.

—Quiero decirle, señor, que ya he tomado una decisión sobre la propuesta que usted me hizo ayer y es que sí... que acepto ser la que se ocupe de su señora.

—Bien... eres una chica lista... me alegro mucho, Reme... ¿y de lo otro?... ¿lo de los niños?

—De eso... ya lo veremos en su momento.

—¿Cómo que ya lo veremos?

—Ya le dije, señor, que yo no tengo conocimiento de manejo de niños y es mucha responsabilidad... y si le llegase a pasar algo a alguno de ellos... no me lo perdonaría.

—Pero ¿qué les va a pasar, mujer?... Hasta que lleguen hay tiempo para que te entrenes... ¡será por falta de madres y de mujeres en la casa!

—Y... hay una condición que esa sí no la voy a pasar por alto... señor.

—¿Y cuál es Reme?

—De llegar el día en el que pasase a ocuparme de sus hijos... de llegar ese día... yo dejaría de cobrar mi sueldo y nunca más...

—Pero... ¿de qué estás hablando?...

—Lo que oye usted... y nunca más, señor... Usted respetará que yo no cobre nada o de lo contrario ya le digo... no hay trato... y si acepto el puesto y usted me obligase en un futuro a cobrar... me iría...

—¡Estás loca, Reme!... Estás loca... ya te dije que eras rara... pero es que además ¡estás loca!... ¿Y de qué vas a vivir, mujer?

—De usted, señor... En adelante usted se haría cargo de mi persona... solo quiero comida, cama y uniformes limpios... nada más... bueno... y los gastos pagados por supuesto... nada más... y un techo, claro...

—¿Y librar?

—Si se enfermara alguien de mi familia, le pediría permiso.

—Ni un domingo pa ir a misa.

—Soy cristiana, señor, pero no de iglesia... Además, los niños son como el campo... no entienden ni de domingos ni de fiestas de guardar... y yo estoy hecha a esa vida.

—¡Alcaraván comí!... ¡a otro tonto pero no a mí!... Así cantó la lechuza en su tercer día, el día en el que el hechizo se habría de romper y la Poposa dejaría de ser lo desdichada que siempre había sido... Como de costumbre cada noche sucedía... el campanario de la iglesia del castillo empezó con su redoble y en la cueva se fue haciendo una luz que ni mil fogatas podían superar... y entonces, una voz dulce como la de un hada se hizo escuchar... y susurró... «¡Poposa!... ¡Poposa!... Esta noche lucirás el vestido más bello de todos los vestidos, el que todo lo abarca y todo lo contiene... el del Firmamento y el Infinito Universo»... Así que le pidió a la joven que se pusiera en pie en el centro de la luz y, según la iba vistiendo, la voz fue contándole la historia de su atuendo... «Esta tela, querida niña Poposa, fue la más difícil de tejer pues cambia de color y luz... virando del celeste más brillante y cegador... el que emula al día... al negro más cerrado y opaco... el que asemeja al firmamento nocturno... El primero fue hilado en los husos de los Espíritus del Viento con vapor de nube, con tintes de amanecer y atardeceres... sobre él brilla el sol... Hay tormentas con rayos y truenos, lluvia fina y también nieva... Es mágico y siempre está en movimiento... bandadas de aves lo surcan de norte a sur con sus rutas migratorias, armonizando sus cantos y graznidos... El de la noche, en el que resplandecen las constelaciones de estrellas, brillan los luceros... En él giran los planetas en sus órbitas y cruzan los cometas... Fue concebido por los Ángeles de la Sabiduría al tocar las notas de sus harpas de oro... ¡Pero atenta!... Cuando el Príncipe te proponga salir a la terraza para admirar el cielo nocturno y llame a todos los invitados a compartir el espectáculo de fuegos artificiales... en ese momento... te pedirá en matrimonio... Y no te asustes, mi querida niña Poposa... no te asustes... porque mientras vaya declarándote su amor... la tela del Infinito Universo te envolverá entera ante los admirados ojos de todos... formando una pupa de luz... y al bajar sus miradas en signo de reverencia... en esos instantes en los que nadie pose la vista sobre ti... se hará la transformación... se deshará el hechizo... y del envoltorio de luz surgirá la mujer más bella que nadie jamás nunca haya contemplado... Todos en palacio se postrarán ante ti y viviréis felices para siempre... mi Poposa... mi Reina Poposa... mi querida niña Poposa»...

—Pero ¿cómo era el traje del Infinito Universo, Tata? —preguntó Paola.

—El traje del Universo no se puede describir, solo imaginar... y para ello hay que cerrar los ojos muy fuerte y viajar por el espacio infinito en el que se pierden las estrellas, miles, millones de ellas de colores muy diferentes, como piedras preciosas... algunas muy grandes, otras medianas, y otras muy pequeñas... —Y con cada adjetivo, la Tata fue tocando la cabeza de cada uno de los tres niños— resplandeciente de galaxias, plagado de planetas y de luz profunda... Y si os tocáis el corazón... así... sentiréis que todo eso ahí está... incluso mucho más de lo que jamás podáis querer, tener o desear... ¡Que nunca se irá!... Y colorín colorado... ahora sí que este cuento ya se ha acabado y la cama... ¿no la oís?... os está llamando.

—Pero Tata, nunca nos explicaste quién era la Poposa y qué cara tenía... ¡ni de dónde venía! —protestó Paola.

—Porque si te lo cuenta, te vas a morir de miedo —añadió Lucía.

—De los cuentos... mejor saber lo justo, creedme... solo lo bonito y no lo feo... es mejor... creedme, niñas...

Y entre protestas y decepciones, la Tata, con su buena y firme mano izquierda, recogió su rebaño, y uno a uno, como cada noche hasta contar tres, los fue arropando a todos mientras rezaba con ellos yendo de un cuarto a otro:

Ángel de la Guarda, dulce compañía,
no me desampares ni de noche ni de día...

Cuatro esquinitas tiene mi cama,
cuatro angelitos cuidan mi alma...

—Rezo por papá y mamá, por los abuelos y para que nunca nos falte comida ni nos pongamos malitos... Buenas noches, Tata...

Mientras la Tata arropaba a Miguelito, este le dijo:
—Tata..., ¿sabes qué?... Yo creo que la Poposa no era guapa y que era muy pobre y por eso se escondió en una cueva, para que nadie se riera de ella, ¿verdad?
—Así fue...
—Y que cuando creció soñó con ser la más bella del mundo y casarse con un hombre muy rico para no pasarlo mal, ¿verdad?
—Caliente, caliente...
—¿Y la Poposa está viva ahora en algún sitio?
—Puede que sí... pero no sigas investigando que te vas quemar...
—Tata..., ¿la Poposa es de Saelices?
Y la Tata estalló en una risa de ternura con la ocurrencia del niño, y tras un ataque de cosquillas, le cubrió de besos y le ordenó que se durmiera, y con un largo bostezo mecánico, grande como una cueva, se le abrieron las puertas del sueño.

5

Villa Paz

Miguelito tenía tres años y pico y el espíritu explorador ya muy activo. La Tata y la Nonna Francesca, apoyadas al muro encalado del exterior de la casa, se asoleaban y hablaban de cosas de la finca. Por el paso entre la casa y el corral de los toros, iban y venían los mayorales a caballo, saludando a las señoras, y transitaba atareado el resto del personal.

Vestido con pantalones anchos rojos traídos por sus padres de Las Vegas, remachados de piedrecitas rojas, su camisa de cuadros remangada, su pañuelo al cuello y su chapa de sheriff, el pequeño estaba dispuesto a poner orden a tanta vaca suelta.

De un salto, se encaramó al muro de piedra del corral y en equilibrio fue avanzando por él. Diez pasos más adelante decidió que no existía vaquero cobarde y que había que mostrarle al ganado quién era el jefe, así que de otro salto fue a parar más abajo, encima del borde de la cornisa del abrevadero para el ganado, un pilón de unos cuatro por dos metros, por uno y medio de profundidad.

Brazos en jarras, arengaba al ganado, así como había visto hacer a su padre. La Tata y la Nonna, viéndole aventar sus manitas y pegar aquellos grititos, se partían de risa y se decían «mírenlo ahí, la misma estampa que su padre, ¡hay que ver qué gracioso se pone!, ¡ahí, ahí... mandando como se debe!», y tras un momento de gracias, retomaron sus cosas.

Miguelito se venía p'arriba y se sentía muy mayor dominando a la manada que no se atrevía a embestirle.

De pronto un cabestro, que al igual que el resto del ganado pastaba su alfalfa en los comederos, debió pensar que la voz aquella tenía que ser la del mayoral llamándoles a beber, así que, torpemente, giró el testuz y se puso en marcha hacia el abrevadero. Detrás fue otro y otro y otro, al que siguieron todos los machos bravos de cuatro a cinco años y de más de quinientos kilos, los ya listos para la lidia.

En un momento, se levantó una polvareda tremenda y Miguelito, viendo que el ganado se acercaba demasiado, que ya casi lo tenía encima, trató de huir apoyando el pie en la manilla del grifo del pilón, con tan mala suerte que giró, le hizo perder el equilibrio y se fue al agua de espaldas.

Al caer, Miguelito no peleó, se dejó hundir...

Ya sumergido, todos los ruidos fueron desapareciendo, amortiguados, haciéndose lejanos. El agua estaba fresca y la sensación de ir flotando hasta depositarse en el fondo era como la de soñar. No hubo miedo, no hubo ansiedad ni necesidad de respirar. Todo eso desapareció. Solo paz, mucha tranquilidad, mucha calma. Recostado en el fondo, inmóvil, observaba plácidamente los hocicos de los toros entrar en el agua y los oía aspirarla. En aquel silencio empezó a contarlos. El espectáculo era glorioso. Algunos se empujaban para hacerse sitio y entonces la superficie se alborotaba, enturbiándose por un instante. Pero en nada, el ras del agua volvía a recomponerse y seguían abrevando. Los pájaros que sobrevolaban el lugar podían ver al niño desde arriba, enmarcado en el centro de un cerco de astados, en la gloria del fondo del pilón, en el mejor de los escondites posibles.

A través del techo de agua, Miguelito discernía también las hojas verdes de los chopos y, entre su aleteo, el resplandor del sol en lo alto del azul.

¡Dios mío..., que esto no acabe..., que se quede así para siempre!, deseó con todas sus fuerzas. Y se dejó llevar, se dejó llevar, contemplando el mundo, feliz de no necesitar nada, ni tan siquiera el aire.

Cuando La Tata y la Nonna se dieron cuenta de que los toros estaban bebiendo apelmazados en torno a la cornisa en donde apenas hacía unos minutos Miguelito estaba en pie citándoles y que había desaparecido, supieron que algo no iba bien y se asustaron, les dio un vuelco el corazón.

Empezaron a buscarle a gritos, preguntando al Abuelo que si no estaba con él en el gallinero, corrieron al patio por si en una de esas se les hubiese escurrido adentro sin haberle visto. Se desató el pánico. Acudió gente de todos los rincones y la Tata, con el corazón en vilo, dio orden de avisar corriendo a mi madre que estaba en el interior de la casa.

Al cabo de un par de minutos largos, la Nonna, desgarrándose, señaló el fondo del pilón. Todos acudieron y me vieron ahí, quieto, con los ojos abiertos, inmóvil, con mi traje de vaquero y una leve sonrisa, sin respirar.

Me dieron por ahogado. Y durante el tiempo que se fueron apilando los abrazos, entre penas y lamentos, se me concedieron unos segundos más que gozar en aquel paraíso.

Hasta que la Nonna, sacudiéndose con rabia a todos de encima, tal como campesino coraje obliga, saltó a la cornisa del pilón espantando a los toros a patadas, zambulló la cabeza en el agua y agarrándome como pudo, me sacó del fondo del agua, y ahí se fue todo a la mierda.

Me apretó fuerte contra su pecho, desesperada, y luego fue pasando mi cuerpecito de brazo en brazo hasta llegar a los de la Tata.

Desde el fondo de la imagen, llegaba mi madre a la carrera, y sin aliento me agarró. Se elevaron, renovados y más fuertes, llantos y quejidos de desgracia sin que nadie reparara en que, a pesar de aquellos ojos abiertos de muerto, el niño respiraba.

Pensé: «Tal vez estén tristes porque me he mojado y me puedo poner malito». Así que, para no preocuparles de más, le susurré a mi madre al oído: *Mamma... ho fame*. Separándome de golpe de ella, me miró asustada y empezó a gritar: «¡Está vivo..., está vivo!», y todos se sintieron aliviados y, aunque seguían llorando, ya no sonaba igual, sonaba a milagro.

La finca de Villa Paz perteneció a la infanta Paz de Borbón, hija de la reina Isabel II, princesa de Baviera entre otros títulos. Lindante con el río Cigüela y un puente romano, quedaba la otra finca, también propiedad de las Casas de Luján, y la Casona de la infanta Eulalia, hermana menor de Paz, todo un personaje de la época, quien dio muchos quebraderos de cabeza a la familia y dejara hartos manuscritos relatando sus incansables viajes.

Mi padre compró Villa Paz en 1947 en subasta, bien aconsejado por Blanca de Borbón, condesa de Romanones, la última castiza pura de la realeza de la que se tuvo constancia. Elegante la que más, de exquisita educación y refinadísimos modales, fue para mi padre un referente y a quien siempre escuchó con respeto. Para mi madre fue una amiga muy estrecha en quien confiar, que la parapetó y amparó en los tiempos más difíciles y bien aconsejó en los asuntos más delicados. Abuela de los Suelves, madre de Blanca y de Victoria, las tres incondicionales admiradoras del torero.

Al comprar la propiedad, mi padre emprendió una ambiciosa reforma de la casa. Decidió que esa sería su residencia, centro operativo y lugar de entrenamientos. Trasladó allí a toda su corte, la más estrechamente allegada, dejando en la oficina de Madrid tan solo a su administrador y a su secretaria. El resto se mudó al campo, y aquella casa fue un hervidero de actividades que abarcaban todas las áreas.

Allí crearía y criaría su hierro ganadero, allí descansaba entre temporadas, daba sus cacerías y tentaderos para las personalidades que subían desde la capital o venían del extranjero a visitarle.

El primer evento de gran resonancia fue la boda de mi tía Carmen, Carmina, la pequeña de los hermanos, con mi tío Antonio Ordóñez, uniendo así la estirpe torera de los Dominguín a la del Niño de la Palma. Un fenomenal espectáculo mediático montado al aire libre en el patio central de la casa bajo las bendiciones de la Virgen del Pilar. Eso fue en 1953. Y en octubre de 1955, la segunda boda, pero ya en la capilla de la finca. Una celebración muy íntima, con asistencia de algunos pocos familiares, no los italianos, y de los amigos más cercanos, que para alivio público, finalmente consagró por la Iglesia un matrimonio civil en Las Vegas que en la España de entonces suponía un escándalo, carecía de validez y era firmemente desaprobado por el Régimen.

—Tienes que pensar en volver a los ruedos, Luis Miguel... Las pesetas vuelan como garbanzos en puchero... Además, la gente te echa de menos y, aprovechando que no estás en cartel, Ordóñez te está comiendo mucho terreno... Llevas ya demasiado aquí, encerrado en el campo, y no te enteras de lo que se cuece en Madrid... Deberías retomar tu vida y tu fuente de ingresos... Plantéatelo...

—Todavía no papá... todavía no es tiempo... Estoy fenomenal aquí con Lucía... y mi hijo que está por nacer... queremos tener más... no puedo irme por ahí a jugarme la vida con un matrimonio de meses, no quiero... Me estoy planteando cambiar de vida... una más familiar y de campo... Me gusta la ganadería y la caza... después de los toros es lo que más me gusta... y además... cuando nos casamos en Las Vega le prometí a Lucía que iba a abandonar los ruedos, que si no, no se casaba me dijo... y se plantó... No voy a romper la promesa... por lo menos por ahora... ya vendrá el día... Con las mujeres hay que ir despacio, aguantando y templando pero con mucha muñeca... Ya vendrá el día... Ahora nos cogemos todas las mañanas un caballo y la pareja de escopetas que le regalé al casarnos, y a cazar conejos pa la paella... No te he contado... le he echado el ojo a una finca de caza mayor en Sierra Morena... por Andújar... cerca del Santuario de la Virgen de la Cabeza y me la voy a comprar... Me dio el soplo Blanca Romanones, como con esta, y es un fincón, la verdad... con mucho venao, jabalí y hasta linces tiene... y un pantano enorme, una belleza... Tienes que venir a verla, papá.

—Pues a mayor razón vas a tener que arrimarte, Luis Miguel, o apaga y vámonos... Los billetes no caen del cielo.

—Quiero una vida simple, papá... Es lo que busco.

—Tú no has nacido para eso... para tener una vida simple... Tú has nacido para ser el mejor torero de la historia, y ahora lo que te pasa es que estás enamoradito como un tonto... pero ya se te pasará y cuando pase, me avisas... porque las cosas hay que organizarlas bien y con cabeza, claro... Mientras tanto, tenemos que hacer que se hable de ti y que se hable de otra manera a la que se está hablando ahora.

—Yo no quiero que se hable de mí... quiero que me olviden por un tiempo largo... que me dejen un poquito en paz.

—Eso no va a pasar, Luis Miguel... Tú te debes a la gente, eres del público y el público no puede estar sin sus ídolos, porque se pasa a otro bando con mucha facilidad... Y si además les meten ideas en la cabeza que no son..., pues ya sabes lo que pasa.

—¿Qué ideas, papá?

—Rumores... comentarios... Ya sabes lo que le gusta a la gente darle a la lengua.

—Pero... ¿qué están diciendo?

—Que te has hecho comunista.

—Comunista... yo...

—Sí... que desde que te has casado... tu mujer... que al parecer... y eso no lo sabía yo... que está inscrita en el Partido Comunista Italiano, te ha metido las ideas en la cabeza que tu hermano Domingo no consiguió meterte... y que ya son dos de esos en casa y una en la cama... que Villa Paz se está convirtiendo en una base de operaciones que utilizan los exiliados del Partido Comunista Español y que por eso el Generalísimo ya ni viene a cazar aquí, ni te invita a El Pardo... La gente tiene muy mala leche, Luis Miguel.

—Lo que la gente tiene es mucha imaginación, papá... y cobardía... porque eso a mí no me lo dicen a la cara... ¡hijos de puta!... no aguantan que uno sea feliz y que no se sepa nada de uno.

—No, no lo aguantan ni tú no puedes evitar que esto vaya a más... Tenemos que pararlo en seco ya mismo.

—¿Ah sí... y cómo?

—Tienes que casarte por la Iglesia.

—¡Estás bromeando!

—No, no lo estoy... es más... ya sabes que la idea no me hace ninguna gracia.

—¡De eso ni hablar, papá!... Y no veas cómo se me ocurra comentárselo a Lucía... Me mata y después hace las maletas y se larga a Italia con mi hijo en la barriga... ni hablar del peluquín, yo no me caso por la Iglesia...

—Pues déjame que yo hable con ella... déjame que le explique cómo están las cosas para que entre en razón... Lucía será lo comunista que quiera y lo rebelde que le dé la gana, pero de tonta no tiene ni un pelo..., te lo digo yo...

—Pues adelante... inténtalo, que nos vamos a reír un rato... Pero ponte casco y escudo, que esta te pega un tiro... ¡con lo suelta de gatillo que está ahora!

—Bien... hablo yo con ella y lo arreglamos... Así, de paso, matamos dos pájaros de un tiro... Mira, hijo... si te casas por la Iglesia se acaban todos los chismes y las aguas vuelven a su cauce.

—¿Así de fácil?

—Así de fácil... Ya sabes que al Generalísimo le da igual lo que tú hagas... es más, le divierte a rabiar, lo sabes... le conoces... él te admira y respeta... eres su niño y así te llama... El problema no es él... el problema son los meapilas que tiene a su alrededor, que le ponen la cabeza así de gorda y con los que no quiere discutir... Le están provocando mucho contigo porque levantas muchas envidias y van y se aprovechan para envenenarle... y aunque él no se deje, pues le jode... Le jode más por ti que por el qué dirán o vayan a decir, y el hombre lo estará pasando mal, estoy más que seguro... por ti, mal por ti.

—¿Y por qué no me llama y me lo cuenta?... Le llamo yo ahora mismo y verás como queda zanjao el tema... ¡pero que ahora mismo le llamo!

—No... ni él te va a llamar ni tú a él... Hay que hacer las cosas sin poner a nadie en evidencia y sin desvelar de dónde vienen las informaciones... Mira, hijo... al Caudillo le cuentan que tú no te vas a casar por la Iglesia porque te has hecho comunista... y como te has hecho comunista y no estás casado por la Iglesia, él no te puede invitar a El Pardo porque a sus cacerías hay que ir con esposa y tú, ante los ojos de Dios, no tienes aún... Y tampoco puede venir aquí porque aunque aquí tú mandes y pongas tus reglas, el hecho de que él las aceptara viniendo significaría que a ti te permite lo que a nadie... y eso levantaría llagas y más envidias, tanto en la sociedad como en sus partidarios... sin hablar de la Santa Curia... Con lo cual... tú te casas, tienes esposa oficial pa ir a El Pardo a pegar los tiros que quieras y dejas de ser comunista, todo a la vez y el mismo día... y aquí todos a callar... paz y gloria... ¡Qué digo yo, hombre!... No dos... tres pájaros o más de un tiro... y se acabaron las tonterías y las malas lenguas y les damos a todos en to los morros... Eso sí... un favor te pido...

—¿Un favor me pides?... ¿Por qué lo que me acabas de pedir no es uno?... ¡No, claro!... Lo que me acabas de pedir ¡es un sacrificio de cojones!

—Escúchame... escúchame, hijo... antes de hablar escúchame... Tú te me casas... y además me comulgas.

—¡Ni harto vino! Se acabaron ya las bromas, papá... ¿Dónde está tu ateísmo y tu pasado republicano?... Si la abuela Pilar se enterase...

—La abuela Pilar es la primera que va a llorar viéndote ese día... Por muy roja que sea, es mucho más cristiana... No se hable más... tú te casas, tienes esposa, dejas de ser comunista, vuelves a cazar con Franco, comulgas como buen cristiano que eres y todos tan contentos... (levantándose entusiasmado y yéndose). Voy a hablar con Lucía y tú ve preparando el traje corto de la boda... Déjalo todo en mis manos, que yo te lo preparo en esta semana... Y dime qué fotógrafo quieres que traiga, ¡que sea de tu gusto!... (dándose la vuelta). Y a la familia, ¿la avisas tú o le doy yo la noticia?... Deberías encargarte tú de ello... (volviéndose a ir). Tu madre... ¡cómo se va a poner tu madre de contenta!

Era invencible. Era encantador. Era creativo, puro sentido común, y sobre él fundaba sus estrategias. Era mi abuelo Domingo. Y antes de salir por la puerta, se giró una última vez y añadió:

—Y en cuanto regreses de tu luna de miel... ¡volvemos a los ruedos!... Será el momento perfecto... y créeme... ¡te vas a hacer de oro... tú déjamelo a mí!

Se casaron en octubre de 1955 en la ermita de Villa Paz, y menos de un año más tarde, en julio de 1956, me bautizaron allí también, con una celebración por todo lo alto. Mis padrinos de bautizo fueron el director de cine italiano Luchino Visconti y Margherita Varzi. El vestido bautismal me fue regalado por tres grandes artistas, íntimos amigos de mi madre y excompañeros de piso en Roma: Piero Tosi, figurinista de las más grandes películas del cine italiano, quien cosió y bordó a mano el todo, en hilo de oro sobre seda de satén color champán; Franco Zeffirelli, gran director de teatro y ópera, por entonces compañero de mi padrino Visconti, quien lo boceto, inspirado en un faldón de bautizo de los Medici; y por otro grande, el adorado Mauro Bolognini. Esta vez sí que asistieron las dos familias al completo. Abuelos y abuelas, tíos y tías, toda la *Grande Roma* y el *Milano per bene*, el todo Madrid, Quismondo entero, y mucha América Latina.

Tras la pila y el sacramento, tocaba el *buffet*, servido por el restaurante José Luis. Todo fue traído en furgonetas y camiones desde la capital, mobiliario y vajillas, mantelería y cristalería y, por supuesto, el menú. Hubo apoyo de cocinas, despensas y vaquerías de la finca, además de su personal. Se dispuso todo en el patio central, con mesas de caballete corridas, y según los invitados iban llegando, se les atendía.

El patio de la casa de Villa Paz tenía nueve accesos en total. La entrada principal o de coches, otras siete puertas perimetrales que daban acceso a diferentes áreas de la casa, cocinas, aljibe, capilla, etcétera, y un pasillo que lo conectaba a patio trasero, el de las cocinas de matanza y perreras, donde vivía Petra, la amada loba de mi padre.

Cuando la comida llegó a los postres, él dio la señal...

Atravesando un coche para sellar el acceso principal, trancando por dentro las puertas de la casa, impidiendo así cualquier intención de escape, el torero hizo que los mayorales metieran una vaquilla por el pasillo que daba al patio de las matanzas, que de inmediato también se selló.

La súbita aparición del pobre animal provocó el terror instantáneo de todos los invitados, que pretendieron darse a la fuga a la vez por todas y cada una de las puertas que habían sido cerradas. Corrían en desorden y a la desesperada mientras la vaquilla embestía contra todo lo que se le ponía por delante, revolviéndose por igual contra traseros como contra mobiliario.

Gritos despeinados, intentos de salir al quite con manteles, barricadas tras las mesas, grupos de valientes saltando sobre el animal como leonas en emboscada, mucha gente ofendida, otra desesperadamente rogando por sus vidas y porque se les dejara salir. Carlo Ponti y Sophia Loren, colgados de las rejas de los ventanales, como tantos otros, se lo pasaban en grande toreando con pañuelos.

El resultado final fue un alfombrado de zapatos extraviados y un absoluto caos y destrozo de objetos y de gente. Hubo muchos sentidos del honor heridos y muchos orgullos ofendidísimos. La broma no se entendió bien, porque en verdad, gracia, lo que se dice gracia, no tenía gracia alguna. Y menos sin haber avisado.

Mientras que todo volaba por los aires, los taurinos de verdad, que sabían cómo comportarse, conscientes del poco peligro de la inocentada, copa en mano en una esquina, disfrutaban al ver cundir el pánico sin ni siquiera despeinarse, y al quedarse quietos, la vaquilla jamás se les acercó. Hasta que salió el héroe anfitrión al quite...

Viendo que el animal se agotaba, sin importarle daños o gente, solo pensando en la salud de la vaquilla, mi padre la agarró por el rabo y, mientras la frenaba, un par de mayorales la auparon a la de tres, la cargaron en brazos y la sacaron del ruedo. Fin de la faena.

Casi todos desconocían que, en realidad, ese pobre bicho jamás podría haber causado daños severos, ni cornear a nadie ni romper nada. Tan solo dar topetazos inofensivos y asustar, lo que consiguió a las mil maravillas.

Hubo algunos casos de Mercromina leves, dos o tres sales de desmayo, toques de agua del Carmen y contadas tiritas. Pero ya se sabe, cada profesión tiene su sentido del humor que la otras o no comparten, o desconocen.

Así que la gracia acabó con el bautizo. La mayoría de los invitados se fueron, pensando que el torero se había pasado de la raya. Levantaron el vuelo abrumados, ofendidos, despilfarrados.

La parte restante, la del núcleo duro, compuesta por taurinos, cazadores, familia, toda Roma y América Latina, y los que ya estaban borrachos cuando se soltó al animal, fueron los que se quedaron, felices y encantados de haber vivido un momento tan único. Ni pizca de esfuerzo en recomponerse hicieron. Todo aquello les había parecido *divino*, una anécdota genial, pintoresca a más no poder, digna de crónica, y se divertían como locos comentando cómo consiguieron sobrevivir.

Pero detrás de todo ello, por supuesto, existía una intención bien armada, premeditada, que salió a la luz cuando mi padre, reuniendo al resto del naufragio, anunció que «ahora que hemos conseguido echar a los más pesados, aburridos y estirados, que empiece la fiesta de verdad», y arrastró a los supervivientes hacia el interior de la casa donde les esperaba el mejor tablao flamenco que jamás volverían a ver en sus vidas y que duró tres días enteros con sus tres largas y memorables noches.

Villa Paz era un paraíso, mi paraíso. Jamás un niño pudo haber imaginado tener la suerte de crecer y pasar su infancia en un lugar tan mágico y perfecto. Yo la tuve. No solo era aquella casa, inmensa, con infinitos cuartos y pasillos por los que correr, salones en los que sucedían fiestas en todo esplendor, con hombres apuestos y bellas mujeres, todos ellos de una exquisitez y elegancia de revista, con doblados y *camarotes* en las buhardillas que conservaban misterios desde hacía siglos. Y no solo. También era el campo y sus cosechas, los cantos en las eras, las fiestas del pueblo, el trasiego de la ganadería. Y la gente que allí trabajaba, sus hijos, mis amigos más especiales, los más queridos del alma, sencillos y a la vez extraordinarios, personajes rudos y ocurrentes, mi familia de verano, la extensión de la otra, la más entrañable.

Sin olvidar los dos ríos que confluían bajo el puente romano en la linde de la finca, en los que atrapábamos cangrejos con carnadas en *lamparas*, y bajo cuyas choperas dormían gorriones por millares y entre cuyos juncos nos iniciamos, más de uno, a unas artes que en su momento confundimos con el sexo, pero que nada tenían que ver. Después eran los bosques, encajados entre las paredes de unas hoces milenarias, donde anidaban rapaces y surgían fuentes a ras de suelo, de aguas frescas y cristalinas, incontaminadas, bocas de la Tierra que de su boca te daban de beber. Allí se iba a almorzar y a merendar dejando aparcadas, por un tiempo breve, las labores del campo, ya fuera la de la mazorca o la de la torta de la pipa, de los pepinos o del tomate.

En medio de aquellos muros de piedra corría el aire, y tumbados a la sombra sobre las hierbas y el trébol, se estaba de maravilla. El mundo era perfecto y el tiempo era feliz. Las estaciones eran muy marcadas y toda la naturaleza les respondía con sus milagros de temporada. Nadie pensaba en otra cosa más que en las fiestas de la Virgen de Saelices de finales de septiembre y en si llegarían más mozas y mozos de otros pueblos que el año pasado.

Justo ahí, mirada arriba, en la cima de la colina del Puche, quedaban la placilla del tentadero de vacas, los corrales de manejo para apartar el ganado bravo y la casa de los mayorales. Cuesta abajo, por la calzada de polvo y piedra, hacíamos carreras hasta la casa, una distancia de más de dos kilómetros que no nos parecía tanta ya que, desde que se arrancaba a correr, siempre estaba a la vista y eso nos confundía.

Detrás de la casa principal, dando a una cuesta sembrada de alfalfa de regadío, interrumpida allá abajo y a pérdida de vista por las vegas plantadas de maíz y avena, había un columpio de tabla atado con dos sogas a la rama de un nogal. En él buscaba estar solo, a pique en cada balanceo.

Por aquella pendiente fresca nos dejábamos rodar hasta el mareo mientras que las mujeres tendían la ropa de casa al sol, sábanas, toallas, manteles y demás telas cegadoras de luz y azulete, que al usarlas olían a hierbas.

El jardín de la casa era grande, o eso me parecía. A la entrada había dos inmensos tilos de semillas helicoidales que al madurar se desprendían de las ramas y que intentábamos atrapar para hacer té. El resto eran castaños de Indias entre los cuales paseaban picoteando dos decenas de pavos reales que dormían sobre los rejados de teja árabe. De noche, sus gritos nos erizaban las carnes. Sonaban a niño degollado. De inmediato me encargué de que entraran a formar parte de las infinitas leyendas de terror que guardaba la casa. Muchos de ellos iban desapareciendo misteriosamente con el tiempo, tras noches tormentosas, de luna llena o no. Corrían historias de semihumanos de largos brazos, de colmillos puntiagudos y cuerpos cubiertos de pelo de gamusino que, al parecer, los cazaban mientras dormían. Y antes de morir, debatiéndose en plena agonía, lanzaban su último grito, desgarrador, esos que nos estremecían en nuestras camas, embozados hasta las cejas. Al oírlos, de inmediato nos asaltaba un olor a paella que asociábamos a la que se servía para comer al día siguiente de cada uno de aquellos crímenes nocturnos, siempre hecha de verduras con pollo, unos pollos sospechosamente grandes incluso para ser capones. Pero sería casualidad.

Y la casa... Sobre la primera capa de decoración Real, huella que dejaron los Borbones, sobre la segunda con el gusto cazador y taurino de mi padre, y sobre un tercer retoque rancio, de estilo *Remordimiento Español* dado por mi abuela Gracia con restos de la companza y objetos de aquella plata tan esclava, pero que tanto le chiflaba, llegó, finalmente y por último, la mano de mi madre.

Lo que consiguió hacer de todos aquellos estratos decorativos fue tan milagroso, tan excepcional, que logró la admiración y el respeto de todos. La casa, ya convertida en residencia oficial del matrimonio, acabó teniendo el aspecto de un pabellón de caza regio, multicolonial, tal vez propiedad de algún lord explorador, y por ende, nada te hubiese sorprendido si alguien se hubiera acercado a ofrecerte la típica bebida de bienvenida de los campamentos eritreos, o a decirte con acento paisa que qué desearía vuesa merced comer a la noche, si ñandú o armadillo asado con caraotas y ñampi. Las probabilidades de no estar en Cuenca eran inmensas. Y ya, si subías a las habitaciones de la zona noche, abriendo puertas podías caer tanto en el Véneto como en Salamanca, en Marrakech como en Quito, siempre sin salir de la provincia.

Mi madre agregó osadía en las tapicerías y reinventó la cortina. La tela de saco tuvo mucha culpa. Le parecía un material tan basto y grotesco que le encontró su gracia y acabó dándole diversos usos. Con ella forró paredes que barnizó para escudarlas de los restriegues machos de las fuertes espaldas en los comedores de caza. Las pintó a golpe de brocha y pintura industrial para acompañar el bajar de escaleras de servicio y secundarias. Mandó hacer colchas, cojines para divanes de salón, cubre mesas y topes tubulares rellenos de arena para cortar en invierno el paso de las corrientes de aire por debajo de las puertas. Y en breve, la tela de saco se hizo muy popular.

Pero, sin duda, para todos los de entre cinco y doce años de edad, los lugares más atractivos, nuestros preferidos, eran las dos buhardillas o *camarotes*. Tenían contenidos diferentes, pero ambos aterradores.

Subiendo la escalera, en el de la derecha había decenas de figuras sacras. Santos, vírgenes y cristos sobre una alfombra de patatas y mazorcas secas; era el hábitat de ratas inmensas, grandes como gatos. A ese casi ni entrábamos. Solo lo recorríamos por el ojo de la cerradura y por entre las grietas de las planchas rajadas de su portón. Cuando tiraba viento, lo oíamos silbar y decíamos que los santos aullaban de pena por las ánimas que aún vagaban por la casa. Nos entraban escalofríos de esos que dan gustito, pero no nos atrevíamos a acercarnos.

El de la izquierda en cambio era nuestro refugio, salón de juegos y sesiones de magia. Era un doblado de buena altura, de techo a dos aguas recubierto de teja árabe. Era el gran pulmón de la casa, por donde el aire corría, embolsando en verano el caliente para más tarde templar la casa en los períodos fríos e impedir que la lluvia empapase los pisos habitados de abajo. De casi tres veces el tamaño del otro, iluminado por la tenue luz de una batería de ventanucos perimetrales, tenía muebles de todas las épocas, espejos, cestos, cortinajes y muchos baúles, alguno cerrado con llave. Muchos contenían armas polvorientas en relativo buen estado, sobre todo espadas, sables y puñales cortos, todos mal afilados, todos enfundados. Un sueño para nuestras aventuras de piratas y bucaneros.

Ahí dentro montábamos todo tipo de escenografías según la aventura en la que nos fuésemos a enzarzar. Construimos palacios orientales, laberintos infestados de trampas y acertijos que resolver, embarcaciones, cadenas de montañas que, como gigantes, atravesábamos a grandes zancadas; simulamos ruinas, ciudades para las batallas. Lo que nuestra imaginación reclamase, aparecía.

Una vez, de tanto forzar la cerradura de uno de los baúles, la hicimos saltar. En su interior, vestidos aún bien doblados de telas caras y rígidas, y lencería femenina, combinaciones y faldones, ligeros y amarillentos, ribeteados con cintas de colores pastel, tal vez de la infanta Paz. Entre medias topamos con un envoltorio de tira de hilo, como vendaje en madeja, que al deshacerlo desveló una mano disecada, momificada. Era una mano derecha. Sobresaltados de horror y fascinados a la vez, acordamos fuese de mujer. Ahí depositada en el suelo, en el centro de todos, agachados sobre ella, la estudiamos y elucubramos.

Surgieron mil historias, todas ellas por supuesto sangrientas, de esas que nos fascinaban. Poco después, una vez perdido el respeto al muñón y familiarizados con él, lo integramos a nuestros juegos. Jamás se lo contamos a nadie, fue nuestro secreto, el de toda la pandilla del campo. Sobre esa mano, apilando las nuestras encima, se juraba lo que hubiese que jurar. Y volvíamos a ella cuando surgía algo muy sagrado que necesitaba ser protegido. Se convirtió en algo así como un talismán, el del «Club Secreto del Camarote».

Desde que la infanta construyera el palacio de Villa Paz, la casa tuvo muchos usos y de cada uno de ellos se encontraban rastros. Fue escuela, de ahí la enorme cantidad de pupitres amontonados; uno de ellos acabó en Somosaguas de relleno en el cuarto de jugar, para nuestros estudios. Fue paz y salvaguarda de las riquezas de las iglesias de los pueblos circundantes en las varias guerras, la última, la Civil de 1936, de ahí todas aquellas estampas y mobiliario sacro. También fue refugio de personas, las que la infanta acogía y escondía para evitar fuesen fusiladas o hechas prisioneras. Fue hospital y debió de ser uno grande e importante, porque la cantidad de aparataje sanitario y herramientas quirúrgicas que aparecían por doquier era incesante. Fue además depósito de cadáveres, y las energías de las víctimas de guerra, de las agonizantes aullando de dolor, abiertas en canal y desmembradas, todavía vivían atrapadas en aquellos espacios y resonaban día y noche por toda la casa. Según nosotros, aún seguía oliendo a descomposición.

Se decía que tal fue la cantidad de cuerpos que se amontonaron que no se daba abasto a enterrarlos. Que los apilaban como fardos por falta de espacio y que, entre los que se pudrían y los que estaban en proceso, la peste era insoportable. Los gases que emanaban de ellos se filtraban por las hendiduras del tejado, y desde fuera se podía ver un humear color verdoso que en parte ascendía, prendiéndose en llamas al contacto con el aire y, luego, vagando en forma de fuego fatuo para dispersarse entre la maleza de los carrizos. Pero la gran parte no ascendía por el peso que cargaba su dolor. Se derramaba por los canales entre las tejas hasta caer en tierra, penetrándola como lava de almas en pena, llegando directa a los infiernos. Eso nos gustaba mucho. Toda esa estética e imaginería nos fascinaba hasta la médula. Nos cagábamos de miedo, del que se propaga con escalofríos por el espinazo, uno muy adictivo que nos chutaba adrenalina a lo bestia y al que provocábamos sin tregua.

Pero nadie podía negar lo que a diario en aquella casa sucedía, nadie. Todos fuimos testigos de acontecimientos inexplicables y de toda índole. Otra cosa es que acabásemos acostumbrados a ellos. No pasó un solo día sin que sintiésemos algo. Un aire frío que nos atravesaba, unos pasos acompasados que subían las escaleras, una mesa que se desplazaba sin ser empujada, fuegos de chimeneas que se encendían solos, cantos de niños o discusiones acaloradas entre personas, que seguíamos hasta localizarlas detrás de las puertas y que al apoyar el oído súbitamente callaban, luces que iluminaban de pronto la oscuridad de los cuartos...

Villa Paz era una casa encantada, como las que se leen en los libros, pero sus habitantes no hacían daño, asustaban un poco de vez en cuando pero nada más. Aprendimos a convivir todos juntos, cada uno en su dimensión.

Eran tres las mujeres encargadas de la limpieza de la librería y de las colecciones de objetos que allí se guardaban, entre otras, una quincena de guacos peruanos prehispánicos que quedaban en el último estante, alineados para el disfrute de los ojos, distantes para el de las manos. Los tomos de la revista *El Ruedo*, que mi abuelo Domingo coleccionó, ocupaban fácilmente dos hileras enteras desde la entrada hasta el fondo de la biblioteca. Algunas novelas, pocas, revistas de caza y ganadería, y los álbumes de fotos que contaban la historia de mi padre y su familia y retrataban las carreras de los Dominguines. En total tres tomos pesados y alargados, encuadernados en piel gruesa. Esos estaban más a mano. A mi padre le gustaba enseñar las fotos de aquellas épocas a sus invitados, lo hacía con orgullo y nostalgia. En cambio, los álbumes que guardaban las fotos del matrimonio, las de su comienzo como pareja, las nuestras, las de las capeas, cacerías, fiestas y flamencos, en fin... las que documentaban a una familia que crecía y era feliz, esas estaban en otros álbumes que quedaban muy fuera de mano, en la estantería de arriba del todo, por debajo de la de los guacos.

Había que subirse a un taburete y estirarse mucho para alcanzarlos, pero tampoco se visitaban demasiado. Solo cuando mi madre, en sus horas de asueto, se sentaba en el diván frente al fuego de la chimenea, con su *napoletana di caffè* humeante, a pegar con un bote de cola el material fotográfico que le iban trayendo o que ella había mandado a revelar. Solo entonces. La solía espiar, bella como una gacela, sus piernas retraídas sobre los almohadones, sonriendo, a veces soltando una leve carcajada que ahogaba con la punta de sus dedos, con alguna ópera italiana sonando desde el fondo de los salones (ella viajaba con su tocadiscos de tapa portátil y su repertorio de Callas). Suponía que, en esos momentos, recorría el tiempo hacia atrás, rebobinando, comparando, haciéndose preguntas. ¿Cuánto quedaba de aquel amor, atrapado aún hoy en esas páginas, en cada una de esas fotos de hace nada? ¿El de dos personas locamente enamoradas, un hombre y una mujer, con destinos sellados a su pesar? ¿Cuánto, de todo aquello tan reciente, seguía ileso?

Mi padre no había cumplido con sus promesas, y creo que mi madre se enteró tarde de que jamás podría cambiarle, como, en general, suele pasar con los hombres. Pero confió en ese amor que todo lo puede incluso por encima de las naturalezas más indómitas que, a fin de cuentas, las gobiernan. Y se equivocó. A pesar de las repetidas advertencias de sus amigos italianos, se equivocó. O tal vez confió demasiado en que se diesen excepciones. En todo caso, apostó por un milagro que no aconteció.

Mi madre, capaz de enamorarse hasta la negación de sí misma, vivía prisionera en aquel momento, desamparada en el interior de una soledad a la que había decidido derrotar sin ayudas. Siempre pensó que la vida era como una casa, que en cuanto se la redecora, deja de ser la misma y te lo agradece. Y ella redecoró aquella historia con muchas esperanzas, pero una vez más, al igual que todas las casas de su vida, solo fueron espacios imaginarios.

Cerró los álbumes de un portazo tras cerciorarse de que la cola, suficientemente seca, ya no corría peligro de pegar las páginas entre sí. Se subió a un estrapontín y los devolvió a sus alturas. Se acomodó la rebeca sobre los hombros y caminó salones arriba, descalza, llevada por un aria leve de una Callas a media voz, en dirección a la cocina y a sus obligaciones, como buena esposa de un torero, su decisión.

Solo ellas tres, la Carmen, la Rosi y la Tata, tenían permitido atravesar la línea de frontera entre la librería y los salones para ordenar, recoger, renovar, limpiar, abrillantar. El polvo de la biblioteca era de su exclusividad, y con ligereza hacían revolotear sus plumeros locos entre los espacios huecos de los estantes, sobre los lomos de los tomos, como si de colibrís sincronizados se tratara. Hablaban poco.

—Las figuras antiguas de arriba... acordaos que ni se rozan... —recordaba la Tata.

—Aquí, en la tapicería de cebra, hay una mancha de café, Reme... ¿qué hago?

—Ve a buscar un vaso con soda y bicarbonato y le das bien fuerte con un trapo blanco... pero con ganas... como si fuera una costra... La empapas bien empapada y después la dejas secar... Con eso debería bastar... si no, ya le daremos con jabón Lagarto.

Ya estaban por acabar y las tres se pararon, mirando hacia arriba, al pie de la repisa de los álbumes de familia.

—Algún día me gustaría pedirle a la señora que si nos los enseña...

—Pues eso se lo pido yo en algún momento, Carmen... A mí también me gustaría volver a verlas... ¿Cuántos años hace ya?

—Pues yo creo que... a ver... ¿Cuántos años tiene ya Miguelito, Reme?

—Pues acaba de cumplir once el abril pasado.

—Pues once, más el año de novios... vamos a llegar pronto a la docena... Quién lo iba a decir... y con tres hijos guapos y sanos que no paran de crecer.

—Cuatro hubiesen sido... bueno... hubiesen sido siete... de haber nacido todos... y el pobrecito mío de Juan Lucas que estaría cumpliendo ya sus cuatro añitos... que Dios le tenga en su gloria.

Y las tres a la vez santiguándose sin dejar de quitar ojo a los álbumes...

—¡Que Dios lo tenga en su gloria! —contestaron la Rosi y la Carmen.

—Tanto cambio y parece que no ha pasado el tiempo, Reme.

—Sí que han cambiado cosas, y para bien... Acuérdate de lo que era esta casa antes de que entrase la señora... con aquellas tres personas de la familia del señor aquí... enredándolo todo... No las quiero ni nombrar...

—No... yo sí que las nombro... no me dan miedo... Mira que eran mala gente... ¿Dónde estarán ahora?

—Ni lo sé ni me importa... Los tíos creo que están en un piso en Madrid... por lo menos hasta que murió la abuela Pilar estaban en uno por ahí por Las Ventas, creo... Tampoco me hagas mucho caso...

—¿Y la prima... la Mariví?... Esa se fue a estudiar al extranjero, ¿no?

—¿Pero tú en qué época vives, Carmen?... ¿Esa?... Esa volvió enseguida para cumplir con sus planes.

—¿Cuálos?

—Hacer daño, Carmen... hacer mucho daño... el que en su momento no pudo hacer... Ahora ya lo está consiguiendo y creo que se lo va a llevar todo por delante... ya sabes a lo que me refiero, ¿no?

—Así se la lleven por delante a ella los fuegos del infierno a esa bruja... ¡lagarta!

—¡Ladrona!...

—¡Zorra!...

Y al pronunciar esas palabras, como quien llama a un encantamiento, los álbumes de familia fueron escupidos violentamente sobre las cabezas de las tres mujeres desde lo alto de su estantería. Las fotos fueron lanzadas al aire, como arrancadas de sus páginas por una mano misteriosa, y quedaron esparcidas por toda la habitación. La cosa sucedió tan rápida que del susto se les suspendió el corazón en vilo. Fue tremendo.

Acurrucadas en el suelo, escudándose con sus brazos, temblando y en silencio, se miraban entre ellas de reojo y a su alrededor. No alcanzaban a explicarse lo que les acababa de pasar.

—Carmen... Rosi... ¿Qué ha sido eso?... ¿Alguna de vosotras ha sentido también ese aire helado?

—Esos álbumes, Reme... nos han atacado... nos han golpeado como si estuvieran poseídos... ¿Es así... o me estoy volviendo loca?

—Eso ha pasao, Rosi... eso mismo ha pasao... ¡Ay, que me va a dar algo! —contestó temblando la Carmen.

Y tras un breve instante, tras vuelcos y vuelta a la realidad, la Tata retomó el mando.

—Deprisa... vamos a recoger este desastre las tres y esto no sale de aquí... ¡no sale de aquí!... ¿entendido?... Esto es otra cosa más de esas que pasan en esta casa todos los días... y nada más... ¿Queda claro?

Pero la Rosi, como de costumbre le solía ocurrir en estos casos trascendentales, casi en trance, seria, pálida y asustada, con voz de Casandra, sentenció helando las sangres.

—Fotos rotas por el suelo son de separaciones y duelo.

Tan solo a pocos meses de este suceso, que solo ellas habrían de recordar y nunca olvidar, se tuvo que aceptar que lo ocurrido fue un presagio, porque la evidencia de los acontecimientos que casi de inmediato se desataron, fue contundente.

La vida de las temporadas estivales en Villa Paz, que, en general, sucedían a las de Notre Dame de Vie, en Mougins, en Casa Picasso, eran apacibles y siempre felices. Esa finca surgía como el Reino de la Imaginación en el que todo era posible. Todo podía darse si se te antojaba o si se te hacía falta. La regla principal era la de aprovechar al máximo los días antes del regreso a clase y, como si fueran sacos, llenarlos de aventuras y de experiencias que contarles a los amigos y atesorar para siempre. Había entusiasmo y urgencia por vivir hazañas, en su mayoría compartidas por la pandilla de la finca y otros niños del pueblo que subían a echar el día.

Todo cambiaba respecto a Mougins. Nada más bajar del coche y poner pie, el calor seco te pegaba un guantazo en la cara y empezabas a respirar polvo. Había que reprogramarse. Para empezar, el idioma. Cambiaban las distancias, en el campo todo era a enorme escala. Ir de un lugar a otro suponía un esfuerzo que tenía que ser acordado entre todos, ya que a veces un solo desplazamiento comprometía el día entero. Cambiaba el trato con la gente, era muy directo, y así pasaran meses sin verse, te volvías a encontrar con la naturalidad y confianza de como si hubiese sido ayer. En Casa Picasso, quitando a Pablo, la gente era muy estirada, muy francesa, para entendernos. Cambiaban los olores, Castilla no olía a mar, ni a lavanda ni a pino, ni tampoco a queso podrido ni a mantequilla.

Castilla olía a otras cosas, todas ellas áridas, todas ellas polvorosas, todas ellas solares, todas ellas fuertes pero discretas. Eran notas contundentes, con mucho aguante y sobre todo honestas, no engañaban. Por ejemplo, los cardos con solo verlos olían a pincha-zo. Quiero decir que, al no perfumar casi, y de tanto tener que acer-carte a ellos para descubrir su aroma, acababas clavándotelos en la nariz, a eso me refiero. Pero ibas avisado. Y de inmediato, la fragan-cia que te inoculaba, esa tan personal, pequeña y tímida nota, pasa-ba del olfato a la vista en un santiamén. Así, de esa manera, ibas acumulando registros que hacían que, con solo mirar una planta, una flor o una hierba, la memoria se disparase y recordara su olor.

Las miradas de su gente, las de la finca, eran así de igual. Su cielo así olía. Si cierro los ojos y vuelvo a aquellos años, recupero un perfume con cabeza de alfalfa, berros y trébol, cuerpo de estiér-col y torta de girasol, fondo de pepino verde caliente, polvo y cal. Esos aromas dominaron mi infancia y me dieron raíz. Aún hoy me sosiegan y me regalan la sensación de estar en casa, de volver a mi hogar. Siguen dándome paz. Aún hoy.

Cambiaban también las costumbres y los horarios, los días se estiraban hasta unas noches luminosas que se hacían desear, ca-yendo de golpe.

Éramos libres de desaparecer y no volver hasta la hora de ce-nar. Es más, se agradecía el no vernos el pelo. Los mayores se fia-ban de nosotros y no sentían aprensión alguna. Ya volverán, se de-cían, en cuanto les llame el estómago, volverán. En el campo no había nada ni nadie a quien temer. Y por supuesto, volvíamos to-dos, agotados, pies a rastras, sucios que daba gusto y con más sue-ño que hambre.

Despertábamos muy temprano. Con tan solo un vaso de leche en el buche, corríamos a las cuadras a ensillar el caballo o la mula o el burro de turno, lo que a cada quien tuviese o le fuese prestado. El mío se llamaba Paspás, como mi primo mayor, Domingo, hijo de mi tío Domingo. Era un poni castaño con una estrella blanca en la frente y muy malhumorado. Me lo regaló mi padre al cumplir los seis años. Ese mismo día, me montó encima y, agarrándolo del bocao, me hizo dar unas cuantas vueltas de picadero para que le cogiera confianza y me acostumbrara a la silla. Una lección más bien corta y sin ponerle mucho interés. Mientras giraba me iba preguntando que si me gustaba el regalo, que si estaba cómodo encima, que cómo le iba a llamar, y ahí mismo, sin contar con mi opinión, bautizó al caballo con ese absurdo nombre. De seguido, le dio un manotazo en los cuartos traseros y gritó: «¡Pues a cabalgar se ha dicho!», haciendo que el animal saliese con brío al trote corto con castañeo de mandíbulas y que todo agarre se hiciese imposible.

Se me soltaron los estribos, perdí el equilibrio y, finalmente, caí de bruces al suelo sobre el camino de guijarros, raspándome la cara, los muslos, las rodillas, los codos, los brazos, los empeines, el alma... entero todo. Empolvado y conteniendo las lágrimas, me levanté humillado ante el numeroso e impávido público que asistía al estreno ecuestre del heredero. Cabizbajo, hice por escurrirme hacia la vergüenza, pero mi padre se interpuso y volvió a tenderme las riendas del caballo recuperado. Me miró con sorna y dijo: «Vamos a intentarlo otra vez». Y yo, entre lo mucho que deseaba complacerle, lo más aún porque estuviera orgulloso de mí, y lo que le admiraba y quería, acepté esas riendas con todas sus consecuencias.

Quiso que aprendiese a subirme a la silla solito y me instruyó en cada paso a seguir. Los ejecuté con su ayuda, desollado, en pleno escozor de carnes lijadas quemándome el cuerpecito. Y fue sentarme a la grupa, cuando de nuevo llegó otro manotazo y un chasquido de lengua con su «¡arre, caballo!». Abrumado por tanta crueldad, apreté los ojos y me preparé para otra caída, una más dolorosa y vergonzosa aún, y, cómo no, para que pasara lo que Dios y el poni quisieran.

Pero por mucho arreo de mi padre, el caballo debió de entender que un niño de mi edad nunca podría ser un contrincante serio. Se apiadó de mí. Al paso, sostenido y seguro, uno tranquilizador, se dio la vuelta y me alejó del torero y sus peligros.

Me agarré fuerte al pomo de la montura y, mientras íbamos desapareciendo entre hierbas altas y amapolas, pude oír los aplausos y los hurras de la gente. Giré la cabeza y a lo lejos vi que mi padre agitaba sus brazos y gritaba: «¡Bien, Miguelito, así se hace, muy bien, date una vuelta larga y luego lo llevas a la cuadra!».

Me dejé llevar por el caballo a donde él quiso, abajo hasta el río. Allí se detuvo, relinchó y volteó hacia mí su cabeza, como queriendo decir «bájate, hasta aquí llegó el paseo». Le hice caso. El aire que soplaba en la ribera parecía lamer y aliviar algo mis heridas.

El Paspás se puso a pastar lo que el bocao le permitía y yo, con agua y un manojo de hierbas a modo de estropajo, empecé a humedecer el polvo y las costras, aguantando la carne viva. «Me lo lavarán con jabón y me pondrán Mercromina», pensé. Eso lo cura todo.

En el breve tiempo que pasamos solos en el río, en silencio entre la hierba, nos entendimos para los restos.

En algún momento sentí que debía sincerarme. Tirando de otra de mis capacidades innatas, la de poder hablar con los animales y hacerme entender, así como la de saber meter miedo o cerrar los ojos para oler y ubicar nidos, me dirigí a él en su idioma, no solo para que supiese que podía hacerlo, sino para no entrar en futuros malentendidos.

Le conté del terror que le tenía a todos los animales en general y a él en especial, uno con muchas erres.

—No importa su dimensión... les tengo pánico a todos... Vamos a tener que ir poco a poco... debes tener paciencia conmigo y me lo tienes que prometer... No sé montar a caballo ni cómo cuidar de uno... —Y él me relinchó que eso era fácil y que era cuestión de práctica. Añadió:

—Yo estoy dispuesto a dejarme para que aprendas... guiado por Aniceto el caballista, claro está... Ese lo sabe todo de nosotros... de nuestros gustos y manías... Con él estarás en buenas manos... Hazle caso.

—A mí también me gustaría tener un Aniceto en mi vida... uno que supiera cómo hacer para enseñarme las cosas... porque mi padre, como habrás visto, es un poco brusco y así no voy a aprender nada... es más... le cogeré miedo a todo lo que en realidad me encantaría hacer... pero él no encuentra la manera, ni yo sé cómo explicárselo.

—Tu padre tiene mano y espera que todos la tengan... él ha nacido con ese poder...

—Mi padre me da miedo... Le quiero mucho, pero le tengo tanto respeto que siento que me apoco cuando estoy ante él... Él es perfecto y valiente... yo no soy nada y además soy un miedica.

—Eso no es cierto, chico... Los caballos podemos sentir a la gente que nos monta... es difícil de explicar, pero ya lo irás entendiendo... y yo siento que tú no tienes miedo... no ese grande de verdad... ese no lo tienes y no creo que vayas a tenerlo nunca... no lo huelo... Sí que tienes temor a hacer el ridículo... a no estar a la altura de lo que se espera de ti... eso sí... Yo creo que tendrías que hacer cosas que él no se espere... En eso, puedo ayudarte...

—Tal vez...

—No tal vez... es así, chico... créeme... Conozco a las personas de inmediato... no hace falte que las trate... en cuanto se me suben a la grupa las huelo y ya sé cómo son... te lo aseguro... lo mismo pasa entre nosotros... ¿Te has fijado qué hacemos cuando nos encontramos por primera vez?... Dos caballos... dos perros... dos gatos...

—No... no me he fijado.

—Nos olemos... y por el olfato recabamos más información sobre el otro de la que jamás entre vosotros obtendríais tras años de convivencia... es inmediato...

—Sí... eso he leído... Y tú me has olido... ¿y?

—Sé que eres buen niño... que eres miedica... que no sabes montar a caballo ni sabes nada de nosotros... que quieres que tu padre te admire...

—¡Ya... muy fácil!... Eso te lo acabo de contar...

—Que tienes cuadernos en los que guardas cosas que le has robado a la naturaleza... que piensas mucho en alguien que... ¿tu abuelo, tal vez... o es un señor mayor al que quieres mucho?... Vive lejos... Que te gusta subirte a los árboles y saber dónde está cada nido y cuántos huevos tiene cada uno... que les llevas de comer a los pajaritos cuando no tienen... pero que cuando son mayores los matas por unas monedas... ¿Quieres que siga?...

—¿Quién te ha contado todo eso? ¿Lo has oído de la gente de aquí? ¡Seguro que sí! ¡Es imposible que sepas tanto de mí sin que nadie te lo haya dicho! ¡Eres un tramposo!...

—No... simplemente te he olido... nada más... Te enseñaré a hacerlo... verás cuánto aprendes... Más listo que nadie vas a ser... bueno... siempre y cuando te interese... porque a lo mejor...

—¡No... no!... ¡Sí que quiero!... ¡Prométemelo!

—Bien está, pues... ¡palabra de caballo!...

Después de un tiempo largo, volví a casa a pie y con el Paspás de las riendas siguiéndome al paso. Así fue como empezamos una amistad estrecha y noble que duró los años que yo duré en la finca y, tal y como prometió, me enseñó a oler y olfatear a ojos cerrados y otras técnicas de nariz que me ayudaron a descubrir cosas secretas que no se alcanzan ni con el tacto ni con la vista, ya que los poderes a los que me refiero están reservados solo al reino animal.

El Paspás y yo acabamos por hacernos tan inseparables que más de una noche, de tanto echarle de menos, me escapaba de la habitación manta bajo el brazo, atravesaba bajo la luna los cien metros que me separaban de las cuadras, abría el portón de su box, y recostado en él, caía profundo. Nos conocíamos la finca igual de bien. A veces guiaba yo, pero en la mayoría de las otras mandaba él.

A principios de enero se hacía la matanza. Era un gran evento en el que todos los trabajadores de la casa y de la finca, hombres y mujeres, se remangaban con gusto y se distribuían tareas. Se hacía matanza para todos, y cada quien tenía derecho a un cerdo de entre diez a once arrobas que mi padre regalaba por Reyes a cada familia. Eso equivalía a ciento diez, ciento veinticinco kilos de carne.

Había faena para una semana larga. Solíamos matar diez y doce verracos, de lo que se encargaban los hombres, así como de abrirlos en canal, colgarlos para el desangre, despiece y organización de casquería, huesos y salazón.

Las mujeres hacían las mezclas de carnes y especias para cada tipo de embutido, cortándolas en trozos pequeños que pasaban por la trituradora de manivela, pelando ajos y cortando cebollas, cociendo lo que se hiciese necesario, amasando y lavando requetebién lavadas las tripas de cada animal en inmensas artesas, que después colgaban en sogas al sol para su oreo y, finalmente, se encargaban del relleno de la chacina, que se realizaba a mano con un embudo y un palo. Y de su atado.

Cuando arrancaba la masacre, el ambiente se llenaba de testosterona y el aire de berridos agudos que perforaban los tímpanos. Ocho hombres, cuatro por animal, armados de enormes ganchos con agarre, asaltaban a dos animales por vez. Hablo de bichos que les llegaban como poco a la altura del ombligo. Les clavaban los garfios en el hocico, tras las orejas, en los codillos, en la parte del espinazo justo por encima de la cola o por donde fuese necesario, dependiendo de la resistencia. Así, entre chillidos desgarradores, dentelladas y bocaos, el bicharraco era arrastrado. Luego, a patadas y zancadillas, se le derribaba y ataban las patas para someterlo, lo que aumentaba la desesperación del animal, que se sabía a punto del sacrificio. Entre cuatro se le subía a la mesa y tumbándolo de costado se le sujetaba a base de músculo.

En ese momento, el matancero nos miraba a los chicos de la casa, y mientras afilaba a piedra un largo y puntiagudo cuchillo, preguntaba: «¿A ver... a quién le va a tocar?». Todos los valientes levantábamos el brazo pidiendo la vez y él asignaba los turnos. «Primero vas tú, Miguelito, luego va Manolo, después le toca a Jose», y así en adelante. Nos remangábamos bien hasta arriba y tomábamos nuestros puestos a pie de barreño. Entonces, el verdugo, de un golpe seco y profundo, hundía su filo en la garganta del animal hasta el puño, retorciendo el mango. La sangre empezaba a brotar a borbotones, luego en un chorro constante que no cesaba durante los largos minutos que duraba la agonía. Pero hasta que se apagaba la vida, la lucha era violenta y estridente. Nosotros recibíamos la sangre caliente del animal en el barreño, y para evitar que cuajara teníamos que revolverla sin cesar, dándole vueltas con el brazo, sin parar, hundiéndolo hasta por encima del codo, abriendo y cerrando la mano dentro por si atrapábamos algún coágulo poder deshacerlo. Era muy placentero.

Sentir cómo la temperatura de una vida pasaba a otra, que la que un cuchillo se llevaba servía para calentar la mía, era un éxtasis, me provocaba una sensación de bienestar y de inmensa paz.

Se daba un momento en el que los ensordecedores berridos que había que soportar a un palmo de distancia entumecían el tímpano, y de golpe nada, silencio y vacío absoluto. Se caía en una especie de mareo, justo al borde del desmayo, y ahí quedabas suspendido. Ese ritual estaba entre mis cinco favoritos en absoluto y muy alto en esa lista.

Se derramaban muchos litros de sangre caliente de cada animal, muchos, uno tras otro. Su olor era dulce y manso, como su sabor; una vez terminado el turno, se llevaban el barreño y el brazo ensangrentado se convertía en una herramienta de juego con la que perseguirnos y embadurnarnos.

Mientras los hombres se restauraban, les tocaba el turno a las mujeres. Cargando palanganas de agua hirviendo, escaldaban la piel de los cadáveres y, con media teja, rascando con saña, despegaban las cerdas del animal, que después eran lavadas y conservadas para muy diferentes usos, hasta dejar el cuero liso y barbilampiño como perro escuincle.

Finalmente, ahí mismo se abría en canal al verraco, se le vaciaba entero, distribuyendo en grandes ajofainas hígados aquí, corazones allá, bofes en este, riñones en el otro, tripas a lavar... Una vez hueco, se le echaban cubos y cubos de agua para limpiarlo bien de restos de sangre, coágulos y heces y, de seguido, se pasaba a mutilarlo. El primer paso era la separación de las cabezas a hachazos. Y de seguido, a los ya iniciados al corte, se nos permitía colaborar de nuevo.

La extracción de la lengua no se me daba nada mal. Era laboriosa y había que hurgar bien hasta la laringe con la punta del cuchillo, y, para seccionarla, se tardaba bastante. Pero lo que más me disfrutaba eran las orejas, porque de enfilarlas bien, las sacabas enteras en media luna de un solo tajo. Matanza tras matanza fui mejorando mi técnica. La destreza recaía en saber tirar de ellas para mantenerlas bien firmes y tiesas, sin doblar la verticalidad del cartílago contra la horizontalidad del empuje del filo. Si esas fuerzas que eran opuestas no temblaban, el tajo era de bisturí en mantequilla, continuo, curvo y limpio. De conseguirlo, se te concedía el título de Maestro Orejero, que solo yo y tres más teníamos. Lo mismo pasaba con morros, rabos y pezuñas, que, aunque también capaz, ni eran mi fuerte ni me divertían tanto. En cambio, al Paquito esas partes le apasionaban. Era un virtuoso rebanándolas porque se las imaginaba ya en guiso.

Recuerdo que en la mesa, cuando se las ponían delante en el plato, se tomaba un largo rato en mirarlas, predigiriéndolas con las pupilas como un pequeño velociraptor. Después hacía un gesto con el cuello y un algo así raro, parecido a un gemido agudo de gusto y emoción, y sin pensarlo dos veces, las asaltaba a dos manos, a puñados, hundiendo los dedos, pringándose entero hasta la coronilla, hasta no quedar ni la sombra de la salsa.

Otra de las cosas que estaban en mi lista de placeres favoritos era el subirme a caballo con mi padre. Sentado a horcajadas delante de él en su montura, el mundo parecía seguro e inofensivo. Los miedos desaparecían todos, y de alguna manera me sentía formar parte del cuerpo de aquel poderoso centauro.

Las veces que solíamos cabalgar solos, el humo de sus cigarrillos era solo para mí, su abrazo era todo mío, y mío el relinchar de su caballo colín, el Moro. Mías también, aunque compartidas, todas las moscas que me espantaba del pelo, cada galope corto en los que me sujetaba, agarrándome por las costillas, y nuestra la finca entera, el tiempo y el mundo entero. Parecía olvidarse que yo estaba ahí, y mientras paneaba su mirada hacia el infinito de sus lindes, rezumaba ternura. Me llevaba consigo como un rey lleva a su delfín, a mostrarle lo que un día tendrá que ser suyo. Esos momentos eran paréntesis afectivos que se difuminaban con otros momentos, como el significado de los silencios y el de los roces también.

Regresando a casa y a la normalidad, volvía a no mirarme, dejaba de existir.

—¿Qué te parece si tiramos una acequia desde el río hasta ahí... que dé a un abrevadero, y cercamos toda esa parte?... Podríamos sembrar un maizal, pero solo para ganao, no para consumo... ¿Qué piensas?

—Que te vas a quedar sin cangrejos, papá.

—¿Y eso por qué?

—Pues porque justo allí... ¿ves?... justo en la orilla donde toda esa chopera es donde hay más... más que en ningún otro sitio y más grandes... Tú verás... luego no te quejes.

—Me dan igual los cangrejos.

—Lo discutiré con mis amigos a ver qué dicen.

—¿Pero qué tienen que ver ellos?

—Pues que vamos a dejar de ganar muchas perras, papá.

—¿Cómo?

—Que lo que mejor pagas son los cangrejos. Cuando das tus banquetes y nos los pides... nos hacemos ricos.

—¡Pero habrase visto semejante enano!

—Es verdad, papá... ¡hay que pensar en las fiestas de Saelices!... O... si quieres que te diga que me parece una idea genial... me pones un sueldo al mes y verás cómo llegamos a un acuerdo.

En aquellas charlas, mi padre se partía de la risa y se le caía la baba. Se lo veía en los ojos. Sentía que mis ocurrencias le devolvían a su hijo, el rápido, el pícaro, el que se le parecía. Y de habernos quedado manejando esas zonas de humor, yo siempre hubiese estado a la altura de sus expectativas, porque en ese territorio, en el de las palabras y el de sus juegos, me manejaba con total confianza, destreza y absoluta soltura. Desgraciadamente, no lo entendió o no le bastó. Aún hoy no consigo averiguar qué falló de mí.

Para él prevalecía lo físico, aunque solo lo pretendiese en público, y confieso que ahí siempre le decepcioné. Ya fuese por falta de hombría o por timidez, le fallé. O tal vez por culpa de aquellos enormes complejos que fui sumando y que permití que me dominaran hasta mandar en mí con todo el peso y el abuso de su tiranía. Con mi padre y en público, mis cualidades naturales se pulverizaban al instante, convirtiéndome en un pusilánime que le sacaba de quicio.

—Tu padre es el mejor torero de toa la historia de España y del mundo entero que hubo y el por venir... ¿Y sabes por qué?... Porque lleva la cruz de Caravaca en el paladar... yo se la he visto... ¿tú se l'has visto, Pati?

—¿Yo?... ¡Claro que sí que se la he visto, Tuerto!... Un día le dije que pa tener ese temple que tiene pa que los animales le obedezcan como le obedecen, que los amansa a todos como si fueran ovejas, que tenía que tenerla... Y abrió la boca así... y ahí que estaba... marcá en to el paladar... pero clara clarita que se la vi...

—Fíjate si estaremos acostumbraos al ganao... que nos paseamos entre las vacas cuando están recién parías... que no hay quien se le acerque a los recentales porque tién mu mala leche las jodías... ¡Y valga Dios si nos metemos de por medio!... Ahora... con el Saltatapias, yo no me atrevo... le tengo mucho respeto... que es un semental mu bravo que mira mu malamente... mu malamente te mira, chaval... ¡Pues tu padre va y se le acerca tan tranquilo!... ¡Que se deja acariciar y le come de la mano el animal!... ¿Será posible?... ¡Que come de su mano y lo tié ahí que parece una vaca suiza!... Y eso no son solo cojones... que los tiene... ¡eso es ese don que Dios le ha dao!...

—Pues como con la loba, la Petra... Mira cómo se pone con cualquiera, enseñando los dientes... y con el jefe parece una perdiguera... La tiene... ¡en to el paladar!

—¿Y qué es la cruz de Caravaca... qué hace?

—Esa historia es anterior a mis abuelos... Ellos decían que hay una leyenda que cuenta que el que nace con la cruz de Caravaca en el paladar tiene poderes... es como un mago... y que es capaz de amansar a las fieras...

—Pues yo también acaricio a la Petra y no me hace nada... y también me he acercado al Saltatapias con mi padre y le he dado de comer alfalfa...

—¡Ea... como su padre... ya te digo, Pati... de tal palo, tal astilla... ¿A ti no te pasan cosas raras, chaval?

—Bueno... En la casa pasan muchas cosas raras siempre... todos los días se oyen voces y pasos... y los muebles se mueven solos... El otro día una mesa muy grande que hay en medio de la entrada y que pesa un montón, con animales disecados encima, se puso a caminar sola y se arrastró como tres metros sin que nadie la tocara... Casi no hacía ruido... parecía como si estuviera flotando... ¡te lo prometo, Tuerto... que la vimos todos!...

—¿Y no te jiñaste ahí mismo?

—¡Bah!... Estoy acostumbrado... nadie tiene miedo ya... Pasan cosas... y luego cada uno sigue con lo suyo...

Todos retomaron sus quehaceres. En la quietud de la llanura pastaba el ganado, el aire no corría y anclaba el silencio entre el azul cegador y el dorado del rastrojo. Solo el tintineo del cencerro de los cabestros y los mugidos de las vacas llamando a sus becerros lo estrellaban. El Tuerto mascaba una brizna de heno y el Pati vigilaba el horizonte de la finca de al lado por si algún zorro o alguna gineta pasara para luego poner sus trampas. De pronto, dijo:

—No... Pero este no va a ser torero... a este lo que le gusta es la ganadería... ¿A que sí, chaval?...

—Sí... es lo que más... Y me gusta llevarla a pastar y a los abrevaderos y pasarme el día con vosotros a caballo... aunque haya que madrugar y despertarse a las cinco de la mañana...

—A la fresca... que luego el ganao se amodorra y solo quiere sombra... como el Pati... (risas).

—Tuerto... A este palmo de hombre lo he visto yo llorar más de una vez cuando los camiones se llevan pa la lidia a los toros que ha conocido de recentales... ¿a que sí, chaval?... Y más de una vez mosquearse antes de los encierros y quedarse p'atrás y llevarse la bronca del padre... que le he visto unas lagrimitas en los ojos y darse la vuelta, ¿o no, chaval?...

—Es que me dan pena, Pati... les tomo cariño... son como perros para mí... y pensar que los van a matar y que ya no los volveré a ver nunca más me pone triste... Con el Ligero lloré mucho cuando se lo llevaron... ¿os acordáis?... Cada verano, al verme llegar, se salía de la manada y venía para que lo acariciara... Os tomé mucha manía a todos...

—Pues ya sabes... no les tomes cariño... eso es lo que tienes que hacer... ¿Tú sabes por qué yo estoy tuerto?... Porque de tanto llorar por los animales que según crío voy perdiendo... se me acabaron las lágrimas de este ojo... Acabó secándose y se me cayó por el agujero de la cara... p'adentro que fue... pa las tripas...

—¿De verdad que te pasó eso?

—Sí, chico, sí... así fue... ¡y tú, Pati, te callas la boca que ya te veo la guasa!

Eran dos, «el Tuerto», que llevaba un parche de tela negra que le tapaba el ojo izquierdo, y el Pati, apodado así por sus enormes y frondosas patillas que le daban aspecto de bandolero. Eran los mayorales de la ganadería de mi padre y les quería como se quiere a un profesor bueno y paciente que te enseña a que te gusten las matemáticas. Cuando sabían que iba a haber algo especial, o simplemente por el gusto de la compañía, llamaban a la casa por el teléfono de manilla al caer de la tarde y le decían a quien atendiese que me avisara, que a la mañana siguiente nos encontráramos en el Puche para salir al campo a echar el día con el ganado. Y me levantaba a las cinco de la mañana, ensillaba al Paspás, y en cuestión de minutos, a galope tendido y atajando campo a través, allá que me reunía con ellos, porra bajo el brazo y con almuerzo de sobra en las alforjas, que la noche anterior me dejaban preparado encima de la mesa de la cocina de la vaquería. Con ellos aprendí el manejo de las manadas de machos, así como el de las vacas y sus becerros. También a llevar con orden los libros de ganadería, tarea que me apasionaba y afición que nunca más perdí.

—Lo que hay que hacer es que en el encaste, la hembra mande en el nombre pa saber siempre de qué línea materna viene el recental... El semental se encarga de pasar la casta, del trapío y otras cosas... Por ejemplo, la Payasa... ¿cómo se llaman sus hijos?... Tiene tres que están en la finca todavía... dos machos y una hembra... A ver si lo adivinas...

—¿El Payaso?

—¿Y cuántos años tiene?

—Creo que ya tiene cuatro... Nació cuando yo tenía seis... Me acuerdo que me llevasteis a que lo acariciara...

—Pues ese ya está a punto de salir pa la lidia... ¿Cómo se llama a un toro de cuatro años?

—Cuatreño... al de uno... añojo... y el Payasito tiene ya tres, o sea, que es utrero...

—Y te falta una más... la que pasamos hace unas semanas a la cerca de arriba...

—¡La Payasona!... Esa es erala...

—¡Bieeeen... mu bien!... Tú sigue así, que tu padre nos echa, cabroncete!

—¡Menudo pájaro nos ha salido! —comentaron el Tuerto y el Pati, orgullosos de su alumno.

Estaban depositando en mí todas sus esperanzas para que la ganadería de mi padre tirase p'alante y mejorase. A menudo me decían que ojalá él tuviese el entusiasmo que yo tenía en el ganao y en los libros.

La ganadería de mi padre, con el hierro en forma de «1», tenía su origen en la de Samuel Flores. Un arrebato que le dio un día. Con ella hacía lo que le daba la real gana y no escuchaba a nadie, y menos a la gente que de verdad entendía de cruce y mejora de raza. No le interesaba ese aspecto. La tenía para lo único que le divertía, que eran los tentaderos. Tener vaquillas de sobra para capearlas con sus invitados. En esos momentos se pavoneaba, se convertía en el centro de todas las miradas, cerraba cacerías, concretaba algún que otro negocio y, sobre todo, ligaba. Montaba tientas para cazar mujeres. Pero, en realidad, la cría no era lo suyo, y al no llegar a ser una de las ganaderías punteras, al no tener el éxito que estaba seguro de alcanzar por el mero hecho de que ¿quién no va a querer comprar un toro de la ganadería de Luis Miguel Dominguín?, poco a poco la fue descuidando y acabó malvendiéndola. Se hartó y se la quitó de encima. No tuvo paciencia, no vio resultados inmediatos, y se convirtió en el hazmerreír de los ganaderos que le aconsejaban que zapatero a tus zapatos. Fue un ataque a su orgullo y no quiso dejar rastro de ese episodio. Eso pasó pocos años antes de la separación. Años antes sembró lo justo para alimentar a las cabezas que le quedaban y desde ese momento, la finca empezó a entristecer, incluida su gente, que pasó de no tener ni un solo día de descanso a, de repente, no saber qué hacer con tanto tiempo de sobra. Al Pati y al Tuerto se les partió el corazón, y ese mismo día fueron despedidos.

A partir de los ocho a diez años de casados, mi madre empezó a sugerirle a mi padre que por qué no nos íbamos a Somosaguas y nos trasladábamos todos a vivir definitivamente a Villa Paz. Le pidió a mi padre que la dejara encargarse de la finca, quitarle a él de esas preocupaciones.

Además de querer echarle una mano (es cierto que ella empezó a amar Villa Paz tarde), creo que fue sobre todo porque sabía que mi padre al campo sí que regresaría con asiduidad, cosa que con la casa de Madrid no había conseguido. De esa forma, podrían intentar retomar su matrimonio y la familia. Hasta ese punto estaba dispuesta a llegar. Sabiendo lo infinitamente mucho que adoraba su casa de Somosaguas, construida y hecha a su gusto y medida, ladrillo a ladrillo, mueble a mueble, mandaba coraje.

Tenía claro qué planes de cosecha llevar a cabo, qué sembrar y cómo ir rotando las tierras, cómo sacarle más provecho al regadío, y que lo que mantenía la finca era el girasol; por eso, durante muchos años, a mi padre se le apodó «el rey de la pipa», lo que no le hacía absolutamente ninguna gracia.

Y ya, por último, cuando le propuso hacerse cargo incluso de la ganadería, mi padre le soltó una sonora y desagradable carcajada en toda la cara y le dijo que él, que pensaba haberlo visto y oído todo, evidentemente estaba equivocado.

—¿Una mujer llevando una finca y encargándose de una ganadería?... ¿Y qué más?... ¡Si no has sido capaz de manejar una casa con siete de servicio!... De verdad, Lucía, que a veces te pones muy graciosa... incluso demasiado...

—Miguel... llevo muchos años viendo cómo se hacen las cosas y créeme... he aprendido mucho... Déjame intentarlo, y si en un par de años la finca no mejora... entonces haces lo que tú quieras... la vendes si te da la gana... pero sé que lo puedo hacer bien... mejor de lo que van las cosas...

—¿Mejor que quién?... ¿Que yo?... ¿Que los mayorales?... ¿Que los administradores?... ¿Que Torres Abreu, el ingeniero agrícola?... ¿Que los camioneros, los tractoristas y el resto, que las otras treinta personas que trabajan día y noche juntos dejándose el alma?... ¿Que tú sola lo vas a hacer mejor?... ¡Tú te has vuelto loca!... ¡Esta finca no vale nada!... Esta finca no me ha traído más que quebraderos de cabeza y me ha costado muchas perras... ¡Ni para caza sirve ya!...

—Porque hay que estar encima de las cosas, Miguel... y del campo... todos los días del año... y tú aquí solo vienes para hacer fiestas... no te ocupas... no te gusta ya... no te divierte... y a mí sí... Le he cogido mucho cariño a esta casa y a toda su gente...

—Mira, Lucía... a ver si te queda claro... ni tú vas a llevar la finca, ni los niños se van a venir a vivir aquí... ni nada de nada de nada de eso... ¡Olvídate!...

—¿Pero qué te da miedo?... ¿Que yo lo haga bien?... ¿Que tenga éxito y sea capaz de hacer lo que tú jamás ni has sabido ni te has preocupado en hacer?... ¡Ni siquiera lo intentaste!

—Dios... tal vez, Lucía... tal vez sea eso... manda cojones... Si escuchar que yo te diga lo que te apetece oír te deja tranquila... o te hace sentir superior... pues sí... eso es... Me jode que mi mujer sea capaz de hacer lo que según ella yo no he sabido hacer nunca... ¿Contenta?... No tengo ganas de discutir, Lucía... pero es un rotundo y definitivo NO... Ni se te ocurra volvérmelo a pedir... Este tema queda zanjado.

La casa de Villa Paz quedaba en lo alto de una colina que dominaba en trescientos sesenta grados la extensión de casi toda la finca.

Entre abril y mayo, en el llano que arrancaba por debajo del corral de los toros, y que allá a lo lejos frenaban las choperas de la ribera del río, crecían los girasoles y el espectáculo era sobrecogedor. A lo largo de dos semanas, a veces un poco más, los botones se iban abriendo hasta cuajar de pétalos amarillos sus doscientas hectáreas de planicie y estallar en un océano de alegría. Durante ese tiempo las flores del girasol seguían el trayecto del sol en el horizonte, sincronizadas con la precisión de una escuela de alevines. Con el crepúsculo, desmayaban sus cabezas y se iban a dormir. A la mañana siguiente ya estaban de nuevo listas apuntando a oriente, y con el primer rayo volvían a levantarlas, ávidas, persiguiendo la luz de este a oeste en un nuevo ciclo, bebiéndose a grandes tragos el sol entero como adictas. Su movimiento era tan perceptible que uno hubiese podido acompasarlas en su flemático taichí. Lo mismo pasaba con su crecimiento. Tardaban tan poco en alcanzar la altura de casi dos metros que se les podía oír pujar. Pero el momento más esperado se daba cuando toda aquella belleza secaba y tocaba cosecharla.

El remolque iba por delante y la gente se dividía en tres grupos. Tumbadores, los más altos y con los callos en mano más duros, que doblaban o pisaban los tallos huecos de la planta para que los cortadores, armados de pequeñas hoces, segaran la torta del girasol que los cargadores recogían del suelo y lanzaban al remolque. Ese era nuestro departamento, el más numeroso. Un sombrero de paja era toda nuestra herramienta. A dos manos agarrábamos las malditas tortas, aquellas que pinchaban diez veces más que los pepinos . En un buen año podían llegar a tener hasta cuarenta centímetros de diámetro y bien cargadas de pipas pesaban lo suyo. Con un potente giro de cintura, las lanzábamos por encima de las maderas del cuadrilátero del remolque, ¡y adentro!

Así todas la mañanas durante casi dos semanas. No se nos permitía faenar más allá del mediodía para evitar insolaciones o golpes de calor.

Se nos pagaba a duro la jornada, cinco pesetas, que en aquella época para un niño era un dinero importante. Terminado el período de recolección, por varear la torta en la era se cobraba lo mismo. Lo que, echando cuentas, entre las dos tareas, por arriba por abajo, cada uno de los que entraba al equipo le sacaba alrededor de veinte duros, es decir, a cien pesetas. A eso añádele la captura de palomas en el palomar para el tiro al pichón, que era tarea arriesgada y delicada. Había que trepar hasta ocho metros de altura, ir de nicho en nicho, agarrar al pájaro, cruzarle las alas y tirarlo p'abajo para que otro lo metiera en un saco, lo que nos reportaba cincuenta céntimos por paloma, llegando a coger hasta cien. Así que otras cincuenta pesetas embolsadas, divididas entre los cuatro o cinco que éramos, sumaban otros dos o tres duros más por cabeza. Un duro eran como pesetas.

Las niñas no participaban, tenían terror a encerrarse en el palomar con tanto bicho volándoles alrededor, y solo aceptaban cerrar las trampillas desde fuera para sellarles el escape. Pero por hacer eso no cobraban nada. Les parecía justo.

Después estaban los cangrejos que pescábamos con un cebo de carne podrida atada en el centro de una red sujeta a dos aros de alambre concéntricos, llamada *lampara*, que deslizábamos al lecho del río con un palo y una cuerda. A los tres cuartos de hora se sacaban, y ahí atrapados quedaban. Los vendíamos a una cincuenta o a dos pesetas si se pasaban de tamaño o llevaban huevas. Ahí sí que nos plantamos en el precio. No cedimos ni esto, y al final le ganamos el pulso a mi padre, que deliraba por aquel manjar que cocinaban a la burgalesa, con pimentón picante y no sé qué más. Se chupaba y requetechupaba los dedos con la salsa, y a los invitados extranjeros les volvía tarumbas. De avisarnos con tiempo, en tan solo dos tardes, al caer del sol, que era cuando salían de sus madrigueras porque empezaban a tener hambre, fácil podíamos pescar unas quince docenas. Nunca menos de doce o trece de dársenos mal. Y con eso nos cascaban otras trescientas, trescientas cincuenta pesetas por fiesta, pero al ser más cantidad de pandilla por tener que cubrir mucho largo de orilla, tocábamos a cuarenta pesetas de media por niño, que no estaba nada mal. Ahora, si teníamos la suerte de que se dieran dos o tres fiestas seguidas, que se daban, entonces sí que nos forrábamos. El cangrejo era un negocio rotundo. El más rotundo. Cangrejos de aquellos ya no existen. Los extinguieron.

Otro ingreso venía de los pajaritos. Se bajaba a las choperas recién caída la noche, y le hacíamos de secretario a uno de los adultos que, armados de escopetas de perdigones y una linterna, iban abatiendo a los gorriones que dormían en las ramas de los chopos. Recoger y al morral. Una hora por noche nos dejaba un duro, cinco pesetas. No era mucho pero sumaba. De media, hacíamos tres o cuatro noches.

Y luego, que si repartir alfalfa a los toros, que si limpiar las cuadras, que si dar de comer a las gallinas y recoger huevos con el Abuelo, que si sácale lustre a alguna silla de montar, que si tocaba temporada de pepino o tomate, que si esto, que si lo otro... Al final caían setenta u ochenta pesetas más a lo largo del verano. Juntando todo, en un buen verano podías hacerte con una cantidad que rondaba las trescientas, trescientas veinticinco pesetas, o sea, una barbaridad.

Si se estaba dispuesto a trabajar, había un buen dinero que ganar. En eso mi padre era claro, cumplía y pagaba bien. Desde muy pronto se nos acostumbró a no pedir ni a que se nos diera a cambio de nada. Quien quisiera algo tenía que sudárselo, y a fin de cuentas, cosechas aparte, se trataba de actividades divertidas, casi de juegos.

Era un sistema que, además de ser edificante, era solidario, ya que varios de los ingresos dependían de funcionar bien y hacerlo en equipo, aprendiendo a repartir equitativamente tanto responsabilidades como ganancias.

Todo lo recaudado iba destinado a las fiestas de la Virgen de Saelices, que se celebraban a finales de septiembre. A ese sueldo se añadía lo que algún que otro amigo de la familia que pasaba por la finca a lo largo del verano solía aportar y que era más que bienvenido.

Al final teníamos tantos duros que derrochábamos a diestra y siniestra, sobre todo con las chicas, que habían tenido menos posibilidades de ingreso, más por vagas y remilgadas que por niñas.

Por entonces, ya empezaban los coqueteos, y demostrar tu puntería en la caseta del tiro al blanco te ponía en un lugar más cercano al alfa que los que no tenían tino. Si además tenías la suerte de puntuar acumulando derribos de caballos de latón a perdigonazos, o te tocaba el número en la tómbola y ganabas una muñeca o una bolsa de caramelos, uno se convertía en un pequeño flautista de Hamelín que toda chica perseguiría para hacerse merecedora de sus trofeos. Un beso en la mejilla y la primera en atreverse se llevaba los dulces; dos, la muñeca, y con tres se llevaba todo el lote. Hacían fila, tonteando, entre risitas y empujones, hasta que una valiente se saltaba la cola, te arreaba tres besucotes en los cachetes rápido y corriendo, te arrebataba todo de las manos, y se iba victoriosa, alzando y agitando su botín, acosada por el resto.

Solo había cuatro atracciones en la plaza central, pero metían mucha bulla. Cada una de ellas a escasos metros, cada una con su megafonía saturada y estridente. La caseta del tiro al blanco, la de la tómbola, una que vendía de todo, desde medias y calzoncillos hasta cestas de labor, llaveros, lanas para tejer o bolsas de rosquillas, y un tiovivo con ocho caballos, tintineante de luces. Un despliegue asombroso.

Pero, en verdad, lo más esperado era la hora de la apertura de la sala de baile...

En principio, el acceso a menores no estaba permitido, pero por ser hijos de quienes éramos, a mi hermana Lucía, a mí y a toda nuestra pandilla, más todos los niños del pueblo que se nos juntaran, nos permitían entrar, más que nada porque animábamos mucho la noche y dábamos mucha vida y alboroto al lugar, que no era otro más que el espacio del comedor del bar de la plaza, que para la ocasión vaciaban de mobiliario.

En una esquina se colocaba una estrecha tarima que levantaba tres palmos sobre la que instalar a la orquesta, y bancos de madera corridos contra el perímetro de las paredes para descanso del público y espera de las mozas a ser sacadas a menear el esqueleto. La sesión empezaba a las nueve de la noche y acababa a las tantas.

No más tarde de las once y media, todo aquel que quisiese o tuviese que regresar a la casa se subía al remolque de la finca que nos había traído al pueblo, y envueltos por el mismo polvo de la ida, tragando el mismo humo de vuelta del tractor, conducido entre botes y baches, agotados y desaliñados, volvíamos, cantando a voces y palmas, bajo un cielo estrellado que nos iba adentrando en el descanso. Así durante los cuatro días que duraban las fiestas.

En la pista, la veintena de micos y mocosos que nos juntábamos no parábamos de bailar desde que entrábamos hasta que tocaba irse y ahí, yo era el rey, no encontraba rival. Cada año la gente del pueblo esperaba con curiosidad el nuevo baile de moda que me tocaba traerles, el más moderno, el último grito. Y la orquesta, prevenida, ya venía preparada.

Lo que conseguí hacer año tras año fue una proeza. Todos, sin excepción, se aprendían los pasos de aquellos bailes, poniendo todo su empeño y voluntad, y a la mayor celeridad. Hasta las abuelas de más de ochenta se unían. Todas las edades hacían piña y se sincronizaban en cada coreografía, en cada grito, a cada palmada, como si fueran un solo cuerpo de cientos de brazos y piernas. Algo así como un movimiento espiritual.

Se dieron momentos memorables. La energía se contagiaba y electrizaba el ambiente, y a los músicos no les quedaba más remedio que repetir las dos o tres mismas piezas una y otra vez, hasta la saciedad.

Por esa sala fueron pasando la Yenka, el Twist, el Cuando, el Madison y el Hully Gully, y todos fueron un fulgor, arrasaron todos.

Los ensayos empezaban en casa. La clave estaba en que un grupo causara admiración para que a la gente le entrasen ganas de hacer parte. Una vez que se unía uno, luego dos y luego tres, el efecto corría como la pólvora. Era como pescar cangrejos. Bastaba tirar el cebo y ellos solos acudían a la carnada.

Por la calle que subía de la plaza central hasta la de la iglesia, bajaban en las fiestas las procesiones y los desfiles de gigantes y cabezudos. Era la calle de más trasiego, la arteria principal del pueblo, que serpenteaba estrecha y encajonada entre casas encaladas de altas fachadas y de sólidos portones de madera pintados en verde y zócalos de añil, embolsando aire fresco durante todo el día y cuanta sombra necesitara su gente.

Esa calle era la de Luis Miguel González Bosé, mi calle, y la verdad, me daba un poco de vergüenza que la nombraran así. Hubiera preferido que se llamara la calle de Miguelito, me habría sentido más cómodo. Menos mal que en la pandilla nadie sabía quién era ese, y más de uno aseguraba que se trataba de un héroe de guerra amigo de Franco, y punto. Yo, calladito.

A mitad de ella vivía la loca del pueblo con sus dos hijas. Todos sin excepción, al pasar por delante de su puerta, y a menos de no estar dispuestos a dar un rodeo al pueblo entero, debían de hacerlo, ya que era el natural atajo para ir de cualquier punto a cualquier otro. Veías cómo se pegaban a la pared de enfrente, mirando hacia arriba y acelerando el paso. ¿Cuál era la razón de ese comportamiento? Bueno, podía darse el caso de que la loca en cuestión les lanzase un tiesto de geranios a la cabeza desde lo alto de su balcón, una palangana con jabón y orina, piedras, o lo que tuviera a mano.

Nunca salía de su casa, las compras y recados se los hacía una de sus dos hijas, a la que veías regresar a la carrera, esquiva como una comadreja, por temor a que su madre la atizara.

No era una chica normal, sino un tanto deforme y de aspecto asilvestrado. De la otra se decía que, al cumplir los dieciséis años, la madre la pilló tonteando con un mozo, la agarró de los pelos, a guantazos se la llevó a la casa, y nunca más se la volvió a ver. Desde aquel día fue encerrada en el gallinero del doblado, vivía de los deshechos de las comidas y de algún grano de maíz que la madre le llevaba dos veces por día. Eso era lo que ella le gritaba al pueblo por la ventana, como loca que estaba. Que tuvo que hacerlo, decía, porque su hija era más puta que las gallinas y que solo merecía vivir como ellas el resto de su vida, pita, pita, pita.

En esa misma calle, en la esquina que daba a la plaza de la iglesia, un día se instalaron tres hermanos pequeños, dos chicos y una chica, y ahí dormían. Se llamaban Rosi, Herminio y Santiago. La mayor no pasaba de los nueve o diez años y los otros la seguirían a dos y cuatro años menos de edad. Al parecer eran medio huérfanos y de padre alcohólico. Fueron abandonados y resistían viviendo de la caridad. Estaban llenos de piojos y el pelo de la niña parecía de estropajo, lleno de nudos. Sucios y en condiciones deplorables, antes de que acabasen en quién sabe qué orfanato, alguien hizo llegar la historia a la casa grande y mi madre se enteró.

Escandalizada, agarró y se fue al pueblo para verlos en persona y averiguar más de ellos. Los encontró, y ayudada por el párroco don Julio, que le aseguró que nadie los iba a reclamar y que su futuro se veía muy feo entrando el invierno, pidió hacerse cargo de ellos. Con las debidas bendiciones, los subió al coche y se los llevó a Villa Paz. Con la astucia de la joven Tata y de dos más, se les metió a remojo en una bañera de agua caliente durante un tiempo largo, y cuando las costras de mugre empezaron a despegarse, atacaron el restriegue con estropajo de pita y jabón de campo del bueno, del de matanza, hasta que aparecieron tres niños distintos a los que se habían escondido bajo tanta y tanta porquería. Seguidamente los raparon y les untaron un mejunje hecho con aceite, ajo, vinagre y un pellizco de azufre, que mataría piojos, liendres y pulgas. Se quemaron sus ropas y se les procuraron unas nuevas, se les calzó por fin y se les bajó al comedor del servicio.

Mi madre mandó preparar unos filetes con patatas fritas, lo que con ningún niño falla. Se quedaron clavando el plato, fijamente, como hipnotizados, luego se miraron entre ellos y, a la de una, se abalanzaron sobre el pan, que empezaron a devorar sin respiro, a bocados grandes. Luego bebieron agua como si jamás la hubieran bebido, como quien descubre algo que de inmediato vuelve loco. Vasos enteros, muchos vasos, uno tras otro, como si no hubiera un mañana. No tocaron el resto de la comida, se limpiaron las migas de las comisuras con el antebrazo y eructaron sonoramente. Luego quedaron así, callados, y a pesar de las preguntas, ninguno habló, como si hubiesen olvidado las palabras, como si la voz les hubiese abandonado, como si no entendiesen lo que se les decía. Tal vez sean sordomudos, pensaron, porque ni atendían ni asentían con la cabeza. Así pasaron días.

Dormían como lirones. Mi madre les puso en su cuarto cuatro cosas para que se entretuvieran, que ni tocaron. Pasaban las horas sentados en sus sillas mirando por la ventana, en silencio. Poco a poco, la Tata les fue haciendo entrar en confianza y empezaron a comunicarse. La Rosi, la primera.

Cuando mi padre se encontró con el cuadro, le pidió a mi madre deshacerse de los niños, que la casa no era un orfanato, así que mi madre se puso a buscar escuelas de acogida, que tras la Guerra Civil se abrieron en toda España y en las que se hacían cargo de niños abandonados y huérfanos. Encontró plaza en tres diferentes, las tres de la Iglesia, y los puso en sus manos.

Herminio, el segundo de los hermanos, cursó sus estudios de bachillerato, luego se fue a la capital donde se puso a buscárselas y acabó emigrando a Bélgica, encontrando un puesto como chófer en una embajada. Era muy trabajador, serio y con muy buena pinta. Allá se casó y allá le perdimos el rastro. Santiago, el menor, también estudió y acabó de militar en la aviación. Le vi dos veces en mi vida. La Rosi, en cambio, nos acompañaría en las buenas y en las malas hasta su retiro. Al cabo de quince días, las monjas que la acogieron llamaron a mi madre rogándole que fuese a recogerla cuanto antes. Le contaron que era una fierecilla indomable, que no atendía a nada, pegaba a todas las niñas, se tiraba al suelo gritando y lo más grave, las mordía a todas con inquina. «Recójanos usted a este animalito y que Dios la ampare», le dijeron al llevársela de vuelta. Y como no hubo manera de instruirla, la Tata le propuso a mi madre el ponerla a sus órdenes para intentar hacer de ella una mujercita de su casa, por si acaso el día de mañana.

Y fue así que, con mano dura, otra poca de izquierda y mucha paciencia, la Tata consiguió enseñarle a hacer bien todo. Planchar, fregar, cocinar, lavar la ropa, limpiar suelos y cristales, hacer camas, en fin, todo y *cum laude*. Al poco tiempo pasó a formar parte del servicio de la casa sin que mi padre se percatara o hubiese puesto el grito en el cielo. Se la fue escondiendo hasta tener aspecto de mujercita y entonces se unió al resto, un ejercicio solidario de clandestinidad a plena vista. Mi padre se dio cuenta de su presencia solo años más tarde y se le convenció de que era un nuevo fichaje necesario. Pero lo cierto es que llegó para quedarse y su destino quiso que entrara a formar parte de la familia, leal y agradecida, a veces desfalleciendo por un soplo al corazón que le fue diagnosticado en la adolescencia. Su presencia era invisible y sus sentencias, abruptas e inquietantes, ponían en alerta a todos. Era nuestra Casandra familiar, la que nunca aprendió a leer ni a escribir, pero que, para compensarlo, en vez de hablar, solía gritarte las cosas aunque no estuviera enfadada. Tenía un timbre que taladraba. Fue la escudera de la Tata, su pupila, su extensión, su sombra.

En Semana Santa de 1966, nos fuimos a pasar las vacaciones al campo de Villa Paz con nuestras primas Carmen y Belén Ordóñez y otros amigos, un grupo de ocho. Nos acompañaron mi madre, el doctor Tamames y la íntima amiga de mi madre, Esa de Simone, que se alejaba de Roma por tristeza, para reponerse de la pérdida de uno de los pocos novios conocidos que tuvo. La Tata viajó un día antes con parte del equipaje para asegurarse de que todo estuviese en orden a nuestra llegada.

Varios coches componían nuestra expedición, y al llegar a la casa nos entró la euforia y empezamos a hacer planes. Nos distribuyeron en las cuatro habitaciones de la rotonda, a pie del torreón donde quedaba el dormitorio y otras zonas privadas de mis padres, un intento de tenernos vigilados.

Por mucho que al llegar a la casa mi madre reclamara a la Tata, nadie conseguía dar con ella. Todos decían haberla visto por los cuartos de arriba, suponían que dando los últimos retoques. Mi padre no estaba y hasta que llegara, mi madre decidió que Esa se quedaría a dormir con ella para darle terapia y no dejarla sola en aquellos momentos delicados.

Subieron al cuarto y empezaron a instalarse, deshaciendo maletas y colgando la ropa en los armarios mientras charlaban, Esa ordenando lo suyo en el recoveco del fondo. De pronto, mi madre oyó un grito y un fuerte golpe contra el suelo. Corrió y vio a su amiga desmayada al pie del armario que acababa de abrir, y en su interior, un difunto bien tieso y con los brazos cruzados sobre el pecho como un faraón dentro de su ataúd. El hombre era el fallecido novio de Esa, en carne y hueso, fresco aún, como recién enviado de Italia o del más allá. Eso fue lo que mi madre alcanzó a ver a primeras mientras que, espantada, intentaba reanimar sin éxito a su amiga. Sospechando que algo no cuadraba, se acercó a inspeccionar el cadáver, y cual no fue su sorpresa al descubrir que el muerto no era sino la Tata vestida con traje, camisa, corbata, gafas y zapatos de mi padre, el pelo engominado y un bigote pintado con tizna. Se había quedado inmóvil, aguantando la pose, esperando a que cayese redondo alguien más, y deseando que ese fuera mi madre. Le hubiese supuesto un triunfo de inmenso gozo personal, ya que, en el fondo, a los que más les gustaba fastidiar con sus abominables bromas de humor negro, eran mis padres.

Al vérsela delante, la Tata no pudo contener más la apnea y estalló en carcajadas, huyendo de la habitación bajo los furiosos golpes y maldiciones de mi madre.

La bronca fue monumental y Esa tardó en recuperarse, sobre todo del golpe contra el suelo. Horas más tarde, repasando el momento y recordándolo paso a paso, nadie pudo evitar morir de la risa, reconociendo la genialidad de la Reme, pero sobre todo el trabajo que debería haberle supuesto caracterizarse con tanta precisión. Y a pesar de que la gracia corrió el riesgo de pararle el corazón a la querida Esa, todos se rindieron ante el sofisticado e inquietante nivel de humor «negro oscuro» de la Tata.

Días más tarde, la Tata seguía inspirada. Aprovechó un castigo general, que impuso a todos por mi culpa, debido a una temeridad que podía haber tenido desagradables consecuencias.

En una de las tandas del juego del escondite, me quedé atrapado entre los engranajes de la vieja cosechadora, aparcada bajo el porche de los tractores, y no conseguí salir de ella hasta que llegaron los mecánicos y tractoristas, que tuvieron que desmontarla casi entera para llegar a dar con el lugar donde había quedado apresado, en el corazón mismo de la máquina.

Hasta las diez de la noche trabajaron por culpa de la osadía del niño, así que, pagando justos por pecadores, la Tata nos anunció que tras la cena iríamos directos a nuestros cuartos, sin flan. También nos advirtió que echásemos bien el pestillo porque llevaba oyendo pasos perdidos por la casa desde hacía ya dos días y que al tercero el fantasma solía aparecerse. De inmediato, nos cagamos de miedo aun sabiendo que el fantasma del que la Tata hablaba no era otro sino ella. Pero los juegos de terror y todo lo que nos pusiera la carne de gallina nos excitaban tremendamente.

Obedientes, nos encerramos divertidos en dos de los cuartos de la rotonda, los más estratégicos, los primeros a mano izquierda y derecha, a pie de escalera, haciendo acopio de todos los pares de zapatos posibles que entre todos reuníamos.

La cosa debía pasar de la siguiente manera: nosotros dejaríamos un hilo de puerta abierto para espiar la escalera y así poder ver la subida del fantasma, y cuando este estuviese en el centro de la rotonda, ¡zas!, las abriríamos de golpe y a la vez, atizándole con todas nuestras fuerzas bajo un bombardeo de zapatos que le ahuyentarían y quitarían las ganas de asustarnos, por lo menos, por el resto de la noche.

Y a oscuras, cuchicheando y relevándonos en la vigilancia, los nervios iban creciendo y creciendo hasta las ganas de hacer pis.

Pero de ahí no salía nadie. El riesgo de que nos pillasen con un número de atacantes diezmado por culpa de una urgencia incontenible era demasiado alto, y de todos modos nadie se atrevía a aventurarse al baño.

El fantasma era otra de las creaciones ingeniosas de la Tata, que consistía en ponerse una corteza de patata ancha cortada con tajos verticales y uno horizontal, que encajada en la boca simulaba una dentadura deforme y abultaba los labios. Luego se calzaba una media de nailon en la cabeza que le aplastaba los rasgos de la cara, la nariz sobre todo; se cubría entera con una sábana blanca que sujetaba con una mano por debajo de la barbilla, mientras que con la otra aguantaba un cazo de aluminio con alcohol, que prendía iluminando todo aquel personaje, que encorvaba para sacarle joroba y al que hacía cojear. El efecto era sensacional, eficaz y pavoroso. Más de una vez lo interpretó pasando por delante del ventanal del salón mientras los invitados de las fiestas se tomaban el aperitivo, sembrando el pánico, lo que a mi padre divertía a morir y a mi madre bastante menos, muy harta ya de tanto espíritu en llamas paseando por el jardín.

Pero aquella noche no pasó nada de eso. Pasó algo mucho más aterrador que heló la sangre de los que estábamos recluidos a oscuras en aquella habitación, y que nos impresionó y marcó para los restos.

La tensión crecía, y al vigía de turno le hacía ver cosas que no existían. Mi prima Carmen creyó ver un caballo negro subiendo por las escaleras y Manolo el mellizo, a un hombre mono que cruzaba sin cesar por delante de la barandilla.

Empezaban a escasear el aire y la paciencia. ¿Qué estará haciendo el fantasma?, ¡se atrasa mucho!, cuchicheábamos, como si los fantasmas fueran programables. Decidimos entonces cerrar por completo la puerta y concentrarnos en los ruidos para cambiar de táctica. En silencio y oscuridad total, aguzamos los oídos, inmóviles, respirando poco.

No pasaron ni dos minutos cuando un resplandor empezó a hacerse en la habitación, uno ligero, como una neblina, como humo blanquecino que fue intensificándose hasta llenar la penumbra con una luminosidad suave, muy tenue, lechosa.

Nos acurrucamos todos en una esquina, en el suelo, cogiéndonos del brazo, apretándonos las manos, preguntándonos qué diablos estaba pasando.

En la pared de la izquierda, justo al lado de la ventana, colgaba un cuadro de metro y pico de ancho por unos ochenta centímetros de alto, un bordado de un san Antonio que tenía un marco grueso de madera de roble y que pesaba una barbaridad. De hecho, cuando había que encerarlo, tenían que bajarlo entre dos personas fuertes, y costaba lo suyo.

En medio de esa bruma de luz de vela, todos, digo bien todos, pudimos ver cómo aquel cuadro fue lentamente deslizándose por la pared hasta apoyarse en el suelo sin el menor ruido. No cayó. Bajó a velocidad de oruga, muy despacio, sin vascular, como si manos invisibles lo hubiesen descolgado y sujetaran hasta ser depositado en tierra. Y con el mismo tempo pausado que la luz se hizo, se deshizo.

El reflejo de todos fue el de saltar como muelles, abrir la puerta y salir escopetados, gritando lívidos, en espantada hacia la escalera para ir a calmar el corazón a otra parte. La habitación de al lado pensó que aquel alboroto era señal de la llegada del fantasma y, abriendo la puerta, sus ocupantes descargaron toda la ira de sus zapatos sobre nuestra fuga, como si con el *shock* que llevábamos encima en el cuerpo no fuera bastante.

Nadie quiso volver a dormir en aquella habitación nunca más, no un niño.

Se quitó el cuadro y se almacenó en el *camarote* de los santos. En su lugar se colgó un dibujo a plumilla, en tintas roja y negra, firmado por la infanta Paz, que representaba a una fila de gallinas que desaparecían de aquí al horizonte. Gallinas franciscanas por el moteado del plumaje, y en el que se leía a pie de papel, escrito de su puño y letra: «Allá van, allá van, las gallinas a Luján». Aun así, no volvimos a abrir la puerta de aquel cuarto.

Entrar en la casa suponía entrar en otra dimensión. Sin importar la temperatura exterior ni la cantidad de luz, en el interior hacía siempre fresco tirando a frío. Aunque estuviese naturalmente muy bien iluminada, las penumbras se distribuían en todos los ambientes, resaltando la decoración y dándole misterio. Siempre pensé que de eso también mi madre era la responsable y la puse en lo más alto de mi lista de personas con extremo buen gusto. Su toque italiano de escuela viscontiana, aderezado de aquel toque de Castilla, era simplemente magnífico, fluía. De la misma manera que Visconti era capaz de conseguir que hasta una piedra actuase, ella conseguía embellecer cualquier espacio y hacerlo único con lo que hubiese a disposición. No me canso de describir y revisitar las guirnaldas de romero con juncos, carrizo y cardos, moteadas de claveles rojos, que fabricaban ella y la Tata con sus manos y esmero, y que más tarde enseñara a hacer al resto del personal, para trenzarlas entre los barrotes de la barandilla de la escalera principal para las fiestas que se daban.

En ellas mis padres reunían a los personajes más relevantes del momento en cada momento y el contraste a veces rozaba lo disonante. Famosos de todas las áreas, intelectuales de pensamientos encontrados, actores, actrices y artistas nacionales e internacionales, astronautas y científicos, prensa del mundo entero; por supuesto, toda la gran sociedad del planeta y el Régimen al completo, con el que mi madre se sentía tremendamente incómoda, pero con el que mi padre se codeaba y que le permitía tener los privilegios que tenía. Y entre los invitados del uno y los de la otra, aquellas reuniones eran todo un éxito. La gente se peleaba por ser invitada y asistir era un deber irrechazable. Si no estabas en alguna, no eras nadie, no entrabas a formar parte del paisaje del país ni del de fuera.

Los reportajes de las capeas en Villa Paz daban la vuelta al mundo y en ellos se podía ver a Deborah Kerr, Annabella Power, Elsa Maxwell, Sophia Loren, Claudia Cardinale o Carmen Sevilla toreando al alimón con Dominguín, como a John Wayne, Ernest Hemingway, Neil Armstrong, el marqués de Villaverde o Alfonso de Borbón, entre decenas de otros más. El manejo de los medios, gran herencia de mi abuelo Domingo, era llevada a cabo por mi padre en primera persona, hasta el final de su vida y de forma magistral.

Cuando era necesario abastecer las revistas con fotos de familia que rezumaran felicidad y estabilidad, también se ocupó de forma impecable. A la voz de «cámara, ¡acción!», los Dominguín Bosé entraban en la obra y cada quien recitaba su papel. Aparecían en todo momento como una piña, unidos por el buen rollo y el relajo. No había ni una sola foto en la que no se les viese a los unos amontonados encima de los otros, riendo y revolcándose, jugando y abrazándose, rodeados de sus perros, en un jardín siempre verde o nadando en una piscina muy azul. Incluso algunas de ellas mostraban al matrimonio haciéndose carantoñas. Sus declaraciones eran montañas de piropos, cómplices y positivos, que deshacían cualquier intención de rumor. Pero a la voz de «¡corten!», la sesión se daba por terminada y se les devolvía a cada uno a su realidad. A nosotros, al confinamiento de nuestro cuarto de jugar con la cuota mensual de cariños cumplida, y a ellos, mis padres, a la formalidad oficial y distante que soportaron hasta su separación, como habían pactado. En público, éramos una familia feliz. Ellos dos solos, no eran nada.

Villa Paz fue mi refugio, mi escuela, el lugar de mi infancia, mi granja en África al pie de las colinas de Ngong. Allí fui más libre de lo imaginado, mucho más aún de lo permitido, no hubo límites, no los tuve. La sensación de formar parte de la naturaleza me llevó a respetarla celosamente y disparó mi fantasía. Pude ver con mis ojos a los habitantes de sus bosques y hacerme pequeño hasta entrar en las madrigueras, entre los chaparrales. Aprendí a hablar el idioma de los caballos y el de los maizales, el de los ríos y sus choperas, y a escuchar el fuego en los hogares mientras los mayores, labrados de arrugas nobles de sol y aire seco, compartían un café de puchero y el silencio al crepitar de las ascuas, esperando a que sus cenizas cociesen los garbanzos verdes para cuajarlos en tostones.

Esas llamas sabias chispeaban historias antiguas que atendíamos pasmados. Historias que la gente del campo narraba con voces roncas, guturales y pausadas, confirmadas por el fuego que decía la verdad.

Aquella era nuestra televisión y ellos nuestros noticieros.

Allí me sentí uno más, un ciudadano del clan de los intrépidos que, en el tiempo, entre las nuevas llegadas y los relevos de quienes se fueron yendo, llegó a sumar casi una treintena amplia de chavales.

Allí salvé mi primera vida, la del Paquito, que se tiró de cabeza en el silo de las pipas y se quedó hincado en ellas de cintura para arriba. Más se agitaba, más se lo engullían las semillas hasta que desapareció entero menos los zapatos, como tragado por arenas movedizas. Creé una cadena entre todos y tirando con todas nuestras fuerzas conseguimos sacarle y reanimarle. Ya estaba azul.

Allí salvó mi padre la mía durante un encierro en el Puche. Un toro cárdeno herido se me revolvió y empezó a cornear al Paspás, que resultó magullado, no pudiendo retroceder, atrapados entre la caballería armada de picas que cargaba y nos cortaba la retirada y la polvareda que se levantó. Mi padre hizo que su caballo se echara encima del toro, sacándomelo de encima y haciéndolo rodar cuesta abajo por la ladera de la colina, y ensañándose luego con él hasta matarlo a puyazos. Allí le entregué mi vida.

Allí, los mayorales me contaron que un toro bravo nace para combatir y que si no lo hace se apodera de él algo parecido a la nostalgia. Entonces provoca a los machos más jóvenes para entrar en pelea y se deja cornear por ellos hasta la muerte.

Allí entré en el coro de cantos de la era, mientras apaleábamos el revés de las tortas secas de girasol con un palo para sacarle la pipa mientras otros trillaban a mula la avena y la aventaban para separar el grano del salvado.

Allí me quedó claro que el trabajo es tan sagrado como lo es el dinero que él te da, así como lícito es el gastárselo con gusto y ganas. Y con amigos.

Allí aprendí a hacer equipo, a ser solidario y a compartir. Así como a apartar tiempo para estar solo con mi imaginación y mi caballo.

Allí quedaron Paco el molinero, Trinca el camionero, la Andrea y el Resure, los encargados de la casa y sus hijos, los mellizos Manolo y Jose, mis mejores amigos, que nos seguirían más tarde a Somosaguas. La Julia, la pícara de los Sacis, el Aniceto, el caballista y el Abuelo, el más anciano de todos, que aseguraba estar trabajando en la granja de la finca desde la infanta Paz, y por la edad, cuadraba.

Allí, guardados en el cuarto de los blancos, quedaron mis temores cuando me escondía huyendo de los castigos, entre olores a hierbas y sol, saquitos de anís, hinojo y tomillo que se escondían en sus armarios de sábanas y toallas, y allí me imaginé, las noches en las me refugiaba asustado, oír manadas de caballos blancos que galopaban pasillo abajo y que al pasar por delante de la puerta se llevaban mis pesadillas, y al fin podía dormir, acurrucado en un cajón.

Allí me imaginé crecer. En ningún otro sitio más que allí.

Allí decidí que iba a pasar largas temporadas, tal vez para hacer retiros y preparar exámenes o llevar a mis amores. Luego casarme y celebrar de nuevo otra boda, después de tantas décadas sin ninguna, más grande que la de mis padres; para compensar aquella tan forzada, libre de todo al fin. Imaginé también que mis hijos recorrerían sus tierras, renovando el amor que a lo largo de los años le entregué a esa finca, el que dejé sembrado en cada uno de sus rincones, en cada palmo que fui pisando, el de mi Villa Paz del alma.

6

Un paseo por Somosaguas

La casa de Somosaguas empezó a construirse en 1958. Entramos a vivir el 15 de mayo de 1960, día de San Isidro. Paola nació en noviembre de ese mismo año. Para 1967, el jardín ya tenía hierba y la piscina depuradora. La vaca de granito gris de Otero Besteiro, de cinco toneladas, descansaba en su sitio, tumbada al borde de la cornisa del agua, pastando desde hacía tres o cuatro años. Fue llevada hasta su lugar entre cuatro peones gallegos, rodada sobre troncos de pino, a fuerza bruta, como se solía en la construcción de las pirámides de Guiza.

El bungaló quedaba a la derecha de la piscina. Ni estaba cerrado ni rodeado de bambú aún, y solo se usaba en verano. La casa quedaba en el centro mismo del terreno. Detrás, las perreras, el garaje, y en ese mismo cuerpo de construcciones en piedra de granito de El Escorial, las cuadras. La cancela de acceso a la parcela por la avenida del Campo, y la entrada principal de la casa, daban al sur. La arboleda perimetral, en su mayoría de pinos piñoneros y álamos blancos, no pasaba de los tres o cuatro metros y crecía rápidamente.

A partir de mis siete años, casi cada fin de semana de buen tiempo, ensillábamos caballos y dábamos clases en el picadero de la parcela de al lado, la que más tarde habitarían los Sainz, con el profesor de equitación Santiago Alba, que, además de entrenador, se encargaba del cuidado de los caballos del tío Manolo Prado, los que montábamos, y de mi appaloosa, Tiberio. Ponerle ese nombre fue toda una conquista. Cuando mi padre me preguntó quién era Tiberio, haciendo un esfuerzo inmenso para superar su imponencia y mi timidez, le conté que Tiberio era el segundo emperador de Roma de la dinastía Julio-Claudia, que reformó las leyes militares de su tiempo, bla, bla, bla... Y según iba relatándole la historia, mi padre, pasmado y sin poder quitarme los ojos de encima, llegando al momento de contarle lo hermosas que eran las villas que construyó en la isla de Capri, a la que a mamá tanto le gustaba ir, escorando la cabeza me interrumpió con un: «Ya basta, mico. ¿De dónde sacas tú todo ese conocimiento?», y le respondí que de los libros.

—Me han contado que lees mucho, ¿no es así?

—Sí, papá, me gusta mucho leer.

—¿Y de dónde vienen todos esos libros?... De la librería del salón, ¿no?... ¿Sabes que está prohibido entrar en el salón?... ¿Sabes que leer tanto es malo?... ¿No te gusta más montar a caballo?

—También... pero un poco menos.

—¿Y cazar?... ¿Por qué no te gusta cazar?... Si no te gusta cazar, ni pescar, ni nada de esas cosas... dime tú cuándo voy a estar yo con mi hijo... ¡Tiene que gustarte, Miguelón!... Tienes que hacerme el favor de que te guste o voy a empezar a pensar que no eres mi hijo... porque de mí... por ahora, que yo sepa... no has sacado nada... Mira, Miguelón... los hombres tienen que hacer cosas de hombres entre hombres... como las mujeres hacen las suyas entre ellas, ¿lo entiendes?... Montar a caballo, ir de cacería, pescar y más adelante otras que ya te iré contando... Estoy deseando que cumplas doce años para que te fumes el primer cigarro, ¡coño!... El año que viene... si te entrenas con el rifle bien pero que bien... te llevo de safari un mes entero, tú y yo solos, a la selva de Uganda o a Mozambique... ¿Te gusta la idea?... ¡Ya verás qué bien nos lo vamos a pasar pegando tiros y cazando animales!... ¡Y bañándonos en los ríos llenos de cocodrilos y de hipopótamos!... Ahí sí, que te guste o no... voy a conseguir hacer de ti un hombre, ¡pero vamos!... como que soy tu padre.

Cuando abordó a mi madre con lo del nombre del caballo, le dijo muy preocupado: «Lucía, me han dicho que el niño lee, que lee mucho, sin parar, y que se queda hasta altas horas de la madrugada bajo las sábanas con una linterna, y que luego en clase se duerme». Y mi madre le preguntó que cuál era el problema con que yo leyese, y él le contestó: «¡Maricón, Lucía, el niño va a ser maricón!... ¡Seguro!».

A mi madre no le cabía en la cabeza que su marido, siendo todo lo que era, esa figura tan internacional y de formas exquisitas, fuese tan poco evolucionado en ciertos temas básicos y vitales. Le parecía retrógrado y muy paleto, sin hablar de lo machista.

—Deja que lea todo lo que le dé la gana, Miguel... ¿No quieres que estudie carrera y que sea abogado?... ¡Pues por la lectura se empieza!

Sin haberla escuchado y anudándose la corbata, le anunció que me llevaría consigo en su próximo safari, y mi madre le contestó que ni hablar, que sobre su cadáver, que solo tenía nueve años y que ella me conocía bien y que no había nada que me espantara tanto como pegar tiros, matar animales, incluso cualquier tipo de insecto, desde moscas a mosquitos, y que, además, era un cagueta. «El niño no ha nacido para esas cosas tan rudas, el niño es más de darle a la cabeza que de hacer gimnasia», y, en efecto, tenía razón. Pero al año siguiente, con diez años recién cumplidos, fuimos de safari a Mozambique un mes entero, desoyendo a todos.

Era mediados de junio de 1966. Embarcamos de Madrid a Lisboa por la mañana y, antes de irnos, en casa, mi madre me entregó un cuaderno y un bolígrafo para que llevase un diario de todo lo que viese allá en la selva (animales, paisajes, gente, etcétera) y de lo que nos pasase (aventuras, observaciones, historias de campamentos...). Me pidió que se lo trajese de vuelta, como un regalo para ella, y me lo hizo prometer.

En su cara había mucha tristeza y mucho enfado, una expresión que desconocía. Me abrazó como sabía que a mí me gustaba durante un tiempo largo, y yo a ella, sin quererla soltar. En ese momento deseé que hubiese encarado a mi padre diciéndole que había cambiado de opinión y que a su hijo no se lo llevaba nadie. Sentí que estaba asustada, que no se fiaba de él. Se me quedó mirando un rato largo a los ojos y, sujetando mi cara entre sus manos, me dijo: «Todo va a estar bien, *Mighelino*, todo va a estar bien», y me volví a abrazar a ella.

La Tata me metió en el bolsillo unos caramelos y una estampita del Cristo de Medinaceli, su devoción, a quien me había encomendado. Le pidió a mi padre que me diese de comer bien y que me defendiese de los leones y otras bestias, y él le contestó que justo a eso me llevaba, mandaba cojones, a que cazase mi comida y a que aprendiese a defenderme solo de todo, que rodeado de tanta mujer nunca me iba a hacer un hombre y acabaría siendo una Mariquita Pérez.

La Tata sabía que su frase no era una *boutade*, y se irritó tanto que le amenazó con maldecirle hasta el final de sus días si algo me pasaba. Se quedó muy preocupada.

Por último, el doctor don Manuel Tamames entregó a mi padre un frasquito con unas píldoras chiquitas y le explicó que era quinina y que debíamos tomar una cada quince días, es decir, tan solo dos más aparte de la que tocaba al subir al avión, tres en total, y «que no se te olvide Luis Miguel, son contra el paludismo, y me da igual si tú no te las tomas, pero al niño se las das religiosamente o te mato». «Que sí, que sí, que no te preocupes Manolo, que no se me olvida, cómo se me va a olvidar, tan irresponsable no soy», le aseguró mi padre. «Te lo advierto, que como el niño se enferme, se nos va, y te estoy hablando muy en serio, se nos muere». Y le miró muy de frente, sin cara de broma.

Nada más subirnos al avión, mi padre se metió las pastillas en el bolsillo y no sé qué haría con ellas, pero jamás me dio ninguna.

En Lisboa nos esperaba Simoes, el cazador profesional que solía acompañar a mi padre en todos sus safaris. Era un portugués mozambiqueño de ojos claros, pelo ondulado y cabeza muy grande. Era amable y siempre de buen humor. Me dijo que me cuidaría y que en las partidas de caza me pegase a él, que nunca siguiese a mi padre porque estaba un poco loco.

Mi padre durmió profundamente desde el despegue, y tras yo qué sé cuántas horas y horas ensordecedoras e interminablemente aburridas, por fin aterrizamos en Lourenço Marques, la entonces capital de Mozambique. Los miedos que me habían acompañado desde que dejara Madrid, y que me rondaron la cabeza durante todo el vuelo, desaparecieron nada más aterrizar en África.

Era mi primer gran viaje, probablemente el más largo que recordase de entre todos los recorridos cabalgando a lomos de mi dedo por los atlas de mi colección. ¡África y el océano Índico! Mis sueños empezaban a ser atendidos.

Durante aquel mes estuvimos en tres diferentes campamentos. Uno en la selva, rodeado de pantanos, otro en la sabana y el último improvisado e instalado en la ribera de un río. En el primero mi padre intentó que una bellísima nativa de dieciséis años, de ojos muy blancos que resplandecían a la luz de la hoguera desde el fondo de su negrura, me iniciase a la hombría. Simoes se lo quitó de la cabeza diciéndole que no era el caso de que, por una tontería, el niño acabase contagiado con alguna enfermedad, que los nativos estaban inmunizados a todo lo que nosotros no. Pero como mi padre insistía con la gracia, Simoes le propuso que se fuese él con la chica a ver si tenía narices y mi padre, a quien no había que retarle con asuntos de mujeres, la agarró del brazo y se la llevó a su cabaña. Simoes se sentó a mi lado y al brillo de las llamas empezó a contarme antiguas historias de cazadores, fascinantes y prodigiosas, para distraerme de los asuntos a gritos que estaban ocupando a mi padre. De inmediato, supe que él me iba a proteger, lo supe dentro de mi corazoncito. Aquellos relatos inauguraron mi «Diario de África».

A los pocos días fuimos a cazar hipopótamos, y como no hacía pie en aquellos pantanales, me subieron a hombros de un porteador hasta llegar a la choza de apostamiento entre cañizales. Durante el trayecto, mis piernas, que de rodilla para abajo estuvieron siempre dentro del agua, se plagaron de sanguijuelas, decenas de ellas, colgando como flecos que ni noté al pegárseme. Me picaron muchos mosquitos, muchísimos y de todos los tamaños, y fue ahí donde, con toda seguridad, agarré el paludismo, lo que hoy se conoce por malaria.

Y sin pastilla de quinina, que mi padre no me diera por descuido y olvido, la enfermedad fue lentamente incubándose y para mediados del segundo campamento, en el que nos cruzamos con la tía Paquitina y el tío Fausto, los Blasco de Madrid, también de safari, yo ya estaba visiblemente enfermo. Tan mal aspecto tenía que la tía Paquitina le dijo a mi padre: «Luis Miguel, este niño tiene muy mala cara, ¿qué le pasa?». Sin darle mayor importancia, le respondió que «el niño no se adapta a lo que se come aquí, que no para de vomitar, y que si sigue así se va a quedar escuchimizado y se va a enfermar, ya se lo he dicho». «¿Le estás dando la quinina?» Y mi padre dijo que no, que eso era una mariconada que no servía para nada, y la tía Paquitina le respondió lo mismo que le dijo el doctor Tamames en Madrid, que si él no quería tomarse las pastillas, que allá él, pero que al niño se las diese o que se moría antes de volver a España, a lo que mi padre cerró la discusión replicando que lo que yo tenía no era malaria sino mamitis, y que o espabilaba o no me volvía a traer de safari. Los Blasco abandonaron el campamento seriamente preocupados, con una terrible angustia de corazón, pero ahí quedó zanjado el tema.

En las expediciones diarias, todos íbamos en fila india durante largas horas bajo un sol de justicia y cuidando muy mucho dónde apoyábamos nuestros pasos. Muy pronto, las caminatas se me fueron haciendo cada vez más duras, pero jamás protesté, no quería decepcionar a mi padre. Hasta que en una de ellas me desplomé, sudando y tiritando, blanco y frío como la tiza. Recuerdo entreabrir los ojos y ver a mi padre en pie junto a mí, a contraluz, reanimarme con la punta de su bota y decirme: «Venga, no seas nenaza, levántate y camina como un hombre y déjate de mareos o te vas a enterar lo que es uno de verdad del tortazo que te voy a meter, y basta ya de tonterías». Me tiró encima de la cara su sombrero con desprecio para repararme del sol, o así lo entendí, y girando talones, le vi alejarse, contrariado y agotada su paciencia. Pensé que tal vez, al no darse trofeo, la estaba perdiendo. Pero no. La había perdido conmigo.

En ese preciso instante, me rendí para siempre. Entendí que nunca conseguiría estar a la altura de sus expectativas, que él nunca estaría orgulloso de mí porque era débil, que nunca iba a quererme, que yo no era el hijo que él esperaba que fuera, y ahí, con diez años, tirado en medio de África, decidí que para qué esforzarme más. Me sentía muy mal, muy triste, muy solo, muy enfermo y tiré la toalla, no aguanté. Simoes se inclinó, me levantó del suelo, me cargó en sus brazos, y no me acuerdo de más.

Al día siguiente, como si nada hubiese pasado, mi padre me despertó y me obligó a proseguir. Una rama suelta de un espino salvaje me enganchó el párpado derecho con una de sus espinas y me lo desgarró entero hasta dejármelo colgando por un hilo de piel. Cegado por la sangre, entré en pánico y mi padre enfureció. Mandó rápido que me pusieran un parche, que la caza no esperaba. Para tranquilizarme, me dijo: «No te preocupes, solo el noventa y nueve por ciento de la gente a la que le pasa eso, muere», y partido de la risa debido a no sé qué gracia, se incorporó y ordenó proseguir. Mis fuerzas estaban ya por debajo de los límites y Simoes, que empezaba a perder la calma y a disgustarse con mi padre por la forma con la me trataba, le pidió al más fuerte del grupo de porteadores que repartiera su carga entre los demás y que se ocupara solo de mí. Me agarré a su cuello y, exhausto por la calentura y la debilidad, empecé a desvariar.

Pero las desgracias se sucedían, no acababan. Debido a las violentas diarreas que me ocupaban el día entero, empecé a deshidratarme y me convertí en el fastidio al que constantemente había que hervirle agua que darle con sal y azúcar u otras infusiones de hierbas que los nativos conocían para frenar las fiebres cada vez más altas. En una de las idas a la letrina del campamento, un hoyo cavado en la tierra sobre el que te acuclillabas y que hasta no llenarse no se tapaba con tierra para abrir uno nuevo al lado, me picó un alacrán y durante unos días estuve bajo morfina. Agradecí al cielo y al Cristo de Medinaceli que la alianza del veneno del bicho y de aquella medicina que tanto me hacía delirar, me proporcionaran una tregua, un alivio temporal en medio de tanto constante malestar.

En el tercer campamento, levantado a la sombra de un árbol de ramas anchas, a orillas de un río, no recuerdo si fue que de pronto me sentí algo mejor o si mi cuerpo encontró por un tiempo la manera de convivir con la enfermedad, pero sin aviso, dispuse de suficientes fuerzas para seguir al paso y sin ayuda de nadie, la expedición que debía llevarnos al gran trofeo, el elefante.

Mi padre ni se percató del milagro. Por aquel entonces ya hacía tiempo que se había arrepentido de haberme llevado de safari, me consideraba un estorbo y me lo hacía penar a diario. Dejó de ocuparse de mí y le pasó la carga a Simoes, quien se preocupaba por mi estado de forma casi obsesiva. Para mi padre dejé de existir.

Si me dirigía la palabra, era para darme una orden. Me convertí en su hijo invisible y recuerdo haber llorado ríos y ríos deseando volver a casa. Lo único que me ligaba a ella y a mi madre, a quien desesperadamente echaba de menos, era mi «Diario de África», en el que decidí limitarme a contar cosas de la caza y de los campamentos. Jamás me atreví a escribir sobre lo mal que lo estaba pasando, ni sobre el trato que recibía de mi padre, ni mucho menos sobre mi enfermedad. Me daba terror que mi madre se enterara de todo aquello al leerlo y a la vuelta hubiese bronca o discutieran por mi culpa. Eso era algo que no quería.

Pero contaba los días que quedaban y, a falta de una semana, hice de tripas corazón y me dije: «Venga, venga, Miguel que ya falta nada para que la Tata te cure y puedas darte un buen baño de agua caliente». Esa fue mi motivación.

Nos fuimos a cazar elefantes y dimos con la manada en la que mi padre dio por fin con su trofeo. A pesar del sigilo, el viento viró de repente, delatándonos, y la matriarca, que medía como un edificio, se nos encaró agitando las orejas con violencia, barritando como una loca y levantando una terrible polvareda que enervó al resto del grupo.

Estábamos a poco más de cien metros cuando cargó contra nosotros a toda velocidad y Simoes gritó a mi padre que le apuntara a la cabeza, y ambos empezaron a dispararle con balas de expansión que no penetraban lo suficiente en su cráneo, pero que al impactar le abrían grandes agujeros de los que brotaba la sangre a chorros, a presión, como fuentes. Me mató de pena ver a ese animal peleando por proteger a su manada con su vida, de pie pero agonizando. Me destrozó.

Eché a correr entre la maleza sin mirar atrás, y para cuando los porteadores alcanzaron el coche, yo ya estaba subido en él, agazapado bajo un estrapontín. Lo que hace el miedo, que da alas. Segundos después, también llegaron mi padre y Simoes a la carrera, lívidos como fantasmas, y nada más saltar al coche, arrancamos y huimos. Ya vendrían a por la pieza, se dijeron, «pero primero dejemos que se desangre». Que se desangre...

La brecha entre mi pesar, o déjenme llamarlo rabia, y la frontera del cariño por mi padre se iba haciendo más ancha y más profunda por minuto que pasaba. Podía oír cómo se rajaba, cómo se hacía oscura y de un desprecio abismal.

En plenas sacudidas a lomos del todoterreno, de vuelta por la sabana, le observaba fumar, frustrado. Agarrado a un manillar que no le respondía, que le vapuleaba y no podía dominar, por primera vez le sentí ajeno, perdido en la soledad que se merecía.

Al llegar al campamento base, los leones lo habían destrozado todo, y quienes quedaron a cargo de él estaban subidos a los árboles, muertos de miedo. Contaron a gritos, alterados, que nada pudieron hacer, que eran ocho adultos grandes entre machos y hembras, y que no tuvieron más remedio que trepar y dejarles hacer. Habían desgarrado las tiendas de campaña tumbándolas, desparramado las provisiones, destrozando las latas a golpe de colmillo, comiéndose lo que pudieron. Tras el caos, que duró horas, se fueron sin más.

Así que, durante los días restantes, Simoes, mi padre y yo dormimos encerrados en una de las camionetas, armados hasta los dientes. El resto de la expedición, colgado de las ramas.

Para comer se mataron culebras, pájaros y una especie de rata de río de gran tamaño, muy sabrosa, que se cocinaba a la lumbre, tostándola, ensartada en un palo. Una noche, mientras raspábamos los huesos de algún bicho para apurar su carne, mi padre me anunció, sin dirigirme la mirada, que al día siguiente nos volvíamos a Madrid y, obviamente, no pude pegar ojo.

Antes del alba dejamos el campamento, luego la base central de la agencia, la selva y las sabanas, los ríos, pantanos, humedales y manadas de bestias, después el aeropuerto, la pista de despegue, Lourenço Marques desde el aire, África infinita, y, finalmente, por la ventanilla del avión avisté Lisboa, última escala. Horas después aterrizamos en Madrid tras un viaje infernal y angustioso durante el que volví a debilitarme, a sudar y a tiritar de fiebre, sin que jamás me abandonaran ni los vómitos ni las diarreas. Mi padre durmió durante toda la vuelta y antes de recostarse le pidió a una azafata que me echara un ojo por si acaso.

El desprecio con el que mi padre me trataba me paralizaba. Era una energía que me tiraba para atrás, como un zarpazo que me apartaba de todo con desdén. Añadamos a eso la profunda decepción, la vergüenza ajena y la molestia que yo le suponía.

En aquel viaje pareció darse cuenta definitivamente de que de mí no conseguiría hacer nada, ni tan siquiera algo que pudiera parecérsele al más retrasado mental de sus genes. Me dio por perdido. Yo le cogí pánico.

En el salón de llegadas del aeropuerto de Barajas, mi madre nos estaba esperando. Jamás olvidaré la cara que puso al verme. Descompuesta.

No tuve fuerzas para correr a abrazarla. Me fui a Mozambique pesando treinta y muchos kilos y lo que volvió de mí no llegaba a los quince. Tenía la piel adherida a los huesos como un niño de Biafra. Amarillo hiel, de labios cuarteados y enormes ojeras moradas descolgando de dos ojos hundidos y brillantes, llevaba los pantalones cortos atados a la cintura con un pedazo de cuerda que debieron de darme allá, en algún campamento, para que no se me cayeran. Ya estaba gravemente enfermo. Mi madre entró en un ataque de angustia y de ansiedad.

Mientras que mi padre, desde su impecable porte de las sabanas, cumplía con sus relaciones públicas y repartía sonrisas, autógrafos y declaraciones a los reporteros que vinieron a recibirle avisados por don Servando, mi madre me subió al coche y me llevó directo a casa, dejando plantado al torero. No me preguntó cómo me lo había pasado, no parecía alegrarse de verme, solo me preguntaba cómo me sentía, me decía que todo iba a estar bien y a Teodoro, el chófer, le repetía sin cesar que pisara el acelerador. Estaba desencajada y muy asustada. Se me cerraban los ojos del peso del cansancio y cuando los volví a abrir, ya estaba arropado en mi cama con paños fríos en la frente, muñecas y garganta, que la Tata renovaba sin cesar con el agua de dos palanganas.

—¿Cómo te sientes Miguel? —me preguntó.

—Ya estoy en casa, ¿verdad, Tata?

—Sí, hijón, ya estás en casa... Ahora descansa y duerme todo lo que puedas, que te vas a poner bien.

Por primera vez desde hacía un mes, me sentí a salvo.

Desapareció el hambre por completo y la sed era inagotable. No soportaba la luz, así que corrieron las cortinas y durante los días siguientes viví a oscuras. De vez en cuando, entreabría los párpados y en la silla junto a mi cama se turnaban mi madre y la Tata, a pie de fiebres. Escuchaba conversaciones de fondo.

—Reme, ¿se ha sabido algo del doctor Jaso?

—Nada, señora... El señor está removiendo Roma con Santiago, pero ni rastro.

—Pues como no se dé prisa...

—¡Calle usted, por el amor bendito!... Al niño no le va a pasar nada... Se lo he pedido al Cristo de Medinaceli... Cada mañana bajo a Madrid a primera misa y le rezo... Le he hecho una promesa... que en cuanto se cure me pongo el hábito un año entero... y no pierdo la fe... Me lo va a salvar, señora... se va curar, ya verá.

Las dos lloraban mucho. Mi madre no paraba quieta, iba de un lado para otro y cada vez que hablaba por teléfono, gritaba y maldecía. Yo dormía y vomitaba, algunas veces sangre, y en una de esas, sentado mientras bebía, caí hacia atrás en convulsiones y quedé inerte, como muerto. Había entrado en coma.

No sé cuánto tiempo quedé en aquel estado, nadie se acuerda bien. A mi familia debió de parecerle un siglo, a mí no más de diez minutos.

Primero sentí que todo era muy ligero y fresco, no me dolía nada, no tenía malestar, se habían ido las náuseas y la debilidad. Después se hizo una luz que todo lo abarcaba, una muy brillante, blanca, transparente y fría. Supe que era el camino por el que tenía que andar y empecé a hacerlo. Al poco tiempo me sentí libre de todo miedo e invadido por una felicidad que, de hecho, no podría llamar así. Era un estado nuevo, absoluto y tan bello, que empecé a decirme: «No, Miguel, tienes que ir a contárselo a mamá y a la Tata, tienes que compartir todo esto, es demasiado bonito, has de contárselo». Y cada vez que me lo decía, sentía un fuerte jalón. Fui repitiendo esa frase sin parar, como un mantra, cientos de veces tal vez, insistiendo, firme y bien decidido, mientras que la belleza de aquella sensación intentaba arrastrarme con una fuerza irresistible a la que daban ganas de rendirse. De repente abrí los ojos y les vi a todos, ahí de pie, rodeando la cama. La Tata se echó las manos a la boca y estalló en llanto y mi madre fue detrás. Mis hermanas, a quienes desde mi llegada no había visto, también, agarradas a la Rosi. El doctor Tamames, su amiga Marita y el doctor Jaso, nuestro pediatra de siempre, también lloraban abrazándose y congratulándose. Jaso exclamó:

—¡Os lo dije... os lo dije... es paludismo... lo que tiene es paludismo!

Pasó finalmente que, tras un despliegue en el que mi padre, amenazado por todos y con la cuenta atrás tocando a su fin, tiró de sus más altas influencias, Generalísimo incluido, se localizó al doctor Jaso el milagroso, que estaba de crucero en las Baleares, y se le trajo pitando a Madrid, en la avioneta privada de un amigo. Tardaron lo suyo, pero al final dieron con él.

A la primera toma de una fuerte dosis de quinina, las fiebres empezaron a remitir rápidamente y comencé a salir a flote.

Durante el mismo año en el que la Tata cumplía con su voto al Cristo de Medinaceli, el doctor Tamames le retiró la palabra al torero debido a su absoluta falta de responsabilidad y empezó su desprecio hacia el ser humano sin jamás perder la veneración por el maestro.

La convalecencia fue larga y me sacaron cuantos litros de sangre pudieron para análisis hasta que llegó el alta. Aun así, seguí débil durante mucho mucho tiempo. Todas esas enfermedades, las serias y graves, te dejan secuelas para el resto de la vida. Mi padre también cayó enfermo al mismo tiempo que yo, pero se refugió en Villa Paz para no tener que cargar con más culpa y vergüenza. Se curó él solo, según fue contando luego, porque como ya se sabe, esos bichos conocen el peligro que corren metiéndose en el cuerpo de un torero. ¿La verdad? Mi madre le echó de casa nada más llegar de África y le dijo que no quería verle en el resto de sus días, y que si al niño le pasaba algo, le pegaría dos tiros. ¿La otra verdad? Que no se curó solo. En la finca le esperaba su prima Mariví, la *Poupée*, para bien cuidar de él.

Yo me pasé el resto del verano en una silla de ruedas, tapándome y destapándome con mantas, según las persistentes fiebres fueran yendo y viniendo, a la sombra del bambú. El bicho que se me había instalado en el hígado, bien al reparo, fue otra de las desgraciadas herencias que recibí de mi padre.

La vivienda de Somosaguas tenía dos pisos y un pequeño subterráneo al que se accedía bajando por unas escaleras que estaban enfrente de la zona del servicio. Ahí se localizaba el cuarto de calderas, el de máquinas y otro muy pequeño, el de la carbonera, que recargaba periódicamente un camión a través de una trampilla exterior, situada al pie de las ventanas de los cuartos de empleados, que eran dos, uno para las chicas y otro para los chicos, ambos al fondo del pasillo, en el que se encontraban también la despensa y el cuarto de lavar, con un fregadero para lavado a mano y una lavadora, ambos a la derecha. A la izquierda el cuarto de «sucios» o de escobas, detergentes, lejías, baldes, barreños y otros materiales de limpieza y mantenimiento, como las ceras para los pisos de madera de roble y castaño de las zonas nobles de la casa, que se fabricaron y colocaron uno a uno, *in situ*.

La casa tenía más o menos 1400 metros cuadrados habitables, sin contar dependencias ni terrazas. Una barbaridad. Mis padres, que eran grandes anfitriones, habían decidido construir la casa de las envidias de todos, que constantemente llenaban de huéspedes. No recuerdo una semana sin cenas, cócteles o fiestas multitudinarias, con grandes noches de tablaos flamencos a las cuales no faltaba nadie.

Todo ese mundo nos estaba prohibido. Oíamos el jolgorio y los cantos a lo lejos mientras hacíamos nuestros deberes o intentábamos dormir. Recuerdo que, en una ocasión, alguien acompañó a un niño de mi edad arriba, al cuarto de jugar, para que se entretuviese con nosotros. Parecía asustado y tenía una inmensa mata de pelo negro de brillo azabache. Le pregunté cómo se llamaba y a qué quería jugar. Me contestó que José y que de lo que tenía ganas era de dormir, que llevaba muchos días sin hacerlo. Según mis cálculos, ya eran más de dos por el follón que pude ir oyendo entre las idas y vueltas al colegio. Hablamos poco y jugamos un rato a los coches, pero se aburrió enseguida. Se le fueron cerrando los ojos y cayó profundo, enroscado en el sillón como un gato. Sentí mucha ternura por él y le puse una manta encima para cubrirle y que no se enfriase. Esta historia me la contó treinta años más tarde José Mercé.

Los cuerpos flamencos eran los mejores que se conseguían reunir en la época. De ello se encargaban el Picoco, la Polaca, y en las grandes ocasiones, la misma Lola Flores. Con Lola todo tomaba otro vuelo, otra magia. Su autoridad y liderazgo creaban la diferencia. Los jaleos armados por ella se convertían en únicos, inolvidables. La gente que venía de fuera caía perdidamente rendida ante su presencia y su arte. Preguntaban quién era ese portento de la naturaleza. Yo no recuerdo a ninguna otra personalidad, aparte de mis padres y pocos más, que estuviera a su altura. Era magnética, fascinante, cautivadora, bella y con casta. Lola tenía ese lado salvaje e indómito que solo poseen los felinos y los océanos. Me causaba fascinación, admiración. Luego, en el trato cercano, el familiar, era amorosa, cariñosa, divertida y de una generosidad infinita.

Cuando saltaba a la pista, se acabó lo que se daba, pero cuidado... Si el relevo lo tomaba Antonio González y atacaba con sus rumbas, hacía suya la noche, se la arrebataba a Lola. Entonces, el buen humor llegaba a niveles gloriosos, gracias a su talento y originalidad surrealista. Como broche, solían cerrar las veladas mano a mano, hasta que el derrote se llevase a todos por delante a la cama.

Las familias Dominguín Bosé y González Flores fueron uña y carne durante largo tiempo y, tras la separación de mis padres, Lola quedó tocada. Tuvo con mi madre una relación muy íntima, privada y a espaldas de la sociedad, entre mujeres de aquella época. Se querían, respetaban y admiraban con locura. Mi madre decía que jamás habría podido pensar que la vida tuviese bastantes herramientas para crear a un ser tan espléndido, y lo mismo me contó Lola, quien le fue muy protectora y discreta.

Por Somosaguas y Villa Paz pasaron los más grandes de la historia. Lo que más le gustaba a mi padre era una juerga flamenca, no quería otra cosa. Las noches y los días se iban sucediendo de corrido empalmando tres o cuatro de seguido, sin descanso. El tiempo les pasaba de largo, o se quedaba ahí con ellos a disfrutar.

Cuando el whisky escaseaba, lo que de costumbre sucedía al caer de la madrugada del segundo día, mi madre retiraba, sin ser notada, las botellas de alcohol cuando apenas les quedaba un dedo. Las rellenaba de agua hasta arriba y volvía a servir nuevas rondas de tragos. Todos decían «hay que ver cómo es Lucía, que siempre se guarda el mejor whisky para lo último».

Enfrente de la salida del patio de servicio que daba al norte, divido en dos por tres gruesos alambres de acero en los que se tendía la ropa, crecía un ciprés que ya por entonces parecía enorme y daba sombra a las perreras. Por la pared de las ventanas del lavadero y la despensa, y hasta arriba de la terraza del cuarto de jugar y pasillo de la zona de niños, trepaban entrelazándose una vigorosa hiedra de bayas moradas y rosales de rosas antiguas de colores anaranjados.

Adelfas, geranios y lirios de bulbo, en arriates a pie de muro, remataban el perímetro.

Cuatro perreras cuadradas hechas de gruesa malla gallinera de acero había en ese patio para los perros de caza de mi padre, perdigueros de Burgos, pointers, bracos alemanes, algún galgo y los pastores alemanes, Fuego, Llama y Chispa, los guardianes de la casa. Eran feroces y de ojos muy temidos. Casi siempre encerrados, se soltaban de noche. De todos ellos se encargaban por turnos Teodoro, el chófer, devoto de mi padre, Santiaguillo, su mozo de cámara, y Chapurra, un hombre tan tierno como feo, muy leal al matrimonio, a ambos por igual, pero bruto, inculto, analfabeto extremo, obtuso y testarudo, de habla incomprensible, de Andújar, Jaén, moreno cacao, de piel picada de viruela y que en algún momento quiso ser torero, pero al ver que no se le daba, es decir, que se cagaba de miedo ante un astado, pidió trabajo y asilo vitalicio a mi padre, lo que para bien o desesperación de todos le fue concedido. Buena gente donde la hubiese. Un día, aquejado de terribles achaques de espalda, fue a mi madre y le pidió un permiso para visitar al doctor Tamames con la excusa de que tenía, textual, unos horribles dolores en la *calumnia vertricá*. Superando todas las apuestas se casó y tuvo hijos con Paquita, telefonista de cable, con la que empezó a coquetear al aparato cada vez que tenía la vez para hablar con su pueblo. No se le conoció más familia. Nosotros éramos la que nunca tuvo y eso le sobraba y bastaba. Parecía gruñir sin cesar, aunque lo que en realidad hacía era mascullar palabras hablando a solas. Le podía lo amoroso, y él mismo era todo amor. En temporada de perdiz, levantada la veda, se ponía nervioso como ocelote enjaulado. Cuando arrancaban las cacerías, no se recuerda secretario más veloz. Corría como un conejo y cobraba más piezas que ningún perro o que todos juntos, incluso a costa de robárselas a los vecinos de puesto. Y, por supuesto, iba de bronca en bronca, pero su jefe era su jefe y el botín, peleado y sagrado.

El garaje tenía espacio para tres coches, varias motos y bicicletas, y un foso de reparaciones y cambios de aceite. Era territorio exclusivo y minado de Teodoro el chófer, quien también se hacía cargo del mantenimiento general de la maquinaria de la casa. Lo mismo desmontaba un coche que soldaba, que desatascaba cañerías o, en caso de emergencia, ejercía hasta de mozo de espadas de mi padre. Era un manitas y todo lo hacía bien. Le apodaban el Bolo porque, como casi todo el equipo de fincas y casas, era también toledano, de Torrijos. Veraneaba en el Alberche, adonde nos llevaba a nadar alguna que otra vez. Su mujer, la Anastasia, que a menudo se traía a la casa, se sentaba apalancada en una silla gruesa de brazos de mimbre de la que rebosaba como una enorme madalena, mitad al sol y mitad a la sombra del umbral del garaje. Oteaba la cancela de entrada, achinando los ojos, palillo entre dientes y sorbiendo baba, esperando la llegada de coches o gentes. Ahí se varaba durante días. Según ella, su nombre le fue puesto por su madre, que era muy roja, en recordatorio de la hija del zar Romanov, aunque nada tenía de rusa excepto el moño y la gordura *matrioshkal*. También toledana, de Escalona, otro pueblo cercano a la finca familiar de La Companza, la finca madre de los Dominguín, la madre de todas las fincas, la primera que se compró.

En aquel garaje, Teodoro tenía su mesa de taller fabricada por él mismo a su antojo, con lámpara de cuello de jirafa y dos armarios horizontales pintados en verde, que cerraba con llave y en los que guardaba sus herramientas y una gran caja de madera compartimentada, con tornillos, clavos, tuercas y puntas, de todo. Esa caja era mi fascinación, mi envidia, mi medicina, la que a veces me permitía poner en orden cuando me entraban mis ataques de ansiedad, volcándola entera al suelo y esparciendo todo el contenido. Entonces yo me sentaba, y clavo a clavo, tornillo a tornillo, tachuela a tachuela, tuerca a tuerca, punta a punta, las iba pacientemente juntando en montoncitos por tamaño, tipo y clase. Después de horas, las colocaba en orden en cada una de las casillas con el ritmo de mi respiración ya restaurado.

A la vuelta de la esquina del garaje, las cuadras. Cuatro boxes para caballos y espacio suficiente con aperos y monturas que, al quedar vacíos, sirvieron para lo que tocara: almacén de caza, materiales de construcción, hábitat de enormes ratas que acabaron siendo de la familia, o escondites de nuestros juegos.

Enfrente del garaje, a la derecha de la cancela de entrada a la parcela, un pedazo de césped se nos destinó a los niños. En él plantaron un set de columpios de hierro fabricados por Teodoro el hábil. Había tres arneses, un columpio, una cuerda de trepar que solo Paola usaba y dominaba, y un trapecio, nuestro favorito. Del otro lado, al este, el gran jardín, el bungaló y la piscina, con la vaca de granito de Otero Besteiro de fondo.

A la salida de la terraza de verano crecía una glicinia que mi madre plantó con no más de un palmo de alta, y que en breve tiempo se hizo inmensa. Empezó a abrazar la casa entera y en cuestión de pocos años la había rodeado por completo, haciéndola suya. Por mayo florecía y descolgaba cientos de racimos de flores malvas que llenaban el aire con un perfume dulce y tenaz.

En la primera planta, entrando desde el patio por la puerta de servicio, a la izquierda y subiendo cinco escalones, se accedía a la cocina, que estaba dividida en tres partes. En un espacio a mano izquierda, ventana orientada al sur y dando al patio de perreras, el cuarto de plancha y de coser, en el que pasábamos horas largas calentándonos al sol y los vapores del planchado, escuchando radionovelas y canciones en el transistor. Allí, entre puntadas y zurcidos, se contaban muchas historias, se hacían muchas confesiones, se pensaba en alto y se rompían secretos. También se cerraba la puerta cuando había que llorar. Una barra corrida con perchas, dos cuerpos de armario abiertos en los que organizar la plancha acumulada antes de ser repartida, dos sillas, una máquina Singer de pedal, la misma de todas las casas, la mesa de planchar y varias estampitas clavadas a la pared con chinchetas alrededor de un crucifijo del que colgaba un rosario completaban el mobiliario.

Su puerta era común al comedor de la cocina, que era de uso para el servicio y los niños. Nosotros no hacíamos comidas en otro espacio que no fuera ese excepto cuando llegaban mis padres. Si mi madre estaba sola, como sucedía la mayoría del tiempo, rara vez la acompañábamos. En general, se le solía servir en bandeja, en el salón o en su cuarto.

Ahí, del radiador del comedor de la cocina, vivía atado a una cadena de metal de eslabones ajustables un mono verde que mi padre se trajo de Uganda. Llegó a la casa ya adulto y nunca fue domesticado. Cuando estaba de buenas, es decir, solo movido por interés o si quería obtener algo, se te acercaba poniendo ojitos. Emitía un gritito y te tiraba de la ropa mirando hacia otro lado, como para dar pena. Pero en general solo daba chillidos escandalosos, saltos y agresiones constantes, propios de un animal salvaje. Jamás hizo migas con nadie exceptuando a mi hermana Lucía, que tenía su mismo carácter, o con Paola, la pequeña Mowgli, capaz de amansar y someter a cualquier bestia. A mí me odiaba y era recíproco. Me la tenía jurada, quién sabe por qué. Quizá fuera que olfateaba mi miedo y mi desprecio. Desde el primer día le consideré un intruso, un extranjero. Esa actitud xenófoba acabó en un drama que me dejaría marcado para el resto de la vida en la primavera de 1963.

Una noche, cenando en la cocina, al mono le dio un ataque de celos provocado, según la Tata, por una demostración de cariño, una caricia a mi hermana Lucía. Como un relámpago surgido de la nada, el maldito mono verde se me abalanzó, agarrándose a mi cabeza. Sentí con cuánta violencia me arañaba, tiraba del pelo y me clavaba sus dientes en el cráneo. Ni mis esfuerzos por golpearle, ni la Tata tirando de él para arrancármelo pudieron separarnos. Cuando dio la agresión por cumplida y solo entonces, de un salto se subió de vuelta al radiador, enseñando sus dientes, masticando algo que sujetaba entre sus garras.

De repente hubo sangre y gritos de mis hermanas por todas partes. Yo quedé tumbado en el suelo, vapuleado y aturdido, ajeno a lo que acababa de pasar. La Tata, firme y calmada, me aplicaba sin cesar paños de cocina que retiraba ensangrentados. Me decía: «Apriétalo fuerte, hijón, aunque te duela no dejes de apretar». Iba y venía, gritando nombres, y los internos de la casa fueron apareciendo a la carrera. Todos quedaron impactados ante la escena, todos espantados. La Tata mandó a Francisco, el jardinero, que se llevara al mono lejos de allí, y a Santiaguillo que se ocupara de mí, que ella iba a llamar al doctor Tamames y a ver si localizaba a mis padres, que a saber dónde estarían.

Tenía siete años recién cumplidos y un mono acababa de arrancarme un pedazo de cara. Poco a poco fui sintiendo que me iba, mareado por la visión de tal sangría.

El doctor Tamames llegó en cuanto se enteró del accidente, ya entrada la noche, y no solo repartió calma y quitó sustos, también diagnosticó que el animal de las narices, que ya decía él que algún día iba a traer algún disgusto, y que «no entiendo yo cómo el señor no se lo llevó al campo el mismo día que lo trajo, donde hubiese estado mejor y disfrutado más, ¡si aquí en esta casa él nunca está!... Total... que le ha pegado un bocado serio al niño, comprometiendo la musculatura del maxilar derecho, sesgándola y dejando al descubierto la zona molar, con un boquete de unos diez centímetros de largo por cuatro de ancho que necesita sutura y desinfección inmediata, o sea que Tata, me cambias a Miguelito, te lo subes a mi coche corriendo y os venís conmigo, que nos vamos, pero que ya, a la clínica para ponerle puntos y la vacuna de la rabia, de entrada».

Ese fue el diagnóstico a bote pronto del cuadro de lo acontecido.

Una vez en quirófano se vería cómo hacer para ligar y volver a unir los tendones sesgados y reparar los músculos maxilares, fuertemente dañados. O sea, que lo que el desgraciado del simio masticaba encima del radiador después del ataque no era otra cosa más que mi carne. Limpiaron bien la herida, me dieron varios pinchazos de una anestesia que no sirvió de nada, y una docena de puntos más tarde, entrada la madrugada, regresamos a casa.

Mis padres llegaron a las tantas de la mañana, apestando a juerga, y de inmediato se les puso al tanto. Cuando desperté, mis hermanas se habían marchado al colegio y a mí se me dio día libre de descanso. Me esperaban en la cocina, sentados encima del mobiliario, desaliñados, marchitos de la trasnochada. Me vieron entrar con un gran parche abultado de gasas y esparadrapos que me cubría la parte derecha de la cara y ambos sacudieron la cabeza bajando la mirada, un poco por verme en aquel estado, por pena penita, y otro por sentido de culpabilidad, por no haber dejado dicho dónde iban a estar cenando y no haber llegado a tiempo.

—Y el mono... ¿dónde está? —les pregunté.

—Lo hemos llevado a la Casa de Fieras —respondió mi padre.

—¿Y cuándo vuelvo al cole, mamá?

—Cuando lo diga Tamames... ¿No me digas que tienes ganas de ir así?

—Sí... ¿por qué no?... Ya no me duele... solo me escuece un poco.

Mi padre miró a mi madre y le susurró:

—Ya te he dicho yo que el niño es raro de narices, Lucía... Este niño no es normal... este niño...

—Ya lo sé... ya sé lo que vas a decirme del niño pero no, esta vez no... Este niño lleva tus genes... ¿Qué haces tú al día siguiente de una cornada?... Pues lo mismo... así que no me vengas con la palabra de siempre... Este es tu hijo y es más valiente que tú... El maricón es su padre.

Esa misma tarde, aprovechando la sobredosis de mimos que me estaba cayendo por todas partes, intenté convencer a mi madre y a la Tata de que me dejaran ir a clase, que quería mostrarles a mis amigos la cornada.

—¿Cómo que la cornada?

—¡Mamá, no les voy a contar a mis amigos que me ha mordido un mono!... ¡Eso no es de mayores!

—¡Pero si se van a enterar el director y el colegio entero, Miguelito!

—Por favor, mamá... no le contéis nada a nadie... Quiero ser yo el que cuente a todos mi historia... ¡algo más impresionante!

—¿Más que el mordisco de un mono verde africano?

—Sí, mamá... algo mucho más... más... ¡fantástico!... Algo como un navajazo en una pelea entre bandoleros en La Virgen... O un jabalí que me atacó y del que pude escapar... ¡Algo que deje a todos con la boca abierta!... ¡Algo que me haga respetable!

Mi madre estuvo a nada de reconsiderar las palabras de mi padre, las que se referían a lo raro que yo era, pero la Tata fue más tajante y, tras un profundo suspiro, sentenció convencida:

—Ya le digo a usted, señora... La anestesia es muy mala...

Meses más tarde, mis hermanas y yo buscamos al mono en la Casa de Fieras del Retiro y nadie sabía de él. Ni rastro en ninguna de las jaulas. Sucedió que a la mañana después del accidente, cuando llegaron mis padres a casa y tras contarles lo sucedido, mi padre fue a por el mono que habían encerrado en una perrera, lo atrapó y, sujetándole por las patas, lo golpeó con violencia una y otra vez contra el suelo del patio hasta reventarle la cabeza, y luego se lo tiró a los pastores alemanes, que lo despedazaron, aún medio vivo.

En el comedor del mono, y hasta no ser trasladada más tarde al vano de debajo de las escaleras de subida a la zona de niños, residía la Grundig, la tele de más pulgadas del universo que mi padre trajo de Alemania. Se encendía pulsando un botón de baquelita color marfil y, al cabo de más de un minuto, aparecía la carta de ajuste en blanco y negro. Si pillabas el inicio de la programación, sonaba el himno. Con el mismo que se encendía, se apagaba. No existían más funciones. A principios de 1965, al botón contiguo le sería asignado el UHF, una segunda cadena, la alternativa. Verla y confesarlo era de progres, un plus de más para ser considerado moderno, intelectual u opositor. Los habitantes del Régimen ni se acercaban a ese botón no fuese que por contagio acabasen haciéndose rojos. Pero la realidad es que, desde el principio, la cadena fue una farsa. Tenía una programación muy corta hasta que al cabo de un año llegaran los programas de música, teatro y cine. Mi favorito era uno que se llamaba *Conozca usted España*.

Ese comedor de servicio estaba separado de la cocina por una cristalera y perimetrado por módulos de formica granate jaspeado, con puertas de hierro lacadas en blanco brillante, a prueba de niños, marca Elena. Ahí se guardaban ollas grandes y utensilios de menor uso, además de la vajilla de diario del servicio y nuestra, a saber, seis platos a pétalos de Duralex transparente, lisos y hondos, seis vasos y dos jarras de aluminio de colores, seis cuchillos, cucharas y tenedores, seis tazones para el desayuno, y alguna fuente suelta.

Por una puerta, se accedía a la cocina, lugar absolutamente prohibido a los niños, en especial durante la era de la Hilaria, excelente cocinera, rechoncha, de pelo blanco recogido en moño de nuca y con una mala leche del demonio. Todas las cocineras de la casa, en sus diferentes épocas, fueron unas tremendas brujas, todas. Pero la Hilaria se llevaba la palma. En cuanto pisabas su suelo, te metía un golpe con algo, lo que tuviera en mano, con toda su mala baba, y te lanzaba una maldición. Tenía un cutis fino y brillante que trataba con la nata de la leche hervida.

Ahí, en aquella cocina, tan solo un fregadero de porcelana Roca de dos cuerpos y una cocina Fagor de cuatro fuegos, con horno incorporado. Eso era todo. Lo que no se usaba, se escondía en el interior de los armarios. Mostrar utensilios no era de bien. Era de mal gusto y de falta de mando de la señora de la casa. En el campo sucedía todo lo contrario, todo estaba a mano y a la vista.

Por otra puerta batiente más, a mano derecha, se accedía al *office* de vajillas y cubertería de diario. Estaba tupido de pequeñas alacenas de puertas acristaladas a través de las cuales se podían ver las piezas ordenadas con extrema precisión. En las de arriba, los juegos de desayuno de porcelana blanca de Richard Ginori y Limoges. Las tazas eran armoniosas y transparentes, translúcidas como la piel de una joven tísica, así como el resto de platos, platitos, jarras y jarritas, lecheras, teteras, cafeteras, azucareros y demás. Al atardecer, el sol, que entraba de sesgo, las encendía y se teñían de anaranjado, como cascarones encerrando embriones de pollito. Todo pintado de blanco, el suelo de baldosa cocida, teñida de cera roja, con su fregadero y una ventanilla alargada que daba a la terraza de verano.

La puerta siguiente llevaba a un segundo *office* de armarios volados de madera de rejilla mallorquina, forrados enteros por dentro en tela de algodón a cuadros escoceses blancos y negros. Ahí, en los centrales y hacia la izquierda, se guardaban las vajillas de invitados y las de fiestas: la de La Cartuja, que no podía faltar en ninguna de las casas de gente de mundo, la de Picasso, negra, albero y siena con motivos taurinos, y otra más, italiana, pintada con naturalezas muertas en tonos azulados, todas ellas en servicios completos. La cristalería se organizaba del centro hasta la pared del fondo, hacia la derecha. Ocupaba más espacio y tenía infinita variedad de usos. Las copas, las altas de *champagne* y las de vino, las de cristal más fino, muy lejanas, apartadas y en lo alto, fuera de nuestro alcance. El resto de vasos, casi todos italianos, alemanes y portugueses, en filas y por baterías, como si de ejércitos se tratase. En los cajones, la cubertería de plata que mi madre trajo de Italia en dote, regalada en su momento por su gran amor, Edoardo Visconti, hermano de Luchino. En el *buffet* de apoyo, contra la pared, una colección de bandejas de latón del XVIII, pintadas a mano, con motivos florales y mitológicos. Con mi madre aprendimos la historia de cada una, así como los nombres de cada deidad y flor. En su rellano, se preparaba la cubertería para los almuerzos, y en los armarios a pie de suelo, se guardaban manteles individuales y servilletas a juego. También se almacenaban las fuentes y soperas de mayor tamaño, con lo más delicado. Todo siempre bien ordenado y lustroso como la plata, que se limpiaba apenas amarilleaba. Todo muy *comme il faut*.

Un día, uno de invitados, huyendo de los golpes de la Hilaria, que nos perseguía con una espumadera, quedamos atrapados en el primer *office* por alguien que sujetaba del otro lado la puerta batiente del segundo *office*. A través del cristal reconocí las espaldas de mi padre que, girando el perfil, gritó: «Niños, dejad ya de empujar, por aquí no se pasa, dad la vuelta». Sabiendo que de retroceder caeríamos bajo los zurriagazos de la cocinera, mis primas Carmen y Belén, mi hermana Lucía y yo optamos por acurrucarnos en un rincón a esperar. Mi padre parecía hablar con alguien. Le contestaba una voz de mujer. Se oían risitas y gemidos, luego golpes en la pared. Al cabo de un rato largo, mi padre por fin desbloqueó la puerta y al vernos, sin darle mayor importancia, nos encaró y dijo: «Coño, uno ya no puede estar tranquilo mientras le atan los zapatos», y salió a rebufo por el lado de la cocina. Como ratones, nos zafamos por la misma puerta que mi padre sujetaba de espaldas y topamos con una de las camareras del restaurante que daba apoyo a la fiesta, una jovencita en sus veinte raspados. Con el delantal se secaba la boca y luego limpió el suelo. Supimos de inmediato que era ella la que le estaba atando los zapatos a mi padre. Al vernos también huyó, cabizbaja, por la cocina.

Las puertas de acceso a la terraza exterior y al salón habían sido cerradas a pestillo, y cuando las abrimos mi madre quería matarnos.

—¡Ahí dentro no se juega, caramba!... ¡Os lo tengo bien dicho!... ¿Qué es eso de encerrarse en el *office*, no veis que no dejáis pasar al personal?... ¡Con todos los invitados que hay que atender!

Y sin más decir que un «largo de aquí ya, ahora mismo», volvió a repartir órdenes reactivando el flujo de servicio que había quedado brevemente interrumpido por culpa de alguien que cerró las puertas «para atarle los cordones a mi padre». Incorregible

En el espacio del comedor principal, una mesa redonda y pesada, hecha de una sola pieza de madera de roble oscuro, y diez sillas de altísimo respaldo, tapizadas en tela de saco adamascado beige sobre crudo, repujadas con tachuelas cobrizas. Eran las sillas del espanto, las de la disciplina, las de las comidas en familia con padre y en las que no te podías recostar. El salón era el más grande de todo Madrid. Con sus diecisiete metros corridos y un ventanal panorámico de ocho de largo por dos y medio de alto, enmarcaba el jardín, la piscina, la vaca de Otero, los pinos, y a lo lejos tras la valla, del otro lado de la Casa de Campo, Madrid entera de fondo, que en aquel entonces no abarcaba más de cuatro palmos guiñando un ojo y apuntando bien entre pulgares.

El suelo del salón olía a cera, como toda España, uno de los perfumes más hondos de mi infancia. Se untaba a mano a fuerza de trapo, de rodillas, y se pulía con una máquina enceradora de tres cepillos giratorios. Enfrente del ventanal, una chimenea veneciana del XVIII de porcelana blanca y añil, con adornos de figuras clásicas y animalescas. La madera que quemar en invierno venía de las podas de encinas y chaparros de La Virgen y de Villa Paz. En su repisa, dos antiguas cabezas de cerámica siciliana también del XVIII, siempre llenas de flores secas y hojarasca.

Alguna escultura en bronce de Otero Besteiro. Dos inmensos divanes, uno de pluma de ganso, más que para sentarse, para ser engullido. Otro de dos metros diez de largo y casi lo mismo de ancho, hecho a medida, pobladísimo de almohadones de todos los tamaños, para acostarse y perder la voluntad al calor de la chimenea. En el centro, una mesa cuadrada de hierro toledano forjado con luna de cristal y varios ceniceros de latón, uno central con castañas pilongas, avellanas, nueces y cascanueces, que se autoabastecía como por encanto.

Una estantería del Rastro con la colección de tazas del XVII al XIX de mi madre, que me encargué de romper una a una hasta acabar con todas, la última ya de bastante mayorcito. Dos enormes mesas de madera del XVI español que olían a cirio, el delicado armario de marroquinería y porcelana holandés también del XVI, que guardaba cálices hexagonales para *champagne* en finísimo cristal de Murano, traído junto a muchas otras piezas en la mudanza romana de mi madre. A ambos lados del enorme ventanal panorámico, las librerías con sus estanterías plagadas de libros en su mayoría en idioma italiano, bastantes menos en español.

Aquellos rincones fueron mi amparo, mi lugar del crimen al que siempre regresar y hurtar la lectura de turno sin que nadie se enterase. En esos momentos demostraba tener mucha sangre fría. Había que esperar a que mis padres se ausentaran y que el espacio del salón fuese sumergido en la oscuridad del cierre de persianas. También aguardar a que la Tata estuviese distraída en el cuarto de la plancha o con su tricotosa. Entonces, sin moros en la costa, me deslizaba con extremo sigilo en el salón, dejando un hilo de entrepuerta abierta para reconocer los sonidos que pudieran darse en la casa mientras perpetraba el delito, por si había que abortar la operación. A veces tenía que trepar, escalando estantes. Después, con mucho cuidado y más pie de gato que antes, desandaba los pasos y, sin que nadie notara la incursión, volvía al quehacer aparcado, como si nunca nada hubiese sucedido y sin dejar evidencia del hueco del libro robado, por supuesto.

Bajo el ventanal, radiadores tapados por la misma celosía mallorquina de los armarios del segundo *office*, a los que Santiaguillo sacaba el aire regularmente con una pequeña llave y una lata donde recoger las gotas de agua, evitando mojar el parqué, para que calentaran bien. Delante de ellos, tapando la salida del calor, a todo lo que daba el largo de la cristalera, tres colchones de lana sobre somier de patas, inmensos y forrados en piqué blanco, con sus lazos en agujeros. Colchones de cama, eso eran, nada más. Pero la mano de mi madre, creativa y audaz, hurgaba entre almacenes de antigüedades y convertía cualquier ruina en una excelencia de insólita originalidad y gusto innovador.

El salón entero estaba tapizado con tela de lino amarillo oro mate, y de sus paredes colgaba la numerosa colección de bordados antiguos acumulada a través de los años. Las cortinas eran de seda salvaje, del mismo color que la tapicería, desmayadas con holgura sobre el suelo.

Persianas manuales en cada ventana, menos la del ventanal, que tenía cierre automático. Nos peleábamos por hacerla subir y bajar, así que se establecieron turnos de recompensa. Una mesa redonda con un teléfono le servía de despacho a mi madre, habitada por muchos papeles, sobres, agenda personal, un abrecartas, un portacartas *art nouveau* de latón, un cenicero, su encendedor y su cajetilla de pitillos. Varias mesillas distribuidas estratégicamente para apoyar lámparas y dos enormes jarrones Ming, regalo del exnovio de juventud de mi madre, Walter Chiari, que entre hermanos nos encargamos de hacer añicos a la edad del pavo.

Aquel salón era un espacio poblado y lleno de memorias, de testimonios, de olores... Pero aún llegarían muchas más voces y huellas. Pocas alegres, muy pocas, la mayoría tristes, como esta que os voy a contar. Empezó a miles de kilómetros, del otro lado del océano, en San Cristóbal de Bariloche, Argentina, y se cerró justo allí, en la penumbra oscura de aquel salón. Era el año 1961...

Mis padres se veían poco y cada uno tenía su vida. Los encuentros eran los imprescindibles y siempre acompañados de sesiones fotográficas. Tras los cuatro embarazos avanzados y malogrados entre el nacimiento de Lucía y el de Paola, el matrimonio tuvo que abandonar la idea de ser familia numerosa. De alguna manera, eso facilitó el distanciarse y cada quien retomó sus actividades. Mi padre los ruedos, las cacerías, la oficina de negocios que había abierto junto con otros socios en la calle Segre del Viso. Entre ellos recuerdo a Manolo Prado, a Enrique Llopis y a José Vicuña. Y por supuesto, las mujeres. Mi madre se hizo poeta y pintora y se lanzó de lleno a la vida social para mantener alta su autoestima. Tuvo muchos pretendientes y otros tantos amantes, lo que no era de extrañar. No iba a quedarse encerrada en casa y fingiendo duelo cuando todos sabían los cuernos que calzaba y cómo los iba aserrando, según crecían, sin levantar escándalos. Poder contar en cualquier fiesta con una mujer de su elegancia, simpatía y cultura, y tan increíblemente bella, daba caché. Salía día sí y día también, en especial a cócteles en los que la gente se ponía al tanto de los cotilleos de sociedad y de famosos, esos que no aparecían del todo en las revistas, o por lo menos no con tanto detalle.

Dicha información corría de boca en boca como la pólvora y alimentaba las asistencias a aquellas reuniones en las que, de paso, los maridos exhibían a sus esposas o queridas, sastreadas con las mejores firmas. Mi madre siempre vistiendo de Elio Berhanyer. Caían cientos de Martinis y Camparis soda, que arrastraban consigo reputaciones y asolaban vidas enteras. La virulencia del qué dirán de la época era despreciable, lleno de cinismo y de desdenes. No era fino ni discreto, era sangrante, pero, de algún modo, era la excusa que alimentaba todos y cada uno de aquellos encuentros de media tarde, de una sociedad que no tenía nada que hacer, en qué pensar, y cuya doble moral no pretendía ocultarse. Y si se corría la voz de que alguna de las personalidades abiertas recientemente en canal iba a acudir fresca al siguiente cóctel, el morbo y la curiosidad desbordaban el local, atorándolo como un primer día de rebajas de unos grandes almacenes.

Todos besaban al carnero del sacrificio y todos, sin excepción, resultaban serle íntimos tras haberlo descuartizado.

Mi madre trasnochaba mucho y al día siguiente era presa de resacas atroces que la mantenían a oscuras en su habitación. Pasaban días sin poder verla, pero para lo que necesitáramos, ahí estaba la Tata.

Una tarde, a la vuelta del colegio, nos dijo que se iba de viaje. Había en sus ojos un brillo distinto, de entusiasmo. Nos contó que mi padre la había invitado a cazar ciervos a Bariloche, en Argentina, un lugar de no creer de la belleza, en los Andes patagónicos, al suroeste del país, lindando con Chile. Lagos y bosques entre montañas, donde se ubicaba la casa de su amigo Carlos Perdomo. Ver a mi madre describir aquel paraje, pintarlo con sus manos en el vacío del aire, justificó que no se lo pensara dos veces y de inmediato le dijera que sí.

Siempre albergó la esperanza de que algún día la relación se recuperase y volviera a la normalidad, a la felicidad de los dos primeros años de matrimonio. La llenaba de luz. Siempre amó a mi padre. Nunca dejó de estar enamorada de él.

Soñó con un proyecto que fue imposible, y que se peleó. Lo hizo convencida. Pero llegado el momento de la verdad, no la aceptó. Ceder a la realidad de tener que despertar cada mañana a un trato cordial y saludable para todos, pero posado, como se daba en todas las familias amigas, fue algo por lo que no pasó. No pudo.

Había imaginado una vida de palacio, con un rey valeroso que, de cuando en cuando, partiría a hacer conquistas y que al volver, la preñaría. Mientras, en sus ausencias, ella se dedicaría en alma y cuerpo a su prole compuesta de numerosos príncipes y princesas, que crecerían aprendiendo a serlo, para un día convertirse en reyes de otros territorios, casándose por amor, como ella lo hizo, no por conveniencia, cosa que, llegado el momento, sabía que la enfrentaría a su esposo. Se creyó reina de un reino que nunca existió, tal vez debido a aquella educación «viscontiana» que la mimó, consintió en exceso y le enseñó que, dada su belleza, se merecía lo mejor. Casar con un hombre que le diese una vida de amor y abundancias era su propósito, y eso nunca pasó, aunque todos pensaran que un brillante de semejante pureza era digno del más excelso de los destinos.

Ese hombre soñado lo tuvo al alcance de su mano. Se llamó Edoardo Visconti, hermano de Luchino. Fue su verdadero y único gran amor, el primero y jamás confesado, el de grandes ramos de rosas y collares de perlas en los cumpleaños, el de viajes románticos a castillos de la familia en la Lombardía y atardeceres de besos suaves y respetuosos.

No se cansó de pedir su mano, no desistió, rendido de amor hasta el último hilo de aliento. Lo supe por las cartas que bajo llave guardaba en una caja china lacada en negro sobre el escritorio de su cuarto, y que conseguí leer haciendo saltar la cerradura con un abrecartas, muerto de curiosidad y celos. Escritas de puño y letra por Luchino, le aconsejaba que se decidiese ya de una vez y dejara de jugar con su hermano, de partirle el corazón.

«Piensa, Lucía, que si te casas con él, podrás seguir haciendo cine, él no te lo va a impedir, lo sé, lo hemos hablado. Entrarías a formar parte de una familia que te quiere y que te ha cuidado desde el primer día».

Pero mi madre, caprichosa y voluble, joven y ligera, se paseaba por Roma encendiendo los deseos de todos. Más tarde me enteré que lo que en realidad le gustaba eran los coqueteos, los devaneos. Que saberlos a todos muertos por ella y a sus pies le hacía sentirse poderosa. Todo ello comprensible, justificable, no excusable.

Para una chica nacida en la granja de una cooperativa agrícola compartida por otra decena de familias, dependienta tras la guerra en una repostería de la Piazza del Duomo de un Milán arrasado por las bombas, con escasas posibilidades de futuro, todo lo que empezó a ocurrirle tras coronarse como Miss Italia debió de superarla y la cegó. Con apenas diecisiete años su vida dio un giro drástico. Empezaron a lloverle privilegios, honores y alabanzas, además de unos buenos ingresos y la entrada en el cine por la puerta grande de la mano de Antonioni. «La novia de Italia», así se la apodó, se convirtió en el símbolo a emular por todas las jovencitas de la posguerra.

Tuvo casi todo lo que quiso, menos un hombre que la hiciese feliz, y de eso, solo ella tuvo la culpa.

Llenó dos enormes maletas y se fue con mi padre durante un mes, al otro lado del mar. Nos besó, pidió que nos portásemos bien y que le hiciésemos caso a la Tata, quien cerrando la puerta nos miró y dijo: «Pues bien... otra vez solos, como de costumbre».

Allá en Bariloche era tiempo de berrea. La finca de los Perdomo era interminable y los venados abundaban como en hora punta. Eran majestuosos, más fornidos y grandes que los de Europa, con unas cuernas inmensas y un porte regio.

El plan era el de conducir hasta el lugar en el que se encontraban los mayores trofeos y allí, a las orillas de un lago, se montaría un campamento al estilo colonial, con tiendas de campaña para cada matrimonio y otras para el numeroso personal. Se llevaría todo tipo de provisiones, detalles y comodidades para pasar dos semanas asilvestradas de ensueño. Las señoras dispondrían de cómodas hamacas para el té y la lectura al aire libre bajo el sol otoñal, podrían dar largos paseos bordeando el agua o recorrer en coche y chófer los bosques y las verdes praderas de la finca. Por las noches, y tras el aseo, cenarían asados de carne de pasto bañado con excelentes vinos franceses y al terminar se quedarían a conversar al calor y la luz de una fogata.

Pero algo debió de pasar que, o todo falló, o todo era mentira, o quisieron endulzarle la expedición a las mujeres para dejarlas tranquilas, pero lo que a mi madre le habían contado y que ella imaginó nada tuvo que ver con lo que fue.

El campamento, en efecto, quedaba en un claro al borde de un lago, pero las tiendas de campaña no eran más que cobertizos de tela gruesa de apariencia permeable, sujetas por unos cuantos palos entrecruzados y aseguradas a tierra por cuatro estacas, y unas toscas cortinas que se cerraban para conseguir cierta intimidad. Las camas eran catres plegables en equis, con una almohada, un par de mantas de lana gruesa que apestaban a oveja y rascaban, y un pedazo de estera para apoyar los pies al despertar, no sobre el verdor de la hierba fresca. Ni rastro del lujo prometido, ni de la estética colonial. Pero, al llegar, todos fingieron sorpresa e inspeccionaron las instalaciones alabando el esfuerzo del despliegue, en especial las señoras que encontraron el lugar simplemente delicioso y *maravishoso*. Mi madre tuvo que solidarizar su asombro al del resto mientras maldecía por dentro.

La humedad se metía en los huesos, la ropa vivía empapada y no había forma de sacarse el frío de encima. El primer día que pidió un té hirviendo para calentarse el cuerpo le trajeron una pequeña calabaza con un tubo de metal y le dijeron que disfrutara su mate. Le pareció un sabor de una amargura del demonio, que cambió por una taza de café igual de horrible.

La lumbre de los asados ahumaba la carne de la parrilla así como a los matrimonios, y uno nunca acertaba dónde ubicarse para evitar toser o asfixiarse. Cada cena fue un baile de sillas, un constante y agotador trasiego.

La primera noche se hicieron planes para inspeccionar las zonas que los guardas conocían por ser los territorios de los grandes machos. Hablaron de armas y de quién tenía el calibre más grande. Las señoras decidieron no madrugar, descansar, y acabando el desayuno, ir a recoger ramas, piedras y flores para hacer del campamento un lugar más acogedor, más hogareño, y así fue.

Despertó una mañana soleada que trajo muchas esperanzas tanto a cazadores como a decoradoras. Desayunaron a solas unas galletas secas de paquete con dulce de leche y el mismo desagradable café. Luego se marcharon a inspeccionar los alrededores.

El día, esperando a los maridos, a mi madre se le hizo interminable, teniendo poco en común con las otras esposas que hablaban de caballos, de posesiones, de polo, y a menudo en inglés.

Al día siguiente, el tiempo comenzó a cambiar. El cielo se nubló y las lluvias de otoño empezaron a descargar. Cada quien, sentado a la entrada de su refugio bajo su techumbre, encontró maneras de dialogar a voces por encima del volumen del sonoro diluvio, mientras que el personal de servicio, empapado y a la carrera, les iba rellenando las copas.

A mediados de la primera semana, mi madre ya se había arrepentido siete pueblos de estar ahí y se repetía lo tonta que había sido en creer que ese viaje iba a acercar al matrimonio. Una vez más, y como de costumbre, había proyectado en su cabeza su propia película. Una que en ningún caso podría haberse rodado porque en ningún lugar fue jamás escrita.

No paró de llover, día y noche, noche y día, y el campamento en el claro a las orillas del lago quedó convertido en un lodazal inhabitable. Hubo que trasladarlo al reparo de los árboles en la linde del bosque, lo que supuso un incómodo contratiempo para todos y el definitivo golpe de desesperación para mi madre, quien no había recibido ni un solo momento de atención por parte de mi padre. Ni un solo comentario sobre lo acertado de su indumentaria, ningún piropo en público sobre la espectacular esposa que tenía la suerte de tener, ningún roce, ninguna carantoña, nada desde que aterrizaron en la Argentina. Y a mi padre, como a los otros, tampoco se les pasó por la cabeza tener ese tipo de detalles porque no entraban en sus necesidades. Iban a lo que iban, a pegar tiros y no a un cóctel.

Al cabo de una semana, mi padre despertó de noche y vio a mi madre con los ojos abiertos, pensativa y sin poder dormir...

—¿Qué te pasa, Lucía?

—No me pasa nada, Miguel...

—Ese «no me pasa nada» suena a que algo te pasa... Dime... ¿en qué estás pensando?

—Echo de menos a los niños y mi casa...

—Te cansaste de estar aquí, ¿no es así?... Si no me cuentas, no voy a poder ayudarte.

—Sí, Miguel... Estoy harta de pasar frío, de tanta humedad... harta de la estupidez de esas tres cretinas que no paran de hablar... Tengo que caminar un kilómetro para encontrar un poco de silencio

¡y mira si aquí lo hay!... Pues ni así... Todo el día bebiendo ese mate asqueroso hasta que empiezan a emborracharse... No era mi plan.

—¿Y cuál era tu plan?

—Tampoco lo sé... nunca tuve uno... La culpa es mía por tal vez pretender otras cosas.

—¿Qué cosas?... ¿Qué pretendías? —le preguntó mi padre con interés.

Él sabía cuáles eran los planes de mi madre, los conocía desde siempre y aprovechó el momento para prepararse el terreno, ya que se lo estaban poniendo en bandeja. En mujeres, era un maestro.

—No lo sé, Miguel, no lo sé... no sé lo que pretendía... pero en este momento pretendo un baño de agua caliente... solo eso... un largo baño de agua caliente que me saque el frío de los huesos... moriría por uno... daría lo que fuera por darme uno... eso pretendo... nada más...

—Bueno... pues eso se puede arreglar...

—¡Sí, hombre!... No me digas que aquí tienen una bañera... ¡Te mato si me entero ahora!... ¿O me vas a calentar el lago entero?

—Ni lo uno ni lo otro... pero espérame un momento... ahora vuelvo...

Y poniéndose una chamarra salió de la tienda. Dejó a mi madre pensando en lo que estaría haciendo o fuera capaz de hacer. Pasaron diez minutos y regresó.

—Bueno... tu baño estará listo en un rato... Vamos a hablar de otras cosas hasta que nos avisen...

Tuvieron una larga conversación, una muy necesaria en la que se tocaron temas importantes para mi madre. Mi padre la escuchó con atención y confesó jamás haber reparado en ellos, reconoció sus errores, su egoísmo, sus descuidos, cargó con toda la culpa y pidió perdón, lo que nada le costaba hacer cuando depredaba. Ponerse a los pies de una dama, esposa incluida, o entrar en cualquier protocolo de cortejo, merecía la pena si más tarde había recompensa.

De pronto, una voz anunció que el agua ya estaba caliente.

Mi padre había mandado poner a hervir en la hoguera del campamento todas las ollas y recipientes que pudieron encontrar, más de una docena en total, de todos los tamaños. Cerca del fuego había un barreño y le pidió a mi madre que entrara en él.

—Pero tú estás loco, Miguel... ¿Qué es lo que vas a hacer?

—¿No querías un baño caliente?... Pues esto es lo mejor que puedo darte... quítate la ropa...

—Pero... ¡de verdad te has vuelto loco!

—Hazme caso... quítatelo todo... menos la ropa íntima... nadie te va a ver... ya he avisado que si a alguien se le ocurre sacar el morro, le pego un tiro.

Mi madre le hizo caso. Se quitó la ropa y entró en el barreño, tapando sus transparencias con brazos y manos como una Venus de Botticelli.

Mi padre, ayudado de una jarra, fue mojándola primero desde la cabeza, como en una ducha, despacio y largamente, un chorro caliente tras otro sin espacio entremedias. Luego la enjabonó entera, suavemente, con tiempo, masajeando su espalda, sus pechos, sus muslos, sus piernas, por momentos apretando con sus manos fuertes; otros, delicado en zonas que lo requerían, al lado del fuego... Después, la enjuagó entera hasta que sintió que todo su cuerpo había entrado en calor, la arropó en toallas, la cargó en sus brazos de regreso a su tienda, y cerró las cortinas.

Tanta sensualidad silenciosa y pausada a la luz de la lumbre, tanto romanticismo salvaje entre montañas a orillas de un lago y bajo un firmamento iluminado por el universo entero, devolvió a mis padres la necesidad de sentirse muy cerca. Hicieron el amor toda la noche, con la pasión de los primeros días, con la entrega que mi madre necesitaba. Sucumbió enamorada como nunca, derritiéndose a besos, sintiéndose deseada en los territorios en los que mi padre era el más hombre.

Allá, esa misma noche, inolvidable con todas sus consecuencias, concibieron a mi hermano Juan Lucas, quien tuvo una vida extremadamente corta, falleciendo a los dos meses de haber nacido por una complicación renal. Fue algo terrible y de extremo dolor. Sufrimiento.

Mi madre nunca supo que su hijo había nacido sentenciado. Y mi padre, a quien los doctores informaron de lo que se les venía, jamás se lo contó. Durante ese tiempo corto, no se separó de ella ni un instante y se quedó a vivir en casa. Mi madre creyó que el milagroso nacimiento de mi hermano había vuelto a unir a la familia y, ajena, llenó el aire de proyectos y de esperanzas, desconociendo el trasfondo real de la obra que se estaba representando y sobre la cual estaba a punto de caer bruscamente el telón.

Mientras se mascaba la tragedia, y supongo que para aliviar tensiones, un día mi padre pidió permiso a mi madre para salir a cenar con unos amigos y le fue concedido. El hombre no aguantaba más y, según me contaron más tarde, fue el momento de su vida en el que le pudo la cobardía. Tener que morderse la lengua y ocultar, le consumía por dentro a fuego lento y acabó por minarlo.

Se fue y no regresó en tres días. Al volver, llamó al timbre de la casa. La Tata me dijo que la acompañara a ver quién era. Pero ella sabía quién. Allí estaba mi padre con Gitanillo de Triana y otro más, los tres borrachos como tres cubas, los tres rapados al cero, fumando y tambaleándose. Mi padre se había anestesiado para ahogar el dolor de la pérdida anunciada y de la traición, la que había decidido enterrar en el fondo de su alma para no quebrar en mil pedazos a mi madre. Estaba llorando, íntegro, disimulando. Estaba desconsolado, quebrado.

—Hola, Tata... ¿cómo está la señora?... A ver... vamos a entrar a tomarnos la última copa... que venimos de darnos un baño en San Sebastián y el Cantábrico nos ha metido el frío en los huesos... un poco...

Seguido por sus amigos, que no podían contener la guasa, hicieron por subir los escalones de acceso a la casa, y antes de que pudiesen entenderlo, la Tata le arreó a mi padre un tortazo a mano abierta en toda la cara, con tanto impulso y mala leche, que le derribó, cayendo hacia atrás patas arriba y pegándose un trastazo en la espalda del que tardó semanas en recuperarse. Los otros dos, petrificados, no pudieron abrir boca, no daban crédito. Mi padre sacudió la cabeza para salir del aturdimiento, agarró el cigarro del suelo y a duras penas se levantó.

—¡Joder, Tata... no es para tanto!...

—Y no vuelva a atreverse a volver a esta casa en este estado... ni ahora ni nunca... o sepa que le estaré esperando... Vergüenza le tendría que dar delante de su hijo... y sabiendo lo que está por llegar... Que sepa que yo lo sé... Usted es una mierda de hombre... Y ahora ¡largo de aquí antes de que la señora se entere!

Y le pegó un portazo en las narices.

Fueron dos meses muy serios los que se vivieron en la casa hasta que mi hermano falleció. El servicio se fue enterando de lo que estaba por caer por Teodoro, que tenía una lengua muy suelta y al que le encantaba ser cuervo portador de desgracias. A los niños no se nos contó nada, se nos protegió, confinados en el cuarto de jugar. Pero el día de la pérdida pillé a la Tata llorando desconsolada, sin aire, y le pregunté qué pasaba. Tenía siete años y podía entender las cosas. Me lo contó todo. No recuerdo haber sentido algo. Aun así, me puse muy triste porque todos lo estaban.

Buscando a mi madre recorrí la casa. No la encontré. Bajé al salón y con cuidado, para no llevarme una bronca por entrar en lugares prohibidos, abrí la puerta. Las persianas estaban bajadas a más de media asta y el sol pasaba por entre las rendijas de sus tablones, cortado en láminas. Ahí estaba mi madre, sentada de espaldas, fumando en la penumbra.

—Mamá... te estaba buscando... *Come stai?*

Ella, muy despacio, giró la cabeza. Con mis propios ojos pude contemplar los estragos y quebrantos que la pérdida de un hijo ensarta, esa que no tiene nombre. Me susurró temblando:

—*Adesso no, Mighelino... adesso no...*

Tenía el rostro desencajado y la cara empapada de llanto. Me miró ausente, ahogada de dolor, como quien ha decidido que la vida ya no tiene sentido y que hay que acabarla. Vestía entera de negro y de sufrimiento, bella como nunca, etérea, hundida en su desgarro, ida.

Con esa visión fijada en mi retina, cerré la puerta sobre aquella terrible memoria *con mucho* despacio.

Seguimos...

El despacho de mi padre tenía acceso directo desde el salón. A espaldas de una mesa pesada y oscura, con su sillón de cuero verde, un ventanal, un teléfono, un gran cenicero y un guarda papeles de piel. Las paredes, tapizadas de tela de saco con tachuelas a vista. Al fondo, una chimenea con dos butacas y poco más. El espacio entero estaba forrado de trofeos de caza provenientes de todas las partes del mundo. Paredes, suelos, repisas, mesas, todo. Desde alfombras de cebra, leopardo, jaguar, kudú, cebra, hasta cráneos o cabezas enteras disecadas de ciervo, gamo, muflón, lobo, zorro, tejón, hurón, etcétera; todo tipo de fauna africana y sudamericana: ocelote, oso hormiguero, leopardo, cobo de agua, antílope sable, impala, ñu, búfalo, gacela de Thompson, y por supuesto, colmillos y patas de elefante como taburetes y dientes de hipopótamo de perchero. En urnas de cristal, garzas, perdices, comadrejas, ginetas, incluso una pobre ardilla roja. Todo lo matable, firmado por Benedito, el mejor taxidermista de la historia, tenía ahí cabida. Siempre sumida en la penumbra y cerrada a llave, ya que raramente mi padre nos visitaba, esa habitación olía a tortura y daba miedo. Nadie se atrevía a entrar, ni siquiera a quitarle el polvo, daba escalofríos. Para mi madre, ese espacio era la vergüenza de la casa, un lugar odioso y de mal gusto que reflejaba la peor cara de su marido.

Por la puerta frente al escritorio de aquel museo de ciencias naturales se salía al recibidor principal de la casa, del que arrancaban las escaleras en curva que accedían al cuarto de mis padres, y en el que colgaba un inmenso cuadro negro, el *Cóndor*, de Obregón, maestro pintor colombiano.

Girando a la izquierda, un pasillo que conducía a la puerta principal, flanqueada por un alargado arcón de madera en el que se oía el roer de las termitas y, encima, el busto de un Moisés desmelenado apuntando con el brazo hacia alguna parte.

Todo ese pasillo, cerrado por una cristalera y sombreado por cortinas ligeras de tela de lino natural en basto, encerraba un patio exterior. En aquel patio, cuatro macizos de esquina con rosales y, en el centro, un grifo para el riego. Al abrigo de su porche, un solitario cocodrilo disecado con las fauces abiertas que mi padre trajo de algún viaje. Parecía vivo, pero estaba acartonado como un viejo bolso.

En aquel pasillo que conducía a la puerta principal, un día descubrí a Marisol, mi primer gran amor platónico, a quien escribía cartas que después la Tata se encargaba de mandar por correo. Moría entre suspiros por ella.

Sucedió que mis padres le dejaron la casa para hacer un reportaje. Al bajar desde el área de niños, yendo al salón, entreabrí la puerta y allí estaba ella, mi diosa, acariciando las cortinas del pasillo, con el sol del patio iluminándole la cara.

Se me paró el corazón. Ella giró la cabeza, me sonrió y me saludó con un gesto de mano. Yo salí corriendo escaleras arriba y me encerré en mi cuarto, bombeando sangre. Sentado en la cama, me agarraba el pecho y jadeaba fuerte, como quien huye espantado perseguido por un vampiro.

Marisol estaba en su apogeo como actriz, ¡y estaba en mi casa! La había visto con mis propios ojos, a pocos metros de mí, y había huido dejando escapar la oportunidad de pedirle un autógrafo y de decirle que había visto todas sus películas, incluso *Tómbola*, la última, que era de lejos mi favorita y que me sabía de memoria todas sus canciones. Incluso en un bautizo en el pueblo de Nombela, el de un hijo de uno de los picadores de mi padre, mis primas Carmen, Belén y yo habíamos ganado cincuenta pesetas en un concurso cantando a trío su canción, la de «la vida es una tómbola, tom tom tómbola». Le hubiese dicho que me gustaría ser su amigo y que no me importaba que no contestara a mis cartas, «con todo el lío que debes tener, y además con lo que cuesta hacer películas, y que sepas que soy tu admirador número uno». Pero la mirada que me concedió, y aquel saludo con su mano, eso nadie ya me lo quitaba. Eso ya era mío para siempre, y me alteraba tanto que me temblaban las piernas. Acababa de tener un flechazo, de caer enamorado.

Alguien tocó a la puerta y el corazón me dio un vuelco.

—¡Migueeeel!... ¡Migueeeel!... ¡Que salgas, que está Marisol abajo y te quiere conoceeeeer!

Eran mis primas las Ordóñez y mi hermana Lucía, que estaban al tanto de mi secreto y estaban dispuestas a regodearse un poco. Lo supe de inmediato. ¡Malvadas!

—Abre la puerta, primito... ¡que te está esperando abajo suspirando de amor! —dijo Carmen.

—¡Está desesperada y quiere darte un beso! —añadió Belén.

—¡Callaos ya de una vez o salgo y os pego una paliza a todas!... ¡Y eres una mentirosa, Belén!... ¡No quiere darme un beso!

—¿Que nooooo?... ¡Se ha puesto un bañador muy atrevido y se está pintando los labios! —añadió Lucía.

—¡Sí, porque es una fresca!... Como todas las famosas... que lo único que quieren es achuchar a todos los chicos.

—¡Venga, primo, sal ya que se va!...

—¡Que no!... ¡Dejadme en paz!... ¡No voy a salir de aquí nunca!... ¡Y dejad ya de tomarme el pelo!... ¡No tiene gracia!

Y así estuvieron rato largo hasta que llegó la Tata y las espantó.

—Miguel, venga... abre ya... Marisol está abajo y no es de buena educación no bajar a saludarla... No sabe nada de tus cartas ni nada de nada... Quítate esa vergüenza de encima y baja a conocerla... abre ya la puerta... ¡vamos!

Y la abrí. La Tata sabía cómo hablarme y asegurarme. Bajamos al jardín y Marisol estaba al lado de la vaca de Otero Besteiro, posando para el fotógrafo. Al verme se me acercó y me dijo: «Hola, Miguel, me han dicho que eres muy buen bailarín, ¿sabes bailar el Hully Gully?». Le susurré un no sin atreverme a mirarla a los ojos, y me dijo que no pasaba nada, que ella me enseñaba, que trajese el comediscos con mis discos, que le habían contado que tenía toda una colección de bailes, y fui corriendo a por ellos.

Paso a paso, pegada a mí, con paciencia, me fue enseñando y fui aprendiendo los pasos del Hully Gully. No era tan difícil. Me pareció que ella lo hacía todo fácil y divertido. Cada vez que me paraba porque me confundía o había que retomar desde arriba el baile, me agarraba del brazo, se apoyaba en mí para dirigirme y nos reíamos juntos. Me pareció la chica más simpática del mundo, la más divertida y normal del universo. Ya sabía que era guapa, pero era mucho más que eso. Tenía ángel y emanaba luz, brillante y alegre, positiva. Al despedirse me dio dos besos en las mejillas, y rodeada por un gentío enorme, se alejó césped arriba agitando el brazo y salió de mi casa, de mi vida, pero nunca de mis sueños.

Bajando las escaleras del cuarto de jugar, a la derecha de la puerta batiente que conducía hacia la zona de servicio, estaba el vano de la Grundig, uno muy estrecho y de paso, en el que nos sentábamos a ver las series que nos permitían. *Bonanza, Rin Tin Tin, El Virginiano* y mi favorita, *Los Intocables*. También los dibujos animados: Tom y Jerry, el oso Yogui, el gato Silvestre, Huckleberry Hound, el perro Pulgoso, Bugs Bunny, los Picapiedra y tantos más, todos ellos doblados en español latinoamericano.

Ahí mismo, en aquel vano, quedaba la entrada al cuarto de los huéspedes, tapizado de tela de saco rojo cereza, con dos camas con cabecera de mimbre, mesilla de noche estilo toledano, una lámpara, baño completo y dos ventanas que daban a la rosaleda del patio interior, mirando al este. Para acceder a él, se bajaban cuatro escalones forrados de moqueta de lana en crudo, como el resto de la habitación. En la pared, una colección de cuadros de cristos, vírgenes y santos pintados sobre cristal de dimensiones varias. Ese acabó siendo el cuarto de mi abuela Francesca, la Nonna.

Cuando la familia de mi madre decidió abandonar Milán, vendieron todas sus pertenencias y fueron llegando por tandas. Con el Nonno Nico ya fallecido, la primera en incorporarse a la casa fue la Nonna Francesca. Era una mujer muy bella, se decía que en su juventud incluso más bella que mi madre. Tenía un pelo corto que teñía de castaño claro hasta que se hartó, y dejó aparecer sus canas, que le dieron un aspecto aún más adorable y tierno.

Me enseñó a cocinar, empezando por hacer polenta. Era una labor tediosa. Había que remover con un cucharón de madera sin parar, sobre el fuego, la masa de harina de maíz y el agua durante horas, subido a un taburete. Después atacamos los ñoquis de patata, y más tarde la pasta al huevo para hacer raviolis y su relleno de estofado de res con verduras, *il brasato*.

Hablaba el italiano con dificultad, le costaba. Con mi madre, con su hijo Gianni, su nuera Marisa y con sus primas, que venían a visitarla, la Zia Piera la que más, se entendían mejor en milanés, su lengua materna. Y claro está, se ocupó de enseñárnoslo un poco con canciones y trabalenguas. Bettina, Simone y Daniela, mis primos italianos, eran los hijos de Gianni, hermano de mi madre, el Zio Gianni, y de Marisa, la Zia Marisa.

Al trasladarse a Madrid, se vinieron a Somosaguas y construyeron su casa en la parcela lindante con la nuestra. En la medianía se abrió una pequeña puerta de acceso para así quedar eternamente comunicados. Ahí, en ese preciso momento, nació la *Piccola Repubblica Lombarda di Madrid*, así fue nombrada.

En aquel territorio se hablaba italiano y milanés como idiomas oficiales, se comía a la española en general, pero cuando los amigos de la familia traían productos de Italia, se pasaba a las pastas y a los *risotti*. Se escuchaba ópera italiana a diario, como fondo de paisaje. El monopolio lo ostentaba la Callas, no solo por la amistad con mi madre, sino porque su talento único lo merecía, a excepción de Renata Tebaldi, otra inmensa. Y en cuanto a música moderna, cabía prácticamente toda, con un espacio reservado a las canciones del Festival de San Remo, cuyos singles nos llegaban por envío especial de los familiares, que esperábamos cada año con muchos nervios y frenesí.

Al llegar a Somosaguas, la Nonna Francesca se unió a las tareas de la casa y se le asignaron varias áreas de labores que dominaba. La de alimentar a perros y gatos, el mantenimiento y renovación de los semilleros del vivero para abastecer de flores el jardín, el cuidado del gallinero y el del huerto, que labraba a golpe de pico y azadón, haciendo compost para mejorar cada inverno la calidad del suelo, plantando en cada estación las hortalizas de temporada.

Todos los animales le tenían verdadera pasión. No solo porque les diese de comer, sino porque tenía largas y personalizadas conversaciones con cada uno de ellos. Apoyada al sol contra la vaca de la piscina, se la veía rodeada de perros, gatos, gallinas, decenas de pájaros de todo tipo, mirlos, tórtolas y palomas, a los que echaba migas que almacenaba en los bolsillos de su delantal.

Cuando terminaba de atender el huerto, paseaba por el jardín, inspeccionándolo, seguida de todas sus gallinas, siete en total, a las que puso nombre de actrices italianas como Sophia (Loren), Silvana (Mangano), Gina (Lollobrigida), Eleonora (Rossi Drago), Alida (Valli), Monica (Vitti) y Anna (Magnani). A ninguna llamó Lucia. Cuando se le preguntaba la razón, contestaba que ninguna gallina merecía llevar el nombre de su hija porque ninguna era tan orgullosa. Y como seguro que se estaría escapando del grupo continuamente, decía que la idea de tener que estar llamándola todo el día la ponía de mal humor. Ese gesto era parte de su venganza, una pequeña, pero que contaba mucho de la tensa relación que tenían, siempre como el perro y el gato, la una sacando de quicio a la otra. No había diálogo entre ellas, solo órdenes, reprimendas y un constante echarse en cara el pasado. Nunca se abrazaban, ni cruzaban palabras amables, se besaban poco, raramente.

La Nonna era un ser humano de una entereza ejemplar. Toda su ascendencia trabajó el campo y esa era la genética que cargaba y la que la regía, tanto en sus principios y valores como en su sentido de compromiso y responsabilidad, así como en su porte y elegancia natural.

Lo que más valor tenía para ella era el pan. No lo consumía durante las comidas, se lo guardaba para el postre. Entonces lo saboreaba, pellizco a pellizco, y esperaba a que todos se levantaran de la mesa para arramplar con los restos de migas y cortezas, que iban a parar al marsupio de sus delantales floridos, o a los bolsillos de sus vestidos en tejidos ligeros de verano, bajo los que asomaba la puntilla de su combinación.

El culto al pan era uno de los tantos remanentes y herencias de la guerra durante la cual perdió al menor de sus hijos, Aldo, de apenas catorce años. Se lo llevó la infección de una herida que acabó en sepsis. El otro, Gianni, tan pronto estalló la guerra se unió a los partisanos y vivió en los bosques, escondido durante años. Cuando se enteraba de que su grupo rondaba los alrededores, arriesgaba la vida y le llevaba de comer lo que buenamente iba apartando de aquí y de allá.

Las bombas incendiarias de los aliados quemaron la granja de la cooperativa que la familia habitaba. Tuvieron que escapar de madrugada, llevando consigo los pocos enseres salvados de las llamas amontonados en un carro, del que mi madre se colgó. Fue olvidada, y dándola por perdida o muerta, huyeron sin ella. Se instalaron en otra granja que también fue incendiada y de nuevo tuvieron que huir. Acabaron en Milán, de refugio en refugio, sobreviviendo a los bombardeos durante el resto de años que duró la guerra. Ese era el reto diario de todos, en una ciudad que fue incendiada y arrasada varias veces por entero. Después, junto al resto de los supervivientes, le tocó reconstruirla ejerciendo todo tipo de oficios.

Era una mujer imponente y su mirada no cargaba rencor. Decía que la vida no hay que entenderla, que intentarlo era tiempo perdido, que había que vivirla día a día, resolviendo lo que te toque sin quejarte ni protestar, porque el hacerlo no trae cosas mejores. Que en cada día están las respuestas a tus preguntas. Que se te mandan señales que hay que saber detectar y descifrar, pero primero verlas. Me decía: «*Mighelino,* una hoja que cae puede significar algo que por fin dejas atrás, una pérdida tal vez, pero también algo que se deposita para hacerte el camino más acolchado, una respuesta a si alguien te quiere o no, y si no tienes preguntas, tan solo será una hoja más que cae anunciando el otoño. Pero solo tú vas a saber si algo te habla o si solo está pasando».

La amaba con locura y la seguía a todas partes como una gallina más. Me gustaba su cutis, que cuidaba con la nata fresca que recogía de la superficie de la leche tras el segundo hervor. En verano la hidrataba con cáscara de sandía. Recogía las malas hierbas del huerto y del jardín y con ellas hacía ensaladas amargas, buenas para el hígado, o las cortaba a cuchillo menudamente para dárselas a sus gallinas actrices.

En su cuarto tenía pocos recuerdos. No poseía prácticamente nada. Una foto de su hijo Aldo en un marquito ovalado de diminuto mosaico, y otra, muy bucólica, de ella con sus seis nietos, todos con coronas de flores y ataviados con chilabas, como un retrato de los habitantes del Olimpo. En ese cuarto, mi prima Bettina y yo nos pasamos noches enteras escuchando sus relatos de familia y de guerra, fascinados.

Nos contaba que a la granja de la cooperativa, una vez a la semana, llegaba un chino, el primero del siglo debió de ser, que vendía corbatas a gritos y solo hablaba en milanés. El afilador, un personaje macabro que se anunciaba con flauta de pan de un sonido que se visualizaba lacerante, pedaleando su bicicleta, cubierto con capa y capucha negra, y al que le faltaba una pierna que repuso con una pata de palo, lo que le hacía aún más lúgubre. Contaba que en cuanto en la lejanía se escuchaba su silbido, los niños corrían a esconderse, despavoridos. Era la amenaza de pesadilla que los padres prometían a sus hijos, de no dormirse aprisa.

Hablaba mucho de su madre, la Nonna Rosa, y de sus hermanas. Una de ellas, al parecer de espectacular belleza, se hizo amante de un mandamás fascista, y al ser descubierta, la agarraron de las piernas y la colgaron boca abajo en el balcón de la granja a calzón bajado, poniendo sus vergüenzas a la vista. Fue obligada por sus hermanas a confesarlo todo, a que desistiese de la traición, y de no haber sido porque la Nonna Rosa apareció a tiempo, hubiese sido lanzada al vacío.

Nos contó que con tan solo doce años tuvo que encerrar a mi madre en un armario porque un oficial nazi le había echado el ojo y la quería para sí. La reclamaba sin cesar y amenazó a mi abuela con degollarla si no le entregaba a la niña. La respuesta de mi madre fue subirse a los vagones de carbón que él patrullaba y, encaramada en la cima de los montones, lanzar a la gente que esperaba a pie de tren bloques del mineral, los más posibles, mientras los oficiales armados con metralletas le gritaban que bajase o la matarían.

—Y tu madre, *Mighelino*, que tan solo era una niña, se plantaba en lo alto del vagón provocándoles con la mirada, como diciéndoles «no tenéis cojones, nazis cobardes...». Más tarde acabamos con todos los árboles de la alameda que llevaba a la granja cercana... aserrándolos de noche, con el menor ruido posible... porque de habernos descubierto nos hubieran fusilado... pero tener un pequeño fuego para calentarse y sacarse la humedad de los huesos... sobre todo en los meses de invierno... y poder cocer un poco de pan que amasábamos con la harina de los granos que nos permitían espigar tras las cosechas, que racionábamos para el resto del año... y un poco de paja triturada, nos daba un propósito y nos mantenía ocupados... es decir, vivos... Nos pasamos años enteros, día tras día, haciendo maravillas, ingeniándonoslas para encontrar lo que fuese, digo bien, lo que fuese... para rellenar un poquito el estómago... el de tu familia y también el de quien no la tuviera... Hoy el pan se da por hecho y no sabes bien cuánta tranquilidad da... pero durante la guerra, que parecía que nunca iba a acabar... tener para comer se convirtió en una obsesión... Por la noche no dormías por miedo a los bombardeos y porque las tripas se retorcían pidiéndole a tu cabeza que le dieras vueltas para ingeniártelas en encontrar con qué alimentar a los tuyos... Todo era válido y todos aprendimos a robar... Le robábamos al vecino lo que después compartíamos con él... (sacudiendo la cabeza). No... no quiero una guerra para nadie y menos para vosotros... Todavía hoy hay dos cosas que no me abandonan... el respeto por lo que se me sirve en el plato... que agradezco todos los días con todo mi corazón... y el no dejar de mirarme a las espaldas... Aún hoy hay ruidos que me sobresaltan y que hacen que me dé la vuelta... ruidos que la memoria conserva y asocia con los que nos ponían en riesgo, los del peligro... porque esos malditos nazis estaban por todas partes... había millones... más que mosquitos... A menudo nos preguntábamos si las mujeres alemanas no fuesen conejas reproductoras a las que tenían encerradas pariendo sin cesar... porque matabas uno y en su lugar aparecían tres.

Un 29 de septiembre de 1981, llegando a casa de gira, fui a buscarla al gallinero donde me dijeron que estaba. Agachada recogía basura, en esa típica postura suya de campesina de arrozales, y al oír mi voz se incorporó, tambaleándose. Se me agarró con fuerza, con la mirada ida, la boca pastosa, la tez amarilla, y supe que algo andaba muy mal. Me dijo: «Ya estás aquí, *Mighelino*... No quería irme sin despedirme de ti». Le pregunté asustado: «¿De qué me estás hablando, Nonna?», y ella me respondió que ya se iba, que la vida se terminaba para ella. Se abrazó colgándose de mí y vomitó una inmensa cantidad de masa de sangre oscura. No conseguí aguantar su peso inerte y nos desplomamos juntos al suelo, y allí mismo, en su gallinero, empacó sus maletas y se dispuso a dejarnos.

Al día siguiente fui a visitarla al Hospital Puerta de Hierro. Estaba intubada, no podía hablar y la tenían sujeta a la cama. Me agarró fuerte de la mano, hincándome las uñas y mirándome con espanto, como queriendo decirme algo urgente. Me hizo señales con los ojos para que la tapase con la sábana. De cintura para arriba, la tenían destapada y no podía soportar que entrasen desconocidos y viesen su desnudez anciana. Y así lo hice. La habitación estaba muy fría y la cubrí hasta el cuello, le besé la frente y me senté a su lado, en el borde de la cama, acariciándole la cara y el pelo. Quería hablar pero se lo prohibí. Le conté aventuras de la gira, los éxitos que se iban sumando y el dinero que ya estaba empezando a ganar, a lo que asintió y pareció calmarla. Le conté que sus gallinas estaban bien, que le mandaban saludos, y que a mi madre le habían salido plumas y se había convertido en la octava de ellas. Me sonrió la broma y sacudió la cabeza. Se quedó dormida, tranquila, y antes de irme la cubrí de besos y le dije lo mucho que la quería, que la amaba.

Tres días más tarde se fue para siempre.

Heredé de ella la disciplina, el método y el rigor, su amor por el huerto y el jardín, por la tierra, la estructura ósea de la cara, que fue pasando de generación en generación, y la capacidad de vivir en soledad. Pero también la dureza y el orgullo, el no poder perdonar la traición, la negación a la autocompasión y la determinación de incendiar todo lo que del pasado me liga al dolor.

Y subimos...

A la segunda planta se podía acceder por dos escaleras, la principal, la del cuarto de los señores, o la del cuarto de jugar que desembocaba en el pasillo de los alpargatazos.

Durante las persecuciones y huidas de la Tata, ese pasillo se convertía en un cuello de botella sin salida. Si quedábamos emboscados, y a justo un palmo de poder escapar agarrando la manilla de la puerta del cuarto de jugar, algo duro te golpeaba en la nuca. Era la alpargata de la Tata. Por mucho que zigzaguearas o intentaras eludirla, siempre eras alcanzado. Era desesperante. Y volteando a ver si estaba, ahí plantada la tenías de vuelta, arma en mano. Sospechamos que las alpargatas le respondían como bumeranes y, humillados, nos dimos por vencidos, desistimos.

En uno de los extremos de aquel pasillo, un pequeño *office*, que fue de manejo para biberones y papillas, pasó más tarde a ser de limpieza de platos y otros, cuando el castigo nos confinaba a comer o cenar arriba. El cuartito tenía un fregadero de aluminio con grifo, unas alhacenas voladas y otras en suelo. Enfrente quedaba la puerta del desván, un cuarto estrecho, largo y oscuro, abuhardillado, en el que se amontonaba de todo. Vestidos de mi madre, trajes de luces de mi padre, objetos embalados de uso en marcadas ocasiones, camas desmontadas, cabezas de toros, maletas... En fin... de todo.

Pasillo arriba, antes de entrar en el cuarto de jugar, el muro entero de la derecha era ciego hasta una ventana semibatiente que daba al patio del garaje. En el primer cuarto a la izquierda, el mío y de Lucía, dos camas cubiertas de una colcha gruesa de algodón verde musgo, sendas cabeceras de mimbre y una mesilla de noche sin lámpara. Todo muy austero. Frente a las camas, dos armarios empotrados, forrados de madera oscura y divididos en espacios idénticos, se cerraban con puertas correderas que se atascaban constantemente.

De la pared colgaban tres estanterías que me quedaban fuera de alcance y en las que exponía mi colección de coches de plástico, los Mini Toy y otros de metal y pintura lacada con accesorios y repuestos. Un día, Lucía hermana, bajo los efectos de la venganza, saltó sobre ellos hasta pulverizarlos y hacerlos añicos. Muy duro golpe recibí en el que, junto a ellos, perdí la fe.

Una mesa de estudio, pequeña, rectangular, sin lámpara, pegada contra la ventana que daba al patio interior y a la derecha, el radiador. Heredamos el antiguo armario ropero para niños del Viso en el que mi hermana Lucía amontonaba sus muñecas. Recuerdo en especial una terrorífica Mariquita Pérez morena de mirada asesina y algún peluche. En las baldas inferiores, cuentos, libros, papeles y cuadernos. No mucho.

En medio de la pared de medianía, otra puerta separaba los dos cuartos de dormir. La única diferencia entre el nuestro y el de Paola y la Tata era que, en lugar de la mesa de estudio a pie de ventana, la Tata instaló una mesa camilla en donde solía coser, tejer o hacer ganchillo a la luz del día mientras nos oía jugar.

En el cuarto de jugar había una chimenea de campana que nunca se encendía. Según mis padres, con la calefacción bastaba y, además, mejor que los niños jugasen al fresco. De hecho, ese cuarto se usaba solo en días de mucho frío, de lluvia o cuando no se nos quería oír. Si no, nuestro lugar favorito de costumbre era el jardín, los columpios, las bicicletas o explorar la hectárea de parcela.

Era un espacio luminoso, con un suelo de linóleo azul océano. Tenía dos ventanales con puerta de cristal que salían a balcones. Uno, al patio de las perreras, orientado al noroeste. Por ahí nos comunicábamos con la gente del garaje. Era el balcón del vecindario, al reparo de los oídos de la parte noble, desde el que se podía hablar en confianza y montar ruido y hasta juergas. Se cantaba, se armaban bailes y jaleos al atardecer, se fumaba y se compartían historias. Era el balcón de la corrala, el de la caída de los secretos y puesta al día de lo que cada quien había visto u oído a lo largo de la jornada. Y ahí, colgados del vacío, nos enterábamos de todo y nos sentíamos parte de una comunidad, mientras que del lado sureste, los señores tal vez cenaban, tomaban una copa, un cóctel, mentían sobre hazañas de caza o urdían negocios sucios. Todos ellos engalanados como era de esperar, serios y aburridos. Ellas, a su vez, bien alegres desde el mediodía, compuestas para opinar sobre el qué dirán de quien fuere.

En el cuarto de jugar, tenía un caballo appaloosa de pelo largo, grande y con ruedas, varias cajas de mecano y una minimoto marca Roa que me regaló el mismísimo señor Roa en persona. También dos cajas en tubo de módulos para hacer casitas, un precursor del Lego, y una docena de «indios y caballos», así se llamaban. Mis hermanas tenían una minicocinita con un juego de utensilios. Nada más. Una mesa redonda de madera de pino con cuatro sillitas de asiento de yuta para escribir, pintar, leer cuentos, hacer tareas o lo que se terciara. Cuando se cerraba la puerta del cuarto de jugar, dejábamos de existir para el resto del mundo.

Al cuarto de mis padres se accedía al final del pasillo de nuestras habitaciones, girando a la derecha y subiendo cuatro escalones, salvando un rellano con ventana a los tejados del patio interior. Ahí, una puerta de cartabón. Esa era una frontera infranqueable, cargada de amenazas y de castigos.

Cruzando el umbral y pegada enseguida a la izquierda, una puerta con acceso a un cuarto minúsculo que en su día sirvió, primero, para depósito de «sucios» de limpieza, más tarde como almacén de abrigos de pieles y ropa de invierno de mi madre, después como centro operativo de mi Club de Exploradores con laboratorio incluido, y finalmente como jaula del cusumbo, una especie de lemúrido que mi padre le trajo a Paola de Ecuador, y que al ser nocturno, aullaba a partir de medianoche, nos despertaba, y sumía la casa en una pena que venía como del más allá. Tenía una lengua larga y rasposa y dormía colgado de su cola prensil de una rama seca que alguien le procuró.

Tras tanto uso y cambio de identidad, y para su final purificación, aquel cuarto acabó en manos de la Tata. Fue convertido en capilla, con un altar, velas encendidas los trescientos sesenta y cinco días del año, reclinatorio, estampas y figuras, donde ella se recluía y aislaba a rezar, comunicar con sus devociones y cursarles la lista de peticiones con necesario ascenso a milagro. Sí, porque lo que tenían que salvar esos señores nunca fue calderilla. Tenía una ventanilla.

Saliendo, un rellano ancho frenado por la balaustrada de las escaleras principales, y a lo largo y ancho de la pared noreste, de techo a suelo, cinco inmensos cuerpos de armario con puertas correderas forradas con la reproducción en papel de un grabado en blanco y negro espectacular de la ciudad de Mylan del siglo XVI. Eran los armarios para blancos de la casa. Pasaba horas observando ese mapa, sus edificios, sus calles, su campiña, sus anotaciones y números. Horas imaginando las luchas de espadachines, las vestimentas de las damas, los olores del comercio en sus calles, transportándome a aquella época.

Enfrentadas en una esquina, las entradas a los cuartos de vestir de mi madre y de mi padre.

La zona de mi madre estaba forrada de armarios, enmoquetada de lana cruda y tapizada de seda amarilla. Una pequeña araña de cristal azul colgaba del centro del plafón, creando destellos adiamantados. Cada armario estaba dedicado a un tipo específico de atuendo. El de los trajes largos de noche, el de los de cóctel, el de los de diario, trajes chaqueta, ropa de campo y caza, camisones, batas, etcétera. En los estantes, cachemiras y *twins* de todos los tonos, rebecas de camello, camisas de seda, lanilla, *mohair*, algodones egipcios y peruanos, nada de ordinarieces. En otros se ordenaban los bolsos, colecciones enteras de Gucci, en especial los de mango de bambú. Sombreros de cualquier tamaño y para todo tipo de evento. En los cajones, lencerías finas, camisolas, combinaciones, saltos de cama, nocturnidades. Guantes de ante, de cabritillo y otras pieles finísimas, cortos, franceses o de *soirée*, estos siempre de raso.

En otro aparte, a la izquierda de la ventana que daba a la rosaleda de la cuesta del jardín, un cuarto armario en el que mi madre guardaba sus pieles, completos de viaje y de extranjero, y encima de la barra del perchero, un estante para bolsos de mayor envergadura, neceseres, alguna maleta y las cajas redondas de cartón sólido del «pamelario», para viajes intercontinentales o cruceros. Todo eso y tal vez más.

En el cuerpo central de la zona de vestir y frente a la ventana, mi madre dispuso una mesa con un pequeño espejo oval para retoques finales, peinado y empolvado, dos cepillos de cerdas blancas y cremas. Contra la pared, a la salida del cuarto de baño, una *chaise longue* para descansar tras sus remojos en sales, bien untada y embatada, bella a rabiar, diadema en sienes, libro en mano y en la otra el cigarrillo. Al lado, una mesilla de fumar con lámpara de lectura. A su cabecera, pequeños bordados, pilas de iglesia de pared de cerámica de Talavera del XVIII y XIX pintadas a mano, colgantes espanta malos augurios y *cianfrusaglie*. Perifollos.

El cuarto de baño estaba revestido por losa grande de mármol beis Valencia. Espejos por todos lados. Uno de ellos se abría con llave, ocultando un armario empotrado en el que mi madre resguardaba los medicamentos. Mucho Optalidón y reservas de su colonia de la Carlo Erba, *quella di tutta la vita,* que periódicamente le traían o traía ella misma de Italia. Ahí guardaba una caja de madera y madreperla con sus pertenencias más valiosas, que eran contadas. Dos collares de perlas, una pulsera de gruesos eslabones de oro y unos anillos. Nada más. Nunca fue mujer de joyas.

A ambos lados del lavabo, cremas sin olor, las de la época, de Margaret Astor y Helena Rubinstein. Productos de belleza, brochas, rímel, más peines y cepillos, colorete y rojos labiales que rarísimamente usaba, solo crema de cacao. Dos ventanas horizontales y estrechas a cada lado del espejo orientadas al norte iluminaban con luz natural difusa su inaudita y transparente tez cérea. En el poyete de la bañera, un bote de Badedas amarillo, el original, esponjas, toallitas de cara y diversas pastillas de jabón de olores. Sales.

La Tata era la única encargada en ayudarla en su aseo, peinado y arreglos. Dominaba la media peluca y los moños. Chichos también.

El cuarto de vestir de mi padre era un tercio más pequeño que el de mi madre, pero bien planteado. Entrando, enfilabas un pasillo. A mano izquierda, armarios de puertas correderas hasta el fondo. El tapizado, que siempre me pareció acertado, era de diseño escocés a cuadros grandes sobre un fondo azul marino, con finas rayas verdes y *beige* en vertical, y en horizontal otras en amarillo y *burgundy*. En el suelo, la misma moqueta que mi madre. Una puerta acristalada se abría y daba a la terraza que bordeaba las habitaciones del matrimonio, desde la que mi padre solía contemplar la Casa de Campo y Madrid mientras fumaba.

Frente a los armarios, una cajonera volada de cedro rojo con tiradores de hierro negro forjado, en la que guardaba sus camisas perfectamente planchadas, de cuellos bien almidonados, que su mozo de cámara ordenaba por colores, texturas o diseños de tela. Cuarenta por lo menos. Las nacionales, de la camisería Burgos, y las azules, por lo general, mandadas a hacer a medida en Italia por mi madre. Uno de los cajones, compartimentado, estaba destinado a sus gemelos, sujeta corbatas, relojes y botones para camisas de gala. Otro para pajaritas, tirantes y accesorios de esmoquin y frac. Un tercero para gafas de sol y cinturones, y un último para pañuelos de bolsillo y blancos de nariz, como caballero mandaba.

En los armarios, sus completos de verano y de temporada, pantalones y chaquetas sueltas combinables, gabardinas, abrigos y capas españolas. Uno entero, en especial, repleto de guayaberas, su atuendo favorito, unas veinte por lo menos. Y luego, cómo no, sus zapatos, todos ellos impecables, lustrosos, cada uno con su horma de madera ajustable, calzadores y la caja de betunes y brillos. Si había que salir de caza, se mandaba traer lo necesario del campo.

El baño era de justa medida. Forrado de mármol marrón veteado de blanco. El mismo espejo que el de mi madre, flanqueado por dos ventanillas verticales de cristal translúcido acanalado, dando al suroeste, por donde pegaba la luz fuerte y brillante todo el año, la apta y apropiada para la piel cetrina de mi padre, la cálida del atardecer.

En aquellos tiempos no existían prácticamente productos de cosmética para hombre, pocos, pero mi padre los tenía todos. Sobre la encimera del lavabo, peine y cepillo para pelo, un tubo de fijador, rasuradora de acero con hojas de afeitar de filo doble recambiables, brocha de pelo de tejón y cuenco de madera con jabón para barba, una loción post afeitado, su colonia Calèche de Hermès, que me volvía loco y que le robaba para pasearme por toda la casa oliendo a papá, marcando territorio. Un estuche para su manicura y un aparato vibrador para el cuero cabelludo. En la repisa de la tina del baño, tan solo una pieza de jabón del que se hacía en el campo y que hacía las veces de gel y de champú. Eso era todo. Que era más de lo que un hombre se atrevía a confesar que usaba.

Todo el espacio olía a autoridad serena, a talante y a jefatura. Era mi cuarto favorito de toda la casa, el que acabaría siendo mío al cumplir dieciséis años, en el que pasé mis mejores momentos, decoré a mi gusto, llevé a mis amores, y en el que daría mis primeros y más importantes pasos en la aventura del sexo.

En el dormitorio de mis padres jamás se entraba. De hecho, apenas lo conocíamos. Forrado de seda adamascada amarillo oro, olía a padre y madre revueltos, un caos de aromas inmiscibles. Las cortinas de raso descansaban sobre la moqueta un vulgar e insoportable exceso. El mismo que se apoderaba del espacio entero, sobreplagado de cuadros y bibelots hasta la claustrofobia, sin un respiro para la vista. Una chimenea apagada a perpetuidad, dos butacas de respaldo alto para discutir encima de una alfombra, un escritorio vis a vis para ambos, en el que jamás ninguno escribió nunca nada, y en los lados de dormir de cada uno, dos mesas idénticas pintadas en color verde pastel, de estilo neoclásico, con sendos quinqués de cristal azul royal, pobladas de objetos personales, peleando día y noche por hacerse con un lugar. Por no caber, ni el polvo cabía. Pura escenografía y atrezo.

Y luego estaba esa cama de hierro pintado con motivos de animales mitológicos, dragones e hidras, con baldaquín de hilo blanco almidonado, tieso, salida directamente de la peor de las pesadillas del siglo XVIII. No me extraña nada que mi padre la evitara. Yo la evitaba. Era la única cita con mi madre a la que no acudía, y Dios sabe si la amaba. Pero ahí no. En esa cosa, no me sentía a gusto.

Mis hermanas, en cambio, se peleaban por pasar noches flotando entre almohadones de plumón de ganso de Islandia o de la madre que lo parió. Una nube sin fin, de colchón mullido de lana cardada a punto de nieve y envuelta en sábanas de hilo fino ribeteadas de encajes portugueses o florentinos y colcha de pelo de baby vicuña. Una cursilada mayúscula. Todo ese cuarto me parecía un horror y si se podía evitar entrar en él, se agradecía.

Inexplicable que en una casa en la que la originalidad y el buen gusto eran el denominador común de todos los ambientes, el cuarto del matrimonio, el de los señores de la casa, fallara estruendosamente. Pero eso contaba mucho de lo forzada que era su relación, del choque de culturas y de personalidades que se negaban a dar su brazo a torcer. El aire, siempre espeso, se podía rebanar. En él fueron quedando atrapadas todas y cada una de las peleas, discusiones, violencias y miserias que a puerta cerrada se escupían a la cara. Había más cadáveres en esa habitación que sumando toda la taxidermia del despacho de mi padre. Había más dolor y más mentiras disecadas colgadas de la pared que cuadros en la casa entera, más desamor que metros de tela, más hipocresía que noches de abrazos. Allí se cerraron oportunidades y ciclos, y nada nuevo se abrió. Era el cuarto de las falsedades, de los insomnios y de la manía que se tenían.

Una mañana de principios de 1968, con el matrimonio ya en trámites de separación y ambos en pie de guerra, la Tata terminó de arreglarnos para ir al colegio. Nos dijo que tenía una sorpresa para nosotros y nos condujo hasta la habitación de mis padres.

Ahí estaban los dos, trasnochados y vestidos de gala. Mi padre, con la pajarita de su esmoquin deshecha colgando del cuello abierto de la camisa. Mi madre de largo, en un Berhanyer de seda natural blanco arroz de manga francesa, ribeteado de rosas negras de chifón, descalza y alargada en la cama como una chita frente a mi padre, sentado en un sillón. Ambos fumaban y bebían *champagne*. Nos recibieron con entusiasmo, abrazaron y besaron, y de inmediato supe que estábamos a punto de asistir a una farsa. Se adelantó mi padre, que estaba ligeramente más borracho que mi madre, ambos con tono de cachondeo y aguantando la risa, divertidos a muerte, cómplices como nunca lo fueron, como si por lo que estábamos a punto de pasar tuviese algo de gracia.

—Hijos míos... Como ya sabéis, vuestra madre y yo nos vamos a separar... ¿o ya lo estamos, Lucía querida?... (risas y atragantes).

—No, Miguel... todavía no lo estamos... ¡no confundas a los niños!

—Pues eso, aún no lo estamos, pero estamos en ello... eso sí... ya nos hemos peleado muchas veces y nos hemos dicho de todo... o sea, que por esa parte... estamos ya en paz...

—Me ha llamado hija de puta y cosas peores...

—Porque lo eres, mi amor... eres una hija de puta... más hija de puta que guapa... ¡eso lo saben hasta en... Roma!

—Bueno, Miguel... que se tienen que ir al colegio... A lo que ibas...

—Bueno... pues que nos vamos a separar y cada uno se irá a vivir a su casa... Vosotros os quedaréis aquí con vuestra madre y yo...

—Y vuestro padre se irá a vivir con su amante...

—¡Lucía, por favor!... Esos detalles a los niños, no...

—¡Calla, Miguel!... Hay que aprovechar ahora que estamos los dos y que estamos bien... tienen que enterarse por sus padres y no por otros... Vuestro padre, el torero, se va a vivir con su amante... que además es su prima... El idiota... ¡con todas las que hay, ha ido a dar con la más puta!

—Hombre... esas son las que a mí me gustan... Estoy de monjas frígidas como tú hasta la coronilla...

—¡Qué gracioso te pones, Miguel!... ¿Por qué no has sido siempre así?... ¡Nos lo hubiésemos pasado tan bien!... ¡Hubiese sido maravilloso!...

—¡Pues porque nunca nos habíamos emborrachado tanto juntos!... Es la primera vez... Bueno, hijos míos... que nos vamos a separar... cada uno vivirá en su casa, pero no por eso vamos a dejar de quereros... es más... os vamos a querer más que nunca y nos vamos a repartir el tiempo para estar siempre con vosotros... en eso sí que estamos de acuerdo vuestra madre y yo...

—Nos lo vamos a pasar muy bien, ya veréis... va a ser una época maravillosa... y cada Navidad la pasaremos todos juntos... ¿Qué os parece?

No recuerdo haber estado tan mudo ni tan confuso jamás en toda mi vida. Les habíamos visto levantarse la voz y la mano, les habíamos oído jurarse muerte a tiros, les habíamos sentido escupirse odio y caer rotos sin esperanza... Hacía semanas que estábamos viviendo el efecto de sus bajezas y miserias, y ahora, más felices y unidos, divertidos y radiantes que nunca, contradiciendo todo lo visto, oído, sentido y vivido, nos estaban preguntando... que si el futuro que habían decidido y planeado para nosotros ¿nos parecía bien? Noté en la nuca la ira de la Tata como un tiro interrumpir en seco el encuentro:

—Despedíos de papá y mamá que perdemos la camioneta... ¡Vamoooos!

Les dimos un beso y un abrazo, que nos devolvieron con la mejor calidad de afecto y cariño nunca jamás después sentida, y salimos de aquel teatro al que tuvimos que acostumbrarnos en adelante.

Entre la capacidad narcótica de mi madre de poder olvidar palabras hirientes y actitudes hostiles de forma casi inmediata y ligera, y la especialidad de mi padre en retomar su encanto para usarlo en su interés y embaucar, nunca supimos si en realidad estaban separados o si en verdad no podían romper una dependencia que, más que adictiva, era una pose que beneficiaba puntual y públicamente a ambos. Pero la facilidad con la que se odiaban y dejaban de hacerlo, el vaivén de una falsa complicidad adorable que todo matrimonio envidiaba, era tan frecuente que dejamos de buscarle una explicación. Nos ocupamos de lleno a vivir nuestras infancias, teniendo como única certeza que solo la Tata era fiable.

Saliendo por la cancela de reja de hierro negro, sujeta por tirante de cadenas, dejabas de la finca Los Cardos, y girando a mano derecha por la Avenida del Campo, a cuarenta metros, enfilabas la Casa de Campo, dirección Madrid.

7

La Virgen

El viaje a La Virgen era largo y tedioso, a no más de 70 kilómetros por hora. Duraba 360 kilómetros de puerta a puerta, y para hacerlo soportable se hacían dos paradas. La primera, en la gasolinera antes de Despeñaperros, para repostar, beber y hacer pis. La segunda, la que olía ya a campo y casa, en la del desvío al Santuario de la Virgen de la Cabeza.

Conducía siempre Teodoro. Rarísimas veces nos tocó ir con mi padre al volante. No le gustaban los viajes con niños, a mi madre tampoco. Los niños debían ir aparte con las tatas, los pedidos de ciudad y los perros, lo que hacía el trayecto aún más incómodo, caluroso y ruidoso. No paraban de jadear desde que se subían al coche hasta que se les liberaba en destino.

Lo más divertido era ir en pandilla, pero eso solo se daba en Semana Santa o a veces a mediados de verano, en julio, la época de más calor del año. En esas ocasiones se viajaba en caravana, asfixiados, y en cada parada había trasiego y cambios de coche, así que cada tramo parecía un viaje nuevo y todo se hacía más llevadero, más corto. Nos solíamos juntar no menos de veinte chavales de media, si no más, una tata por camada y un chófer por auto. Así nuestros padres se liberaban de nosotros, ¡como si nos viesen mucho! Mientras nos despeñábamos por los riscos del Sardinilla y hacíamos concursos por equipos a ver quién cruzaba antes el ancho del pantano, lo que suponía nadar de ciento veinte a casi doscientos metros resistiendo sin ahogarse, o pescábamos bogas y barbos con cañas improvisadas, nuestros queridos padres se asoleaban entre Martinis y Gin Fizz en cruceros por las islas griegas o hacían safaris en África.

A merced y cuidados de una inmensa armada de ángeles de la guarda y de las atentas tatas, no sucedieron más accidentes graves porque Dios, y todos aquellos equipos humanos, vivían con el corazón en vilo mañana, tarde y noche.

Los juegos que inventábamos no estaban exentos de riesgo, es más, juego que no fuese peligroso era sinónimo de «no es divertido». Éramos muchos, muchísimos, demasiados para el manejo, y tras un par de días corriendo a diestro y siniestro, despeluchadas y roncas, sudadas y desesperadas, las tatas optaban por tirar la toalla, pasarle la responsabilidad a los cielos y sentarse en corro a hablar de lo suyo. Aquello se les iba de las manos.

A mediodía, se encendía un fuego con troncos y ramas que nos encargaban recoger, se ponía encima la paella, aceite, pimentón, arroz y sal traídos en lancha, un conejo descuartizado de la casa, romero del monte, agua del pantano y, cuando todo estaba listo, se daba el grito de «¡a comer!», y el eco retumbaba en todas las paredes del desfiladero. Poco a poco los cachorros iban asomando, cada uno de quién sabe dónde.

Siempre había alguien que no aparecía, siempre, no fallaba. Era entonces cuando todos, alrededor de la paella, devorándola como manada de licaones, que el más malvado de turno rompía el silencio de masticares.

—Quién sabe lo que le habrá pasado a Toño, ¡pobrecito!

—Tal vez se lo haya comido un jabalí... He oído a muchos por ahí arriba.

—Y yo he visto a uno.

—Yo a tres, y tenían cachorritos... como cien o doscientos por lo menos.

—Se llaman jabatos, ¡mico bobo!

—Pues yo he visto tripas sueltas y sangre por aquella cuerda de allá arriba... —decía mi hermana Lucía, una de las dos únicas chicas admitidas en el Club de los Exploradores.

—¡Yo también!... —coreaba Malena, la otra respetable, para añadir más candela.

—Pues yo creo que lo ha raptado un ciervo que es medio ciervo y medio hombre y se lo ha llevado a su cueva de comida para sus cachorros hambrientos.

—Se llaman cervatos, ¡mico bobo!

—O un lobo también... puede ser.

—No, un lobo no, ¡es imposible!

Y en ese punto llegaba el turno de Miguelito y de su infinita fantasía.

—Han vuelto... mi padre dice que han vuelto... y si mi padre lo dice... se cuenta que hace muy poco se oyeron unos aullidos en la noche que se iban acercando y acercando cada vez más a la casa del cruce del Santuario... los caballos empezaron a relinchar muy nerviosos... sabían que estaban condenados... pero en eso... (a esta altura ya tenía la atención de todos, en el bote, siguiendo su relato sin masticar ni parpadear, tatas incluidas) en eso... la puerta de la casa se abrió de una patada y Santiago salió... escopeta en mano gritando «¡maldito lobo!... si estás ahí, ten los mmmm... (tocándose los huevillos) de acercarte que te voy a hacer papilla los sesos!... ¡Maldito!...». Y de repente... de la oscuridad más negra de la noche... (subiendo el tono y haciendo el ademán hacia las chicas) un lobo le saltó a la garganta y sus dientes largos y afilados se clavaron en su brazo así... aaahmmm... la escopeta se le disparó sin querer... rodaron por el suelo... (gritos y «parayás» de las niñas) ya solo le quedaba un tiro y el lobo no soltaba... Santiago sentía cómo se le desgarraba la carne y los colmillos empezaban a atravesarle el hueso... aaaaaagg... el dolor era intenso... pero entonces Santiago... (cambiando tono a coloquial) que ya sabéis lo fuerte que es... (retomando el frenesí de la pelea) consiguió deshacerse del animal y con un golpe violento de brazo lo lanzó con furia por los aires y ahí... mientras el lobo daba vueltas y gruñía ferozmente... Santiago le apuntó y le disparó su último tiro... le dio en el corazón ¡y acabó con el monstruo!

Para entonces, todas las mandíbulas colgaban desencajadas. Los chicos absortos, fascinados, las chicas abrazadas en racimos, sollozando muertas del pánico y las tatas, lívidas, saltaron en pie todas juntas y, por si acaso y a la de una, empezaron a gritar ¡Toño!, ¡Toño!, ¡Toño!, a los cuatro vientos, angustiadas y responsables. Las niñas corrían tras ellas, agarrándose a sus delantales y lloriqueando, menos las dos de siempre.

—¡Joé, macho!, no hacía falta exagerar tanto, ¿no? —dijo Malena.

—¿No?... ¡Busca la piel y verás! —contesté.

—Eres un idiota, ¿sabes? —añadió Lucía. Y ambas se levantaron y se fueron.

Así que los chicos nos quedamos ahí, partidos de la risa, arramplando con los restos de la paella. Así funcionaban las cosas.

La primera parada tardaba mucho en llegar, mucho. Estaba justo a la entrada de Despeñaperros. La carretera era muy estrecha, y con una caída libre a borde de barranco de cientos de metros. Cuando tocaba bajada, se iba en punto muerto, aprovechando la inercia, con el estómago en la garganta del pánico a los camiones que subían de frente invadiéndolo todo, resoplando susto. Nos aplastábamos unos contra otros dentro del coche como anchoas en lata. El tramo se hacía en apnea. Se inspiraba al principio, se aguantaba el aire todo lo que durara el trayecto, y se exhalaba al final. El desfiladero, de paredes aguzadas y profundas, chorreadas de amarillo óxido de cobre, transcurría a bandazos y malestares por tanta curva en horquilla. Nos encantaba un punto llamado el Salto del Moro, y a cada vez, para distraer el vómito, Teodoro nos contaba su épica leyenda.

Al montarnos en los coches en Madrid, se nos pedía no beber antes y estar recién aliviados para no forzar paradas de más. De tener que hacerse, recibías bronca, colleja y un sonoro grito de «ya te lo avisé, mico». En cambio, si una de las niñas lo reclamaba, el coche se arrimaba prontamente al primer lugar con baño que hubiese. Se convertía en una prioridad, una urgencia para todos. Se las apeaba en volandas, acompañadas por alguna de las tatas, y tras el cumplido, se retomaba el viaje y allí no pasó nada. Pues sí, nos fastidiaba mucho.

Eran «cosas de chicas», se nos decía. Había un mundo entero de cosas de chicas para todas las edades. Así que los chicos empezamos a sospechar si las «cosas de chicas», en vez de pasarles ya de viejas, o sea con doce o trece años, no les llegaran bastante antes, a saber, a los seis cumplidos y siempre durante los viajes. No dejamos de recelar de ellas jamás.

Lo que sí estaba claro es que los chicos éramos los chicos, y las chicas unas mimadas. Si te caías o herías, te curaban a cachetes y zarandeos, con aquella horrible Mercromina que escocía como brasa, y soplándole encima al raspón. Las lágrimas o el gritar estaban prohibidos.

Te gritaba quien te curaba, pero tú no podías. A las chicas, en cambio, se les daba otro trato. Si alguna se hacía daño, todas las tatas se reunían en torno mientras ella se deshidrataba en llantos. Consolándola a turnos, cada una acudía pronta con su mejor remedio al socorro de la princesa. Revoloteaban en círculos en torno a la desdichada y se montaba una coreografía de brazos que ondulaban vendas y ungüentos al más puro estilo Bollywood. Nosotros los chicos, mientras tanto, mirando llenos de rabia y envidia. Eso, entre muchos otros detalles más, fomentaron y justificaron la tirria que les teníamos.

Cuando se acumulaba demasiada, cataban nuestra venganza. Si había pelo largo o trenza, o sea, casi todas, lo suyo era jalarlo lo más fuerte posible y en varias pasadas, como en rejoneo, cumpliendo cada quien su turno. Si lo tenían recogido, o sea, casi ninguna, capón y collejas. Sus defensas no pasaban de series de gritos, manotazos, arañazos y alguna que otra patada perdida al aire. Ninguna era adversario serio, excepto mi hermana Lucía y Malena Sainz. Ellas eran de otra pasta, oponentes temibles.

A la llamada de retirada, con la llegada de las tatas al rescate, los chicos trepábamos a los árboles, riscos, o a lugares inalcanzables, y allí colgados nos daban las tantas a salvo de cachetes y castigos. Solo nos llegaban sus amenazas y juramentos. Cuando volvía la calma, desandábamos las alturas y regresábamos a lo nuestro.

En cada parada, de paso, se bajaba a los perros, se les daba de beber y arrimaba a algún árbol.

La segunda parada, la del cruce de la gasolinera a la entrada de Andújar, la del camino al Santuario de la Virgen de la Cabeza, desataba los entusiasmos y el alboroto. «¡Ya queda nada!», gritaban todos, «¡ya estamos... vamos a contar las curvas!». Y entonces, y solo entonces, se nos permitía bajar del todo la ventilla y respirar el aire penetrante y seco, abrasador e intenso de la Sierra Morena, el brasero de Andalucía. De inmediato se te disecaba la piel, se te acorchaba la garganta y los ojos se deshidrataban. A cada vez, en cada viaje, en el mismo exacto punto, volvíamos a revivir lo desagradable de aquel efecto taxidermia al que no escapaban ni tatas, ni chóferes, ni perros. Nadie estaba a salvo.

A derecha e izquierda corrían campos de algodón, interminables, alineados, blancos y cardados de nube, de tallos quemados. Tardé muchísimo en atreverme a preguntar qué eran esas plantas por temor a que, como solía pasar, se riesen de mí.

En aquella España mediocre, gris y apocada, preguntar era síntoma de debilidad. Tanto el que supiese la respuesta como el que no, aprovechaba para descargar su guasa o su mala leche. El ignorante inventaba lo que fuese, te confundía aún más si cabía, y luego se mofaba de ti. Ni te enseñaba, ni sacaba de la duda. Y no cabía discutirle. El que sabía se regodeaba. Te restregaba todo su seso por la cara y, terminando el alarde, te espetaba un sonoro «que eres más tonto que Capirote».

Jamás pregunté quién era capirote. Solo eso faltaba.

Siempre hubo discusión sobre cuál de las curvas era la primera, a partir de cuál se empezaba a contar, si desde la más suave, la del final del paseo de los algodonales o si la que arrancaba en la bajada de los pinos, la que daba entrada a la sierra. Nunca hubo acuerdo. Para unos eran trescientas ochenta y tres en total, y para los más radicales solo trescientas sesenta y cinco, como los días del año. Esa coincidencia más tarde despertaría cábalas y leyendas.

El primer tramo era de bajada y a la mitad era de obligo pararse al pie de una placa atornillada a un menhir con un poema de José del Prado y Palacio grabado en ella. Entonces, a alguien de nosotros se le pedía leerlo y a ser posible declamarlo con tono de Régimen.

¡Parad, caminantes, que os habla esta piedra...!
Es Sierra de Andújar gloria de las sierras,
breñal encantado de Sierra Morena...
Efluvios divinos el alma penetran,
mirando esa cumbre de la Virgen Reina,
que un templo de roca quiso hacer en ella.
La jara es su incienso; altares, las crestas,
y lámparas suyas todas las estrellas...
Por eso viajero que a este sitio llega,
por lejos que vaya el alma aquí deja.

Sierra Morena era imponente. Miguelito se extasiaba nada más aparecérsele y se ausentaba en el asiento trasero del coche para volar por sus picos y entre sus laderas. No hubo ni una sola vez que no sucumbiese al poder oscuro y escarpado de sus riscos y peñas, al verde profundo de sus pinos o al grisáceo de sus encinas, al olor a navajas y trabucos de leyendas y hazañas de bandoleros. Ya había viajado a lomo de su dedo por los mapas de la península ibérica y su fantasía conocía bien esa geografía. Pero nada como sorberla con ojos propios, nada como inhalarla cerrándolos bien prietos.

Ya se podía ver cómo por el camino la casa se acercaba, con la fachada encalada cubierta de rosales trepadores de rosas rojas y jazmines azucarados, y empezar a olerlos. Ya volvía a descubrir los geranios reventando al sol como palomitas anaranjadas. Ya se sentaba a mirar, como cada tarde, con los pies colgando al borde del saliente de la entrada, el imponente Santuario de la Virgen de la Cabeza coronado por su campanario agujereado por el azul del cielo, encumbrado a pie de quebrado, mirando al sur.

La casa de La Virgen era pequeña y servía de apoyo. Tenía dos cuerpos idénticos, uno para el guarda y su familia, el otro para los señores. Ambos con un par de habitaciones de dormir, separadas por un baño y una sala en la entrada que servía un poco para todo, con un hogar de pared a pared siempre con lumbre. En una esquina, una cocina a gas de dos fuegos. No había luz ni generador. Al atardecer, antes de caer la oscuridad, se encendían las lámparas de carburo, una para cada zona.

La vida allá era lo más cercano a lo que Miguelito pudo estar de la Edad de Piedra. Era naturaleza salvaje, en bruto, plantando cara a cada paso, con peligros imaginarios protagonizados por venados de pelaje negro en constante celo, de cuernas largas y abiertas armadas de luchaderas afiladas, que podrían surgir de entre la maleza, sin avisar, majestuosos y altaneros como su padre Luis Miguel, y cornearle hasta la muerte. O jabalíes solitarios que de un golpe de colmillo le rajarían las tripas, no sin luego acabarle en el barro a bocados furiosos.

Miguelito se estremecía y a la vez se electrizaba con esas fantasías probables, que le recorrían el espinazo de arriba abajo con una mezcla de arrojo y cagalera.

Pero una cosa era su desbocada e incontenible imaginación, que a voluntad podía encender o apagar, y la otra la realidad del campo, tan poco apropiado para la delicadeza de su cuerpecito de pequeño príncipe. Sierra Morena, con toda su carga de testosterona y él eran inmiscibles. Sin embargo, a pesar de todo aquel peligro mortal, le podían su curiosidad y su morbosa y heredada atracción por el riesgo. Le podían.

Por la mañana, antes del alba, se ensillaban los caballos, se cargaban las alforjas con cajas de cartuchos para las escopetas y balas para los rifles, unos prismáticos por cabeza, el almuerzo de cada quien, y ya no se regresaba hasta bien entrada la tarde. Durante todo el día se cabalgaba sierra arriba, sierra abajo, arañados sin remedio por las jaras y el matorral de chaparro que crecían tres cuartas por encima de la cruz de las monturas, inmersos hasta el cuello.

Los caballos hacían todo solos. Ellos sabían por dónde subir, bajar o cortar caminos, qué paso llevar sin manejo ni ayuda. También dónde exactamente parar para que Luis Miguel ojease las manadas de ciervos y otros bichos.

A pesar de su nobleza y fiabilidad, Miguelito no les tenía mucha confianza, y desde el primer echar a andar no soltaba el pomo de la silla de montar así le arrancasen. Se apretaba de muslos al cincho de la barriga del animal como una garrapata.

Santiago, el guarda de la casa mayor y capataz de la finca, se mataba de risa. Decía: «Miguelito, ¡deja respirar al caballo, chico, o se te va a desmayar entre las piernas!». Santiago era primo hermano de Luis Miguel, de la rama de los Peinado. Era un hombre bueno y trabajador, responsable y leal. Estaba casado con Margarita, ambos toledanos, de Quismondo y de Nombela, ambos adorados y tiernos, de estupenda pinta. Santiago, enjuto, prieto y fibroso, de metro ochenta, pelo gris ondulado y ojos azules, masticaba siempre un palo de la madera, el que fuese. Siempre bien dispuesto, siempre sonriente. Margarita, pelo corto a la teresiana, moreno y lustroso, de ojos pardos redondos y risueños, entrada en carnes sin exagerar, bien plantada, vestida de negro perenne y alegre, cristiana al estilo Remedios, es decir, roja con estampitas, excelente cocinera, íntima amiga y estrecha confidente de la Tata, de hecho, sus ojos en aquel territorio. En cada una de las fincas, casas o lugares asiduos, la Tata siempre se encargó muy mucho de ubicar un corresponsal.

Antes de la casa del Santuario hubo otra. Quedaba en el corazón de la finca, no muy lejos, a pie del pantano, en los bajos de la convergencia de las laderas de cuatro montes que recogían las aguas de lluvia para verterlas a un riachuelo que en verano se secaba. Fue la casa original, la que se usó nada más comprar la finca. Era una choza de adobe encalado de seis o siete metros por cuatro o cinco, con teja árabe invadida de vegetación.

Una noche, de madrugada, a eso de las tres de la mañana, la Tata se sintió estremecer, despertó en sobresalto y cogiéndome en brazos salió de la casa gritando, ¡que se cae, que se cae, señor, señora! Y nada más salir los señores, la casa se vino abajo de golpe, se hundió. Más tarde, mi padre le preguntaría a la Tata que cómo es que había presentido el desastre y la Tata contestó que la despertó el corazón latiéndole en la garganta. Eso fue todo, y ahí quedamos los cuatro aquella noche, pasmados y sin techo. Yo tenía poco más de un año y la casa se llamaba doña Rosa, como la abuela de mi madre, pura coincidencia.

Se llegaba a ella por un camino de hierba techado por una bóveda de eucaliptos. Pegados a su izquierda, un membrillo y una higuera. Años más tarde se reconstruiría para caballos, arneses y como dormitorio de secretarios de caza. Su explanada servía de arribo y descarga para los remolques que traían las piezas cobradas en las monterías. Ahí mismo me hicieron «novio».

Hacer «novio» a alguien era uno de los rituales más desagradables que ninguna tribu haya jamás podido tener y ese pertenecía a la de los Cazadores Ibéricos. Era una especie de iniciación en la que se celebraba la muerte de la primera pieza abatida, ya fuera un venado, gamo o jabalí, y de la que nadie escapaba. El ritual consistía en hacerte una putada y a mí, con tan solo ocho años, me tocó una especialmente gorda.

En cuanto trajeron mi ciervo, supe que me había llegado sentencia y me paralicé como ratón ante víbora cascabel. Hice todo lo posible por hacerme invisible, pero en vano. Mi padre, eufórico de orgullo porque por fin su vástago había demostrado tener unos gramos de hombría, se abalanzó sobre mí junto a otros cuatro bestias más, me arrastraron de los brazos por el suelo, me metieron entre el costillar del animal al que le habían vaciado de tripas y me cosieron dentro. No podía respirar. No podía moverme. No podía razonar. Entré en *shock*. Me dio un terrible ataque de claustrofobia y sentí que me asfixiaba. Le pedí a Dios que me sacase de ahí lo antes posible y prometí portarme bien en adelante. Pero esa vez ni Dios ni siquiera la omnipresente Tata estaban ahí para salvarme. Aquella sangre estaba por todas partes y sus coágulos me entraban por los orificios de la nariz y los oídos. Era tibia, dulzona, de un dulce mercurial. Cerré los ojos, apreté puños y pulmones con todas mis diminutas fuerzas como para hacerme un ovillo, pero mis piernas sobresalían fuera del animal y no pude acurrucarme. Ese tiempo fue tan inimaginable como interminable. Fundí a negro...

—Tata, ¿dónde está el niño?

—Ahí le tengo en lo alto de esa roca plana... Le he puesto una manta y está entretenido con cuatro piedras... ¿Quería usted algo, señor?

—Quería llevármelo a dar un garbeo por ahí —dijo Luis Miguel desde lo alto del nervio de su caballo español, cigarro en labio.

—No, señor... eso ni hablar... Usted no se lleva al niño a caballo a ninguna parte, estaría yo loca... nanay de los nanays.

—¿Cómo que no, Tata?... Soy su padre... Ya me lo estás trayendo ahora mismo ¡o te vas a enterar tú de lo que vale un peine!... ¡Y de mala manera! —le dijo con guasa—. Todo el día entre mujeres está... el cabezorro condenao ese, ¡carajo!... Le tenéis hecho un muñeco... tantos algodones y tantos encajes, ¡hombre!... ¡Le vais a convertir en una Mariquita Pérez!... Anda y tráelo p'acá... ¡leñe ya... Reme!

—¡Que se olvide usted, señor, le he dicho!... Si no sabe ni caminar el niño... ¿cómo quiere usted que vaya a caballo?... ¡Estaría yo loca de dejárselo!

—Pues mira... muy de acuerdo no debe de estar contigo porque por ahí viene —añadió señalándole.

Miguelito acababa de levantarse de la manta donde la Tata le había puesto, a la sombra de un chaparro, descalzo, con sus bombachos de algodón amarillo pollito y su sombrero de paja, y estaba dando sus primeros pasos.

—¡Ay, señor!, ¡ay, Dios mío!... ¡Que camina...! ¡Que camina, señor!, ¿no le ve usted?... ¡Que el niño está caminando, señor... con solo un añito!... ¡Señor!... ¡ay, señor, qué alegría!... ¡Señor!... ¡ay, señor!... ¡Señor... que se mata! —gritó la Tata corriendo hacia el lugar donde estaba Miguelito.

Tras ponerse en equilibrio por primera vez en su vida, de inmediato tropezó y rodó cuesta abajo. Miguelito no lloró, no lloraba nunca, solo emitía ruiditos, sonidos como arcadas, a estertores, como los becerros.

—Ese niño tiene la cabeza dura, no te asustes que no le ha pasado nada, Tata... Dámelo que me lo llevo de paseo.

—Señor, que no... eso no va a pasar.

—¡Dámelo ya, Tata, y deja ya de discutir, coño! —le bufó el torero, y cuando Luis Miguel se calentaba era mejor no llevarle la contraria—. ¡Le vais a hacer de mantequilla entre todas! —dijo arrebatando al niño por un brazo y sentándolo delante de él a horcajadas en la silla de montar—. A propósito... ¿adónde fue la señora?

—Se hizo al monte a buscar hierbas y caracoles pa la paella.

—¿Caracoles?... ¿Caracoles?... ¿En junio?... ¡Italiana tenía que ser!... Pues cuando vuelva dile que llego a las tres pa comer.

—¿Y el niño?

—El niño también, Tata, el niño también... Tranquila que está con su padre.

—Pero, señor... por Dios... Tenga, tápele por lo menos la cabeza que si no le va a dar algo... Señor, ¡se lo pido por favor! —dijo la Tata alargándole el sombrerito de paja. Y Luis Miguel cogiéndolo, lo miro dándole vueltas.

—Una montera... la de su padre le voy a poner yo... la de su padre... ¡una montera para que no se haga marica entre tanta loca! —Y lo tiró lejos con asco y furia.

Haciendo girar al caballo con un golpe seco de bocao, Luis Miguel arreó al animal y se dio a galope tendido sujetando a Miguelito con un brazo, con las manos del otro las riendas, y desapareció tragado por el polvo del camino de Sierra Morena, difuminándose.

La Tata quedó sin aliento, con una enorme angustia en el cuerpo y le gritó de lejos:

—¡Señor, más despacio!... ¡Con cuidado! —y agarrándose del crucifijo al cuello, maldijo para sí—... ¡¡Mala bestia!!

Un leve crujir de huesos y un cierto rasgar hicieron que entreabriera los ojos. A pocos centímetros de mi cara vi cómo el filo de la lama de un cuchillo de monte cortaba la carne y la burda costura de cuerda de pita para liberarme por fin de aquella mazmorra. Agarrándome al costillar con ambas manos, impulsándome, salté fuera como quien huye del infierno, respirando el aire a bocanadas grandes.

Nada más incorporarme, me llovió una tanda de golpes y collejas y un griterío entusiasta de «¡macho, machote, campeón!» de mis torturadores, que ahora se congratulaban recibiéndome como nuevo miembro de la hermandad mientras disparaban al aire, a escasos centímetros de mis oídos, trabucazos atronadores que me dejaron sordo durante las siguientes horas.

No tuve fuerzas para llorar aunque solo de eso tenía llenas las ganas, pero no procedía, lo dejé para luego. Mostrar cualquier tipo de debilidad me hubiese expuesto a mofas y, probablemente, a quién sabe si otro encierro entre huesos, y eso no iba a pasar. Me agarró un fuerte temblor, mezcla amarga de desesperación, rabia y alegría por sentirme libre y liberado. Me dejé llevar por un tiriteo y una risa nerviosa compulsiva. Zarandeado sin cesar en todas direcciones, empecé a vomitar. Desahogué toda la tensión entre tandas de tortazos y enhorabuenas.

Pero la cosa no acababa ahí. El novio habría de pasar el resto del día hasta entrada la noche cubierto por la sangre de su trofeo hasta que secara, sin poder quitarse ni un coágulo de la cara, del pelo o de la ropa. Así, en tal estado, debería cenar. Solo antes de ir a la cama, podría el novio darse el tan deseado baño y descansar para, al día siguiente, renacer ascendido a su nueva vida, hecho ya todo un hombrecito, convertido en un miembro más del Club de los Cazadores Ibéricos de la Sierra Morena.

Esa noche, Miguelito no pudo dormir. Soñó con hombres con cabeza de ciervo y ciervos con cabeza de hombre. Soñó que todos ellos navegaban en una balsa de velas rasgadas y que, en medio de una horrible tormenta, la embarcación naufragaba. Soñó que todos, hombres ciervo y ciervos hombre, se hundían y ahogaban en un océano de sangre en tempestad y que él conseguía agarrarse a un tablón. Soñó que entonces dos patas unguladas surgían de las profundidades y lo arrastraban al fondo. Soñó que eran las de su padre con cuerpo de hombre ciervo e inmensas cornamentas. Soñó y vio cómo ascendía un vórtice que aullaba, que todo lo aspiraba, que todo se tragó, arrastrando consigo a su padre y a él. Soñó que ese tornado de sangre y monstruos era absorbido por su ombligo y despertó sobresaltado.

Todos dormían profundamente. Los siete compañeros de cuarto roncaban a pata suelta con delirio, y en un segundo se ubicó. La noche sudaba a gota gorda y no corría ni una brizna de brisa, solo el canto de las chicharras trasnochadas. Bebió un trago del vaso de la mesilla y, tras cerciorarse de que todo estaba en calma, volvió a reposar su cabeza en la almohada y se dirigió hacia el sueño. Soñó que nunca más volvería a cazar. Que nunca más volvería a matar. Pero eso, resulta que no le iba a ser concedido.

Miguelito iba a cumplir nueve años y la fecha caía justo en medio de las vacaciones de Semana Santa, así que su padre decidió traerse a los niños y a la Tata a La Virgen y Teodoro se encargó de llevarlos. El tiempo estaba siendo bueno y, según la gente de la finca, la primavera de ese año iba a ser muy próspera.

Y llegó el día del cumpleaños.

La Tata le hizo la tarta de natillas con galletas María que tanto le gustaba, y Santiago le regaló un tirachinas que él mismo había fabricado con horquilla de palo de chaparro y el tirador de caucho de llanta de rueda de ciclomotor. Tenía una potencia bestial. La goma estiraba de forma suave y constante hasta el hombro, un brazo entero. Pegaba unos chinazos como balas y Miguelito ya estaba deseando retar en Villa Paz a sus amigos del campo, en especial a Manolo y a Jose, los hijos de Andrea y de Resure, más a Manolo porque era el más chulito y casi siempre le ganaba en todo. «Con este "tirademonios" y la precisión de mi puntería le voy a destronar seguro», se dijo. Ya le urgía que llegara mediados de agosto para desafiarle. Eso sí que era un regalo de los buenos, pensó.

Y nada más. Hasta que Miguelito apagó las velas no hubo ningún regalo más. Entonces su padre apareció con un pedazo de paquete enorme, casi tan alto como él, y le dijo: «Toma, para que te aficiones». Miguelito rasgó el papel y, envuelta en él, una enorme caja de cartón sin letras. Preguntó.

—¿Qué es, papá? —Y su padre le contestó:

—Ábrelo y mira, ¡venga!

Al abrir la caja alargada y estrecha, Miguelito se puso lívido. En su interior había un rifle con mira, frío y nada amigable de aspecto, descansando, esperando ser despertado, que no se atrevió a tocar.

—Es un Winchester 2.43 con mira telescópica graduable hecho a medida para ti... ¿ves?... Mira la culata... es de nogal y solo tiene un palmo... La mandé a hacer en especial para que encajara bien entre tu hombro y tu mejilla... es para niños... pero sácalo ya de una vez, vamos... y pruébalo, hombre... a ver si te encara bien... y si no lo mando a rectificar a Estados Unidos, tú por eso no te preocupes... Esta va a ser tu primer arma de muchas, estoy seguro... ya verás, ¡te va a encantar!... Además, viene con su caja de balas Remington... ¡las mejores!

Miguelito no sabía qué decir ni hacer. Alargó lentamente sus manitas y agarró ese cuerpo pesado y gélido, lo levantó. Mostrando la mejor técnica posible con tal de complacer a su padre, encaró el rifle y de inmediato sintió el frío de la muerte recorrerle desde las mejillas hasta la punta de los dedos de los pies. Luis Miguel se levantó y se le puso detrás para ayudarle.

—A ver... El cachete más apoyado en la culata y el cuello más recto... así... pero no te tenses... alarga el brazo izquierdo para balancear y distribuir mejor el peso y con el otro lo sujetas así... dedo en el gatillo... ¿A que así es mejor?... ¿verdad que sí?... ¡Muy bien, campeón!

Y agarrando el rifle por el cañón, hizo pum, pum, como si hubiese disparado dos veces y lo hizo con tal fuerza que Miguelito sintió el dolor del retroceso pegarle duro en la clavícula, más que si hubiese sido de verdad. Apartó el rifle, atemorizado.

—Pesa mucho papá... pero me gusta... me gusta mucho... Gracias, papá.

—No, gracias no... Mañana lo probamos... mañana te toca a ti traer la carne a casa... ¿Estás contento?...

Y Miguelito, del todo horrorizado, le contestó:

—Mucho, papá.

—Pues entonces, ¡cambia ya esa cara, hombre!

La mañana despertó con un sol radiante y mientras desayunábamos apareció mi padre, dicharachero y emprendedor, contándonos cómo había organizado la expedición, qué tramo de finca se iba a recorrer, quién iría sentado y dónde, en fin, todo. Había preparado hasta el almuerzo por si la cosa se atrasaba o se daba mal, es decir, por si acaso la puntería me fallaba. Porque si una cosa estaba segura, era que o yo o nadie iba a matar venado. Él no pensaba disparar. Toda la responsabilidad recaía sobre mí.

Dicho y hecho, nos subimos al Land Rover descapotado y sin puertas. La Tata y las niñas en los estrapontines de detrás, a pelo y sin cojín, con los traseros directamente sobre la chapa de hierro. Mi padre al volante, cigarro en boca, y yo en el asiento del copiloto, sujetando a dos manos como podía ese maldito rifle, a bandazos en cada grieta del carril. Nadie más iba.

Así fuimos haciendo trecho mientras por dentro yo le pedía al Jesusito de mi Vida que no apareciese ni una res en todo el planeta.

A la vuelta de la curva del cambio de rasante que vuelca a la derruida casa del guarda, justo en la ladera de enfrente, una manada de ciervas, seis u ocho, quietas, inmóviles... Mi padre para en seco el coche, pone el freno de mano, alarga el brazo, me pega un manotazo, tira el cigarro y me dice:

—Ahí están, Miguel... ahí las tienes... son tuyas... Baja despacio del coche... apóyate en el capó... que no te pese el rifle... carga la bala... quita el seguro... despacio... haz lo que te digo.

¿Miguel? ¿Mi padre me había llamado Miguel? A partir de ese día me di cuenta de que así habría de llamarme cada vez que se tratara de un asunto importante y ese, para él, lo era mucho. Era la confirmación tras la alternativa de aquel día para el olvido en el que me hicieron «novio».

Salí *con mucho* despacio del coche, apoyé el rifle en el capó sobre el reverso de mi mano, sujetándolo firme, cargué la bala en la recámara, quité el seguro e hice todo lo que él me dijo. Todito para complacer a mi padre, todo con tal de ser reconocido como su hijo, todo con el propósito de enorgullecerle, todo por una palmada o una caricia, por un abrazo. Y apunté al montón...

Con todo aquel trasiego, aunque cauteloso y silencioso, no sé cómo las ciervas no se espantaron. Estaría de Dios supongo, como todo lo que estaba por suceder...

La Tata y mis hermanas, tiesas en señal como tres pointers, y mi padre, en posición, hirsuto y tenso como el cuero de un pandero. Allí nadie respiraba. Me susurró...

—Miguel... a la segunda de la fila de arriba... la que está más gorda... no a las de al lado... son viejas... a la segunda de la fila de arriba... ¡dale!...

Y mientras iba indicándome, a través de mi mira fui buscando a mi víctima, la localicé, le apunté al codillo con la cruz del visor, aguanté la respiración y... disparé justo a tiempo, ya que una de las ciervas, asustada, ladró y todas salieron espantadas, menos una, esa, la segunda de la fila de arriba, la que estaba más gorda, la mía, que cayó redonda de un tiro certero. Ni se enteró el pobre animal. Se desplomó y cayó rodando ladera abajo.

Mi padre pegó un grito de júbilo y saltó del coche para abrazarme, sacudirme y llenarme de palmadas, abrazos y besos. La Tata y mis hermanas eran toda una fiesta, y el resultado fue que ya teníamos carne para la casa. Ni yo me lo creía.

—¡A la primera cierva que se ha cruzado y del primer tiro!... ¿Lo habéis visto?... ¡Estás hecho un machote!... ¡Bravo, Miguelón, bravo!... Vamos a por ella... la cargamos al coche y pa casa... ¡Esto hay que celebrarlo! —repetía una y otra vez a todos mientras me revolvía el pelo, feliz, lleno de orgullo. Pocas veces le vi comportarse así, solo las pocas veces que me puse a la altura de sus genes.

No puedo explicar lo que Miguelito sintió en aquel momento, la inmensa satisfacción y el calorcito en el alma y en el corazón. Que su padre estuviese «fiero» de él, y que lo demostrase de aquella manera tan explícita, para él era importante y suponía una victoria. De inmediato, a toda prisa, empezó a quererle más que nunca

y a perdonarle muchas malas maneras pasadas, muchos desprecios en público, y lo hizo muy rápidamente, quizá con demasiada
ligereza, sin pensar en lo apresurado que estaba siendo o en que
en algún momento quizá podría arrepentirse. Pero, en ese instante, Miguelito estaba borracho de ese deseado amor que todo lo de-
rrite. Y se derritió entero al sol de su padre. Aquí empieza, pensó
mientras desahogaba tensiones a risotada limpia, un proyecto que
sí tenía futuro y que valía la pena hacer un esfuerzo por retomar.
Ahí estaba su hijo, por fin, el digno heredero, el de verdad, el de su
casta y misma sangre, y su padre lo iba a gritar a los cuatro vientos, al mundo entero. Y había sucedido de un tiro.

Menos su padre, que tuvo que arrimar el coche, todos corrieron
aspando brazos ladera abajo hacia el animal, todos festejando la
hazaña. Luego se le acercó y tendiéndole su cuchillo de monte le
dijo:

—¡Haz tú los honores, campeón!

Miguelito, consternado, le preguntó:

—¿Qué honores, papá?

—Ya sabes que nos llevamos al animal pero dejamos las tripas
para las alimañas, ¿no?... Pues rájala y sácaselas... Toda tuya...

La alegría acabó ahí, acabó ahí para todos. Miguelito se puso
serio, ensombreció, y en un chascar de dedos, regresó a la pesadilla. La Tata le vio la cara y sintió un mal augurio mientras su padre
seguía ajeno al drama.

— Vamos... ¿a qué esperas? —le insistió desde el cuchillo.

Miguelito, haciendo de tripas corazón, ejecutó las órdenes sin
más, sin pensar. Como Luis Miguel veía que no tenía experiencia
ni fuerzas para clavar la punta en el animal, tomó sus manos en las
de él y le ayudó a hundir el cuchillo.

No se sabe bien qué le pasó al chico, pero algo tremendo fue. Cegado de inmensa furia y ensañado de rabia, como en trance, sin rastro de compasión, Miguelito empezó a aserrar el cuero de la cierva
de una manera salvaje, despiadada, bestial, hasta abrirla en canal.
Terminando, tiró el cuchillo ensangrentado, y antes de que pudiera
acercarse a echar mano del vientre y tirar de sus tripas, de entre las
entrañas explotó una bolsa de agua y de ella rodó un cervatillo
muerto, perfectamente formado, sujeto de su cordón, probablemen-

te a días de nacer, humeante, inerte, descansando ahí, al lado de su madre, juntos los dos, inmóviles y sin vida, ya camino del cielo.

Un grito desgarrador, desconsolado, destrozado, adulto, salió de la garganta desde el corazón quebrado de Miguelito. Y cuando desgarró el azul del techo, salió corriendo, ahogado en el dolor, camino abajo, desarticulado.

La Tata había hundido las caras de las hermanas contra su pecho, contra su abdomen, para evitarles tal espanto. Luis Miguel estrelló el cuchillo contra el monte, para reventarlo, y se cagó en todo. Todo iba tan bien, debió pensar, ¡y por culpa de esta tontería!

Ese era su padre, una vez más, midiendo las cosas con su vara, no anticipándolas, nunca entendiéndolas, y siempre y solo viéndolas desde su ego rebosante de hombría. Una pena inmensa.

—¡Súbete al coche Miguel!... ¡Súbete al coche de una puñetera vez, coño!... ¡Que no ha pasado nada, chico!... ¡Venga, súbete y lo hablamos, que tampoco es para tanto!... ¡Eso le pasa a cualquiera! —le gritó.

Miguelito tiraba recto cuesta abajo por la cuneta de carril, y las palabras de su padre no hacían más que enfurecerle más y más y, lejos de mejorar las cosas, las agravaban rápido. Moqueando y con la cara empapada de lágrimas, devastado pero determinado, firme y terco, trotaba en dirección a la casa.

—¡Te he dicho que te subas ya de una puñetera vez!... ¡Que soy tu padre, me oyes!

Y hasta entonces desaparecida, la Tata saltó. Mi padre frenó en seco para encararla pero él se lo buscó.

—¡Deje usted a su hijo en paz ya de una vez, señor!... ¡Si el niño quiere volver andando, pues que vuelva andando!... Usted está ciego y sordo... y lleva años así... ¡desde que nació!... ¿Sabe lo que es usted? ¡Usted es una mala bestia!... Usted tendrá muchos cojones y será muy hombre y muy torero... ¡pero de sensibilidad no tiene usted ni esto!... —le espetó en cara chasqueando la uña del pulgar con el diente.

—¿Qué me acabas de decir, Reme?

—Lo que ha oído... que usted en la plaza será el número uno... ¡pero fuera de ella tiene mucho que aprender!

—¿Mala bestia?... ¿Me has llamado... mala bestia?

—¡A cada cosa por su nombre!

—¡Bájate ahora mismo del coche! (pausa, la de dos carneros a punto de colisión).

—Muy bien... me bajo... pero si me bajo del coche, usted ya no me vuelve a ver el pelo... ¡se lo advierto!

Amenazado y viéndose el panorama por delante, mi padre hizo un par de cálculos de cabeza rápidos, metió rascando alguna marcha y arrancó el coche del tirón, poniendo patas arriba a la Tata y a mis hermanas. Al menos esa pequeña venganza le fue concedida.

Miguelito no apareció a cenar y la Tata se encargó de que su padre no la liara aún más parda. La mesa fue un velatorio.

En el cuarto, Miguelito, sentado en su cama, miraba el resplandor de la luna por la ventana, de espaldas a la puerta, que sintió crujir al abrirse despacio. Ya sabía...

Luis Miguel, plantado en el contraluz, preguntó gravemente:

—¿Podemos hablar?

Miguelito, sin moverse, exhausto de dolor, sin ni siquiera considerarle, le respondió:

—No voy a matar... nunca... jamás... no quiero volver a matar... no es lo mío... eso es lo tuyo... papá...

Tras una pausa y un silencio, Luis Miguel cerró la puerta sobre ese inmenso error, sin jamás darse cuenta ni reconocer lo terrible que había sido y, por supuesto, sin pedir perdón.

La primavera en La Virgen nevaba con rosas de jara las serranías y las empedraba de blanco. El aire, de un cierto tono tibio, soplaba leve aún desde el corazón escarchado en memoria del abandonado y dejado atrás invierno, y la bruma se hacía resinosa, peinada por los pinares y lentiscos. Los acebuches, las encinas, seguían aletargados, y los quejigos descolgaban de sus ramas líquenes confitados sin afeitar. Las zonas de umbría empezaban a menguar, y las manadas de venados ganaban más espacio para asolearse. Hembras y cervatos, allá dónde la hierba nueva perlaba de rocío, y los machos, tan enfrentados en la berrea de otoño, del otro lado, ahora juntos en la espesura del bajo monte, avergonzados y descornados, vulnerables y desprovistos de su hombría. De tanto en tanto, la maleza era sacudida de forma estruendosa por alguno de ellos que, atiborrado de frutos de madroño de pulpa fermentada y alcohólica, rodaba su borrachera falda abajo. Enjambres de insectos anudaban sus vuelos suspendidos de la nada con banda sonora de fondo del cuchicheo del macho perdiz. Los cochinos salían a hozar rodeados de jabatos que hormigueaban sin control bajo la mirada celeste de las águilas reales, y en los peñascos sobresalientes de las orillas del pantano se amontonaban galápagos leprosos disputándose el sol, el mismo del que Miguelito se nutría sentado en la orilla, mirando el agua y repasando. Repasaba una y otra vez en bucle los pasos de la técnica de salida con los esquís de agua. El año pasado fue humillado por sus hermanas y por todos sus amigos, que eran muchos y muy malos, y el verano próximo estaba determinado a resarcirse.

El esquí acuático no era asunto de aquí te pillo aquí te mato, no. Tenía su intríngulis y sus trucos. Uno, y para empezar, el calzarte en el borde del agua las tablas manteniendo ese equilibrio en superficie que solo le es natural a los patos. Dos, avanzar arrastrándolas sobre el lodo hasta que aquel agua verdosa, turbia y helada, te cubriese un poco más arriba de la cintura, y a partir del metro para abajo, a saber tú lo que escondía. Tres, y con todo ese peso, flotar en neutro con las rodillas pegadas al pecho, sacando apenas las puntas de las tablas, mientras la cuerda de nailon que jala el bote se va tensando, intentado no hundirte, y una vez tensa, gritar ¡dale ya! Si sobrevivías a ello, había un cuatro que consistía en que, una vez que los motores arrancaran a tope, aguantar el tirón en cuclillas como si quisieras frenar la lancha, tragándote el pantano entero hasta desear miseria y, según la fuerza de arrastre te fuese levantando, ir estirando las piernas hasta salir a la superficie, incorporarte sobre los esquís, y ahí, agarrar tu centro de gravedad, ligeramente inclinado hacia atrás, ni mucho ni demasiado, ni poco ni tan tanto. Y luego había un cinco, el de mantenerte enfilado con el bote, dando bandazos sobre la estela, que no era moco de pavo. Finalmente, y si tenías dominio o en su defecto agallas, un seis, que consistía en salirte de esa estela zigzagueando de derecha a izquierda, de izquierda a derecha, recortándola con *swing*. Y ya si llegabas al siete, ni te cuento. Si conseguías el siete, se te aclamaba más que a Julio César a su regreso de las Galias. El siete consistía en saludar con una mano en la primera pasada por delante de la orilla de la playa de amarre, sin caerte, mientras mantenías el agarre con la otra. Más de uno, qué digo yo más de uno, todos, absolutamente todos, jamás aguantaron el tirón y se metían una leche soberbia que desataba mofas y carcajadas entre el malvado personal de tierra. Si eso se daba, si te pasaba eso, perdías el derecho a tu segunda vuelta. Si te pasabas un esto de nada de giro, te estampabas directamente contra las adelfas del istmo a la izquierda de la playa, tras un vuelo de cinco o seis metros, impulsado por el verdín de una roca en rampa semiescondida a ras de agua. Y eso sí que no era para reírse. Eso acababa mal, lleno de cortes y magulladuras. A todos les pasó alguna vez.

Miguelito repasaba el patrón, dándole p'alante y p'atrás cien veces, ejecutando visual y mentalmente cada paso y su técnica, su ciencia, cuando de repente se iluminó. Aunque muy muy lento en casi todo, después de tomarse el tiempo necesario en procesar las cosas, acababa dando en el quid de la cuestión.

Al siguiente verano, una mañana en la playa del pantano, Luis Miguel organizaba los turnos de la primera tanda del esquí acuático intentando poner orden.

—¡Esto es peor que un tentadero de pirañas, Dios! —dijo agobiado.

—¡Pero que vayan primero las niñas que son las mejores, Miguel! —gritó mi madre desde la sombra, tras sus gafas de sol, abrazando las rodillas de la falda estampada de Pucci.

La verdad es que, en efecto, ellas lo eran. Nunca supimos por qué, pero todas las chicas salían a la primera y pocos de nosotros se les comparaba. La Tata, sentada a su vera, se reparaba del resol con la visera de su mano, vestida de blanco y con delantal, impecable, como costumbre mandaba.

Entre la veintena de cachorros, todos entre los siete y los once, mi padre hizo caso a mi madre y anunció:

—¡Señoritas primero y todos callados aquí que uno no se entera!... A ver... de mayor a más pequeña... y luego con los chicos lo mismo, ¿de acuerdo?

Todas salieron al primer intento, incluidas mis dos hermanas que dominaban cualquier deporte desde el primer instante. Dieron sus dos vueltas, aterrizando en la orilla impecablemente. Luego los chicos, y ahí se vio un poco de todo. Salidas fallidas, sueltas de cuerda al incorporarse, trastazos en pleno pantano, esquís volando, en fin, de todo. Y cuando ya se acabaron los turnos, pasada ya la hora larga, con todos queriendo más, mi padre se fijó en que yo estaba sentado en cuclillas, apartado en silencio, y me retó.

—Y tú, ¿qué pasa?... ¿No te vas a decidir nunca o qué?... ¡Se aceptan apuestas!... ¡Y va a ser que no!

Y para sorpresa de todos me levanté sacudiéndome la arena del bañador y me fui hacia él.

—No, no... dame solo un esquí... el mono... por favor... —dije, mandando.

Miguelito tenía la capacidad, la casi maestría natural de tener esos desplantes, cogiendo a todos a contrapié, acaparando la atención incondicional e inmediata de quienes estuvieran presentes. La conseguía, sobre todo, porque despertaba escepticismos y apuestas, tensando la atmósfera. Y eso mismo pasó ese día. Lucía, su madre, cariátide instantánea. La Tata, sujetándose la risa en boca a dos manos. Sus hermanas y amigos, cruzando los brazos cada uno con su mueca. Luis Miguel, su padre, tendiéndole la cuerda como un mozo de espadas tiende el cambio de suerte al maestro, pero con menos premura y más guasa. Hasta Teodoro desde la lancha, viendo la escena, no quedó fuera y pensó entre dientes: «Hay que ver el niño... Tiene más cojones que su padre».

Miguelito se adentró en el agua sujetando el mono esquí y la cuerda y, con el agua hasta el pecho, se calzó la tabla apoyándola en el fondo viscoso. Le dijo a Teodoro: «¡Tira y tensa despacio!».

Teodoro, cómplice, empezó suavemente a templar la cuerda hasta que vio aparecer la punta del esquí entre la uve de las sogas del agarre y ahí Miguelito le gritó, ¡dale!, y Teodoro, como si en ello le fuera la vida, le metió palanca a fondo a los noventa caballos del motor Evinrude y Miguelito despegó, elevándose sobre las aguas, haciéndolo parecer todo fácil. Ese momento, esa imagen fue GLO-RIO-SA.

En la ribera estallaron los vivas y los bravos saltarines de sus amigos, sumados a los de su madre y la Tata, que se aplaudían como si la victoria fuese suya. Su padre no daba crédito. Murmuró sacudiendo la cabeza con los brazos en jarra:

—Ese enano cabrón... hijo de su madre... No puede ser... ¡no puede ser!...

La Tata, tomándole el pelo y poniendo manos blandas, le gritó:

—De mantequilla, ¿no, señor?... De mantequilla, ¿eh?

Miguelito incluso se atrevió a salir de la estela, tumbando cuerpo para tomar velocidad como un profesional, y lo hizo hasta un par de veces, que ya está bien para un comienzo.

Tras sus dos vueltas de rigor, Teodoro dio la pasada final acercándole a la orilla y con un impulso magistral y pa rematar faena, Miguelito se deslizó sobre el agua tensando cuerda, aterrizó suavemente sobre el mono esquí en la arena de la playa y, desprendiéndose del calzado, dio un saltito en tierra, como si de un siguiente paso se tratara, y siguió caminando sobre la arena como si nada, pasándole por delante de las narices a su padre, tan chulo chulito como, o más que él, mirándole por encima del hombro.

Luis Miguel no pudo más que rendirse y acabó uniéndose al aplauso, lo que tenía mérito porque no le gustaba perder apuestas, aunque fueran consigo mismo.

La manada le vitoreaba y emulaba sus hazañas. Salió por la puerta grande. Miguelito se divertía...

—A ti no hay quién te entienda, ¿verdad, hijo? —le dijo su padre dándole una cachetada.

—¡Y menos tú, Miguel!... ¿No ves que el niño tiene sus tiempos?... Tú siempre quieres que todo lo haga a la primera... enseguida, ya... y eso no es así... no funciona así, ¡eh!

—¡Pues como tiene que ser, Lucía!... En la vida, o te espabilas o te las dan por todos lados... Yo no tuve tiempo para ser niño y me lo tuve que ganar todo a pulso... Sé lo dura que es y no quiero que...

—Yo, yo, yo, yo, yo... ¡siempre yo y nada más que yo!... ¡Ya basta, Miguel!... Son otros tiempos estos, ¡eh!... Cuando nosotros éramos niños, el mundo entero estaba en guerra y el hambre era nuestro pan de cada día, Miguel... pero tenemos la suerte de no tener que hacerles pasar a nuestros hijos por todo eso... ¿Te gustaría?... ¿Tú lo quieres?... ¡Yo no!... Mira todo lo que les das... mira todo lo que les rodea... un pantano... una finca maravillosa llena de animales salvajes... esquí de agua... que como todo el mundo sabe es el deporte más común en España, ¿no es cierto?... Todos los niños lo practican, ¿verdad?... ¿Esto se parece a lo que nosotros tuvimos?... ¿Se parece, eh?... Nada de esto es normal... tú no eres normal... yo no lo soy y tu hijo tampoco... Dale su tiempo y deja que sea como él quiere ser... —le dijo con su fuerte acento lombardo, mientras con la Tata iban recogiendo picnic y campamento.

—No se trata de eso, Lucía, ya lo hemos hablado mil veces... Se trata de que al niño lo tenéis entre paños y él se las pasa soñando entre libros... Y en este país, a esos niños la sociedad los aparta, se los traga, los machaca... Esto no es Italia, y educarle «a la viscontiana» no le va a ayudar en el futuro, Lucía... Y que haga deporte no le viene mal...

—Solo te pido que le dejes crecer como él necesita, no como tú necesitas... Si le fuerzas, se alejará de ti.

—Eso no va a pasar... ya me encargo yo.

—Bueno... ya lo veremos.

—Ya lo veremos... —Y se dio media vuelta y se fue.

La Tata, que había estado ahí, guardándole las espaldas a su señora, se le acercó para darle la puntilla y le restregó su «de mantequilla, ¿eh, señor?... de mantequilla», acompañado de su famosa sacudida de «¡toma ya!» a puño cerrado, dando media vuelta, dejándolo plantado.

Miguelito se había quedado ahí, cerca de su padre, invisible durante toda la conversación. Mirándole con cariño le dijo:

—No sé si tienen razón, Miguelón... pero son mujeres... nunca te fíes de ellas... de ninguna, ¿me oyes?... de ninguna. ¡Ni de tu madre! —Y como el resto, se dio media vuelta y también se fue.

Ese solía ser el final de todas mis hazañas. Yo era quien les proporcionaba la gloria que en un pestañear todos hacían suya y de la

que a mí me excluían. Pero estaba acostumbrado. Respiré profundo y con ojos de Bruce Lee encaré fijamente el pantano y le dije:
—Te tengo... ¡ya eres mío!

La finca de La Virgen era inmensa, de miles de hectáreas. Los embalses del Jándula y del Encinarejo, conectados por una presa contra la que solíamos arrinconar patos azulones y somormujos en su vuelo de escape cuando con la zódiac mi padre les daba caza. En aquel entonces eran de uso prácticamente privado. Nunca había nadie en sus orillas y estaban plagados de barbos, bogas, carpas que pescar y galápagos leprosos que atrapábamos, entre otra fauna.

Al pie de una de las represas, donde el agua que caía sacaba a flote el agua ártica del fondo del pantano, había peñascos de granito de varios metros de altura que surgían a la superficie, firmes como puños, escarpados, de paredes rasposas y prácticamente lisas a los que poder trepar y desde los que zambullirse haciendo el salto del ángel para salir azul de hipotermia, tiritando del frío. Solo los muy machos, o con la firme pretensión de serlo, se atrevían. Mis genitales y yo nos vimos obligados a atrevernos para estar a la altura de los de mi padre, y al final le cogí gusto.

Unos cuantos islotes repartidos a lo largo del pantano estallaban de adelfas rosas que durante el verano se convertían en reinos exclusivos de quien llegara primero a nado, en piragua o como fuese. En cada uno de ellos se establecía un rey con su corte, siempre soltero o viudo. Las niñas no eran aceptadas. Tampoco se aventuraban a cruzar hasta ninguno de ellos. Cada uno tenía su mesa redonda de caballeros, escuderos, siervos y pajes, título que siempre fue muy disputado y aún hoy sigo sin entender por qué. Pero todos querían ser pajes y servir a su rey. De ahí partían expediciones, conquistas, enterramientos de tesoros y sublevaciones con intentos de golpes de Estado. Esto sucedía casi a diario, o si no, el reino se daba por aburrido y la gente se iba a otro. Se creaban bandos y con ellos llegaban las traiciones. Si alguien moría o era asesinado, podía resucitar, eso valía, estaba en las reglas. Si eras ejecutado, no.

Mientras, las niñas, entre espinos y zarzamoras, cubiertas de coronas de juncos y flores silvestres que las tatas les trenzaban, jugaban a las princesas y se miraban en el espejo quieto de las aguas verdes de las riberas, arrodilladas en el musgo. Ya entonces soñaban con unicornios, hacían pociones y hechizos para transformarse en ondinas rubias, danzaban y jugaban al escondite de las hadas en el que si eras descubierta, quedabas cautiva en una prisión, en oscura cueva de barrotes fríos a merced de las brujas. Mi hermana Lucía y Malena eran las brujas. Pero todas eran más cursis que un armadillo barnizado con laca rosa para uñas.

Las tatas, a la sombra de las encinas, se ponían al día y se confesaban los pecados de sus señores mientras abordaban labores.

En aquel exilio, lejos de las ciudades divididas en dos clases sociales casi únicas, y la creciente burguesía de en medio, rencorosa y arribista, servil y despreciada, los infantes de las familias pudientes crecían inmunes y asalvajados. Durante esas pocas semanas nuestra única obligación era la de jugar y divertirnos. Y Dios sabe que lo hacíamos. La fantasía era nuestra bandera y al caer la noche, caíamos con ella rendidos hasta el alba siguiente.

Los Llopis, los Esteban Benítez, los Sainz, los López Bravo, los Prado, los Blasco y los hijos de muchas familias más, sin contar nuestros primos, se daban turno en ese pedazo de Sierra Morena al que dejé de ir cuando mis padres se separaron, y que cuando volví, ya tenía casa nueva, personal nuevo, carriles y cercas nuevas.

En el proceso de cambio, la España del último franquismo empezó a permitir el acceso a las orillas del pantano, que acabaron por hacerse públicas a pesar de mi padre, lo que le sacaba de quicio, mucho más que cuando tuvo que empezar a pagar impuestos. Siempre me echó en cara que hiciese campañas para el PSOE, y se enfurecía con el desorden de libertades que la democracia y la transición habían traído. La tasa de furtivos había aumentado y cada noche le abatían alguna pieza, cortándole la cabeza para llevarse el trofeo dejando el cuerpo. No iban a por carne. Poco a poco, a mi padre le fue entrando una tristeza muy grande y visible que le llevó a dejar de cazar. Se dedicó a exportar venados y gamos a otras fincas de Europa, a repoblarlas. En especial, a Alemania y Checoslovaquia. Dedicó las antiguas cercas de manejo y recogimiento de un puñado de ganado bravo, que compró en un ataque de nostalgia y del que se deshizo casi de inmediato porque según él desplazaban a los muflones que una novia suya venezolana le regaló, a la crianza del jabalí. Los cruzaba con cerdo ibérico y también los vendía, hasta que un día, paseando entre ellos en uno de los cercados, un verraco grande le atacó y le abrió la pantorrilla de un navajazo. Esa fue su última cornada.

Uno de los últimos septiembres nos fuimos nadando los dos solos hasta el centro del pantano. Era mediodía y, a pesar del otoño bien entrado, el sol resplandecía y el cielo reventaba de azul. La berrea había empezado y a lo lejos, los venados en celo se respondían, rodeándonos a mayor o menor distancia. Los machos de perdiz y faisán cuchicheaban y las últimas cigarras cantaban aún bajo el calor que se resistía a abandonar los montes de la serranía, ya verdeando de pasto. Alguna tórtola cruzaba de orilla a orilla y las garzas arponeaban peces en las riberas. Todo era silencio y paz, el mayor de los lujos, el más exquisito de los privilegios, que yo estaba gozando con mi padre, a solas, metidos en el agua fresca y reconfortante. Nos dejábamos flotar al sol. De pronto, mi padre habló:

—Oye, Miguel... dime una cosa... tú que lo sabes todo... ¿qué estará haciendo ahora la gente en los países comunistas?

Y mirándome de reojo con mucha guasa, giró a braza y le vi alejarse plácidamente, hacia la playa, sin prisa. ¡TOUCHÉ!

Me dejó sin respuesta y tardé unos segundos en entender el calibre de la pulla que me había lanzado, la finura de aquel sarcasmo, la sutileza aguda de su ironía. Y mira si le conocía...

A pesar de ello, nunca dejó de sorprenderme, de superarme, y como sabía que yo entraba al trapo, creaba una competencia a partir de lo que fuera. Aquellos retos me encantaban, y nos divertíamos como goliardos. Verdadero genio y figura.

La Virgen fue otra cosa, con un tono muy aparte, de otro carácter, en nada semejante a ningún otro rincón de la vida de Miguelito, de Miguelón, y más tarde de Miguel. Más adelante habrían de suceder anécdotas aún más extraordinarias. Sobre todo al llegar ella, «la escurrida», «la falangista», la última de todas las concubinas oficiales, la gran ATS.

8

Picasso

Un día le preguntaron a mi madre qué relación teníamos Pablo y yo, y ella respondió: «Solo ellos la saben». Y así era, así fue. Nadie, al margen de nosotros, jamás la conoció.

Para Miguelito, Pablo lo era todo y para Pablo, Miguelito era su pasión privada, su retorno a la infancia. Se olieron y de inmediato se reconocieron.

A lo largo de los años fueron construyendo un mundo no apto para los que se empeñaban en crecer, divertido y pícaro. En él había algunas reglas, pocas y de sentido común como, por ejemplo, el llamar a la puerta antes de entrar en la habitación del otro, en particular en el estudio de pintura, el jamás contarle a nadie dónde iban y qué harían, o la costumbre de charlar cada día al atardecer, sentados al borde del muro de piedra del macizo de los olores y cuestionarse cosas. Ir más allá de lo establecido, de lo obvio o del pensamiento generalizado. Filosofaban...

—Pablo, ¿por qué el cielo es tan azul y tan brillante?

Entonces, le daba una larga y honda calada a su cigarro y respondía.

—¿Se supone que tengo que saberlo?

—Eres pintor, ¿no?... Deberías conocer el misterio de todos los colores.

—¡Bah! Eso solo lo saben los pájaros que vuelan en él... y los que llegan más alto, aún mejor.

—Podrías preguntárselo a tus palomas.

—Me dijiste que hablabas su idioma, ¿no, mico?... Un día te vi hacerlo.

—¿Me espías ahora? Eso está prohibido en nuestras reglas.

Tras un cruce de miradas sin intención de reprimenda alguna, Pablo rodeaba con su brazo al pequeño Miguelito, le apretaba bien fuerte contra él y le trasladaba la pregunta, porque justamente de eso se trata el conversar, decía Pablo, en que cada uno tenga turno y la libertad de decir lo que piensa.

— Y tú... ¿por qué crees que el cielo es tan azul?

—Porque ahí viven los ángeles que son azules... y también las personas que se fueron y a las que quieres mucho... Cuando pienso en ellas, las veo de color azul cielo y muy brillantes.

Y acurrucado bajo el ala de su viejo amigo, le clavaba la mirada y muy asustado le preguntaba.

—¿Verdad que nunca te vas a ir, Pablo, verdad que no?... ¿Me lo prometes?

Dándole otra larga y honda calada a su cigarro, Pablo se dejaba perder en el cielo de los ángeles y de las tantas y tantas bandadas de palomas blancas que volaban en círculo sobre el tejado de Notre Dame de Vie, y le contestaba cariñosamente, siguiendo otra de las reglas de su pacto, la de nunca mentir.

—Eso algún día tendrá que pasar... nadie puede evitarlo... es así, se llama ley de vida... pero hasta que ese día llegue, aún falta mucho mucho tiempo... Eso sí te lo puedo prometer.

Así que Miguelito suspiraba aliviado y, con la fe ciega puesta en Pablo, apoyaba su cabeza en él y susurraba abrazándole.

—Vale...

—Qué cabecita tienes, mico. Me divierte mucho cómo piensas y me das muy buenas ideas... Y muy malas también.

Se querían con el corazón entero, el uno dentro del otro, latiendo fuerte y a la vez. Pablo aseguraba que eso pasaba porque hacía mucho tiempo que se conocían, muchas vidas incluso. Ese era otro de sus secretos.

También construyeron un lenguaje propio de muecas y señas, como jugadores de mus, y de frases con un doble sentido. Por ejemplo, castañear las uñas de los dedos sobre la mesa significaba que había que sentarse recto. «Me apetece chocolate» era que se veían en el estudio para bailar un rato antes de ponerse a pintar, lo que le ponía de muy buen humor e inspiraba. Si tiraba la colilla del cigarrillo, en vez de apagarla, Miguelito sabía que Pablo ya estaba harto de conversar con la gente con la que estaba, en particular con los marchantes y editores, especies que le irritaban, y se las tenía que arreglar para sacarle del apuro, fuera como fuese. Por supuesto, cada verano se añadían nuevas claves y gestos que, antes de integrar, entrenaban.

El lugar preferido era un bar de La Croisette en el que se sentaban casi a diario a tomar un agua con gas, *pour le petit messieur*, y un Pernod para Pablo. Miraban a la gente y practicaban, ponían a punto su idioma. A Miguelito le encantaba observar cómo su socio se quedaba en muestra como un perdiguero cuando veía pasar a una chica guapa.

Pero el lugar predilecto para desatar el repertorio de tics y ruiditos era en presencia de Jacqueline, que debía de pensar que el artista se estaba volviendo loco poco a poco, como les pasa a todos. Nunca sospechó que, en verdad, estaba siendo sometida a una despiadada burla de la que Miguelito era cómplice divertido. Jacqueline le daba mucho miedo. Y razones no le faltaban.

Acercándose el verano, Miguelito contaba varias veces al día los que faltaban para viajar a Cannes a casa de Pablo. Según se acercaba la fecha, el manojo de nervios en el que se convertía se tornaba insoportable. No dormía y hasta el hambre se le iba. ¡Tenía tanto que contarle! Y para que nada se le olvidase, Pablo le pedía que, a lo largo del año, fuese haciendo apuntes de lo que él pensara que era más relevante, para después, con tiempo y de tarde en tarde, pudieran leerlo y comentar. Una especie de diario sin tener que serlo. Así pues, lo prometido fue cumplido a rajatabla, año tras año.

Eran historias de esas que tanto gustaban a Pablo y que disfrutaba escuchando, excepcionales por su sencillez, su cotidianidad. Historias del colegio, del campo, de algunos amigos, primos y familiares o de las navidades en casa con sus padres. Historias que Miguelito revivía sobreactuándolas en detalle, al tiempo que Pablo las imaginaba en su voz leída. De esto pasaban a aquello y luego a lo otro, que les llevaba a más allá, para acabar quién sabe hasta dónde de lejos del punto de partida. Se les iban las horas embarcados en el entusiasmo y la risa, y tras ellas, el tiempo. Al final del día, Pablo se despedía de todos y juntando perfiles le decía a Miguelito: «Y ahora a dormir lo más deprisa que puedas, corriendo o más rápido, que nos queda mucho de qué hablar». Dicho y hecho, se metía entre sábanas apretando los ojos hasta que le dolieran y así caer rendido.

Cada verano con nuestro desembarco llegaban maletas cargadas con sacos de alubias, garbanzos, judiones, lentejas, etcétera. Sin faltar la chacina de la última matanza de Villa Paz, morcillas, chorizos, tocino salado, y muchas latas de perdiz en escabeche. Si en la aduana nos paraban, bastaba con decirle al agente que todo aquello era para el señor Picasso, y te daban vía libre. Eso o enseñarle las docenas de paquetes de calzoncillos Ocean. Definitivo. Con eso, a nadie le cabía la menor duda.

Así pues, cayese la que cayese en grados de calor y humedad, daba igual, en aquella bendita Costa Azul, un buen cocido, unas buenas judías blancas con chorizo o unas lentejas con perdiz escabechada sabíamos por descontado que varias veces se iban a dar. «Cuchara, querida cuchara, amada y sagrada cuchara, ¡cuánto te eché de menos!», repetía Pablo antes de hundirla en la espesura del caldo. Hacía barquitos, repetía varias veces como si no hubiera un mañana, y se acababa el pan de todos rebañando el plato hasta sacarle brillo. «¡Esto sí que es comer!», repetía más feliz que ancho. Era un espectáculo verle gozar inmerso en sus raíces y luego cerrar los ojos para viajar por un momento al reencuentro de quién sabe qué recuerdo, en qué tiempo y lugar.

En cambio, para la cena era frugal y siempre lo mismo. Una sopa de trigo con juliana de verduras, entre las seis y media y siete de la tarde, no más allá. Bebía un gran vaso de agua fresca antes de empezar y otro acabando, nunca durante las comidas. Terminando, salía a la terraza, se encendía un cigarrillo, y bien plantado sobre sus piernas fibrosas de veinteañero, cruzado de brazos, quieto parao, se quedaba en pausa, de espaldas, contemplando el horizonte, como un don Tancredo. Daba mucha paz verle así. Frenaba el tiempo.

Pasados unos minutos me llamaba y yo volaba.

—Mira... por ahí, en esa dirección, está Barcelona... justo ahí. ¿Alguna vez has estado en Barcelona?... Pues dile a tu padre que tiene que llevarte... es una de las ciudades más bellas del mundo... Allí tu padre es muy famoso porque a la gente de esa ciudad le gustan mucho los toros y entienden mucho de ello... Yo viví varios años en Barcelona y aún tengo buenos amigos.

—¿Y vas a verles de vez en cuando?

—No... hace tiempo que no voy... Y mira... más a la izquierda y más abajo queda Málaga.

—¿Qué es Málaga?

—Es la ciudad donde nací... Está sobre el mar y enfrente de África... También es una ciudad preciosa... casi ya ni me acuerdo de ella... Habrá cambiado mucho, como Barcelona.

—Y Madrid... ¿la conoces?

—Claro que sí... pero no como las otras... no me gusta tanto.

—¿Por qué?

—Porque ahí vive un señor muy malo que es un asesino y además está loco.

—Pero si se lo decimos a papá a lo mejor le pega una paliza o le clava su espada y le corta las orejas y ya podrás ir... ¿no?... Seguro que le conoce, porque mi papá conoce a todo el mundo y todo el mundo le conoce.

—Le conoce... sí que le conoce... y muy bien, mico.

—¡Pues entonces ya está, Pablo!... Le voy a pedir que haga eso que te he dicho para que puedas ir a Madrid... Tienes que conocer nuestra casa... ¿No te enfadas si te digo una cosa?

—Claro que no...

—Nuestra casa de Madrid es más grande que la tuya.

—Pero no tiene mar.

—Eso sí... no lo tiene... pero tienes que venir de todos modos, Pablo... y podemos dormir en la misma habitación... en la mía... Echamos a Lucía, que ronca como un cerdo, y te quedas tú en su cama, ¿vale?

—Bueno, ya veremos... A ver si hoy hay suerte y atardece antes... Mira que se lo pido todos los días, y ni caso.

—Es que el sol no le hace caso a nadie, Pablo...

—Pues como Jacqueline...

Unos silencios más tarde, nos acompañábamos a sentarnos en el muro de piedra, como era de ley. Ahí, hablando y hablando, hablábamos hasta que el sol cayese por detrás de África, más o menos. Me daba un beso, yo me iba a la cama y él bajaba al estudio para aprovechar los últimos resplandores de luz ámbar.

Cada noche, de forma aleatoria, a alguno de nosotros le esperaba una sorpresa agazapada en la cama. Eran cabezas o caras alegres que Pablo pintaba a pastel en cartón y que recortaba a mano muy burdamente. No cabía casualidad en aquella suerte. Durante el día Pablo se iba fijando y daba con el más necesitado. No fallaba. Ese detalle no solo le arrancaba la sonrisa al afligido, también le acompañaba de noche para espantarle los malos sueños.

Nunca averigüé de dónde sacaba el tiempo para fabricar alegrías, ni nunca lo quise averiguar. Me gustaba pensar que tal vez, durante los largos inviernos, mientras nos echaba mucho de menos, iba adelantando trabajo y se dedicaba a imaginar qué personajes podrían ponernos contentos y qué expresiones deberían tener para sacarnos de la tristeza, del enfado, de la soledad o del miedo. Esa idea me parecía posible y le pegaba mucho. A mí, personalmente, aquel era un juego que me hacía sentir muy querido.

La Tata decía que cuando alguien hace cosas a escondidas para agradar a otra persona es porque la quiere mucho mucho. Que alguien que se pasa horas y horas cada día pensando en qué es lo que más va a gustarle a la otra es porque le importa mucho. Pero que a la vez también, resulta que si la conoce muy bien, encontrar algo que la sorprenda, eso ya se hace más difícil y cuesta un montón. Aunque al final, si te conoce y te quiere, algo encuentra siempre, seguro. Y sobre eso la Tata sabía bien de qué hablaba, porque a ella Pablo se lo demostraba constantemente.

Pablo estaba locamente enamorado de la Tata y calladamente lo llevaba en la mirada. No era un imaginar, no. Ni un rumor tampoco. Lo estaba de verdad. Y aunque él supiera que era una hazaña imposible, perdida ya de entrada, así se comportara como un gallo o con indiferencia, su timidez y torpeza en el trato le delataban. Cuando fue soltándose y tomando confianza, empezó con la broma primero, luego entró en fase de adolescente aturdido. Después pasó al piropo osado y, finalmente, acabó por confesarlo y hacerlo público.

Escudado y confiado en que nadie iba a tomárselo en serio, un buen día se le declaró, ¡y cómo! Más seguro se sentía, más lo pavoneaba. Y si se terciaba, tras las broncas con Jacqueline, se lo espetaba a la cara para humillarla. Lo gritaba, y bien alto, para que resonase en cada rincón de la casa, que la Tata era la mujer que él hubiese deseado encontrar en su vida, que era como habían de ser las mujeres, cariñosas, discretas, atentas con su hombre y buenas cocineras además de guapas sin necesidad de arreglarse. Esto último alzando la voz. Y ahí lo dejaba caer, como jarro de agua fría.

De la Tata le gustaba todo. Durante una cena, presentes su hijo Paulo, mi hermana Lucía y yo, le preguntó que si se casaría con él. La Tata, bajando la mirada, sacudió la cabeza muy azarada, sonrojó y, haciendo oídos sordos, siguió con su quehacer de servir la mesa. Unos segundos más tarde y en un tono más serio, Pablo le volvió a insistir: «Tata, ¿algún día te casarías conmigo?». Entonces ella respiró hondo y le contestó: «Está usted loco, don Pablo, usted ya tiene a la señora *Yaquelín* y yo a mis tres hijones, que Dios me ha dado sin tener que aguantar a ningún marido, que son mi vida y a los que tengo el compromiso de cuidar, o sea que olvídese». Así que, con sumiso respeto y un rubor casi oriental, le llenó despacio su plato hondo de sopa y, tras ese breve suspense tenso de sensualidad, desapareció por la puerta de la cocina. Pablo se quedó respirando embelesado el aire de su estela, más cautivado y cautivo de ella que antes, a ser posible. Así, con esa cara atolondrada, debió de verse en el reflejo de su caldo humeante, y metiendo la cuchara en él, empezó a sorberse.

Parecía ensoñado. Acostumbrado a no ser rechazado, el que la Tata lo hiciera le llenaba de normalidad, de admiración y le motivó aún más. Pero si de algo estoy seguro, es que si en aquel momento, la Reme le hubiese dicho «sí, quiero», la *Yaquelín* hubiese salido por la puerta al minuto siguiente de una patada en el trasero. Y como la idea le gustaba, Pablo no se dio por vencido.

Una de las cosas que Pablo más disfrutaba era llamarnos a su cama al despertar y en pijama repasar la prensa del día, en especial los diarios con alfabetos indescifrables a los que daba la vuelta y nos leía del revés. Se inventaba lenguas y las exageraba con gestos y entonaciones histriónicas. Al principio caíamos fascinados, pero al rato, tanto declamar acababa por delatarle y nos partíamos de la risa imitándole. Cada mañana lo mismo. Pablo en cirílico, Pablo en árabe, Pablo en japonés o Pablo en lo que fuera, hasta que irrumpía la Tata con una inmensa bandeja de churros recién fritos cubiertos de azúcar y tazones de chocolate caliente. Ahí terminaba en seco la juerga y se entraba en la gloria del banquete.

Sin duda, Pablo amaba desayunar en la cama con nosotros tres, pero por encima de todo, lo que más amaba era ver la cara de la Tata nada más despertar. La primera de la mañana. Era feliz con esa rutina. No deseaba otra cosa, mientras que por la ventana entraban los rayos de un sol mediterráneo recién amanecido que empezaba a picar, y la brisa, que ondeaba levemente los visillos de hilo blanco, remontaba los senderos de las colinas hasta el jardín de la casa, soplando suave, cargada de aroma de pinos, estragón, mejorana y lavanda de la Provenza, mezclándose con notas de churro frito, azúcar y *chocolat au lait chaud*. No había en el mundo nada más delicioso para empezar el día.

Jacqueline nunca andaba por los alrededores. ¿Se levantaba antes que nadie? ¿Dónde dormía? Porque en la cama de Pablo, no. Casi siempre desaparecida. Si Miguelito preguntaba por ella, Pablo le contestaba que estaría por ahí, en Mougins, en el mercado, o en Cannes en el banco, «que es lo que más le divierte».

—¿Qué es un banco, Pablo?

—Un banco es un lugar donde se guarda el dinero.

—¿Y tú tienes mucho, Pablo?... ¿A que sí?... ¿Más que papá o menos?

—No sé cuánto tiene tu padre... pero por ponerse delante de un toro, seguro que le pagan más que a mí.

—¿Y eso por qué?

—Porque yo solo me pongo delante de un lienzo y no me juego la vida... tu padre sí... y eso seguro de que está mejor pagado... pero pregúntale y luego me cuentas... Si yo tengo más que él o él más que yo... lo juntamos y luego lo repartimos a partes iguales, ¿vale?

El jardín de Notre Dame de Vie estaba hecho de bancales que un sendero de tierra prensada recorría zigzagueando colina abajo, colina arriba. Pablo lo paseaba todos los días a media mañana, antes de la comida, después de su primera sesión de estudio. En cada uno de ellos crecían flores de cultivo mezcladas con silvestres, entre arbustos y árboles muy altos, muy grandes. Algunos venían de países lejanos y a Miguelito le fascinaban sus historias, las de cada planta, para qué servían, qué frutos daban y por qué crecían ahí precisamente, si al sol o a la sombra. «Los geranios, la hierba luisa, la albahaca o el cedrón, y la menta por ejemplo, ahuyentan los mosquitos y por eso, pequeño mico, se ponen en las ventanas de las casas de los pueblos, para que no entren, y mira, frótate las manos con hierba buena y acércala a las hormigas verás cómo se espantan».

A Miguelito le gustaban las mimosas que empezaban a dar flor en mayo y algunas duraban hasta finales de junio. «¿Sabes que aquí en Francia es la flor de la mujer y se les regala a las madres en su día?».

Luego olivos y un parterre de aromáticas, que era un deleite. «Abejas, avispas, saltamontes, mantis..., insectos trabajando para nosotros», decía Pablo. Demasiado complicado de entender. Miguelito no preguntaba.

Una curva más abajo, a ambos lados de la sombra de un emparrado, crecían zinnias de todos los colores, cuya floración tomaba el relevo de los tulipanes, de los que no faltaba ni un tono. Incluso había algunos jamás vistos con nombres en latín, difíciles de retener. Pablo me contó que, en siglos pasados, sus bulbos llegaron a valer su peso en oro, y que al mundo entero le dio una fiebre tremenda por tener en sus jardines a los más bellos y extraños.

—¡La gente se volvió loca por unas cebollas... imagínate cómo estaban todos!

—Y ahora les pasa lo mismo con tus cuadros... se pelean por ellos, ¿verdad que sí?

—Sí, mico... pero dentro de poco se les pasará... ¡ya verás!

Luego, los hibiscos al sol, la genista bajo los cedros, y las retamas rosas y blancas agarradas a la ladera, cerraban la parte baja y empinada, mezclándose con la madreselva, capuchinas, y con la hiedra que enroscaba la valla de la linde.

Subiendo por el lado opuesto, un imperio de rosas y dalias, entre otro torbellino de hierbas silvestres que aturdían los sentidos con zumbidos.

De regreso, Pablo paró en seco, miró a su alrededor, se quedó pensando un instante, y gritó mientras, agachado, arrancaba flores a puñados: «¡Venga, Miguelito, cógelas de todos los colores y vamos deprisa al estudio antes de que se mustien!... *Allons-y... vite, vite!*... ¡Se me ha ocurrido una idea!».

Encima de una mesa, Pablo apresuró un cartón y lo frotó con frenesí, espachurrando las flores, creando manchas vivaces con el color del jugo de sus pétalos. Violeta, rojo, granate, carmín, azulón, anaranjado, amarillo, rosa, fucsia, verde limón... Terminado el mapa, agarró un rotulador negro, dibujó encima de un trazo la cara de un señor barbudo y escribió: «Para Miguelito, de su amigo Pablo», y firmó Picasso.

Se lo dio al mico, y mirándose a las espaldas, le dijo que era para él, que lo guardase en recuerdo del paseo que habían dado.

—¿Y quién es este señor, Pablo?

—Ese eres tú, cuando seas tan viejo como yo.

—Pero no tengo barba, Pablo.

—La tendrás... Y ahora llévatelo a tu cuarto corriendo y lo escondes en tu armario en secreto, ¿vale?... Pero que no lo vea Jacqueline.

—¿Por qué?

—Porque te lo quita... si lo ve, te lo va a quitar y encima me va a echar la bronca.

—¿Y por qué?

—Porque no le gusta que tengamos secretos, mico... y no preguntes más, *allez, file!*... Yo voy a quedarme aquí... voy a ponerme a pintar un rato.

—¿Y por qué ahora?... Tú solo pintas por las tardes.

—Ya van tres porqués, mico... Me voy a quedar aquí porque me está llegando la inspiración... por eso...

—¿Y qué es esa cosa?

—No es una cosa... es como una señora que viene a verme de vez en cuando y que me ayuda a pintar cosas que me gustan mucho mucho... Y eso no pasa todos los días.

—Entonces, si te quieres quedar solo es porque esa señora debe de ser muy guapa, ¿no?

—Tan guapa como la Tata, mico.

—Vale, Pablo... Nuestro secreto... no se lo cuento a nadie... Dale un beso de mi parte...

Y acompañándole a la puerta, en su francés herido de un fuerte acento español, le ordenó: «*Et maintenant file, allez vite*, Miguelito, *vite, vite!*». Y Miguelito, sujetando bien fuerte el secreto con sus dos manitas, tembloroso como un flan porque Pablo le había metido el miedo en el cuerpo, salió pitando del estudio, agazapándose entre los matojos, con el corazón en la garganta, rezando para no cruzarse en el camino con la temible Jacqueline, o sería desvalijado.

La primera foto que recuerdo con Pablo es una en la que estamos Lucía, él y yo, con poco más de tres años, en la Californie, al pie de unos escalones que daban al jardín. Debería de ser el otoño de 1959. Pablo me está mirando con un cigarrillo entre sus dedos, apunta a algo y parece que algo me dice. Lucía al fondo, con su pelo corto y sus morritos, ambos vestidos de camperos o algo así. Bajando esos escalones de travertino, que eran dos, pisabas un suelo de grava blanca y gruesa que de niño, por lo inestable, detestaba. Siempre me caía, Pablo me levantaba, y luego en vilo me cruzaba al césped. Me sabía torpe, no por pequeño y por falta de equilibrio, no, torpe por naturaleza. En medio del jardín, una escultura en hierro verdusco, así le decía yo entonces al bronce. Era una pareja, muy altos, bastante más que Pablo me parecían, muy delgados, y caminaban fijos con prisa sobre una plataforma hacia quién sabe dónde. Pasados los años, de tanto verles sin jamás avanzar, comenzaron a inquietarme. Bueno no, era más bien angustia. No tenían cara pero sí. No hablaban pero se les oía pensar y decirse cosas en otra lengua.

Un día le pregunté a Pablo que hacia dónde iban y no supo contestarme. Estoy seguro de que ni él se lo había planteado. «No sé, hacia el atardecer tal vez, pero van juntos, eso es lo que importa», me dijo. «Y tú, qué, ¿adónde crees que van, Miguelito?». «Yo creo que no van a ningún sitio porque están un poco perdidos. Deberías ayudarles, Pablo. Yo creo que deberías ponerles un poco más al fondo». «¿Y por qué, no te gusta dónde están?». «No es eso, Pablo, es que llevan años caminando y no avanzan, habría que ayudarles y empujarles un poco. Es que me pongo muy nervioso y me dan mucha pena».

Pablo estalló en carcajadas. Le pareció que para hacer una observación tan ocurrente había que ser niño. Como para pintar bien había que ser niño también, lo que no paró de repetir y sostener durante toda su vida. De inmediato cazó el concepto y me dijo: «Miguelito, mañana nos los llevamos a que viajen, ¿te parece? Has tenido muy buena idea. Se lo voy a contar a este amigo mío que ha hecho esa escultura y le va a divertir mucho, ya verás». «Pero no le digas que te lo he dicho yo, Pablo, que se va a enfadar». «No, Miguelito, al revés, te digo que le va a divertir mucho, ¡se va a morir de la risa!». «¿Y cómo se llama ese amigo tuyo, Pablo?». «Se llama Alberto... le llaman Giacometti».

La Californie era un inmenso palacete de principios del siglo XX, no tan grande como el castillo de Vauvenargues, que era descomunal, con mil quinientas hectáreas de finca. Allí íbamos de excursión «a retocar cuadros», como decía Pablo. Estaba situado a pocos kilómetros de Aix-en-Provence, a los pies septentrionales del Sainte-Victoire, rodeado de pinar y montañas, donde hoy Pablo descansa.

La Californie quedaba en lo alto de Cannes, dominando Antibes. El jardín, en su mayoría de magnolios y pinsapos, era territorio de Lump, un perro salchicha puro nervio que años atrás decidió adoptar a Pablo y abandonar a su dueño fotógrafo quedándose a vivir en la Costa Azul. Era unas castañuelas y no paraba quieto. Indómito, independiente y señor de todo, Pablo incluido. Luego estaba Perro, un dálmata neurótico al que Pablo le había puesto ese nombre aposta para ver sufrir a los franceses tratando de pronunciar tanta erre. Les suponía una verdadera tortura, cuando no completamente imposible. Pero gozaba esos momentos y se tomaba todo su tiempo haciéndoles repetir el nombre una y otra vez, disfrutando del ridículo. A ver quién le decía que no a Picasso. Así que todos cedían, y él repetía:

—Pe-rro...

—Pe-ro.

—¡No!... Mira bien mi lengua, peeee-rro.

—Peeee-rdo.

—¡Nooo!... Pégala bien al paladar, así, pee-rrrrro.

—Peee-ggo.

Así podía tirarse horas, viéndoles padecer. Le divertía a morir. Pero no lo practicaba con cualquier francés, no. Solo con los más estirados y más franceses.

Ya en Mougins, llegó Kabul. Kabul era un afgano de melena color guanaco, pérfido, altanero y mordedor. No tenía abuela y a todos ladraba e intentaba amedrentar. Caminaba como salido de un anuncio de champú, a cámara lenta, y detestaba especialmente a los niños, lo que le convirtió en el perro adorado de Jacqueline, al que maleducaba y consentía. Le aseaba a diario, salía y entraba libremente a capricho de cualquier estancia de la casa, y cuando Pablo se encerraba en su estudio a pintar, él se hacía alfombra. Era tonto y malo hasta decir basta. Nosotros nos ensañábamos con él y nada nos divertía más que pillarle descansando tumbado al sol en la puerta de entrada de la casa para tirarle piedras, ver cómo miraba de dónde le caía la molestia y cuando nos encaraba gruñendo y enseñando los dientes, nos íbamos a por él, palos en mano, haciendo aspavientos y bulla, atacándole, y el muy cobarde hacía por plantarnos cara mientras se daba en retirada con la cola entre las patas. Era una nenaza. Más tarde le consiguieron una hembrita, Marguerite, ella en cambio muy dulce y cariñosa, pero también un Lladró. No sé si más delicada que vaga, si más divina o descerebrada, pero la traté muy poco.

Y finalmente estaba Jacqueline, la más perra, Jacqueline Roque, o *Yaquelín*. Tenía muchos otros apodos, pero ninguno a la altura de su maldad. Cuando los niños crecemos y pensamos en las personas que formaron parte del entorno de nuestra infancia, las dividimos en dos: las que pasaban tiempo jugando con nosotros y las que no. A las primeras las recordamos con mucho cariño y a las otras con antipatía. Así de simple. Jacqueline no estaba en ninguna de esas dos categorías, estaba en una tercera, una que, cuando ya eres adulto, aún sigue dando miedo.

Como a Kabul el afgano, a Jacqueline tampoco le gustaban los niños. Les evitaba o les gruñía. Si sabía que íbamos a estar en determinado sitio, aparecía dos segundos para fichar, sonreía en falso rojo labial sangre de paloma, y virando en seco el timón de sus dos enormes senos, desaparecía arrastrada por la inercia. A veces, solo si había invitados, palmeaba alguna que otra cabeza, máxima demostración pública del escaso afecto del que era capaz. Preguntaba brevemente si todo estaba bien, y cumplido el paripé, se despedía llamada por innumerables quehaceres, todos ellos inexistentes, yendo directa a encerrarse en su cuarto, que no era el de Pablo, a hacer bilis y a jugar a la excluida, a la pobre de mí. Era la reina del victimismo. Lo hilaba tan fino, que la mayoría de las veces conseguía que Pablo se sintiera culpable y fuese a consolarla a sus aposentos en sus incontables ataques de llanto vano. La Tata la apodaba la Cocodrila. Mi hermana Lucía le tenía especial pavor y razones le sobraban.

Era un 19 de agosto, probablemente de 1961. Mis padres aparecieron por sorpresa para celebrar el cumpleaños de Lucía y de paso recogernos para volver a Madrid. Días antes, Pablo le había preguntado a Lucía qué le gustaría de regalo y ella, que una muñeca. Pero con tanto en la cabeza, a Pablo se le pasó por completo, y esa misma mañana, cuando Lucía se la reclamó, deprisa y corriendo dibujó una en un pedazo de cartón de embalaje, con su vestido a rayas verdes y naranjas, mofletuda como Lucía, y fue a dársela con todo su cariño. Mi hermana la miró, le dio varias vueltas y estalló a llorar. «¿Pero qué pasa, mi niña?», preguntó Pablo preocupado, y ella, que «me prometiste una muñeca de verdad y esta es de dibujo, fea y horrible, ¡me engañaste!». Y arrastrando la enorme muñeca de cartón, golpeándola contra los barrotes de la baranda, se fue escaleras arriba dejando a Pablo destrozado, sin saber qué hacer.

Pero eso no fue todo... Mala suerte, Jacqueline, oculta como de costumbre en todo momento en todas partes, había presenciado la escena, como también la Tata, siempre a rebufo tras ella, vigilándola de cerca, por si acaso. Resulta que estalló una tormenta. Jacqueline encaró a un Pablo aún dolido y le espetó que ya estaba bien de ir regalando Picassos a todo el mundo y que o hasta ahí llegaba su descerebrada generosidad o que ella se largaba, que con tanto dar, su obra acabaría valiendo nada. Pablo se fue yendo, subiendo escalones en busca de mi hermana, orejas gachas, pobre mío, afligido de verdad por haberle fallado a su niña Lucía, mientras Jacqueline, desgañitada, furibunda, le seguía increpando y recriminando a gritos como puñaladas, que «si quieres mañana sacamos a la calle todos los cuadros, todas las cerámicas y las esculturas, todo lo que tengas, y *on improvise un grand marché de charité*, improvisamos un gran mercado de caridad, y que el que menos dé, se lleve lo mejor o lo que le dé la gana, lo que quiera, *c'est ça ce que tu veux?*, ¿te gusta la idea?, dime, ¿es eso lo que quieres hacer?». En fin... Aquel despropósito fue el que la Tata le contaría más tarde a mis padres, luego de pasar por otro episodio aún más terrorífico y seriamente alarmante. Iba a ser un cumpleaños glorioso.

Terminamos de almorzar y nos reunimos todos en el estudio de Pablo para soplar las velas de Lucía. Nos despedíamos hasta el verano próximo y Pablo, que ya nos echaba de menos, le había preguntado a mis padres que «por qué no me dejáis a los niños un par de semanas más», ante una tensa y estupefacta Jacqueline, quien contestó que «¡vamos Pablo!, los niños tienen que volver al colegio, ¡no pueden quedarse ni un día más!».

Llegó la tarta, se soplaron las velas, se cantó, y Pablo se empeñó en que yo me subiera a una silla y actuara para todos el *Ainsi font, font, font, les petites marionettes, ainsi font, font, font, trois petits tours et puis ils s'en vont...*, lo que hice a regañadientes como regalo de despedida, muerto de vergüenza, pero sabía que a Pablo le encantaba verme en ese número de coreografía que él mismo me había enseñado. Lleno de orgullo le decía a mi padre: «Este niño va a ser bailarín, Luis Miguel, tan chico y mira cómo se mueve, ¡es especial!». Y mi padre contestaba que «no sé por qué tú también te empeñas en que sea maricón, Pablo. No me lo distraigas, que lo primero tiene que hacer es estudiar y parecerse a su padre, y luego abogado o diplomático, que son los que hoy ganan muchos duros y no se juegan la vida». Y Pablo: «Pues yo me la gano muy bien y no soy abogado ni nada de eso, Luis Miguel, que hay otras formas de ser grande en la vida y tu hijo es artista, como tú y como su madre». Y mi padre: «Sí, Pablo, pero como tú ya eres viejo y maricón haz lo que te dé la gana, ahora, no me perviertas al niño, ¡coño!». Y venga bromas y risas...

De repente, Jacqueline, en su «franpañol», anunció que también las chicas habían preparado un espectáculo que era de amazonas y agarrando a mi hermana Lucía, que se resistía, la sentó en sus rodillas para una ronda de «al paso, al trote, al galope», un juego que nos divertía hacer con la Tata. La bulla se cortó en seco y el aire se tensó congelando alegrías. No constaba en el manual de fábrica de Jacqueline el saber jugar a nada con ningún niño, pero se le dio chance aunque la propuesta, de entrada, llegara para incomodar la fiesta.

Jacqueline Roque tenía claro un plan de despedida para la familia, que había urdido tras el episodio de la muñeca, si no, por qué y para qué. La Tata, hirsuta en una esquina, al acecho. Mi madre, desconfiada, recomponíase las perlas. Mi padre se encendió un cigarrillo estirando el cuello, y Pablo, ni te cuento, mudo como yo. Tras una serie de rondas de calentamiento del al paso y otras del al trote, empezaron las violentas sacudidas del al galope, al galope, al galope, en las que Jacqueline fue entrando en un trance de histeria frenético, transfigurándose, transformándose, perdiendo el control. Mi hermana, al borde de las lágrimas, descoyuntada como un pelele, perdiendo el equilibrio, empezó a gritar «para, para, para», sin saber a dónde agarrarse. Pero no le hizo falta. Jacqueline ya se encargaba de ello, sujetándola bien fuerte, como un águila a su presa, riendo a carcajadas mientras la sacudía, enajenada, psicópata. Lo extraño es que nadie supo reaccionar. No sé a qué esperaban...

Mi padre perdió la gracia, mi madre se sujetó del collar y Pablo supo que nada bueno estaba sucediendo. En ese instante, Lucía se tiró en marcha de las rodillas al galope de Jacqueline, huyendo despavorida hacia el jardín, y la Tata tras ella. Con un sofocón tremendo, casi sin poder respirar, Lucía se levantó la camisa y mostró las heridas que Jacqueline le había hecho, clavándole las uñas en los costados al sujetarla. No eran arañazos, no, eran agujeros. Y no fue un juego, no, fue la venganza de la muñeca de cartón.

Así fue siempre con ella. Cuando sin querer o no, sin permiso o no, se entraba en el territorio del aire que Pablo respiraba, uno se topaba con lo más desagradable del ser humano. La ira que esa mujer reprimía acababa encontrando al cabeza de turco con el que ensañarse. Nosotros estábamos dentro de su menú. El de sus temores, de sus desprecios, de sus envidias, de sus estorbos... El de sus celos.

Durante el resto del año, el turno recaía en el personal de la casa y en los proveedores, esa gente humilde de a diario que a Pablo tanto le importaba, con la que pasaba su tiempo echando un cigarro o hablando de lo que tocase, esa que le hacía sentirse uno más entre los mortales. Los blancos eran sistemáticamente atacados y, poco a poco, fueron cayendo y desapareciendo de su entorno. Pero llegando el verano, nosotros de nuevo y de vuelta, pasábamos a encabezar la lista de víctimas.

El escándalo fue sonado. La Tata le enseñó a mi madre las marcas sangrantes y amenazó con arrastrar por los pelos a la bruja esa de la *Yaquelín* y con contárselo a Pablo. Yo, cerrado en banda y lleno de rabia, me juraba que si no lo hacía ella, lo haría yo. Mi madre calmó los ánimos y prometió encargarse del asunto ella misma, pero que, sobre todo, ni una palabra al señor o se pondría torero: «Ya sabes, Tata, que el señor saca el estoque, y hoy que nos vamos, no vamos a romperle el corazón a Pablo, de ninguna manera».

Que nos pusiesen un dedo encima, a mi padre, mucho más que a mi madre, le daba licencia para matar. Y a la Tata, ni te cuento. Total, que al día siguiente volvimos a Madrid y aquel crimen quedó enterrado en Mougins perdiéndose para siempre entre los atardeceres del resto de atardeceres de un verano más con Pablo.

Lucía dijo que no volvería a esa casa nunca más hasta que Jacqueline muriese. La odió para los restos. Pero aún no sabía que, años más tarde, un internado forzoso por malos estudios la devolvería a Cannes y a tener que pasar más tiempo del que ella hubiese jamás imaginado entre las garras de la gárgola.

Y yo, al despedirme de Pablo, como era de costumbre y de tristeza, en su abrazo se me encogía el corazón, sabiendo que tendría que enfrentar un año entero sin verle, echándole mucho más de menos de lo que mi cuerpecito estaba preparado para soportar.

—Cuídate, mico, que ya falta menos... y escríbeme ese diario, ¿vale?

—Vale, Pablo... Te quiero mucho.

—Y yo a ti más, Miguelito... Hasta el año que viene.

Y hasta el año que viene...

La Academia Internacional de Danza que Miss Rosella Hightower fundó en 1961 en Cannes era única en aquellos tiempos. Proponía una enseñanza integral para alumnos que incluía estudios escolares que iban desde los cuatro años hasta completar el bachillerato, a la vez que una inmersión total en diversos estilos de danza, música y artes escénicas. Ahí acabé yo, dejándome llevar por las visiones de Pablo, otro secreto más para nuestra lista.

Las clases eran mixtas en género y edad. Mientras que los más mayores ejecutaban sus rutinas en la barra perimétrica del estudio, a los más pequeños nos ubicaban en el centro del parqué, colocados a ambos lados de otra barra a nuestra altura. Antes de comenzar la clase, Miss Hightower asignaba a cada niño un alumno mayor en el que fijarse, al que seguir y copiar. Se trataba de replicar sus movimientos lo mejor posible. Es decir, aprendizaje por imitación, para así ir haciéndose a la actitud de la danza como un juego aspiracional y, de paso, iniciarnos a la técnica, que era la parte más tediosa. Ya entonces, Miss Hightower proponía lo que viene sucediendo desde siempre, que los cachorros, por ejemplo los del león, aprendan a cazar fijándose en los adultos, o en los herbívoros, qué plantas comer y cuáles son tóxicas. Funcionaba de maravilla. De vez en cuando se nos acercaba y nos decía, «muy bien, muy bien, un poco más profundo ese *plié*, o abre más esa segunda, más ligereza en la *portée*», con voz firme e igual de vigilante, para que todos oyesen bien sus cuentas por encima de las notas del piano de pared de Madame Marie. Ligando cada gesto, respirando cada ejercicio como lo requería, clase a clase, fuimos aprendiendo a amar la danza clásica.

Miss Rosella era estilizada y caminaba flotando. Sin embargo, su paso se conectaba con la tierra, de forma noble y segura. Más tarde supe que era de etnia Osage, indígena norteamericana originaria de Oklahoma. Tenía facciones hechizantes, de osamenta exótica que a mi edad fascinaban. Una diosa.

Antes de que Miguelito llegara a pasar el verano, Pablo ya tenía su agenda repleta. Ese año en La Californie se empacaban muebles, objetos y libros, absolutamente todo, excepto los cuadros que allí se pintaron y que allí se quedarían, como sucedió en las anteriores residencias. Notre Dame de Vie ya estaba lista para ser habitada. La casa entera estaba patas arriba, en plena mudanza, de la que Pablo no participaba. Tenía cosas más importantes que atender...

—¡Miguelito, corre, date prisa o no vamos a llegar nunca, mico! —gritó Pablo a pie de las escaleras del inmenso recibidor de mármol verde inglés de La Californie—. ¿Miguelito, dónde te metes? —insistió.

Miguelito asomó la cabeza por encima de la baranda...

—Pablo... no quiero ir...

—¿Y por qué?

—Porque se van a reír de mí y no me gusta que se rían de mí. No quiero ir a la función... —dijo serio.

—Pero... *Voyons, mon enfant*, si lo has hecho muy bien en los ensayos... *Alors?*

—Es que con el pijama ese que me has regalado, Lucía dice que me parezco a una morcilla.

—¡Oh, la malvada! —exclamó—. Miguelito, a las mujeres ni caso, son bichos malos... ¡y tu hermana el peor de todos!... Venga, *allez, filons!*... Coge tu bolsa que nos vamos pitando... *pas question!*... ¡Con todo lo que hemos sudado!... Ahora vamos a ir a triunfar, *mon enfant*... en el gran teatro de la ciudad de Cannes... *Vite, vite, allons donc!*

Con tan solo escuchar las palabras «triunfar» y «gran teatro» en la misma frase, a Miguelito le entraron ganas de vomitar. Pero se lo debía a Pablo. Sabía cuánta dedicación había puesto en los ensayos diarios y la ilusión que le hacía llegado ese día. Enfundado en morros, bajó a desgana por las interminables escaleras, contrariado, arrastrando su cartera de cuero verde en la que la Tata le había guardado sus mallas negras y sus zapatillas de ballet.

—Tú no te preocupes, que no me voy a despegar de ti, ¿vale?... No te preocupes, que no me vas a perder de vista nunca ni yo a ti, ¿de acuerdo?... Tranquilo... ¡Vamos a brillar!

Sin embargo, Pablo no consiguió convencerle del todo. Miguelito intuía que iba a hacer el ridículo delante de mucha gente y se fue a disgusto, a la fuerza, muy enfadado con su amigo.

Además de todo lo que Picasso había conseguido en su carrera, de todo lo que era en la vida, de todo lo que representaba para el mundo del arte, ese día Pablo iba a estrenarse como apoderado y representante de una joven promesa de la danza, y no había otra cosa en el universo que pudiese superar aquella emoción. Estaba tan excitado, tan nervioso, que contagiaba. Le brillaban los ojos. Miguelito, no. Miguelito enfurruñado, obligado, no quería ni hablarle.

En la academia de ballet de Miss Rosella Hightower en Cannes había función benéfica. Los alumnos de todos los cursos habían preparado una coreografía sobre los elementos y seres de la naturaleza, y a cada quien se le había asignado uno. Los mayores eran los elfos, las ninfas y ondinas, los habitantes mágicos de los bosques. Los de mediana edad vestían los trajes más divertidos, los que a Miguelito más le gustaban, de libélulas, mariposas, mantis y todo tipo de flores. Y cuanto más pequeño fueses, la responsabilidad teatral era menor y había menos pasos que aprender. Un alivio.

Miguelito, junto a casi una decena más de niños de su edad, iba a ser una nube de tormenta. A la señal del regidor, y como ensayado hasta la saciedad, saldría de entre bastidores por la izquierda en fila india con las otras nubes. De puntillas, con los bracitos en quinta, cruzaría el escenario hasta desaparecer por la derecha. Y ya está. Eso era todo, así de simple.

Vestido con sus mallas y zapatillas negras, le metieron la cara por el agujero de un cartón en forma de nubarrón del que salían rayos y se lo ataron con dos cuerdas a la cabeza, por detrás de las orejas. Pablo se lo ajustó en un último retoque, le dijo: «Buena suerte, mico, te espero del otro lado», y salió disparado. Llamaron a posición a todo el equipo del nublado. Al chascar de los platillos, se les dio la señal de arranque y a escena que fueron todos como arrastrados por un vendaval.

Pero Miguelito, que estaba hecho un manojo de nervios, apenas iniciada su danza, comenzó a orinarse a grifo abierto sin contención, empapando el escenario a cada paso que daba, dejando una ancha y abundante hilera de gotas tras de sí.

Ajeno a todo, aturdido entre la angustia y las ganas de que todo acabase, a Miguelito el recorrido se le hizo una eternidad a cámara lenta.

En cuestión de segundos se armó la que no estaba escrita. El parqué se convirtió en una pista de patinaje sobre la que parte de la compañía resbalaba sin control. Un verdadero caos húmedo.

Pablo, que le esperaba del otro lado como prometido, dándose cuenta del drama, y sabiendo que Miguelito le reclamaba de reojo, no dejaba de aplaudirle con entusiasmo para que continuara.

De repente, y como salida de la nada, armada de una bayeta atada a un palo, una limpiadora irrumpió en escena con urgencia para secar el charco que ya empezaba a inundar el bosque de cartón, integrándose a la coreografía con una naturalidad asombrosa. Esa intervención fue interpretada como una genialidad moderna de Miss Hightower que, acabando la función, fue sonoramente aplaudida con ovación en pie. «Ese tipo de contaminaciones que hoy en día los artistas contemporáneos han decidido incluir en sus obras», se comentaría más tarde en la prensa.

La función siguió adelante como si nada y como mejor se pudo. Nada más recibirle entre bastidores, Pablo apretó al mico con un abrazo de oso y le dijo: «¡Muy bien, muchacho, muy bien, lo has hecho de maravilla!, ¡hemos triunfado!», y Miguelito, avergonzado, desconsolado, con la entrepierna empapada y aún caliente, le sollozó: «¡Me he hecho pis!... ¡Me he hecho pis!». Y entonces Pablo le agarró por los hombros, le miró fijamente a los ojos y le contestó: «No, Miguelito, no... ¡Has llovido! ¡Has llovido como llueven las nubes!, ¡has llovido mejor que nadie y el que más!, ¡el único que ha sido una nube de verdad!, ¡ha sido genial, mico! ¡has estado de oreja y rabo!». Y Miguelito, que tenía toda la confianza puesta en su amigo, le preguntó: «¿De verdad me lo dices, Pablo?», a lo que él le contestó de corazón y con todo su cariño: «Mico, sabes que yo jamás te mentiría», y en efecto así era.

Orgulloso y henchido de éxito, sin caber en sí, Pablo agarró de la manita a su nube apoderada y juntos se fueron lejos de aquel naufragio a celebrar el estreno a otra parte más seca, dejando atrás la tormenta.

El verano anterior, el de 1960, empezamos a ir al colegio. Digo empezamos porque Pablo parecía haber aparcado sus pinceles para guiarme e iniciarme en lo que él había decidido que mi vida habría de ser, una vez más. Por una parte la danza, tres veces a la semana, por las tardes, y por otra, el jardín de infancia por las mañanas, no todas. Otras las pasábamos en su estudio, nos íbamos a pasear por la playa, por la ciudad, o íbamos a donde él tuviese que ir, al ladito y detrás del él, como su diminuto escudero.

El primer día de escuela bajé temprano, a la hora en punto, vestido con pantaloncitos cortos, camisa de algodón blanco abotonada hasta arriba, jersey de color claro de cuello en uve y, por supuesto, mi cartera de cuero verde, con cierre de pestaña en latón dorado, impecable. Me subí al coche aparcado sobre la grava de La Californie y, así de elegante como iba, Pablo me dijo: «Quieto, Miguelito, no te muevas», y ahí me quedé parado, agarrado al marco de la puerta, subido de pie en el umbral. Gritó: «¡Sonríe!», y disparó una foto con su Rolleiflex para inmortalizar mi primer día de colegio. Tan agitado y nervioso estaba por no llegar tarde que, sin darme tiempo a entrar para sentarme, Pablo cerró la puerta del coche de golpe y sin querer me pilló los dedos.

Recuerdo sentir mucho dolor, un dolor muy intenso jamás antes sentido, uno nuevo para mi memoria. Al oír mi aullido desgarrador, Pablo se sobresaltó y el corazón le dio un vuelco. Dándose cuenta de lo que me acababa de hacer, empalideció y se llenó de golpe de culpa. Abrió la puerta, qué digo, casi la arrancó, me cogió en brazos intentando silenciar mis alaridos, y corriendo hacia la casa gritaba: «¡Tata... Tata... Tata!... ¡el niño!... ¡el niño!... Le he hecho daño... le he hecho daño... *mon Dieu!*». La casa entera empezó a llegar a la carrera, de todas partes, alarmados, desde todos los rincones, como un enjambre. Me dolía tanto que empecé a perder el conocimiento hasta perderlo del todo. Fundido a negro...

Desperté en el estudio de Pablo, tumbado en un sillón. Una templada música de piano flotando en el aire resonaba desde el suelo hasta los techos, llenando el espacio entre sus cristales y paredes. Satie, me diría luego Pablo. De espaldas, pintaba, daba un paso atrás, se agachaba a cambiar de pincel, quedaba en cuchillas mezclando colores en sus paletas, de nuevo se levantaba, volvía a pintar, daba otro paso atrás, se agachaba otra vez, se acuclillaba un tiempo más, se levantaba, pintaba, otro paso atrás, se acuclillaba, se levantaba, y así durante horas y horas, cada día, todos los días de su vida repetía esa rutina. Por eso tenía las piernas que tenía, fibrosas y musculadas, como las de un joven treintañero, a golpe de tanta sentadilla.

Me había quedado dormido del tremendo dolor, y la luz de la tarde se nos echó encima. Allí, en el diván, tapado por una tela de hilo fresco, me quedé, callado, en plena paz, viendo a mi amigo faenar. Olía a óleo, a cera y a arcilla, pero también a tabaco y disolvente, y a mar entre pinos. El olor a Pablo, que era el olor a su estudio, era mucho más rico en notas, más diversificado, más plagado de todos los que ya conocía, como si hubiera más de todo moviéndose junto, al tiempo que compartimentado, sin amalgamas. El aroma de la madera no se mezclaba al de los ceniceros, como tampoco el del acrílico al de los excrementos de sus colipavas, que se amontonaban en las molduras de los ventanales. Todos podías oler a la vez, pero no revueltos.

En una de esas, Pablo se dio la vuelta y vio que había despertado.

—¿Cómo estás, Miguelito?... ¡Qué susto me he llevado, *putain*!... Te pido perdón... ¿me puedes perdonar?

Asentí con la cabeza, me la acarició y me preguntó si tenía hambre. No, también con la cabeza.

—¿Te duele mucho?

Era una pregunta absurda y sacudió la cabeza, como dándose cuenta de lo idiota que había sido. Claro que me dolía, me dolía horrores.

—Me gustaría quitarte el dolor... haría lo que fuera para que dejase de dolerte... Te puse mucho hielo... ¿quieres que te traigan algo de comer o de beber?

—Quiero pintar y quedarme aquí contigo.

—¿Pintar?... Pero si tienes la mano vendada... ¿cómo vas a pintar?

Entonces me incorporé, me senté en la mesa baja de dibujo para niños y con la izquierda me coloqué mi lápiz favorito en el muñón derecho, uno gordo con mina multicolor, y empecé a dibujar sobre un cuaderno. Ante tanta determinación, Pablo debió de caer definitivamente rendido, y volviendo a sacudir su cabezota, sonrió, quitándose un peso de encima.

—¿Sabes qué, mico?... Eres un valiente... y te digo otra cosa... además de bailarín vas a tener muy buena mala leche... y muy buena letra... mira cómo agarras el lápiz... ¡mírate!

—¿Y pintor?

—No, pintor no —respondió rápido y tajante.

—¿Y por qué no?

—Porque no quiero más competencia... *pas question*... pero de todo el resto nos vamos a encargar, ya verás... déjamelo a mí... diga lo que diga tu padre el torero... aunque diga misa...

Y levantándose velozmente los calzones, regresó a darme la espalda por su caballete, volviendo a enzarzarse en algo que se parecía a una mujer sentada y desnuda, pero que, en poco tiempo, en medio de tanto punto y tanta raya, pasó a ser otro quién sabe qué. Y yo, por no haber estado rápido, me quedé sin saber lo que significaba «competencia».

A partir del verano siguiente, y ya en adelante, Notre Dame pasó a ser la residencia oficial. Aquella casa era muy especial, muy distinta a La Californie y a Vauvenargues. Era casi toda nueva y se le parecía más a Pablo que las anteriores. Espaciosa y más rustica, más masía provenzal, tardó en perder el olor a yeso de recién construida. Tenía muchas más habitaciones a lo largo de más laberintos, de pasillos y lucernarios.

Se llegaba conduciendo por un camino, colina arriba, hasta una cancela. Ahí te anunciabas por un interfono y te abrían. Un tramo más adelante, el sonido de los neumáticos cambiaba de pista de tierra a empedrado hasta alcanzar la rotonda de la entrada a la vivienda, en la que, en su centro, crecía un milenario olivo centinela, plantado en un arriate elevado. Las contraventanas eran de color verde pastel y la casa estaba tapizada de glicinias moradas y de buganvillas fucsias, que de un año para otro pujaban una barbaridad.

Era tranquila, más aislada y silenciosa que las otras. El *rez-de-chaussée*, como Jacqueline gustaba llamarle a la planta baja, tenía muros gruesos construidos en piedra caliza y mortero de cal, como el resto de la casa. Los techos eran bastante más bajos que los majestuosos y casi celestiales de La Californie, algunos abovedados y encalados. El paso entre espacios quedaba delimitado por arcos de adobe a vista. Los suelos, de losa de arcilla, y otros de la misma madera que los gruesos marcos de los ventanales, en su mayoría arqueados. A fin de cuentas, un nuevo templo que estrenar.

Los cuartos de dormir quedaban en el piso superior. Se sucedían a ambos lados de un largo pasillo y eran angulares y sobrios, casi idénticos, todos ellos con tan solo una cama, una silla, una mesilla de noche con lamparita, y punto. En alguno más preferente, una pequeña alfombra. Pablo no era de decorar, le parecía fútil y ostentoso.

Los objetos que recopilaba, que acababan poblando su estudio y zonas de trabajo, tenían todos un sentido, una historia, un porqué, una utilidad, una relación directa con sus actividades, o eran una inspiración en origen. No los exponía en las zonas comunes. Los coleccionaba para sí, no para el mundo.

Había luz por todas partes y la había a raudales durante todo el día. A veces perforaba el espacio con haces tan compactos como vigas brillantes que atrapaban en su interior las danzas de diminutos insectos con el polvo, y a los que no debías acercarte jamás so riesgo de ser desintegrado. A veces difusa, justamente repartida, con un sonido a sereno silencio que permitía oír tus propios pasos descalzos y el eco del batir de tus párpados, o tu respiración latiendo en alerta, escrutando la presencia de otras. A veces, se hacía cremosa, hidrataba la piel, y a la vuelta de cierta esquina, en la semipenumbra de un contraluz, parecía parar el tiempo. Cada hora del día, la luz de aquella casa conseguía transformar el mismo rincón en otro muy distinto, incluso irreconocible, luciendo en su idioma propio.

Miguelito aprendió a hablar en ambarino, azul cegador, dorado, meridiano, amarillo exaltado o gritón, recién amanecido, malva crepuscular y muchos otros, fascinantes todos ellos.

Viajar por la casa en busca de nuevas luces era un pasatiempo al que se entregaba sin descanso. Le divertía y a la vez era su forma de dialogar íntimamente con ella, de entenderla y conocerla mejor.

Más de una vez, Pablo se quedaba espiándole, viendo cómo jugaba solo durante horas, yendo de luz en luz, atravesándolas, con los brazos abiertos planeando, patinándolas, revolcándose con ellas por el suelo, girando en torno, saltando en ellas como de piedra en piedra, luchando, bailando con ellas. De pronto le llamaba y Miguelito salía de su trance. «Ya es bailarín», le contaba a mis hermanas, «ahora tiene que volar».

No faltó conversación sobre aquellos momentos mágicos, ni sobre el complejo alcance de las reglas de aquel juego. El mico le contaba a su amigo que imaginaba que los rayos de luz eran personas, o ríos, o barricadas, o cuevas para refugiarse, lo que fuese. Que según iba trascurriendo la historia, su cabeza le iba mandando lo que necesitaba hacer de cada luz, y que él, con solo decidirlo, con quererlo, la convertía en ello. Porque hacer que un pensamiento se haga realidad es muy fácil y es posible, aseguraba con autoridad y entusiasmo. Toda esa teoría a Pablo le sobrepasaba, le pegaba duro y le mataba de envidia. De alguna manera, sentía que ya era tarde para ejercer esa suerte de imaginación, y mucho más aún para intentar recuperarla de haber existido alguna vez, lo que dudaba. Miguelito, en cambio, no estaba de acuerdo y se mostró dispuesto a enseñarle cómo hacerlo. «Eso sí, Pablo, yo te diré cuándo y sabré si te lo crees de verdad, pero de verdad de la buena. Vas a aprender deprisa. Si no, lo averiguaremos enseguida...».

Olivos y más olivos. Decenas de cipreses que, remontando la ladera, mantenían su llama encendida día y noche, vigilantes de un jardín que se desparramaba entre piedras bajo la ancha sombra de los anchos cedros. Hierbas olorosas creciendo mezcladas para cocinar, para cajones de la ropa, para aceites esenciales que lo curaban casi todo si frotados, inhalados o en gotas, y, sobre todo, para rebosar en explosiones en ramos desordenados junto a las flores de temporada en los jarrones de Picasso que Jacqueline distribuía por la casa en contra de la voluntad de Pablo, guerra que perdió desde la mudanza a Notre Dame y de la que se dio en retirada. Sus esculturas, sus cerámicas, sus bronces, sus vajillas para comer, sus obras. Todo llevaba su genio, su trazo, su firma.

En medio de todo aquello, Miguelito fue creciendo, cumpliendo años y madurando. Nació su hermana Paola y allí fue bautizada, apadrinada por Pablo y amadrinada por Jacqueline como estrategia de sus padres para evitar ataques de celos. Allí también aprendió a que le gustaran los huevos fritos, pero Pablo tuvo que cocer un juego de platos de cerámica con un huevo y un tenedor pintados en trampantojo para que Miguelito no distinguiera qué huevo era el frito y cuál el de mentira, hasta caer en la trampa de tener que comérselo para descubrirlo, oculto debajo. Allí la Tata siguió haciendo churros y Pablo siguió merodeándola sin tregua, esperando y deseando que llegara el día en el que cediese y le concediera su mano.

Allí su padre escribió un libro mano a mano con Pablo, *Toros y toreros*, filosofando durante días y noches enteras sobre tauromaquia y mujeres, entre faena y faenas de ambos, noches regadas de vino hasta el alba, delirando sobre la vida y la muerte a las cinco de la tarde, a las cinco en punto de la tarde, mientras nacían bocetos y más bocetos de trazo cavernícola, que a mi hermana Lucía no le gustaban, repitiéndole a Pablo que no entendía por qué a la gente le gustaba tanto su pintura si no sabía pintar. Pablo se moría del gusto al oírla y la chinchaba, ella entraba al trapo y acababa enfundada en sus morritos.

Allí no dejaron de contarse historias, de pasar aventuras y descubrir palabras, que hicieron del cariño que Pablo y Miguelito se tenían se convirtiese en una amistad sólida llena de secretos y de pequeñas clandestinidades, estrechándoles con lazo de acero mientras que el tiempo que compartían juntos corría a tal velocidad que parecía acabarse antes de empezar. Los veranos volaban, se hacían cada año más cortos.

Allí, ambos descubrieron y aprendieron la verdadera admiración mutua y el engorde de estar orgulloso del otro. A aguantar conversaciones de largos silencios que saber escuchar y descifrar. A tener la libertad de decir lo que se le pasa a uno por la cabeza. A opinar tirándose al vacío. También a tener la obligación de no ser simplemente alguien más, sino ser uno mismo con todas sus consecuencias y diferencias. Con todo ese bagaje, que suponía tan solo una pequeña parte de lo que quedaba por recibir, Miguelito empezó a volar, que era lo que Pablo pretendía. A eso le llamaba «ser un hombre de grandeza y valentía, como tu padre, Miguelito», «o como tú, Pablo». Ser libre, a eso se quería llegar.

Allí también, en aquel mismo allá abajo, entre la trama de vuelos audaces y maniobras en el cielo, los de las palomas colipavas, los de las libélulas y de las abejas, fue que Jacqueline empezó a tejer su telaraña maestra, oculta en la sombra de las luces que bailaban pacientemente, sin prisas. La definitiva. Allí fue, en el país que quedaba enfrente de Málaga, muy cerca de Barcelona y al fondo, África, justo allí.

—¡Pablo! ¡Pablo! —gritaba fuerte Miguelito para que le oyera de lejos.

Corría cuesta abajo entre las terrazas y arriates del jardín, como si hubiese un incendio, llevado por la inercia del peso de sus seis años, sin poder frenar.

—¡Aquí estoy!... ¡Aquí abajo!... ¿Qué pasa, Miguelito?

—¡Que la Tata me ha dicho que papá le ha cortado cuatro orejas a un toro!... ¡Cuatro!

—¿Cómo va a ser eso, Miguelito?, ¡si los toros solo tienen dos!

—No, Pablo, te lo prometo... ¡Papá le ha cortado cuatro a uno solo!

—¿Y cómo es eso posible?... A ver, explícame...

—Eso pasa porque los toros que mi padre torea tienen cuatro orejas ¡y los de los otros solo dos!

—¡Eso no es así, chico!

—¡Claro que sí, Pablo!... Como las señoras que tú pintas, que tienen cuatro ojos y tres piernas y las de los otros no.

—¡Ah!... Pues entonces, sí... ¡tienes razón! —dijo Pablo riendo.

—¿Vamos al estudio y me explicas cómo son?

—¡Vamos!

Y los dos se fueron hacia el estudio y una vez ahí, Pablo cogió un folio blanco, con una cera negra dibujó de cuatro trazos un toro con cuatro orejas, y con una verde, la hierba.

—¿Así era el toro de tu padre?

—Así Pablo... así... con cuatro orejas... ¡igual!

—Bien, pues guárdalo en tu cuarto y cuando venga tu padre le preguntas si se le parece, ¿vale?

—¡Claro, Pablo!

Agitando el folio en mano, Miguelito salió corriendo del estudio gritando: «Tata, Tata, mira, ¡Pablo me ha pintado el toro al que papá le acaba de cortar cuatro orejas!». Y Pablo se quedó sonriendo, pensando si alguna vez, antes de que llegaran las mujeres a su vida, antes incluso del hambre, de la bohemia y del exilio, en algún momento él tuvo la luminosa y bendita gracia de esa falta de malicia, la que Miguelito tenía. Entre otras cosas, porque ya no recordaba si alguna vez había sido niño.

Por la mañana habían estado pescando gaviotas con caña en la playa. Pablo se divertía como un loco pandillero haciéndolo. Odiaba a las gaviotas.

Se trataba de ensartar un trozo de sardina o de calamar en un anzuelo y esconder el hilo de nailon en la arena, dejando a la vista solo la carnada. Caña en mano, esperaba a que alguna se abalanzara sobre ella y se la tragase. Cuando alzaba el vuelo, una vez ya confiada y a buena altura, Pablo pegaba un tirón en seco del aparejo. Entonces el gancho del anzuelo se clavaba en el interior del pico del pájaro y, a partir de ahí, suelta y recoge, suelta y recoge, haciendo que la gaviota perdiese el control del vuelo, zozobrando y peleando contra una fuerza desconocida que no podía ver hasta estrellarse exhausta sobre la playa. En el curso de esa tortura, Pablo no daba tregua, ensañándose con ella como si se tratase de algo personal. En pleno trajín, la insultaba, llamándola rata de agua, animal incomestible, ladrona sindicada, *bonne à rien*, y todo tipo de vejaciones. Se divertía y reía sin dejar caer el cigarro de su comisura, animando al mico para que le tomase el relevo con la caña. Pero solo alcanzaba a mirarle, ahí callado, preocupado y entristecido. A Miguelito, ese Pablo no le gustaba.

Para finalizar, reservaba el comportamiento más inexplicable y extraño que jamás pudo verse. Se acercaba al ave maltrecha y estresada, la agarraba entre sus manos, la calmaba y, manejándola con extremo cuidado, le extraía el anzuelo del interior del pico con delicadeza. Tras alguna caricia y palabra de consuelo, la depositaba sobre la arena y ahí era abandonada.

Miguelito se sentía muy mal durante esas sesiones. Recuperar la normalidad del trato pasaba por unos cuantos helados y mil explicaciones que no tenían sentido. Pero al final pesaba más el otro Pablo.

Gaviota, helado, La Croisette, periódico y charla con algún amigo que pasaba por ahí y que se unía, o... compra de nuevos polos del cocodrilo, paseo por el puerto, fruta y verdura en el mercado, o... visita al horno de cerámica de Georges y Suzanne para repasar lo que ellos tuvieran listo y experimentar nuevas tinturas, nuevas formas de moldeo, o... tarde de toros en barrera con patatas fritas y Perrier, y vuelta a casa.

Esas eran en parte las posibles combinaciones que ocupaban nuestros días de salida. Digo parte, porque existían otras que eran más programadas, campestres, de visita a amigos en otros pueblos, o bien súbitas, con ataques de urgencia, como por ejemplo cuando fuimos a ver la recién estrenada película musical *My Fair Lady*, con Audrey Hepburn. Fue salir de verla e ir directos a comprar el vinilo de la banda sonora y corriendo p'arriba, pa la casa, a cantarlo y bailarlo sin descanso mil veces hasta caer la noche y rendidos.

La actitud de Pablo hacia la danza pretendía ser clásica, claramente. Su inspiración y su abordaje eran apasionadamente clásicos también. El lenguaje corporal, las expresiones faciales, sin duda, eran robadas, sin vergüenza alguna, al más rancio *Lago de los cisnes*. Pero la técnica en la ejecución, tenía claras y evidentes raíces aragonesas. De la jota para ser preciso, y también alguna que otra fisura que delataba su pasión por el Folies Bergère.

Bailaba muy raro, mezclando estilos que nadie probablemente pensó en hacer coexistir, pero lo hacía de forma magistral e hipnótica, con extrema naturalidad. Iba de Isadora Duncan a Carmen Amaya y hasta Nijinsky, pasando por poses de frescos minoicos, pasos de minueto o de Pastora Imperio. Pero al final siempre caía de bruces en el charco de su corazón de cabaret de Toulouse-Lautrec. Era muy cómico. Con sus calzones cortos, su camiseta de rayas marineras y su cigarro Gitanes entre los dedos, hacía reverencias, saltitos de pollo y giros a medias que parecían triples. Le decíamos «Charlotte», la versión femenina de Charlot, por su estilo galante y afectado. Parecía un bailarín de corte del más precioso barroco. Lindsay Kemp, quien más tarde fuera mi maestro, tenía mucho en común con Pablo en su lenguaje de la danza.

A propósito... En uno de esos días de bailes, algo le pasó a Pablo que se vino arriba y empezó a dar vueltas sin parar, como un derviche girador sufí, ocupando la totalidad de la distancia de los largos salones de la casa, que estaban sembrados de pedestales y mesas llenas de sus cerámicas y esculturas, según todos, las mejores piezas del artista. Quedé embelesado por su coreografía, pero aún más por la destreza que desplegaba, manteniendo el centro al girar a toda velocidad, evitando chocarse contra ningún mueble. Revoleteaba con la ligereza de una efímera atrapada en un cuerpo de peonza, y yo, por supuesto, no le perdía el paso, tratando de emularle en todo, contagiado por su euforia. De pronto sucedió lo inevitable...

Tal vez fue una pérdida de eje por un súbito mareo, un nublado quizá, y ¡pam!, en cuestión de un segundo, un traspié y Pablo fue a impactar contra un pedestal, que empujó a otro, que se llevó por delante a un tercero que acabó sobre una mesa... Y en ese efecto dominó, varios platos y *oiseaux* cayeron al suelo y se hicieron añicos. Con los ojos cerrados y la música a gran volumen, ni él mismo al principio oyó, ni se percató del accidente. Pero algo de pronto le detuvo, descubríendole el caos. Resistiéndose a salir de su trance, con la música y la adrenalina a todo trapo, dio unos pasos hacia el desastre, se quedó mirando, inconsciente, y alzó la vista como preguntándome ¿qué diablos pasó? Yo le contesté sin dar crédito:

—Picassos... has roto varios Picassos... ¡Jacqueline nos va a matar!

Pero él, empujando y esparciendo los añicos con la punta del dedo gordo del pie derecho, como intentando averiguar a qué cadáver pertenecían aquellos huesos, me miró y me dijo, con la respiración aún alterada de tanto ejercicio:

—No te preocupes... se los repondré... son solo unos cuantos Pablos... —Y seguimos bailando.

Esa misma tarde Pablo le pidió a la Tata que le dejara a los niños en el estudio hasta la hora de la cena. Nos instaló en la mesa de pintar, recubierta de un mantel de lino grueso color mostaza, y a Lucía y a mí nos entregó unos folios blancos, lápices, pasteles y ceras, y nos dijo: «Hoy vamos a pintar peces, a ver quién pinta el más bonito». Y nos pusimos manos a la obra. Pasaron horas, cada quien concentrado en su pez. Yo espiaba de reojo a Lucía. Pintaba perfecto, académica diría. Desde muy niña tuvo un don para el dibujo. Entendía de forma natural cómo manejar proporciones y sombras, consiguiendo resultados insólitos para alguien de su edad, como si hubiese estudiado Bellas Artes. Tenía mucho talento y muy precoz. Lo que pintaba era casi tan real como una fotografía, y la envidiaba con orgullo. Yo era el caso opuesto. No era capaz de hacer ni una o con un canuto. Negado no, lo siguiente. Por mucho empeño y dedicación que le metiese, apretando con fuerza el lápiz contra el papel hasta traspasar el mantel, sacando la lengua, como si eso fuese a mejorar en algo el resultado, nada que hacer. Le ponía más embiste que maña como un picador, y partía las minas. En lo que Lucía acababa tres, yo intentaba unos treinta, y todos muy básicos, inacabados. Pablo me decía que parecían dibujos africanos y eso me dolía mucho. Pero al parecer era un piropo. Así hasta que aparecía la Tata y anunciaba «la cena lista en diez minutos».

—Vamos a ver, niños... a ver qué habéis hecho...

Lucía le tendía a Pablo lo pintado, segura de gustar. Yo, en cambio, tardaba en enseñarlo y Pablo acababa por arrancarme el tocho de papeles. Tras inspeccionar lo de ambos, ordenaba:

—Y ahora cada uno va a elegir un dibujo entre todos los que ha hecho... el que piense que es el mejor... pero solo uno, ¿vale?

—¡Este es el que más me gusta, Pablo! —Mi hermana se adelantó, segura, estirando el brazo con su proyecto ganador.

—¿Y tú, Miguelito?

—A mí me gusta este... este... y este... también este... y...

—Miguelito... escoge solo uno... uno... solo...

—Pablo, ¡es que me gustan casi todos y me los quiero quedar!

Mentira. No estaba del todo contento con ninguno. Pasaba que me faltaba seguridad, dudaba que hubiese algo bueno. Y tras zozobrar y sudar tinta, cedía a desgana, nada convencido.

—Entonces, este...

—Muy bien, ¡y ahora a romper y a tirar todo el resto!

¿Cómo? ¿Que después de tanto trabajo había que tirarlo todo? No, Pablo, no, por favor, Pablo, lo cambio por este, y yo por este otro, Pablo no... Hasta que Pablo lanzaba un basta y nos explicaba, serio. Pocas veces lo hacía y siempre con cariño y paciencia.

—Niños... en la vida hay que aprender a deshacerse de lo que no nos sirve... y a tirarlo... si no... acaba ocupando mucho espacio... Conservar lo que no sirve crea dudas... su sitio está en la basura... Debemos hacer mucho espacio libre y nuevo si queremos crear... como el blanco de un papel... blanco y limpio... ¿Podríais entrar a vivir en una habitación llena?... No... ¿Y hablar si no hay silencio?... Tampoco... Tirar... tirar... tirar... tirar crea espacio... y las ideas solo llegan si lo hay... espacio nuevo... como el que me cruje en el estómago... ¿Qué tal si lo llenamos con un poco de cena?

No creo que en ese momento ni Lucía ni yo entendiéramos bien el sentido de sus palabras. Pero no importa la edad que uno tenga, hay momentos vividos que se quedan grabados en la mente a la espera de tomar sentido. Esos te los regalan los grandes sabios, entre los que están tus padres y tus abuelos. Y el abuelo Pablo nos acababa de plantar una de sus semillas que, mucho más tarde, habríamos de cosechar y poner en práctica. Este tipo de clases maestras, en el tiempo con Pablo, las hubo a decenas, a patadas.

No fueron solo veranos, sino también primaveras o principios de otoño los períodos que acabamos pasando en Cannes. Dependían de muchas variables y ningún año era igual. Estaban sujetos a las actividades profesionales de mi padre o a las sociales que, como matrimonio, debían atender. Cacerías, fiestas, cruceros, safaris, viajes internacionales, temporadas en casas de amigos, etcétera. Durante esos momentos, nos aparcaban en Casa Picasso.

Sentados en la cama junto a la Tata, antes de ir a dormir, limpios y repeinados, perseguíamos a mis padres a través de los reportajes de la prensa mundial. Mi madre iba cambiando de peinado según las modas o los eventos, radiante y marcando tendencia. Mi padre, moreno aceituna con su trajes de sastre, arrollador y acaparando los deseos de todas ellas. La agenda era imprevisible y resultaba espectacular seguirla foto a foto. Eran los más guapos, o así nos lo parecían a los tres. Pero hasta bajo los flashes, mi madre no le quitaba ojo a mi padre y eso quedaba retratado. Siempre alerta.

Cuando las ferias de América Latina arrancaban, más o menos desde finales de octubre y hasta marzo, mi padre se marchaba eufórico y no se le volvía a ver el pelo hasta la apertura de la veda de la perdiz, a mediados de marzo, o, a más tardar, para la Feria de Abril de Sevilla.

Mi madre aprovechaba entonces para viajar a Roma y recuperar su antigua vida con sus verdaderos y leales amigos, los que nunca dejaron de ser su apoyo y refugio en los momentos más duros. De ahí, aprovechando la cercanía, daba un salto a Cannes para pasar algunos días con nosotros, hasta que la llegada de algún telegrama le iluminara el rostro. Ahí lo dejaba todo para irse corriendo de vuelta a España, o adonde mi padre la requiriese, muerta de amor, y prepararse para lo que tocara. Nunca, a pesar de verla y de saberla tan enamorada, y a pesar de los rumores abiertamente públicos que corrían en boca de todos sobre mi padre, nunca entendí si seguía donde seguía por ciega, sorda, tonta, por nosotros y la familia, o por todo ello junto. Si no, por qué razón.

Pero durase el tiempo que durara, daba igual. Verla llegar sola a casa de Pablo, recargada de la energía de sus jornadas romanas, cada minuto más bella, me rendía de amor y mi padre me sobraba. Es más, sin él, acudía a nosotros más alegre y se nos hacía más cercana, más cariñosa, hasta divertida incluso.

Para esas ocasiones, Pablo improvisaba actividades que compartir todos juntos, excluida Jacqueline, quien nada más ver entrar a mi madre por la puerta cambiaba de cara, y tras preguntarle: «¿Hasta cuándo te quedas, Lucía?», se volvía a llenar de quehaceres y compromisos imaginarios como por encanto. Intercambiando besos sin apenas roce, se excusaba de no poder verla tanto como le hubiese gustado y quisiera, pero su agenda súbitamente se le acababa de complicar, mira tú, ¡ay, qué pena!

Aunque, de vez en cuando, se hiciese inevitable el que Pablo la obligara a asistir a alguna comida o cena con la familia invitada, la intrusa y chupona, la nuestra. Entonces era la Jacqueline Roque quien entraba en escena, calzando pantalón de tubo y manoletinas negras, camisa de seda con algún retrato suyo de Picasso estampado a lo ancho de toda su circunferencia, peinada en retirada, diadema de cinta en colores pastel, y con el característico sello de su rojo labial sangre de paloma.

Solía romper el hielo con preguntas a mi madre sobre sus futuros planes, sabiendo que no los tenía, o con comentarios aparentemente inocuos, pero de un velado humor hiriente, sobre las noticias que llegaban de los éxitos de mi padre allende los océanos, y sobre si no estaba celosa, porque ella lo estaría. Terminando lo que habría de ser su única intervención en la velada, tras ser fulminada por la mirada de Pablo, congelaba su sonrisa hasta el final de la comida como una autómata, y dando al final las buenas noches, se recogía.

No comía para no descomponerse y para que nada le sentara mal. Le bastaba con nosotros. Pero su crispación cortaba el aire, hablo de esa que los mayores son capaces de obviar, de soportar, pero que paraliza a un niño. Hablaba con voz dulce y aterciopelada de tono sumiso, capaz de sedar a las serpientes. Casi todos decían maravillas de ella. Desde luego, la corte entera de editores y galeristas. O lo hacían o no entraban en el negocio, eso lo sabía hasta el gato.

Volaban artículos en periódicos con superlativos sobre lo consagrada que estaba a su marido, de lo difícil que tendría que ser estar en su lugar, de la entrega como esposa de su casa, de la colosal tarea que tendría que suponer el poner orden a la inmensa y desperdigada obra de Picasso, de la entereza que demostraba y era capaz de mantener cuando la vida que le había tocado, no era ni fácil ni envidiable. Comentaban todos que «imagínense ustedes lo que debe suponer aguantar a un artista con la edad que tiene Monsieur Picasso, pacificar a las anteriores mujeres, y contentar a todos sus hijos, sí, esos que nunca vienen a verle, y los que a su padre tan poco importan. No, no, no, no... ¡ni pensarlo quiero!».

Jacqueline había nacido licenciada en propaganda, y a lo largo de su vida fue acumulando maestrías y tesis. En eso era admirable y muy astuta. Fue todo y solo mérito suyo. Aunque a veces, cuando su vehemencia le hacía perder los papeles, se delataba mostrando una torpeza diletante.

Se recuperaba con retiros de los que salía arrastrándose, pidiendo mil perdones y *meas culpas* mojadas en litros de lágrimas. Hasta que, recuperada la atención de Pablo, ya exenta de cargas, se dejaba pasar inadvertida durante una temporada, inmersa en el papel de la *jeune berguère*, joven virgen pastora de corderos, la piadosa. Pasado ese tiempo, volvía a las andadas, retomando el daño en el punto exacto en el que lo había dejado. Ese era el sistema, el bucle en el que se había atrapado ella solita. Como las arañas, se refugiaba en su red durante los vendavales y fuertes lluvias, y al regreso del sol, seguía tejiendo y volvía a cazar.

Toda aquella información que sobre sí misma ella personalmente se había esmerado en difundir pacientemente y a conciencia, cuando se la escuchaba contar de vuelta y con el efecto deseado, la emocionaba sinceramente, la llenaba de gloria. Su egoísmo la enternecía. Pañuelo en nariz, agradecía todas y cada una de las alabanzas a sus benefactores, por teléfono o en vivo, aprovechando para ratificarlas y de paso magnificarlas, oculta tras las oscuras emociones de sus gafas oscuras.

¿Eran entonces aquellos recorridos promocionales los que llenaban los días de su agenda, los culpables de sus tan prolongadas ausencias? ¡Pillada!

Y así fue como, poco a poco, fue reclutando, creando una vasta red a lo largo de toda la Costa Azul. Todos ellos devotos solidarios y compadecidos. Una horda de tenderos, dependientas, camareros, mecánicos, floristas, enmarcadores y empleados de banco. Cualquier ciudadano que le otorgase un minuto de atención era captado de inmediato, fagocitado. Sus leales acólitos la trataban con devoción y la colmaban de privilegios. Le extendían a su paso alfombras rojas de cortesías y alabanzas. Era imbatible, implacable, y de una sutileza oriental.

A pesar de ser consciente de que su proyecto iba a tomarle años de encajes y filigranas en culminarlo, comenzó por afianzar sólidamente sus cimientos. Sabía quiénes eran, sus nombres y apellidos y dónde anclarlos.

Pero por encima de todo este entramado provenzal, en el cuarto oscuro de su corazón se cocinaban otras pociones muy diversas, ambiciones de inmensa altura. Intereses económicos y necesidad de estatus, celos y revanchas, humillaciones públicas, reconocimientos personales y otros fantasmas. El todo salpimentado de asuntos bastante más turbios, indecibles, hasta el de sospechas de espionaje internacional. No era un secreto. Esa era la Jacqueline Roque de a pie, la del trato diario. La misma mujer que enfiló entre ceja y ceja a Lucía Bosé.

Pablo amaba a mi madre y la quería de verdad, como a una hija. Se conocieron a principios de los años cincuenta, en Via Salaria, en

Casa Visconti en Roma, ya previamente rendido desde hacía años, como confesaría, ante aquella belleza irreal de mujer. El encuentro fue posible gracias a la mediación de Sviatoslav Richter, un mítico pianista ruso muy amigo de ambos, de Visconti y Picasso. Todos ellos inscritos en el Partido Comunista Italiano liderado por Trombadori y, por lo tanto, afines y de confianza. Pablo contaba que la amó de inmediato y, según sus palabras, nunca después de ella volvió a nacer ni a existir una criatura tan espléndida. De ahí en adelante jamás perderían contacto, y al casarse con mi padre, siendo lo fanático que era Pablo de los toros, y ya de tiempo atrás su ferviente admirador, le pidió a mi madre que fueran a verle, que tenía muchas ganas de conocer al torero en persona. Así nació la amistad con Dominguín. Aunque Pablo siempre mantuvo dos tratos diferentes y estancos con cada uno de ellos hasta el final. Declaraba públicamente su enorme admiración, incluso devoción, por mi padre, pero lo que sentía por mi madre estaba más cerca del alma. Actuaba como progenitor, como guardián y consejero, la defendía por encima de todo, incluyendo al marido. Consciente de la naturaleza golfa de mi padre y muy a pesar de sus pesares (le divertía horrores todo lo que hacía), en el fondo secundaba sus desplantes. Pero una cosa era una y la otra, otra. Para mi madre solo había abrazos, achuchones, miradas derretidas y una inagotable ternura. Tal vez fuera compasión, tal vez una culposa lástima por saberla tan desprotegida, siendo extranjera y esposa de un mito de propiedad patria de un país que Pablo consideraba cruel, malvado y envidioso. Conocía de sobra los riesgos y las consecuencias que iban a hacer de su vida un infierno, y no sabía cómo hacer o aconsejarla para evitarlo, se sentía frustrado. Lo veía venir, se lo advertía sin cesar y no se equivocó.

Las vacaciones en Mougins eran muy divertidas, llenas de aprendizajes, de descubrimientos, de traslados. Pablo no paraba quieto, siempre había algo en lo que enzarzarse o a dónde ir. Por entonces yo tenía dos abuelas y un solo abuelo, el materno, al que no veía mucho, pero Pablo se encargó de que no sintiera esa ausencia.

—¡Miguelitooooo!... Échame una mano y vamos a colocar todos estos cuadros de una vez... de hoy no pasa... lo voy dejando y dejando y claro... Toma... este ponlo en la mesa de la entrada, ahí apoyado, entre los *oiseaux*... Así... bien... este necesita tener más claridad... vamos a ponerlo en un caballete... ¡¡¡Jacqueliiiiiiiiiine!!!, súbeme un par de caballetes pequeños del *studio*... *Allez, dépêchetoi... vite!*... Y aquel de la esquina, Miguelito... no, el Modigliani no... el más pequeño... el Renoir... ese en el salón del medio... a la derecha del aparador... Aquí, Jacqueline, uno ponlo aquí... ¡¡¡Nooooo!!!... ¡Nunca frente a la luz, *bon Dieu!*... Llevas casada con un pintor más de... ¿Cómo?... Bueno, pues ya nos casaremos... cuando aprendas a cocinar como la Tata... o cuando aprendas de una puñetera vez que a los cuadros se los come la luz... y si no... te quedas pa vestir santos, como se dice en mi tierra... ¿Qué?... Me da igual que no le veas los colores... Es un Juan Gris, ignorante... ¡uno de los grandes y sagrados!... ¡Oh, qué mujer!... No aprende... Y estos tres Lautrec los devuelves al salón de arriba para que nadie los vea... ¿Cómo?... ¡Pues los vuelves a subir las veces que hagan falta, demonios!

La colección personal de Pablo, acumulada a lo largo del tiempo por los intercambios de obras que se hacían entre artistas, era... sin palabras. Contando cuadros, dibujos, grabados, bocetos, cuadernos, cerámicas, esculturas, en fin, de todo, era muy importante en cantidad y, sobre todo, en calidad. Entre ellos se intercambiaban lo mejor de lo mejor por una cuestión que tenía más que ver con la competitividad y el narcisismo que con la admiración, la que en origen pudo haber sido el motivo sincero de aquellos trueques. En aquel entonces, con esa edad, yo no sabía quién era ninguno de ellos. Hoy aún vivo en *shock* cada vez que recuerdo.

Manet, Cézanne, Léger, Rousseau, Braque, Matisse, Gauguin, Turner, Pollock, Morandi, Balthus, Kandinsky, Cocteau, Giacometti, Miró, Moore, Delacroix, Klee, De Chirico, Chagall, Dalí, Hopper, Magritte, Klimt, Max Ernst, Bacon, Rodin, Harp, y un interminable etcétera. Allí quedaban todos, apoyados en el suelo como escobas, o entre manos, distribuyéndolos a la carrera como si se tratase de correo urgente, sin orden ni atención. Lo contrario a lo que hubiese requerido en cuidados la mejor escudería de caballos pura sangre de un reino. Pero benditos aquellos años del no saber. Bendito aquel honor de haber vivido entre tanto arte, tanta belleza, tantas ideas y tanta excepcionalidad. Y bendito recordar el haber sido habitante del país de los genios en la edad de la pureza. Benditos sean los privilegios para poder compartirlos. De lo contrario, solo habría soledad.

«¿Y este tan grande... dónde lo colgamos?». Colgar no estaba prohibido, «pero mejor no», decía Pablo. «Eso lo hacen los ricos catetos que quieren presumirle a sus amigos. A nosotros las obras no nos adornan, nos acompañan. Por eso viajan por toda la casa. Cuando una está cansada de un lugar, nos lo susurra y nosotros la llevamos a otra parte. Eso lo hacemos nosotros, los que entendemos de estos asuntos. Las obras que dejamos descansar en el suelo, por ejemplo, descansan mejor. Descansan de las miradas. Las miradas cansan a las obras. Nadie mira al suelo porque lo que está en el suelo no debe de ser una obra, piensan. Sabemos que ahí van a estar mejor, más apartadas, más tranquilas. Y claro, contra alguna se acababa uno tropezando y a veces las dañas. Pero no pasa nada, Miguelito, algún día alguien las va a maltratar o las va a olvidar, así que mejor que se rompan antes».

Su sueño era que cada español tuviese un botijo pintado por él, «pero claro, si los firmo, Jan y Jacqueline se van a poner como furias. Y luego aparecería el listo que empiece a comprar los de otros y se ponga a comerciar... así que, ¿sabes qué?, ¡que no los hago!... *Au diable!*».

La vida transcurría rápida. Pablo envejeciendo, mis padres distanciándose, Kabul el afgano más divo que nunca y presumiendo de novia. La casa plagada de visitantes siempre más ilustres, más marchantes, más editores, más galeristas, y Jacqueline ejerciendo una constante presión, empeñada en tomar el control total y absoluto de la firma Picasso, la decisión de todos sus proyectos y las riendas de su corazón, aprovechando que Pablo empezaba a estar cansado de muchas cosas.

Así que, con tal de no oírla, harto de no encontrar silencio ni aire que respirar, y para quitársela de encima, acabó por cederle la gestión de todo lo que no tuviese que ver con su creación. Esa supuso la primera gran victoria de Jacqueline, la primera decisiva, la recompensa a cambio de tanta entrega y tenacidad, debió pensar ella. Pero lo más importante es que sabía que la rendición y entrega de tanto territorio abocaba a que los restantes bastiones tuvieran sus días contados. Aquella concesión cambió para siempre y en adelante las energías de Notre Dame de Vie.

Cambió el personal, cambió la decoración, cambiaron las reglas, se hicieron más estrictas. La generosidad y la hospitalidad hicieron maletas y desaparecieron. La alegría y los entusiasmos se apagaron. La luz entristeció, oliendo a cerrado, y ella, J. R., se hizo omnipresente. Desplazó a la figura balsámica de Pablo, que todo lo iluminaba, que todo lo salpimentaba, y la emparedó, limitándola a sus áreas de trabajo. Solo le pedía que creara, que creara y que creara, día y noche, sin cesar. Que aprovechara, que el tiempo se le acababa. Y creo que Pablo empezó a asustarse. Se asustó.

Aislado, debió de pensar por qué demonios los amigos le habían abandonado, por qué la mayoría de ellos ya no pasaba a visitarle como solían y por qué muchos otros ya no le llamaban por teléfono ni le escribían. Pero nunca se le ocurrió pensar que, entre otros derechos, la cesión sobre los derechos caseros incluía también el control, la restricción y censura del correo, de las comunicaciones, de las visitas y del acceso a la casa.

No recuerdo el verano de qué año fue, en el de 1965 o de 1966, puede, pero fue muy diferente a todos los anteriores. Y aunque no duró mucho, no llegaría al mes, sus días fueron largos y no acababan nunca. El aburrimiento estiraba el tiempo hasta agotarnos. No hubo nunca nada divertido. Para rematarlo, mis padres no vinieron a buscarnos y regresamos solos a Madrid, la Tata y nosotros tres. Fue triste, muy muy triste. Y raro.

Pablo le dijo a la Tata que lo sentía mucho, de verdad mucho, pero que la casa estaba llena. «Si necesitáis algo, lo que sea, tú me llamas aquí o te acercas si nadie te contesta, o si algo le pasara a los niños, como si queréis el coche para dar una vuelta por la ciudad o por el pueblo, o lo que sea, por el amor del cielo, Tata, te lo encargo, no dejes de decírmelo o mandarme un mensaje». La Tata le contestó con un «está bien, don Pablo» y, tras anotar el nuevo número de teléfono de Notre Dame, colgó y nunca más se supo de él.

Nos alojó en un pequeño apartamento frente al viejo puerto de Cannes, que él mismo mandó alquilar, con teléfono por si acaso. Mandó a recogernos al aeropuerto de Niza a un conductor nuevo que chapurreaba el español andaluz, hijo de emigrantes, pero que no era su hijo Paulo, quien había sido despedido. La verdad del porqué de todo esto llegaría mucho después y no sorprendió a nadie.

Jacqueline no nos quería en casa. Pablo estaba devastado. Yo no paraba de preguntar qué pasaba y la Tata de decirme que «no lo sé, cuando lo sepa te lo cuento». Todo era un misterio. Misterio y tedio.

Así que, durante aquellos días como eternidades que no anochecían nunca, no hicimos más que esperar sentados a que la Tata terminase de limpiar el apartamento entero y dejarlo listo. Esperar a que pusiera la mesa para cuando llegáramos a comer tras el paseo. Esperar a que el teléfono sonara para hablar con alguien, sin quitarle la vista. Esperar a que llegara la hora de bajar a la playa hasta el mediodía y luego deambular, arrastrando los pies por las estrechas calles del barrio. Esperar a después de almorzar para echar la siesta con o sin ganas, o lo que sirviese para rellenar el tiempo. Esperar sentados por la tarde en el puerto a ver llegar los barcos pesqueros con sus remolinos de gaviotas y descargar sus cajas rebosantes de peces multicolores. Esperar a que algo pasara, a que llegara una sorpresa, a que de pronto Pablo apareciera, me abrazara fuerte y me dijera que me había echado mucho de menos. Esperar a volver a bailar días enteros, a enzarzarnos en charlas en las que él se perdía y yo no entendía nada. Esperar, simplemente, que volviese a ser un verano como los de siempre. ¿Por qué no era tan simple? Y es que alegría no había, o no daría para tan poco.

Cuando nos escapábamos a La Croisette y la recorríamos de punta a punta, vestidos para la ocasión, entonces volvía algo de ella. Eran paseos de complicidad, comentando sobre los personajes excéntricos que Cannes atraía todo el año, helado en mano. La Tata nos compraba un cucurucho de barquillo, para mí de tutti-frutti, el de mis hermanas de chocolate y fresa. Pero de regreso al apartamento volvía el hastío.

Al poco tiempo nos quedamos sin dinero. La falta de manejo de la Tata, que nunca tuvo que preocuparse de nada estando en casa de Pablo, y el que pocos años antes el «viejo franco» dejara paso al «nuevo franco» y su valor cambiara, tuvieron en parte la culpa. Perdió dos ceros de golpe y alguien en la oficina de mi padre en Madrid, siete años más tarde, aún no se había enterado de ello y calculó mal lo que nos dio. Eso, sin olvidar la total desatención de nuestros padres, quienes en medio de sus obligaciones sociales y de sus crecientes tensiones y peleas, pensaron cada uno que el otro se ocuparía de todo y al final nadie se ocupó de nada. Así que la Tata no tuvo más remedio que dejarnos solos en el piso, con un poco de merienda, sin nada para distraernos, y nos dijo: «Vuelvo en un par de horas... Vosotros quietos... no os mováis de aquí y no le abráis la puerta a nadie... Si suena el teléfono, tú, Miguel, contestas, y si son tus padres diles que estamos sin blanca... Ellos entenderán... y que llamen más tarde hasta que consigan hablar conmigo... No te olvides». Bajó a la calle, por la ventana la vimos subirse a un taxi, y se fue.

Ya casi anochecía cuando oímos la cerradura de la puerta y corrimos a ver. La Tata había vuelto y nos dijo que ya estaba todo arreglado, ¿pero qué está arreglado?... «Mañana os cuento... ahora, una tortillita y a la cama». Al día siguiente, sentados en la arena de la playa, mientras que mis hermanas jugaban con cubos y palas, me lo contó.

—Mira, Miguel, a ti no te voy a mentir que eres el mayor y tienes que saber las cosas... Resulta que hace unos días nos quedamos sin dinero y ayer tuve que ir a pedirle a don Pablo... Y fui... y no me dejaron entrar... No me mires así porque así fue... no me dejaron entrar... Primero pregunté por él y me dijeron que no estaba, que se había marchado, y colgaron antes de que pudiera dejarles un recado... Sí, Miguel, me colgaron... Entonces pregunté por *Yaquelín* y la chica me dijo que esperase un *momán*, y yo le dije que los *momán* que hicieran falta... Y tardó... tardó y tardó un buen rato esa bruja... más mala que un cólico es... Total, que al final se puso y me preguntó así, muy seca... ¿Qué *quierres*?... Y le dije que se nos había acabado el dinero y que a ver si por favor podían prestarnos algo hasta que los señores llamasen, que les estaban buscando pero que no daban con ellos... o hasta que volviesen... Y va y me contesta que ella no tiene nada que ver con esas historias y que me las arreglase yo con mis problemas que ella bastantes tenía ya,

y que fuera ¡la última *ves* que se me *ocurrrriese molestarrrles*!... ¿Te
lo puedes creer?... Y entonces me puse negra y empecé a decirle de
todo... Que era una desalmada, que cómo podía vivir sin corazón,
si ni los animales pueden, que era un monstruo, que quién se había creído que era, que de no ser por don Pablo ella seguiría siendo
una culona muerta de hambre..., que tenía a tres niños sin comer,
que eso lo iba a pagar con mucho dolor, y que si yo había subido
hasta la casa, era porque don Pablo me había dicho que fuese a
verle si necesitábamos algo... que no tendría más remedio que llamar por teléfono a los señores y contarles todo y entonces sí que se
iba a armar... En fin... que me puse a gritarle como ya sabes tú de lo
que soy capaz, y de lo que va a pasar si tu padre se entera de esto,
¿no?... Vamos... que viene volando desde donde esté y la mata... ¡la
mata!... Menudo es el torero pa eso... la mata... Total, que la amena-
cé con que hasta que no hablara con don Pablo que yo de ahí no
me movía así me dieran las tantas, y que más le valía... ¿Pues qué
crees que pasó?... ¡Que me había dejado hablando sola durante
todo ese tiempo!... ¡Todo lo que te acabo de contar... ¡Ni lo oyó!...
Esa desgraciada me dejó hablando sola como una loca y ella... ¡se
había ido!... Entonces me puse más negra todavía y empecé a gritar como una furia, ¡don Pablo!... ¡don Pablo!... ¡don Pablo!... y a
darle golpes y a zarandear la cancela para que don Pablo me oye-
se, hasta que me harté y me dije, pues nada, aquí me quedo hasta
que alguien entre o salga, pero de aquí no me muevo... y si es verdad que don Pablo se ha ido... ¡pues ya volverá!... Empecé a pensar
en muchas cosas, Miguel, y me entró miedo... miedo a este abandono, a que hayamos llegado a esta situación... con lo bien que se
llevan tus padres con don Pablo... que pudiendo estar en casa en
Madrid... qué necesidad de estar pasando por todo esto tan desagradable mientras que vuestros padres están por ahí, panza arriba,
tomando el sol y tan panchos... ¡Es que no lo entiendo por más
vueltas que le dé!... Y yo aquí sola con vosotros, en un país extranjero, sin hablar francés ni entender nada de lo que dice la telefonista esa de las llamadas internacionales, sin dinero, sin poder dar
con don Servando para que les localice, pues ya me dirás... Me entró miedo... y al mismo tiempo unas ganas de agarrarla por el pescuezo y de arrastrarla por los pelos que... ¡Dios mío!... No sé cuán-

to tiempo pasó, pero fue muchísimo... Acuérdate a qué hora me fui ¡y a la que llegué!... Total... que yo estaba apoyada en el muro a varios metros de la entrada... a la única sombra que había... y de repente oigo que se abre la cancela y que sale don Pablo y me dice... Toma Tata... aquí tienes... Me acerco... y me da un sobre... Esto debería bastar hasta que lleguen los señores... les voy a llamar para que vengan lo antes posible... esto no es bueno para los niños... no lo es... ni para nadie... ¿Cómo están?... Diles que les hecho mucho de menos... la casa está muy vacía sin ellos... Y yo pensé, pero... ¿no la tenía llena de gente?... Y me dije, ¡uy... aquí hay gato encerrao!... No me miraba casi a los ojos... estaba como enfadado y apurado... como avergonzado... luego me preguntó por ti y me dijo que el año que viene vais a tener mucho trabajo porque se van a juntar dos cuadernos que leer y mucho que contaros... Me dijo que te diera un beso grande... que sentía mucho todo esto que está pasando y que hablaría con tus padres para aclarar las cosas y luego... que me fuera ya antes de que se arme más gorda de lo que ya se ha armado... y que estaba muy guapa... Después se dio la vuelta... cerró la cancela y se fue caminando cuesta arriba... Le costaba... le vi muy triste... me dio mucha pena... A saber por lo que estará pasando... ¡pobre hombre!

Esa noche Miguelito lloró muchísimo. Pensó que Pablo ya no le quería ver, que no quería saber nada de él, pensó de todo y nada era bueno. No sabía qué pensar.

A los dos días, sin avisar, el mismo coche con el mismo conductor que nos fue a recoger al aeropuerto de Niza tres semanas antes o menos, mandado por Monsieur Picasso, nos fue a buscar para llevarnos de vuelta al aeropuerto. Nos urgió, diciéndonos que el avión salía a la una de la tarde cuando apenas acabábamos de desayunar. Nos esperó abajo en la calle mientras hacíamos las maletas deprisa y corriendo, más contentos que unas pascuas. ¡Quién lo hubiera dicho! Aterrados con no perder el vuelo, nos lavamos la cara, peinamos, vestimos y regresamos a Madrid.

Las cosas estaban cambiando, y cuando digo «las cosas», me refiero a la relación entre las familias. Todo ello tenía raíz en las zonas más íntimas de ambas. Por un lado, Pablo humillaba más que nunca a Jacqueline, a menudo delante de su hija, Catherine Hutin, una adolescente pelirroja y regordeta, plagada de pecas, tan adorable y encantadora con nosotros, como su madre jamás lo fue. A su vez, Jacqueline se sentía crecida por el poder que fue tomando y que coincidía con un cierto bajón físico temporal de Pablo. Le empezaba a plantar cara, empeñada en abarcar aún más territorio del ya concedido y manejar su mundo entero, incluyendo el aire que respiraba, y eso a Pablo le sacaba de quicio.

Finalmente, acabó por cederle más terreno, casi todo el que ella demandaba, a cambio de disponer de paz eterna en sus dominios, cosa que tampoco consiguió. Jacqueline continuó royéndole sin descanso por todos los costados, desde sus fronteras y puntos cardinales hasta llegar al centro de su sombra. Acabó por invadirle entero, como una metástasis, y hacerle claudicar. ¿Se dejó? ¿Fue fácil? Creo que llegó un punto en el que, desterrados sus amigos más queridos uno a uno, bajo una excusa u otra, pero todas ellas encerrando una mentira, una maldad, una manipulación, él sospechó del origen de las causas y, aun sin poder probarlo, aquello le infligió el primer duro golpe. Además, se vio rodeado por un personal de casa totalmente renovado que ya no le respondía a él directamente con la sólita naturalidad ni el mismo afecto de siempre, sino que cualquier petición que viniera de Monsieur Picasso era procesada y debía pasar por Jacqueline. A él se debían dirigir con deferencia y respeto, como manda y obliga el trato hacia los grandes genios. Así que, cercado por las alianzas que Jacqueline fue construyendo, incluidas las personas que comercializaban su obra, Pablo debió de encerrarse en su trabajo y un día, harto, cansado, abdicó. No puedo imaginarme cuánta su tristeza, ni cuán oscura.

No obstante todo, al año siguiente volvimos a Notre Dame. Sería el último verano con Pablo.

La casa no desprendía su habitual hospitalidad. Nada más entrar te golpeaba un rigor que ordenaba toda partícula de aire, toda mota de polvo, todo lo más imperceptible, ese universo que manda sobre lo que es de mayor tamaño que un átomo. Un frío súbito te recorría la espalda de adentro hacia fuera y te daba a entender que no eras bienvenido, cuestionaba tu presencia. ¿Qué vienes a hacer aquí, intruso? El personal de la casa te atendía diligentemente, no se te tiraba a los brazos alegrándose de volver a verte. La casa se había convertido en una residencia eficaz para sus propósitos, que eran los negocios, el comercio de arte, el cierre de tratos y contratos, y, sobre todo, el guardar las apariencias. Algo semejante a una oficina.

Jacqueline salió a nuestro encuentro, como lo haría la mejor de las recepcionistas, y abrazó a la familia entera a la vez. Mis padres se unieron a aquel retorno para hacer oficiales las buenas relaciones entre familias, pero, sobre todo, para evitar que volviesen a darse situaciones desagradables. Se quedarían solo unos cuantos días hasta tener la seguridad de que las vacaciones estaban bien encauzadas y después regresarían a sus ocupaciones y a seguir discutiendo lejos de nuestros ojos. Una vez que la nueva embajadora hubo presentado sus credenciales, mandó llamar a Monsieur Picasso. Y apareció Pablo...

Abrazó largamente a mi madre agarrándose a ella como a su felicidad. Después fue el turno de mi padre. También con él fue cordial. Hubo apretones y palmadas en las espaldas. Se interesó por su carrera, y mi padre le tomaba el pelo, no sin preocupación: «¿Pero qué pasa, Pablo, ya no me sigues?», y Pablo, evadiendo excusas que hubiesen sido poco creíbles y vergonzosas, le contestó: «Ya no tengo tanto tiempo para leer... solo trabajo y trabajo, Luis Miguel... No irás a torear por aquí cerca, ¿o sí?... Me gustaría distraerme un poco... hace mucho que no salgo... ya sabes...». En aquel no querer soltarle de brazos ni deshacer la mirada se entendieron de inmediato. Mi padre le acarició la cara con todo su cariño y le dijo: «Vamos a ver cómo arreglamos eso, Pablo», y, girando el cuello, clavó sus ojos negros como puyas en Jacqueline, que no perdió compostura ni sonrisa, sabiéndose ya intocable.

Su actitud había cambiado mucho. Parecía otro hombre, y yo ya no sabía cómo dirigirme a él, ni siquiera cómo empezar a tratarle. Me le acerqué, a ver cómo y por dónde rodearle con mis brazos, y él, acudiendo a mi encuentro, me apretó con todas sus fuerzas, con toda su necesidad de perdón, casi cortándome el aire, y me besó en la cabeza durante un largo momento. Después, apartándome a distancia de un antebrazo, me preguntó que cómo me había ido el colegio, que si seguía dando clases de baile, lo que mi padre escuchó erizándose, que cuánto había crecido, que ya era todo un hombrecito, y por un instante creí que Pablo volvería a ser Pablo de nuevo. No debí hacerlo. No debí relajarme ni demostrar ningún resquicio de esperanza. Nada de eso pasaría. Minutos después de besar a mi hermana Lucía y, en especial, a su ahijada Paola, se fue a por la Tata, reavivando su coquetería. Jacqueline interrumpió las bienvenidas, ordenó nuestra distribución en los cuartos de dormir y fuimos conducidos aplicadamente al piso de arriba, excepto mi padre, que dijo que se quedaba con su amigo, que tenían mucho de qué charlar. Ella fulminó a Pablo, y Pablo, respaldado y envalentonado por la presencia de su amigo, le dijo: «Venga, atiende a los invitados, nosotros tenemos que discutir cosas nuestras de hombres... *Allez, file!*». Y se lo escupió con todo el resentimiento acumulado que venía haciéndole tan miserable, con autoridad y volumen, aunque sabía que, en algún momento, estando desprotegido, las iba a pagar caras, muy caras. Pero se sintió liberado y, sobre todo, se le escuchó con esas inmensas ganas de mandar a la mierda a quien no se tiene el coraje de degollar. Pablo envejecía y no se le veía buena cara.

—Estoy harto de ella, Luis Miguel... de ella y de todo... Ya no reconozco a la mujer que tanto me obsesionaba pintar... No sé en qué momento todo esto se me fue de las manos.

—¿Y qué hacemos, entonces?

—No hay nada que hacer... Me encierro a trabajar todo el día para...

—¿A trabajar?... Es la primera vez que te oigo decir esa palabra... debe de ser algo muy gordo, ¿no, Pablo?

—Hace tiempo que no pinto... ni dibujo... ni moldeo... ni me inspiro... Creo que el momento del arte ya pasó...

—Te pones muy gracioso así... desesperado... Déjame que te diga una cosa, Pablo... Tú no eres artista... tú eres EL ARTE, Pablo... Un artista puede dejar de ser artista... el arte puede abandonar a un artista pero no puede escapar de sí mismo... Tú no necesitas inspiración... tú inspiras, tú eres la inspiración de muchos y me incluyo... O sea, que no me vengas con cuentos...

—Las cosas no son tan simples, Luis Miguel...

—¿Pero de qué estamos hablando... de arte o de otras cosas?... Porque si quieres hablar de otras cosas... antes tendré que saber... me tendrás que contar, digo yo...

—Con Lucía... ¿cómo van las cosas? Se arreglan... ¿o no se van a arreglar ya nunca?

—Eso nunca se sabe, Pablo... ¿o tú sí?

—No te separes, Luis Miguel... no hagas tonterías... Lucía tendrá sus cosas, yo la conozco bien... pero traga mucho, todos lo sabemos... A ti te gusta más la caza que el toreo y ella carga con muchos de tus trofeos... (colocándose las manos en la cabeza como luchaderas de ciervo). Y luego tus hijos... piensa en ellos... si no, ¿para qué los has tenido?

—Vamos a ver, Pablo...

—¡Se lo debes, Luis Miguel!... ¡Se lo debes! Si te separas, la van a machacar y lo sabes... la van a destrozar... y tus hijos se van a quedar solos... necesitan a un padre para salir adelante... Mi pobre Miguelito... ¡él te admira tanto!... Y tú, ni le conoces... yo sí... es un niño muy especial... muy sensible... es único... ojalá yo hubiera tenido uno como él... Tienes que cuidar a tu familia o la vida se te hará muy dura y te vas a llenar de arrepentimientos que nunca podrás deshacer...

—¡Mira quién habla!

—Así es... mira quién habla... así es... Hablo con todo el conocimiento que me ha dado una vida llena de errores... en lo personal... no hablo del éxito... hablo de lo personal... Me casé las veces que me dio tiempo a casarme y los hijos que tuve jamás los conocí... no sé qué son... no les he tratado lo que debería haberles tratado... Si me llaman por teléfono y no me dicen quién llama... ni reconozco sus voces... no me acuerdo de sus nombres... Devastador... imperdonable... quizá hoy... ahora mismo... esté pagando por todo ello... y si es así, no quiero ni pensar en lo que aún me queda... Ya voy cuesta abajo, Luis Miguel... podrá tardar más o menos tiempo... pero ya voy cuesta abajo...

—Pablo...

—Ni Pablo ni Picasso ni nada de nada... Luis Miguel... mírame y ve lo que va a ser de ti también... maestro... y prométeme que no te vas a separar... no los abandones... te lo pido por favor... el solo pensar en ello... se me hace muy doloroso... de suceder... la idea se me haría muy dolorosa...

—Pablo... te escucho y lo hago con todo el cariño y el respeto que te tengo... pero cada uno es cada quien... y creo que si las cosas siguen así... un hombre no puede ni debe sacrificarse tanto... no es bueno... y yo me juego la vida cada tarde y tengo que tener la cabeza en su sitio, fría y sin distracciones... y el corazón descansado como el de un guerrero... Lo siento, Pablo, pero si las cosas siguen así... y no veo que vayan a cambiar... la separación va a ser inevitable...

—¿Estás enamorado?... Dime... ¿lo estás?

—Sí, Pablo... lo estoy.

—Pues sigue estándolo... pero no te separes... no abandones a tus hijos... ya tu corazón ha abandonado a Lucía, pero no la dejes sola...

—Pablo... me estás pidiendo...

—Sí, amigo mío... sí, mi admirado Dominguín..., te lo estoy pidiendo... o si no...

—O si no, ¿qué?

—No quiero volver a verte... nunca más.

—¿Bromeas?

—¿Bromeo?... Compruébalo... si eres hombre.

Bajé de tres en tres las escaleras y me los encontré a los dos, de espaldas, enfrentando perfiles, en silencio, como retándose, muy serios. Corrí para mostrarle a Pablo mis cuadernos rebosantes de todo lo que había conseguido reunir en los años pasados sin vernos, repletos de historias, pensamientos y reflexiones. Los apoyó en sus rodillas y se los quedó mirando fijamente, perdido en otras ganas, en otros pensamientos. Apenas los ojeó. Golpeando las tapas, me dijo: «Ya habrá tiempo para echarles un vistazo». Me dijo: «Bueno, Miguelito... ahora tengo que ir a trabajar, nos veremos más tarde». «¿Puedo acompañarte, Pablo?», y evitando la mirada, bajándola, me susurró casi al borde del quebranto: «No, en este momento no... necesito estar a solas para concentrarme mejor... Elegiremos otro lugar para reunirnos... cuando tenga tiempo... yo te busco, ¿vale?». Y mi padre añadió: «Ahora hay que dejarle a solas, Miguelón... Pablo tiene mucho en la cabeza y le va a venir bien pintar un poco... quédate conmigo y enséñame esos cuadernos, ¿te apetece?».

Que mi padre se interesara por algo que yo había hecho estaba tan fuera de lo concebible que, de inmediato, mi cabecita olvidó y mi decepción en segundos se había pulverizado. Ni oí a Pablo alejarse. Mi entusiasmo, sin pensarlo dos veces, voló hacia cimas más altas, más anheladas, más soñadas, en las que reinaba mi padre, el señor de mi corazón, mi ejemplo, mi modelo, mi más gran amor, mi Capitán Trueno. Y me estaba regalando su atención.

Como quiera que fuera, a lo largo de ese verano vi muy poco a Pablo. Hacer preguntas no estaba bien visto y acabé por asumirlo. Me hice independiente. Fue entonces, si bien recuerdo, que empecé mi colección de plantas, flores e insectos. Las recolectaba en el recinto de la propiedad o atrapaba en los bancales del jardín. Luego los guardaba y archivaba entre las páginas de un cuaderno sobre el que ponía un par de libros gordos para prensar el todo y disecarlo bien.

Los saltamontes, había muchas especies, eran los más difíciles de manejar. No les gustaba nada tener que ser aplastados por el bien de mi colección y daban guerra, me aserraban los dedos con sus zancos traseros. Las mariquitas y mantis eran las más delicadas de guardar, sus patas a menudo se quebraban y el bicho entonces quedaba inservible y había que desecharlo. Los escarabajos... Una vez espachurré a un diminuto zapatero que me dejó el cuaderno hecho un asco. Cuando le reventaron las tripas me dije: «He de encontrar otro sistema, definitivamente». Así que opté por ensartarlos hasta deshidratarlos, en alfileres sobre corchos de vino robados por la Tata en la cocina, que disponía alineados y clavados en el fondo de una caja hasta que estuviesen listos para ser «encuadernados». Después los encolaba en su página de destino, les adjudicaba un nombre imaginario y una leyenda a pie de insecto que escribía con aplicada caligrafía:

Scarabeo Picassus: Especie de escarabajo verde atornasolado. Atrapado caminando con poca energía. Dócil en su trato y captura. Sin ojos que puedan contar nada. Hay muchos, tranquilo que sobran, no son tan únicos como cree tu corazón, Miguel.

Mantis Odiata: Muerde como todas las de su especie. Su leyenda es cruel según los libros de *Natura viva*. Es la Señora del Terror. Año tras año he ido observando cómo se comen al macho, lentamente, con frialdad.

Mariquita Lunaria: Así apodada por sus puntos y su aspecto alegre y amigable. Siempre en su labor y haciendo el bien en los huertos.

Avispus Toreans: Queda claro a quién va dedicado. Su traje de luces a rayas la hace inconfundible. No para de fastidiar pero es elegante. Sus rasgos son fascinantes.

Y así seguido, cada quien de mi entorno tenía adjudicado su bicho en mi colección privada, en la caja de debajo de mi cama.

Comencé a aficionarme al naturalismo pero, sobre todo, muy pronto desarrollé una adicción por atrapar más que por recolectar. Se tornó compulsiva y obsesiva. No pensaba en otra cosa. Especialmente durante las comidas. Se me iba el santo al cielo pensando en métodos más perfeccionados, sofisticados, para crear trampas en las que los bichos aguantaran vivos. Disfrutaba, por encima de todo y con diferencia, en ponerlos a dormir, observando sus últimos aleteos, su pelear, aislados, viéndolos rendirse. Su escurrirse en vano contra las paredes lisas de los frascos y, finalmente, su expirar volteándose en un último estertor, asfixiados tal vez, o exhaustos, o muertos de hambre y sed, o todo a la vez.

Aquellos estudios, aparentemente despiadados y sádicos, respondían a dos estímulos. El primero, el científico. Ese tenía sus raíces en la curiosidad, la que nunca jamás me abandonaría, muy demandante conmigo, que fue creciendo con los días, y que hasta hoy continúa. La curiosidad, esa que lleva a experimentar, a descubrir, a inventar, a probar, a tomar riesgos, la que desarrolla una insaciable, compulsiva necesidad de aprender y comprender, la que no da tregua y que obliga. El segundo, el de la venganza. Capturar y aprisionar a esos insectos, hacerlos míos y observar su comportamiento hasta el último respiro me metía mariposas en el estómago, me resultaba hipnótico, como el quedarse a mirar el fuego durante las noches en el hogar de Villa Paz. Pero la clave estaba en identificarlos, en dar a cada uno un nombre y un apellido, con prioridad los de los seres más queridos y cercanos. De esa forma podía ejercer sobre ellos lo que mi corta edad y fuerza física no me permitían, tomar revancha. Eran pequeños y nobles sacrificios secretos, cometidos en el intento de restaurar la igualdad y la justicia, las carencias y los abusos, los abandonos. Lo cierto es que aquella terapia tenía en mí un efecto reparador y apaciguador muy eficaz, casi instantáneo. «Si me atrapan», pensaba, «no podrán decirme nada. También mi padre caza, aunque tal vez pegarle un tiro a un animal y dejarlo seco sea un poco más humano».

Una puerta del estudio que al crujir se entreabre y una mano que me hace señas de acercarme. Pablo me atraía hacia su estudio y me susurró: «Entra rápido Miguelito, date prisa, que no te vean». Se respiraba tabaco y agua fuerte, acetona. Las ventanas cerradas desde hacía quién sabe cuánto no permitían renovar el aire y faltaba oxígeno. Nada que ver con mis últimos recuerdos.

Estaba vestido de pies a cabeza, con pantalón largo muy ancho, una camisa de cuello remangada y una bufanda amarilla, algo insólito en él, que era más de torso desnudo o de calzoncillos y chanclas.

—Pasa, pasa... hace frío aquí, ¿no crees?

—No, Pablo, al revés... ¡hace muchísimo calor!

—Pues yo siento frío... será que no da bastante el sol.

—Tienes que abrir las ventanas, Pablo... aquí huele muy mal... huele a cerdo.

—¿Tú crees?... Pues abrámoslas... ¿me ayudas?

De inmediato el estudio empezó a recargar energías, tardó segundos. Se veía cómo bloques compactos de gases en suspensión, enrarecidos y apelmazados, eran desplazados por el aire fresco que entraba del jardín. Rodaban al salir, llevándose lo tóxico al exterior. Mientras que nos afanábamos en ventilar, Pablo aprovechó para vaciar los ceniceros en un basurero y reunir por manojos sus pinceles desperdigados, que acomodó en vasijas. Todo para conseguir, de alguna manera, recrear la escenografía que compartimos años atrás, de la que formé parte. Se alegró mucho de que estuviésemos a solas de nuevo.

—Bueno... ¿y esos cuadernos?... ¡Sácalos que los veamos!

—Los tengo arriba, en el cuarto... ya te los traeré...

—Pero ¿qué pasa... no quieres compartirlos?

—Los cuadernos me dan igual, Pablo... el que me importa eres tú... y yo a ti ya no te importo...

—No es así, mico... es más complicado que eso...

—Tengo que saber si seguimos siendo amigos o si ya no lo somos, Pablo... ¿lo entiendes?

—Lo entiendo y... no es que intente justificarme... pero he tenido una mala racha.

—Yo creo que la sigues teniendo, Pablo... Me siento muy solo aquí, sin ti... Me siento abandonado... estoy muy triste y si no te voy a ver como antes... Diles a mis padres que nos vengan a buscar... He pasado unos veranos que han sido los más bonitos de mi vida... pero si lo pienso bien... lo más bonito de todo eras tú... y tú ya no existes... nada es igual... esta casa parece una prisión... Jacqueline me observa desde todas las ventanas a todas horas... Yo me quiero ir, Pablo... me quiero ir... ¡no aguanto más!...

Pablo no sabía qué decir. Se sentía desolado, sin saber qué palabras juntar para pedirme perdón. Se me acercó y me abrazó bien fuerte, como recordaba haberlo hecho en el pasado, con toda la fuerza de su cariño.

—Deja ya de llorar, que me vas a partir el corazón... por favor... Sé el daño que os he hecho a todos y ahora no te voy a contar las razones... pero, por encima de todo, quiero que sepas que te quiero mucho... que siempre te voy a querer... Me hubiese gustado tener un hijo como tú... un chico tan especial... tan único y tan espabilao... Tú estás en mi corazón desde que eras así de alto... así... Me estoy haciendo viejo, Miguelito... y me están pasando cosas en las que ya no hay vuelta atrás... cosas terribles... de la vida... y necesito darle un empujón urgente a todas estas ideas que se apelmazan en mi cabeza y no me dejan dormir...

—¿Pero para qué quieres más, Pablo?... ¿Para qué?... Lo que tienes que hacer ahora es descansar... y divertirte como cuando estábamos juntos... Más cuadros, ¿para qué?...

—Cuando crezcas y yo me haya ido... allá arriba con tus ángeles azules... ¿recuerdas?... oirás muchas historias sobre mí... pero nadie sabrá lo que hubo entre tú y yo y ese seguirá siendo nuestro secreto... hasta que tú decidas contarlo... si es que lo decides algún día... Se dirán más mentiras que verdades aprovechando que no estoy para defenderme.

—Yo lo haré.

—Lo sé... pero te quiero contar un secreto más... Cuanto más grande sea mi obra... más cuadros y más obra deje... más se van a pelear entre todos por llevarse algo... y se van a desguazar como hienas... esos idiotas que no entienden nada de arte... que solo piensan en el dinero que se pueda sacar de él... ¡que se maten entre ellos!... bien empleado les estará... y eso es lo que pretendo, *mon ami*... Mi venganza será mi herencia... y tendrá que ser la tuya también... la nuestra... y esto que no salga de aquí, *entendu?*

—*Oui, Monsieur...*

—Te echaré de menos mucho... siempre...

—¿Nos vamos a ver?...

Me abrazó con el resto de sus ganas y me acompañó hasta la puerta. Hizo un paso de minueto, la abrió, y dejándome salir al jardín, se despidió con un *au revoir, mon chéri!*, y la cerró *con mucho* despacio mientras su mano con dedos de gaviota era engullida.

No recuerdo quedarme satisfecho, ni tampoco convencido. La tristeza dio paso a una amargura lacia barruntando melancolía. Amagado entre los arbustos y frutales, me quedé un tiempo observándole pintar a través de los ventanales de par en par. Una música de pianoforte tibia y nostálgica, que escapaba del interior del estudio, chocaba con las alegres y cálidas notas de los perfumes de las hierbas aromáticas del campo, y sobre todo con las del sol. Al cabo de un rato recogí mis suspiros y me fui sabiendo que no volvería a verle nunca más. Así que, para no pasarlo peor de lo que ya lo estaba pasando, para no ser atravesado por una pena que me devastaría, cerré de golpe la puerta de mis sentimientos para el resto de los días. Era finales de agosto de 1967.

El matrimonio Picasso estaba en pie de guerra y mis padres no estaban mucho mejor. Los rumores de crisis circulaban de boca en boca, de cóctel en cóctel, de cacería en cacería, de baile en baile, de revista en revista, y acabaron por confirmarse.

Mi padre volvió a sus andadas y al acabar de jugarse la vida en los ruedos, la perdía en las camas de las mujeres que le pusieron nombre a sus cornadas, aquellas que no dudaban en jactarse públicamente de haberse comido al torero. Annabella Power, Lauren Bacall (tía Donald para nosotros por su boca de pato), la eterna Deborah Kerr, y una legión de damas de la alta sociedad española e internacional que llevaban años esperando la vez, fueron candidatas a cotilleos y verdades.

Mi madre tampoco quedó fuera de sospecha, aunque los amantes que se le atribuían eran casi siempre anónimos y mucho más discretos. Pero no se quedó sentada viendo cómo le crecían los cuernos. La suma de desastres y acosos la alejó de Mougins, lo que puso en pausa el trato entre familias.

En mi casa se destinaba tanto tiempo y energía a desmentir tanto «qué dirán» que a mi madre le tocó cambiar de carácter y de actitud. Vivíamos en una España alimaña, y en las sociedades de su Olimpo le empezaban a dar la espalda y a apodar «la Italiana». Y eso era muy feo, muy hiriente y muy cobarde. Hasta que un buen día pegó un puñetazo sobre la mesa y decidió hacer pública la traición del torero con nombre y apellido, y en un solo asalto, certero y tomado por sorpresa, el matrimonio se fue a la mierda.

Cuando la noticia llegó a Notre Dame, Pablo enfureció, arremetió contra mi padre y le maldijo. ¿Cómo era posible que Luis Miguel hubiese dejado a Lucía por el escuerzo de su prima? Mi padre le quiso llamar por teléfono para darle la noticia de viva voz, sobre todo tras aquella conversación mantenida, pero Pablo se negó a ponerse al teléfono. Insistió, pero ya era demasiado tarde. Lo hubiese sido de todos modos, fuese en el momento que fuere. En cambio, Pablo jamás señaló a mi madre, a quien adoraba por encima de la admiración que sentía por mi padre; en su corazón, ella quedó fuera de toda culpa. Así que, aprovechando el arrebato de ira de Picasso, Jacqueline pensó que esa sería la suya y, tras relamerse largamente, declaró no grato al matrimonio Dominguín, haciéndoles llegar su decisión a mis padres a través de un amigo común.

Era junio de 1968, finales de curso. Mi padre me pidió prestado a mi madre para ir a visitar a Pablo. Mi madre le advirtió que no me utilizara de carnada, ¿pero entonces para qué me dejó ir? Supuse que, para reconducir la amistad con Pablo, yo debería de ser pieza clave, fue lo único que se me ocurrió pensar.

Intentaban recuperar la normalidad en todo, pero nada de lo que se les ocurría era normal. Nada tenía pies ni cabeza, todo surgía de fogonazos o de pasiones sin control. Forzaron la tuerca.

Nos fuimos a Mougins en un coche que mi padre rentó en el aeropuerto, y no recuerdo quién, pero alguien nos acompañó y fue testigo del hecho. En la cancela de la propiedad habían puesto un cartel que prohibía el paso. Mi padre oprimió el botón del interfono varias veces, encendió un cigarrillo, y al minuto largo, una voz de mujer le contestó en francés. Chapurreando en «franpañol», le preguntó quién era y ella dio su nombre. Mi padre se presentó, y le pidió que le abriera la cancela, *silbuplé,* que le estaban esperando, y la chica le respondió que un *momán*. Malditos *momanes,* pensé, no auguran nada bueno, mientras recordaba aquel episodio de la Tata cuando tuvo que venir a pedir limosna. Pasaron cinco minutos largos hasta que volviera para comunicarnos que nadie tenía avisada ninguna visita y que en el cuaderno de registros de la casa no constaba ninguna notificación que dejase...

—Póngame usted con la señora Jacqueline al aparato, haga usted el favor... y no se lo voy a pedir dos veces... se lo pido una y en español... y no se haga la tonta que sé perfectamente que todos en esa casa... me escucha bien... ¡todos en esa casa lo hablan o lo entienden!... Y... le dice a la señora o al señor... quien usted prefiera... que o se ponen al aparato o derribo la puerta, por mis santos cojones que lo hago... ¡Me cago en todo y por su orden!... ¡Diooooos!

—Luis Miguel... soy yo... Jacqueline... Te lo voy a pedir por favor... date la vuelta y vete... deja de molestarnos y no intentes bravuconadas... no es una corrida, no es un toro... es la cancela de una propiedad privada en la que no eres bienvenido... Te lo pido por favor y desde el respeto... gracias...

—Jacqueline... Jacqueline... escúchame ahora tú a mí también desde el respeto y el cariño que nos tenemos desde hace tantos años... He venido a hablar con Pablo para explicarle con mis palabras, mis argumentos y con mi voz... por qué me he tenido que separar de Lucía, y no quiero que le lleguen más historias de nadie que puedan hacerle daño... Déjame que hable una sola vez con él y después me marcharé... y si así lo queréis, me marcharé para siempre... pero déjame verle una vez más... una sola... por favor...

—El daño ya está hecho, Luis Miguel... Verte y el qué le contarás... a estas alturas... no podría más que empeorar las cosas... No sé si te habrás enterado, pero Pablo no está bien de salud y los médicos le piden que descanse... que trabaje lo justo y que, sobre todo, no reciba emociones fuertes... Bueno... no hago más que seguir las prescripciones médicas...

—Jacqueline..., ¿de verdad que no me vas a dejar entrar?... ¿En serio me lo dices?... He venido desde Madrid aposta para pasar unas horas con él... ¡Está Miguelito conmigo!... Y sé que los dos se adoran y les encantaría verse... Dile a Pablo que está aquí Miguelito, verás como te dice que abras la puerta... Ve y díselo... Miguelito ha venido desde España a verle... ¿le vas a hacer eso a un niño?... Un niño que no es cualquiera... que es su niño... por favor, Jacqueline..., ve y dile que estamos aquí... que queremos darle un abrazo y luego nos vamos...

—*Salut*, Miguelito... *tu vas bien?*

—*Oui... je vais bien... merci*, Jacqueline... ¿puedo ver a Pablo?

—Ya le he dicho a tu padre que eso no va a ser posible... debe evitar fuertes emociones... su corazón está delicado... lo siento...

—¿Le dirás que vine a verle... por favor?

—No te prometo nada... pero buscaré el momento... Te mando un beso fuerte y otro a tus hermanas... Adiós, Luis Miguel...

—Jacqueline... o abres o echo la cancela abajo con el coche... ¿pero quién te has creído tú que eres?... ¡Esta casa es de Pablo, de Pablo Picasso, y tú no eres más que la que se abre de piernas para conseguir hacerse con todo lo que tiene!... ¡Eres una zorra!... ¡Una hija de puta!...

—*Suffit*, Luis Miguel... *suffit!*... Deja de pegar patadas a la entrada... está llegando la policía... Vete ya de una vez y no vuelvas a aparecer... bastante habéis chupado tú y tu familia de Pablo Picasso... ladrones... todos ladrones... Le habéis robado todo lo que habéis podido a ese pobre viejo idiota que no sirve ya ni para pintar... Y siempre con esas caritas de buenos... y con la excusa de los toros... *Un pillage, c'est ce que vous avez commis...* ¡Un pillaje!... Sois mala gente y os maldigo a todos... ¡Vete a la mierda, Luis Miguel!... ¡Tú y la puta italiana de tu mujer! ¡A la mierda!...

Y cortó bruscamente. Mi padre se quedó ahí dando patadas al vacío y pensando de qué manera asaltar la casa para ir a estrangularla o no se daría las dos orejas. Estaba fuera de sí. No le gustaba que se le negaran las cosas, no le gustaba que le insultasen, que le humillasen, no a que lo hiciese una mujer, y menos en público. No le gustaba que le llamaran ladrón y tampoco le gustó que le llamasen puta a la madre de sus hijos y que yo lo oyera.

El coche de policía remontaba la cuesta y cuando los agentes bajaron, mi padre intentó explicarles la situación tan desagradable que se había creado, que se trataba de una amistad muy grande entre Monsieur Picasso y él, Luis Miguel Dominguín, torero muy famoso, con el que incluso había escrito un libro. Hasta que uno de los dos agarró del brazo a mi padre y le preguntó: «¿De verdad es usted Dominguín?... ¿El gran Dominguín? ¡Ah!... no lo puedo creer!... Yo soy su admirador número uno... he estado en más de una docena de corridas suyas aquí en Francia, en Nîmes, Antibes, en Arles, y usted es el *mejog*, ¿podría firmarme un autógrafo?». Y mientras autografiaba, uno fue explicándole al otro quién era la personalidad con la que se habían topado y tuvo que firmar más, para familiares y conocidos, todos aficionados. Se abrazaron, se congratularon, se excusaron por las inconveniencias y acabaron por escoltarnos de regreso al aeropuerto.

Volví a Madrid dejando a Pablo atrás e hice de tripas corazón. Nunca más lo vería, nunca más, eso seguro. Pablo se había acabado, y no tenía bien claro en mi cabeza cuáles ni cuántas iban a ser las consecuencias. Eso sí, lloré hasta secarme.

9

Blanco y negro

El día que se iba, 31 de diciembre de 1967, día del asalto a Villa Paz, día de la ruptura del matrimonio, lo hacía dejándome un saco de preguntas sin resolver, una cabecita llena de pena y mucho dolor de estómago. Metido en mi cama, repasaba una y otra vez todo lo ocurrido en tan corto tiempo, apenas horas, pero no conseguía entender nada. En algún momento, pensé, alguien nos dirá qué está pasando o mis hermanas van a romper a llorar y no habrá quien las consuele. Se respiraba ansia, y la sensación de que algo muy gordo se había roto estaba ahí, presente en todo. Intuíamos que tarde o temprano, una parte iría a tocarnos a nosotros, los hermanos. Aprisionado, aplastado bajo esa losa, dormí profundo.

La casa de Somosaguas pasó la noche en vela. Se había alargado en conversaciones acaloradas y maledicencias entre mi madre y la Tata, que viajaron ramificándose por la oscuridad como tentáculos, recorriendo un laberinto de pasillos sin fin, cuchicheadas de cuarto en cuarto, hasta que la casa entera se enteró de la noticia. Desde cada rincón se oyeron sollozos desafinados, distantes. Luego silencio y calma.

Me desperté de un golpe de pesadilla, me vestí y bajé a la cocina en donde la Tata ya estaba enzarzada en tareas. Hacía oscuro y no supe qué hora de la madrugada. No me oyó llegar. Daba comienzo una época en la que nadie te oía llegar, nadie te veía pasar, nadie te sentía cerca, nadie le importaba a nadie, nada era. Todos idos, muy confusos, estremecidos por aquel pesar que nos perforaba y nos pasaba a través sin causar aparente daño. A ras del dolor, quedábamos en pausa y a la espera de que las emociones golpeadas se desentumecieran, que se enfriaran, y entonces, inevitablemente, se desataría el drama.

—Tata... quiero un vaso de leche, por favor... y unas galletas María... Hace frío... —La Tata se sobresaltó.

—Y lo hará hasta que la casa se caliente... la calefacción se apaga de noche, Miguel... la acabo de encender... ¿qué haces despierto a estas horas?... ¡Son las cinco de la mañana!...

—Tata... ¿qué pasó ayer?... Sigo pensando en todo pero no entiendo nada... ¿Alguien nos lo va a explicar?

La Tata, dándome la espalda, me contestó.

—Ayer tus padres se pelearon...

—Ya... eso lo sé... lo vi... pero no fue una pelea normal... fue muy desagradable...

—Desagradable, dice... De tanto leer, te vas a perder entre tanta palabra fina y nadie te va entender... Hubo una bronca tremenda... la más fuerte que hayan tenido... y que yo haya visto...

—Tata... tengo once años, soy el hijo de dos señores que ayer casi se matan y tengo derecho a saber qué pasó... ¿Qué está pasando?

De golpe, la Tata no aguantó más y estalló a llorar. Pero no a llorar como otras veces, como cuando se ponía muy triste o cogía un disgusto con alguien de su familia, no. Lloraba sin consuelo, perdidamente, tapándose con una mano la boca para sofocar el volumen del llanto, con la otra recargaba en la pila del fregadero. Miguelito, desarmado y sin saber qué hacer, se quedó ahí, envuelto en su bata escocesa, mirándola, aguantando el sofoco.

—Tus padres se han separado, Miguel... se han separado... El matrimonio está roto y eso se va a llevar por delante a la familia... Y a mí me da igual que esos dos idiotas mayores de edad se tiren los trastos a la cabeza, como si de paso se la rompen... todo eso me da igual... lo que más me duele es que nos va a llevar a todos por delante... se va a llevar a mis niños por delante... y juro por el Dios que llevo en el corazón... que como os toquen... como se les ocurra haceros daño... os intenten separar o lo que sea... se las van a tener que ver antes conmigo... los dos... tu padre y tu madre... Malditos los dos... malditos sean... malditos amores... ¡qué poca cabeza!...

La frustración y la rabia que desplegó la Tata fueron de dimensiones bíblicas, lo que a Miguelito le impresionó mucho, muchísimo, la vez que más. Pero, por otra parte, pensó: «Por fin alguien habla, por fin», y algo dentro se le alivió y le voló fuera como una polilla. Agradecido como nunca, se arrancó de la silla y le llevó un abrazo cargado con todo su cariño, de esos que reservaba para su Tata querida del alma, y que funcionó de inmediato. Ella, respirando profundo, secándose el llanto, de alguna forma liberada en lo muy hondo, se agarró fuerte de su niño, y le dijo:

—No digamos nada aún a las niñas, Miguel... son muy pequeñas y no lo van a entender. De hoy en adelante, tú y yo hablamos todas las cosas... todo... solo tú y yo... que ya eres mayor y, además, vas a ser el hombre de la casa, ¿vale?

—¿Pero qué va a pasar a partir de ahora, Tata?

—Es pronto para saberlo... pero sí sé que las cosas van a cambiar mucho... muchísimo... y que nos tenemos que preparar para una vida nueva... otra muy diferente.

—Tata... ¡ahora me estás asustando tú a mí!

—Solo te estoy avisando... ¿no querías saber?... ¿no eres el mayor de la casa? Porque si quieres, ya no te cuento nada más.

—No... quiero que me cuentes... quiero saberlo todo... Y mamá, ¿dónde está?

—Tu madre anoche lloró mucho. Hizo la maleta y se fue a casa de Natalia. Se marcha a Roma. Tiene mucho en qué pensar y arreglar muchas cosas. Estará fuera unos días.

—¿Y papá?

—Tu padre... tu padre... —La Tata pausó el discurso y miró al suelo, luego, fijamente a Miguelito, callando, y este pensó en algo feo, en lo peor.

—No, Tata, no... no puede ser... ¡papá no!... ¡Villa Paz!... Yo la vi arder, pero papá no... ¡papá no! —repetía Miguelito angustiado.

—No, Miguel... tranquilo... a tu padre no le ha pasado nada... aunque ya arderá... Está bien... está mejor que todos nosotros... pronto le verás... pero ya no es el mismo... como tu madre, que ya no es la misma... no volverán a serlo.

Ese invierno fue eterno. Duró lo que no estaba escrito. En la Avenida del Campo, los chopos habían tirado todo el follaje y sus cortezas blancas enfriaban un paisaje que a diario amanecía punzado de escarcha crujiente. El pasto, quemado por las heladas, cubría las parcelas sin construir y Miguelito se entretenía en aplastarlo y deslizarse sobre él, intentando tomar carrerilla y velocidad para viajar lejos, a otra parte. Recorría de arriba a abajo sus días enteros y el mundo alrededor, explorándolo, palo en mano, pensando en nada, que era mejor que enfrascarse en hacerse preguntas. Volteaba cada piedra en búsqueda de algún zapatero hibernado, de alguna babosa en su capullo de espuma, de alguna lombriz... Nada. Todo lo conocido y lo cotidiano, lo de costumbre, hasta lo más familiar, todo había desertado o se había hecho súbitamente aburrido. Nada le distraía, nada hablaba su lenguaje. Ni coche de alguien conocido que pasara y a quien saludar, ni amigo con quien pasear juntos aunque fuese para decirse nada. Nada. De vez en cuando, algún gorrión al que apuntar con un palo y fingir disparar que volaba despavorido, pero poco más. La tristeza, que todo invadía, le había chupado la savia de la vida a la naturaleza que parecía estar enferma de desdicha. Algo había secuestrado la alegría. «Tal vez esté enfadada», pensó Miguelito, mientras que deambulando, cabizbajo, se adentraba en la niebla, la niebla que todo lo traga, como a los niños perdidos, a los fantasmas y a la luz. La temperatura bajaba y ya era hora de recogerse.

—Es tu madre, Miguel... conferencia desde Roma... ¡corre, ponte al teléfono!

Miguelito bajó las escaleras del cuarto de jugar de siete en siete. Agarró a dos manos el aparato de la cocina como si su madre se le fuese a escapar y le habló con la voz aún en carrera.

—*Ciao mamma... come stai?... quand'è che arrivi? Ci manchi molto... La Tata mi ha raccontato ciò ch'è sucesso ma non diciamo niente alle sorelline se no poi si spaventano, va bene?... Stai bene?*

Su madre le habló con tono serio, uno desconocido.

—Miguel... *ascolta*... escúchame bien... Lo que ha pasado, ya no se puede arreglar y cuando nos veamos te lo explicaré con calma...

Tu padre se ha portado muy mal conmigo y ahora me va a hacer la vida imposible... Yo espero que con vosotros se porte bien, pero no estoy muy segura... *Vediamo un pò come si mettono le cose*... Ahora tú ya eres el hombre de la casa y tienes que ser fuerte, ayudar a tus hermanas y apoyar a la Tata hasta que...

Y según iba hablando, el nudo que le apretaba la garganta acabó por estrangularle la voz y rompió a llorar, llorar y llorar, sin poder articular palabra. Miguelito se puso muy nervioso, ya que poco podía hacer. «Malditos teléfonos», pensó, «la gente no debería llorar cuando está lejos y menos al teléfono».

—*Mamma... non piangere così per favore... non piangere più... dai, sù...*

Miguelito quiso hacerse de aire, meterse por el cable telefónico, cruzar el mar y salir del otro lado del aparato para abrazar a su madre y consolarla, pero no le quedó más que esperar a que se calmara y entonces...

—Miguel... *dobbiamo essere forti...* tenemos que empezar otra vida, una muy distinta, no tenemos más remedio... y eso es lo que, en pocas palabras, va a pasar... Tus hermanas, la Tata, tú y yo tenemos que estar más unidos que nunca, porque si piensas que esto es malo y que acaba aquí... ni te imaginas el infierno que está por llegar... Tu padre tiene muy mala leche y se va a poner torero, que lo sepas...

—Y eso, ¿qué quiere decir?

—Que me lo va a quitar todo porque quiere vengarse... y vosotros vais a pagar el pato... *Devo cercare lavoro...* tengo que buscar trabajo para ganar dinero y ya se me olvidó cómo hacerlo... pero tengo que buscar algo... para que tengáis una vida digna, normal, como cualquier niño... Olvidaos de lo que habéis tenido... eso ya no lo vais a tener... cambiamos de vida... y creo que el mejor lugar para empezar de nuevo es este país, mi país, Italia.

—¿Pero eso quiere decir que te vas a quedar ahí ya para siempre?

—No, *Mighelino*, no para siempre... pero tendré que moverme y ver si alguien me da una oportunidad para volver al cine... *Dio!...* que tanto odio... pero no sé hacer otra cosa... *e sono ancora bella, no?*

—*La più bella del mondo, mamma... lo sai... e tutti ti vorranno perchè sono tutti innamorati di te...*

—*Quanto sei, carino Mighelino ... da tempo che nessuno mi diceva cose tenere... sei molto caro... per cui... ci metterò un pò a ritornare...*

—*Quanto mamma? Ci manchi molto e qui fa molto molto freddo!*

—También aquí... *lo so...* En todos lados y en todas las almas cayó el invierno... *mannaggia la miseria!... Questa vita è una merda... così ingiusta, Dio mio...* no lo sé... puede que un mes... puede que dos... puede que más... como máximo, en primavera estoy de vuelta... y cuando lo tenga todo organizado... os recojo y nos venimos todos a vivir a Roma... suena bien la cosa, ¿no?

Miguelito no lo pensó dos veces.

—No, mamá... no suena bien la cosa...

—*Che vuoi dire?*

—Que a Italia no, mamá... a Italia no nos podemos ir... Aquí tengo a todos mis amigos... aquí está mi colegio... mi casa... a Italia no... yo no quiero que escapemos... no somos ningunos cobardes y huir es de cobardes, eso me lo dice siempre papá...

—Tu padre... ¿Tu padre te enseña eso?... Pues dile que a ver si lo pone en práctica... porque lo que tu padre está haciendo desde hace años es comportarse como un cobarde, no dar la cara y huir de todo... ¿me entiendes?... de todo... de su familia... de sus hijos... de la madre de sus hijos... de los toros... de su honor... de todo... huir y huir... menos de las putas.

Miguelito la dejó desahogarse y fue claro.

—Pues no hagas como él, mamá... no huyas tú también... Aquí estamos bien, mamá, y estaremos muy bien... Vamos a ser fuertes y a estar unidos como dices y, pase lo que pase, nadie va a poder con nosotros... Aquí está nuestra vida... Tu eres italiana, pero nosotros hemos nacido aquí... somos españoles y un poquito italianos también... pero mis amigos, mi perro, mi bicicleta, mi vida ya está aquí... empezó aquí y yo de aquí no me quiero ir... Prométeme que no nos vamos a ir a Italia... prométemelo... prométemelo ahora... y si decides irte a Italia, lo siento, pero yo me quedo aquí...

—¿Con tu padre?

—No... con mis hermanas y la Tata.

—Ellas se vendrán conmigo.

—No, mamá... ellas se quedarán donde yo esté... ahora soy el hombre de la casa, soy el jefe de la familia y las tengo que proteger... Tengo once años y dentro de diez seré mayor de edad... estudiaré y trabajaré en el jardín y en la casa mientras que tú haces tus películas... La Tata y yo nos ocuparemos de todo y cuidaremos a mis hermanas... pero aquí, en Madrid... en Italia, nunca... Prométeme que no nos iremos a Italia... ¿Mamá?... Prométeme que NUNCA nos iremos a Italia... prométeme que no vas a huir...

—Bueno... eso ya lo veremos...

—Pues te quedarás sola...

Contrariado, cargado de furia y del temperamento heredado, fue directo al cuarto de plancha, donde la Tata zurcía su radionovela, y se plantó en el umbral, resoplando su enfado.

—Y bien... ¿qué te ha dicho tu madre?

—Que nos quedamos en Madrid.

—¿Pero es que acaso nos íbamos a ir a algún otro sitio?

—Sí.

—¿A dónde?

—A Italia.

—¡Uy, a Italia!... Pues sí... lo que nos faltaba... ¿y entonces qué?... ¿Al final nos vamos?

—No... he tenido que convencerla... pero ya sabes... mamá se fía de mí... y más ahora que soy el hombre de la casa... Al final ha entrado en razón... ¡pero me ha costado! —fanfarroneó.

—Ya... Lo que le va a costar es la conferencia, porque os habéis tirado un rato largo hablando... y Roma no está en Pozuelo... ¿Y qué más?

—Se va a quedar en Roma. Quiere buscar trabajo.

—¿Y en qué va a trabajar?

—En el cine... es lo suyo.

—¿En el cine?... Pero si ya no se acuerda cómo se hace. Tu madre se cree que eso es como montar en bicicleta, pero ni hablar... Además, a tu madre nunca le ha gustado el cine... Desde luego, una no gana para remendar cabezas... El cine... El cine ya se ha olvidado de ella y hay otras más jóvenes y más frescas que ella, que se la van a comer antes de que empiece.

—Pero ella es la más guapa... la mujer más bella del mundo... Pablo no para de decírselo a todos... Cada verano, cuando vamos a Cannes, le encanta presumir y llevarla del brazo a todas partes.

—Pues yo te digo que las cosas han cambiado mucho desde que tu madre dejó el cine por la escopeta y el caballo. Ahora las actrices utilizan otras «cosas» para conseguir papeles... no solo una cara bonita...

—¿Y qué utilizan?... ¡Dímelo y así se lo cuento a mamá!

—Mejor que no lo sepa porque por esas «cosas»... entre otras... tu padre la ha dejado... por darle solo su cara bonita y no lo que las otras le dan.

—No entiendo lo que dices, Tata.

—Pues deberías, porque ya eres mayor... y hablas como un mayor... De dónde habrás sacado ese seso... porque de tus padres...

—Venga ya, dímelo, ¿qué utilizan las otras mujeres?

Y la Tata, que de entrada se hizo la socarrona, se lo pensó mejor y un «ahora o nunca» brilló en sus ojos. Esbozó ese tipo de sonrisa preámbulo a la complicidad, y tirando por los aires la labor, se abalanzó sobre Miguelito agarrándole la entrepierna como un lucio, y partida de la risa, le dijo:

—¡Esto!... ¡Esto es lo que usan las mujeres para conseguir mejores papeles en el cine y para hacer con los hombres lo que a ellas les dé la gana!... ¡Esto!... ¡Entérate!... ¡Que tampoco tú vas a escapar!

Y Miguelito, retorciéndose en el suelo como una lombriz, placado por la Tata pellizcándole sus partes, desternillado, pedía clemencia y ponerle fin al juego.

—¡¡¡Pero si las mujeres no tienen pilila, Tata!!!

—¡Tienen otra cosa más poderosa!

—¿Cómo se llama, Tata? (Risas).

Ella sabía que algún día esta conversación habría de darse, y que esta era una de esas pocas, jugosas y divertidas ocasiones, que había que aprovechar. Como en los casos de distraer desdichas o pausar las rachas de llanto, desterrar de las emociones las tormentas y darles un poco de color, aunque fuese por un breve espacio, para aliviar tanto blanco y negro.

Y sin soltar presa, continuó:

—Al de las niñas se le llama chichi porque suena a... chi... chi... ca. Venga, di... chi... ca... chi... chi... ca... ¿lo pillas?

La tata Remedios era cariñosa y hosca, educada y brusca, discreta y urraca, severa y libertina, pía y meretriz, sabia y burda, pragmática y torpe, y lo era todo por igual y a la vez.

Miguelito, retorcido de la risa, divertido como un loco, escuchaba sus barbaridades y pedía saber más y más. Ella entraba entonces en zonas insospechadas, improbables y hasta oscuras, que no se correspondían con la Tata del trato diario, del familiar. Eran áreas recónditas que aparecían en momentos de mucha, mucha confianza, como giro de expresión artística. Abarcaban muchos registros. Entre los más terroríficos y desagradables estaba su humor negro, por ejemplo. O cuando se ponía obscena, que no tenía rival. Entonces era poseída por una mujer descarada, de mundo, capaz de incomodar, matar de vergüenza ajena a cualquiera, hasta reventarle los rubores.

Según ella, todas esas cosas eran típicas «cosas de pueblo», con las que los mozos y las mozas van creciendo, con las que aprenden a conocerse y a hacer migas, que era así como se molestaban y calentaban, no tenía mayor importancia. «Y nos ponemos muy brutas cuando le damos a la lengua», decía carcajeándose.

A partir de ese dato empezaba a hilar, a juntar piezas, acordándome de varias historias de Villa Paz. En especial, la de una chica, la Julia, que presumía de ir más fresca que nadie porque nunca usaba bragas. Si le decías no creerla, iba y se levantaba las faldas para que vieses que no mentía. Te lo mostraba. Si le dabas tres caramelos Saci, tres segundos te lo enseñaba, a segundo por pieza. Si le dabas los cuatro de la colección, a saber, de sabor a fresa, naranja, caramelo y cola, te lo dejaba acariciar. Yo se los di varias veces y lo acaricié cerrando los ojos, como ella pedía. Era suave, tan suave al tacto como se ven las nubes, resbaloso y firme como el nailon, acolchado y mullido al presionar. Si te dejabas guiar por su mano, siempre a ciegas, cuesta abajo se hacía húmedo en las yemas de los dedos, con un delicioso olor a talco. Y si te lo dejaba rascar, las uñas se hacían de gato enmarañado, y daba gusto, ganas de acurrucarse.

Me parecía que era el más delicioso y turbador de entre todos mis viajes viajados. Hablo de mí, quien llevaba toda su corta vida deslizando el dedo por los atlas, recorriendo sus geografías en busca de aventuras. Pero ninguna como aquella, porque, por naturaleza, era necesario otro lenguaje para descifrar y descubrir su geografía, una llena de preguntas, hecha de texturas y topografías magistrales, las que me despertaban anunciando al hombre. Cuando le preguntabas que por qué hacía esas cosas, te contestaba que porque era golosa, muy golosa.

—Y cuando seas mayor, ¿vas a ser igual de golosa?

—No... voy a ser la más golosona de toda la comarca, porque me gusta que los chicos me den caramelos...

Así que, en las tardes elegidas, nos lo hacía saber y nos íbamos a la vuelta de la era para amagarnos entre la alfalfa con ella, o a la chopera de abajo del río, sospechosamente todos en fila india tras ella, disimulando, como chuchos en celo. Y ella, contoneándose y abanicándose con la falda, decía:

—¿Quién le da un caramelo a mi chumino? —Y todos nos apresurábamos, hurgándonos los bolsillos, embrutecidos, en busca de algún Saci.

Se ve que a partir de que cumples los doce, deja de ser chichi y pasa a ser chumino. El de la Julia.

—Y cuando cumplen dieciocho... se le dice almeja... —prosiguió la Tata— y ya, de ahí en adelante... sobre todo si se usa mucho... se le llama... ¡coño!... y con ese nombre ya se jubila y muere... ¡Coño! —exclamó.

Esas payasadas, subidas de tono, caídas a contrapié, y otras cosas más que tanto la divertían, descomprimían a la Tata y le traían relajo al alma. «Picardías de monja», así las llamaba, aunque Miguelito nunca adivinó a qué orden de monjas se refería.

—Pues papá siempre está diciendo esa palabra a todas horas...

—Sí... tu padre siempre la tiene en la boca... por eso pasa lo que pasa...

A mi madre se le fueron los planes al traste, ya que, a los pocos días de su estancia en Roma, mi padre la mandó llamar para verse con sus abogados en Madrid y tuvo que venirse pitando. Cuando llegamos del colegio, ella estaba en casa y los tres corrimos a abrazarla. Nos habíamos hecho a la idea de que no volveríamos a verla hasta entrada la primavera y la sorpresa fue enorme. Después de la bienvenida, y tras repartirnos los besos y abrazos que los amigos romanos nos enviaban, nos mandó a nuestros cuartos y se quedó a solas con la Tata.

—Mañana me reuniré con el señor y vamos a intentar solucionar las cosas de forma civilizada.

—¿En dónde se van a encontrar?

—Aquí mismo, en casa.

—¿Y los niños?

—Mejor que no los vea. Te los llevas con los Sainz y que no se muevan de ahí hasta que se les avise.

—No, si yo me voy con ellos y los aguanto.

—No... tú aquí conmigo, que del señor no me fío... No quiero que pase nada.

—Y si pasa, ¿qué pinto yo aquí, señora?... Si suelta la mano, nos atiza a las dos.

—No va soltar nada... Otra cosa no te digo yo que no, pero el señor violento, no es.

—¡Señora!... Parece mentira...

—¡Tata, basta!... Te quedas aquí y punto... Viene solo, sin abogados.

—Y sin cuadrilla.

—Sin cuadrilla.

En la casa ya no quedaba más servicio que la Tata y la Rosi, su pequeña sombra, Miss Saelices, una hija más de la que nadie se acordaba en ningún recuento. Pero estaba ahí, postiza, pasando inadvertida, enclaustrada en su cuarto decorado con postales del Dúo Dinámico. Y era una más de la que hacerse cargo como parte de la herencia del naufragio.

Tras el lío, muchos se habían pasado al bando de mi padre para siempre, otros fueron despedidos, y los que estaban de permiso por vacaciones, no se incorporarían nunca más. La casa se hacía grande y extraña, sobraba espacio. Parecía una embajada. A cambio, se podía entrar en las habitaciones a las que nunca se tenía acceso, por ejemplo, las de la servidumbre, al cuarto de lavado, al de los sucios, al de calderas. Cuando la Tata se atareaba en el piso de arriba, bailábamos en la cocina y jugábamos a «Señores y Mayordomos». La bruja de la Hilaria, esa pestífera y rechoncha bola de sebo que durante años se hizo pasar por cocinera y, aún peor, por persona, finalmente había sido desterrada de nuestras vidas y ahora nos tomábamos la revancha, devolviéndole a su territorio la alegría perdida. Pero, a pesar de las novedades, la casa de siempre, la de hasta hacía nada, esa se había ido, se había marchado, perdida por el caminito de la melancolía.

—¡Niños!, poneos los abrigos y acercaos a la valla, que os va a buscar la tata Carmen de los Sainz... Y os quedáis en *ca* Malena hasta que os vaya yo a buscar, ¿entendido?

Sonó el timbre y la Tata, antes de abrir la puerta principal, avisó a mi madre de la llegada del señor. Mi padre apareció solo, sin su corte, y entró en casa pasándole a través, sin reparar en ella, la traidora. Simplemente, le dedicó un lance de barbilla y le dijo: «Sírveme un *escoch* en las rocas en vaso corto... en la chimenea». Ni Reme por favor, ni rastro de buenos modales, nada. Abordó la entrada fardando de idiomas, con ese lenguaje hispano internacional que le servía para entenderse, tanto en Las Vegas como en Formentor, mandando, con prisas, y un despliegue en corto de humillaciones. La Tata tradujo que quería un «güisqui con hielo» y fue a por él.

Entró adornado de su elegancia acostumbrada, pero un tanto incómoda y desplazada esta vez. En esa casa no se sentía a gusto. Esa casa nunca fue su casa, nunca la vivió, ni la disfrutó. Se quejaba de que la decoración era demasiado femenina y poco práctica, aunque mi madre se esforzara en combinar sus gustos italianos con mobiliario español del Rastro inspirado en el de Villa Paz. A todo el mundo le parecía una casa de un estilo exquisito y muy original. Mi padre la detestaba. Su excusa era que «a nosotros, los toreros, en general, no nos gusta la ciudad», pero esta no lo estaba. Mi madre había buscado a propósito un lugar cercano al centro y rodeado de naturaleza para que mi padre se sintiera en el campo y se animara a pasar alguna que otra temporada con sus hijos, lo que ocurrió contadas veces. Y exceptuando las fiestas que se organizaban para dar la bienvenida a amistades internacionales de paso por España, a las que mi padre no dejaba de faltar, y los dos o tres días siguientes, en los que se quedaba en cama con resaca, por Los Cardos, Avenida del Campo 2 de Somosaguas, no aparecía.

En ocasiones, durante los veranos, se presentaba con una caravana de coches de los que bajaban familias enteras, matrimonios con niños salvajes y ruidosos que se apoderaban de la piscina a gritos, infectándola de patos de goma enormes y amarillos, pistolas de agua y meadas. Nadie nunca pedía permiso a nadie, y menos a los anfitriones, para hacer lo que fuese o usar lo ajeno. Se daba por hecho que todo era de todos. Y eso no me parecía bien.

Con el tiempo, deduje que, probablemente, esa era para mi padre la idea más cercana al socialismo que jamás tuvo. Pero yo detestaba la intrusión de tanto bárbaro y, con mis poderes de invisibilidad, me escabullía a mi zona del cuarto de jugar y allí me la pasaba con mi mecano y mis cubos de construcción hasta que el barullo se apagaba. Nadie me echaba de menos.

En medio de tanta sangría, tortillas, gazpacho y buenos melones de secano que llegaban de Toledo, entre las bromas, los amigotes, los concursos de salto en trampolín, los campeonatos de *ping pong* y las pasarelas de trajes y gorros de baño a la última moda, que tanto tema de conversación daban a las señoras, a Miguelito nadie le echaba de menos.

Pero eso a él le daba igual. Lo que sí echaba en falta era que su padre no apareciese por el fondo del pasillo por sorpresa, buscándole para ver qué hacía. O que de pronto llegara para charlar un rato, tirados por el suelo los dos, jugando a indios y vaqueros. De cuando en cuando, apartaba la vista de lo que le entretenía, creyendo haber oído un crujir de escaleras, una voz, ¿su padre tal vez? Pero no, era Cangrejo, el perrito pequinés que quedó tuerto tras un asalto con el gallo blanco de jardín apodado «el Cordobés», y que se pasaba la vida desesperado buscando a su pequeño amo.

Cuando todos se marchaban, Miguelito bajaba a la cocina y le preguntaba a la Tata si ya se había ido su padre, si había preguntado por él, y la respuesta era que no, que no había preguntado, que se había pegado un chapuzón rápido en la piscina, que se había cambiado y que se había marchado dejando ahí, en la casa, a las cuarenta personas que nadie conocía, y que «tu madre está que trina. Pero no, preguntar por ti, no ha preguntado. Ya sabes cómo es tu padre».

Esa frase de «ya sabes cómo es tu padre», a Miguelito le despistaba. No sabía bien a quién o a qué se refería. Eran tantas y tan abundantes las variables, que no le cabían en un solo «padre». Pensó, en algún momento, en tener muchos y separarlos por lugares, situaciones, incluso días de la semana y estaciones, y multiplicarlos por todas las suertes al cuadrado. Así que su padre pasaría de ser un ser humano a uno geométrico, de aspecto cubista, de matemática voluble y, por ende, difícil de catalogar. «Ya sabes cómo es tu padre»... ¿El de en la luz y en la oscuridad? ¿El de la juerga de otoño como el de la responsabilidad ante su público? ¿El de los martes en Chicote o el de los viernes en Biarritz? ¿El torero y playboy o el inexistente? O para complicarlo más, con adverbio añadido: ya sabes cómo es tu padre cuando..., ya sabes cómo es tu padre donde..., ya sabes cómo es tu padre siempre... Esa frase le irritaba mucho. Y es que, en realidad, ni Miguelito ni nadie sabía qué o quién era su padre. Él era él, y solo él, y cada mañana, él solo se decidía y se iba viendo sobre la marcha. Eso era su padre.

Apoyado en la chimenea veneciana de porcelana azul del salón, sujetaba su *escoch* y lo hacía tintinear, girando el vaso a la espera de mi madre, que apareció vestida impecable, de cóctel. Al fin y al cabo, era una cita, tal vez la última.

Se saludaron asépticamente y entablaron un preámbulo de conversación con puesta al día. Un par de dónde has estado, yo aquí, tú allí, vi a tal que te manda saludos, y a Annabella, que a ver si se decide a venir en primavera... En fin, que entra la Tata y pregunta si los señores van a querer algo más y mi madre que le ordena:

—Sí... que te quedes.

—Pero esta conversación, ¿no iba a ser privada, Lucía? —preguntó mi padre.

—Y lo va a ser.

—Y entonces, ¿qué pinta aquí esta?

—Quiero un testigo, Luis Miguel, alguien que escuche lo que se vaya a decir aquí y que sea de los dos.

—¿De los dos?... Lucía, la Reme ya se pasó a tu bando hace tiempo.

—El único bando en el que yo estoy es en el de sus hijos, señor... —replicó la Tata—. Y es posible que ustedes hoy aquí se maten o se desuellen vivos... pero yo me cuidaré de que a ellos, a mis niños, ustedes dos... los dos... ninguno les haga daño... Yo aquí no estoy de la parte de nadie... es más, no estoy... así que hablen lo que tengan que hablar que tengo a los tres en la casa de al lado y me están esperando.

Los dos recibieron el mensaje sin rechistar. Una vez más, la Reme, poniéndose seria, dejó bien claras las reglas del juego. Pero en el aire se adivinaba que su órdago, que pendía del hilo sutil de una plegaria muerta de miedo, podía jugarle una mala pasada. Mi madre retomó:

—Entonces... ¿cómo vamos a hacer esto, Miguel?

—Pues como no hay otra manera. Tú quieres el divorcio, ¿no?

—Así es.

—Bien, pues déjame decirte, ya de entrada, que en este país el divorcio no existe... aquí ninguna mujer se divorcia de su marido a menos que esté loca.

—¿Y qué hace entonces, callar y tragar? ¿Eso es lo que tengo que hacer?

—Tú lo sabes de sobra, lo ves y lo vives a diario, Lucía... ya llevas aquí mucho tiempo.

—¡Pues olvídate!... Conmigo aquí... en este país retrógrado, las cosas no van a ser así.

—Y cuéntame... ¿cómo van a ser?

—Como es justo que sean y tú te vas a encargar.

—No... (sonriendo con chulería y muy mala leche). No, Lucía, no... En este país... en España... nadie se separa de Luis Miguel Dominguín.

—¿Pero quién te has creído que eres?

—Alguien a quien no hay que tocarle los cojones.

—¿Qué insinúas, Luis Miguel?

—No lo insinúo, Lucía... Mi consejo es que si quieres divorcio, cojas tus cosas... las que te pertenezcan... te largues a Italia y desaparezcas.

—*Ma*... ¿tú bromeas?

—No... y eso es lo que vas a hacer... mañana por la mañana no te quiero ver en esta casa.

—Pero... ¿te has vuelto loco?... Esta casa es mi casa, es la casa de nuestros hijos y, es más... ¡la mitad de lo que tienes me pertenece por derecho y porque soy tu mujer!

La sangre estaba a punto de regarlo todo. Ya no había vuelta atrás. Ahora empezarían las descalificaciones personales, se echarían en cara todo lo callado y, seguidamente, se despedazarían a dentelladas y a navajazos. La Tata, que lo veía venir, asistía a esa tragedia anunciada agarrada a la pared, camuflada, mimetizada contra la puerta de cartabón mientras sentía cómo las fuerzas la iban dejando.

—Nada te pertenece, Lucía, ¡nada!... Todo esto que ves y lo que no ves, todo, todo lo que tengo me lo he ganado jugándome la vida yo solito ante el toro, ¿lo entiendes?... ¡Y lo sabes de sobra, qué coño no lo vas a saber!... Pues echa cuentas de cuánto te toca, que es nada, y lárgate de una puñetera vez para siempre ya a Roma o adonde te salga de las narices, pero desaparece y deja de atormentarme ya... ¡Ya!... ¡que quiero volver a respirar y a vivir tranquilo!

—Jamás te dejaré vivir tranquilo, jamás... porque eres un cobarde, un chulo, un mentiroso ¡y un débil!

—¿Débil yo? (cínico).

—¡No tienes cojones, Luis Miguel!... Solo los tienes para lidiar con las putas... no con los toros... ni con los toros ni con la vida... ¡¡¡Eres una mierda de hombre!!!

En ese punto, mi padre estrelló el vaso de *escoch* contra el suelo con tal violencia que luego, a la hora de barrer, no se pudo encontrar más que polvo de cristal. Lo que vino después fue inevitable. Encaró a mi madre como de ritual, acercándosele despacio al testuz, resoplando, escondiendo el estoque y arrastrando la muleta, listo para cuadrarla y culminar faena. Apretando los puños entre dientes y con voz grave, articuló despacio y claro:

—Mañana por la mañana temprano, te mando a mis abogados para que firmes todos los papeles... renunciando a todo... y digo bien, a todo... y luego te coges un taxi, te vas p'al aeropuerto y te subes al primer avión a Italia y te largas... para siempre... Tú y yo hemos acabado... no quiero volver a saber de ti en el resto de mi vida...

Y mientras que mi padre le iba leyendo los mandamientos, mi madre fue esbozándole en toda la cara esa sonrisa tan suya de repertorio ya testada, que tenía la particular facultad de enfurecerle, de sacarle de sus casillas. Y ella, que era hembra de mucho cuidado, le encaró a su vez, y amenazante, le retó de vuelta.

—¡Voy a hacer de tu vida un infierno! ¡Quédate con tu casa, con tus fincas, con tu dinero y con tus putas, que yo mañana me voy a mi país y me llevo a los niños... y no los vuelves a ver jamás!

—No, querida... las cosas no funcionan así... Los niños se quedan con su padre, que es quien les va a dar una buena educación... y tú, si quieres, te llevas a la Tata.

—¡Por encima de mi cadáver!

—Pon fecha y hora...

Y, sin saber cómo, y sin que nadie se lo esperara, rápida como el rayo, mi madre sacó de detrás de una cortina una escopeta del veinte cargada y encañonó a mi padre en el pecho.

—¡Si te llevas a los niños, te pego un tiro! —gritó mi madre fuera de sí, sin dejar de apuntarle, alterada, resoplando como una búfala.

—No tienes cojones... —le contestó mi padre mientras que, con hombría serena, se encendía un cigarro, y... ¡pum!... Mi madre disparó al techo, retumbándolo todo y, dejando sus intenciones bien claras, le volvió a encañonar, bien entrenada por él, recordándole que aún le quedaba otro cartucho en la recámara. Todo se puso tan feo en segundos que mi padre blanqueció, como desangrado.

Y de repente, en el aire suspendido de los jadeos, se oyó un tremendo porrazo de maderas del lado de la puerta. Sin dejar de acecharse, mis padres voltearon a ver de dónde provenía el ruido aquel y vieron a la Tata, desplomada en el suelo, inerte como un pelele, desmayada de la tensión. No pudo aguantarla. Había perdido el conocimiento, y cómo no, el valor.

Al cabo de dos días, temprano, llegaron los abogados de mi padre, con don Servando el administrador al frente, y desparramaron distintos fajos de papeles encima de la mesa del comedor para que mi madre firmase la renuncia incondicional a todos los bienes de mi padre, quedándole exclusivamente los suyos personales o a su nombre, y documentos notariales para la cancelación de poderes. A cambio, se quedaría con la potestad de los hijos. Nada más. Nos daba una semana para buscar un nuevo domicilio, así que mi madre no vio otra opción más que regresar a Italia en breve. En un apartado, me dijo: «Lo siento mucho, *Mighelino*, no voy a poder mantener mi promesa, pero sé que, con el tiempo, lo entenderás». Me puse muy triste. Nos pusimos todos muy tristes. Desde nuestra niñez, no supimos estar a la altura de la rapidez con la que podían llegar a cambiar las cosas que manejan los mayores. Las frases tipo, «así es la vida», «no hay mal que por bien no venga», «se veía venir», «todo va a estar bien», o «Dios dirá», acompañadas de una caricia o una palmada, no dejaban más que más pena e incertidumbre en nuestras cabecitas y cuerpecitos. No hablábamos la lengua de los adultos y, por ende, fuimos incapaces de cuantificar el impacto de los cambios anunciados, hasta que nos golpearon de lleno.

Nos dijeron que deberíamos asistir al colegio como si nada, hasta el último día, «fingiendo», eso se nos decía, pero nunca se nos explicó qué significaba «fingir». Hacer como si nada, eso es lo que querían decir, nos contó la Tata. Pero, ¿qué había que fingir y cómo se hacía, por dónde empezar? También, que no le contásemos nada a nadie y que, aunque nos resultase difícil o incómodo, que actuásemos con normalidad e hiciésemos como si nada. O sea, fingir. ¿Y qué era lo que no debíamos contarle a nadie? ¿Sabía alguien algo? ¿De qué? Todo lo que se nos proponía se nos hacía grande, absurdo, injusto, mezquino, y no sabíamos por dónde empezarlo. Y total, ¿para qué?

Las noticias corrían rápido por las cañerías de aquella ciudad provinciana llamada Madrid, y más aún si se trataba de materia escabrosa relacionada con la gente famosa.

Al día siguiente, despertamos a las siete menos cuarto como de costumbre, estiramos las camas, nos aseamos, vestimos y bajamos con nuestras carteras y abrigos a la cocina para desayunar. La Tata estaba más seria de lo normal y bastante apagada, pero pensamos que era debido a todo lo que se nos venía encima, hasta que nos reunió a los tres con la mirada y nos dijo:

—Niños, vamos a llevarle el desayuno a vuestra madre antes de que os vayáis al cole.

Agarró una bandeja con un plato, unas tostadas con mermelada, un vaso de agua, una napolitana mediana de café recién hecho y su taza de siempre. «Qué extraño... mamá no desayuna nunca tan temprano», pensé. Y cuando los tres, detrás de la Tata, pasamos de largo la escalera que subía a su dormitorio, Lucía preguntó:

—¿Adónde vamos, Tata?

No contestó y sin rechistar la seguimos. Llegando a la puerta principal, me pidió que le abriera mientras ella sujetaba la bandeja. Salimos al exterior, bajamos los escalones, caminamos el tramo hasta la cancela, estaba cerrada, la abrí. No entendíamos nada, y tanto misterio y frío nos hacían castañear los dientes. Afuera, en la calle, en el vado del acceso a la casa, estaba aparcado el Dodge crema de mi madre con los cristales empañados. La Tata tocó varias veces al del conductor con los nudillos mientras llamaba:

—¡Señora!... ¡Señora!... ¡Abra usted, que le traigo el desayuno con los niños!

Y ante nuestro estupor, tras la ventanilla que fue bajando, apareció la cara de mi madre, que despertaba en ese momento, desaliñada de alguna fiesta, con el postizo colgando, las pestañas intactas y el rímel corrido. Estaba acurrucada, con el asiento echado hacia atrás, tapada con sus pieles, todas las que pudo rescatar de su closet antes de ser desahuciada por la pareja de guardias civiles que mi padre le mandó, inexplicablemente bellísima. Tosió, y del interior escapó una neblina de tabaco, perfume y dióxido, que fue remplazado de inmediato por aire helado, evitándole la asfixia. Tosió de nuevo.

—¿Mamá?... ¿Por qué te has quedado a dormir aquí afuera, en el coche?... ¿por qué no has entrado en casa? —preguntó Paola.

Así que abrió la puerta del Dodge, encendió un cigarrillo, desplegó sus maravillosas piernas calzadas con medias de nailon, ambas surcadas por unas adorables carreras que le sentaban como a nadie, apoyó sus zapatos de tacón bajo de raso negro y lazo en el cemento y, abrigada por un animal salvaje al azar, desbaratada, harta ya de todo antes de empezar, pero aun así, determinada, y no queriendo mentirnos ni ocultarnos nada, nos contó ahí mismo la verdad, la suya, dirigida en especial a mis hermanas, que hasta ese momento no habían sabido nada.

La verdad de que había renunciado a todo a cambio de tenernos, porque el resto le daba igual, y que mi padre se lo metiese por donde quisiese. La verdad de que tan solo le quedaba el coche, lo único a su nombre, y que en él pensaba vivir en la puerta de la casa para poder vernos y abrazarnos todas las mañanas. La verdad de saber que ella, nuestra madre, estaría ahí hasta que tuviese fuerzas para pelear o hasta que la echasen. Y con cabida para el sentido del humor, añadió:

—¡A lo mejor una mañana salís y os encontráis una momia congelada!

Hubo muchas preguntas, propias de nuestra edad, y a Miguelito se le encogió el corazón de la pena. En esa mañana gris y desamparada, quedó tocado por los efectos y consecuencias de la crueldad de las personas mayores cuando dejan de quererse. Sin pretenderlo, algo dentro de él se cerró de un portazo. Algo de naturaleza muy perturbadora que no podía controlar. Odió a su padre con todas sus fuerzas y deseó que hubiese muerto quemado entre las llamas del torreón de Villa Paz. Le imaginó arder y retorcerse. Le oyó gritar, pedir que le salvara, pero él no le tendió la mano. A partir de esa mañana, gris y desamparada, su padre había muerto, para siempre. Definitivamente.

Su madre se puso en pie, se sacudió los restos de la noche y de ceniza de su Berhanyer, les abrazó a su manera, les besó en la frente, y desde la altura del estatus de su resaca, les urgió a que entraran en la casa para no enfermar, y les saludó, enguantada, congelando el gesto en el aire.

Cuando volvieron a salir, abrigados hasta las cejas para ir a la parada del autobús, el coche ya no estaba. Tan solo unos señores vestidos de negro pateando el suelo para entrar en calor y fumando mucho, que se daban el turno con otros. Según la Tata, detectives privados que su padre había contratado para vigilar que su madre no entrase en casa, y de intentarlo, impedírselo.

Todas esas historias que se fueron contando y otras de las que fue testigo y que parecían salidas de capítulos de *Los Intocables*, a Miguelito le superaban. A pesar de estar sobradamente entrenado en cuestiones de fantasía, existía una parte de la vida real que no conseguía descifrar, no conseguía ordenar las piezas, le resultaban demasiado complicadas de encajar. Se daba cuenta de todo pero no comprendía nada. Mientras les daba vueltas y vueltas, tratando de ensamblarlas y crear un posible paisaje de esa tan comentada futura vida, por la ventanilla de la camioneta DKW, camino a la Plaza de España y al colegio, como era la costumbre de cada día, uno tras otro, desfilaban todos los pinos piñoneros de la Casa de Campo, hipnóticos, curva tras curva, mientras que por Radio Intercontinental, Perlita de Huelva cantaba ese fandango de *Amigo conductor*:

> *Precaución, amigo conductor,*
> *la senda es peligrosa*
> *y te espera tu madre o tu esposa*
> *para darte un abrazo de amor.*
> *Precaución, amigo conductor,*
> *tu enemigo es la velocidad.*
> *Acuérdate de tus niños*
> *que te dicen con cariño:*
> *No corras mucho, papá.*

10

El frío de los fantasmas

Apoyadas al Dodge, delante de la cancela de la casa, mi madre y la Tata discutían.

—No, Tata, lo que tiene que pasar es que la gente me vea aquí... en la calle, abandonada... a la madre de sus hijos... y ellos dentro... Que la gente lo vea y lo comente... y que se corra la voz, a ver si le llega hasta uno de esos cruceros en los que estará ahora con la *Poupée*.

—Pero qué quiere usted, ¿ablandarle... que se arrepienta?... Pues entonces es que no le conoce.

—No... lo que quiero es joderle, que su conciencia no le deje dormir y que no viva tranquilo... ¡Este no sabe bien quién es la Bosé!

—Pues como no le haga entrar en razón alguien que yo sé, me parece a mí que va a tener que ponerse usted una cocina en el coche.

—No hay nadie que le haga entrar en razón... el torero no escucha a nadie... desde que murió su padre, a nadie... el torero no ha nacido para hacerse cargo de una familia... solo para matar toros, matar ciervos, matar perdices, matar lo que sea... matar corazones... lo que sea... matar, matar, matar...

—Haga usted una llamada... o si quiere, la hago yo... y vamos a ver qué pasa... ya verá que no voy a estar muy equivocada... ¡hágala!

Se miraron fijamente, entendiéndose a la perfección. Tras una ligerísima duda de nada, mi madre le pasó la responsabilidad a la Tata con un golpe de barbilla. Una bocanada de humo y giró la cabeza hacia otro lado, como desentendiéndose.

—Hazla tú...

Mi tío Domingo localizó a mi padre de cacería en una finca de Ciudad Real y le dijo que se viniera a Madrid, que tenían que hablar de un asunto con urgencia, y mi padre le contestó que no. Entonces le propuso ir él p'allá y hablar del asunto delante de sus amigotes o... Y mi padre, con el respeto que tenía a su hermano mayor, le dijo que le diera tiempo de vestirse y que llegaba cuanto antes. Ya se olía por dónde iban a ir los tiros.

En Ferraz 12, casa del tío Domingo, le estaban esperando él, el doctor Tamames y don Marcelino, el enano bibliotecario, tres grandes y respetables amigos íntimos suyos, personas leales y de su confianza. Nada más entrar por la puerta, le arrinconaron, y sin dejar que abriera boca, uno tras otro, solapando turnos, por los cuatro flancos y desde cada posible ángulo, le metieron a quemarropa más plomo del que podía digerir hasta hacerle sentir que un saco de mierda tenía más dignidad que él. Le dijeron, por activa y pasiva, de qué se iba a morir, no sin antes pasar una vida de calvario. Le arrancaron hasta la última lágrima y, no satisfechos, hicieron venir a don Servando, el sibilino reptil administrador, y a sus infames abogados, y ante todos, redactar nuevos documentos en los que el señor Luis Miguel cedía a la señora Lucía la casa de Somosaguas en usufructo vitalicio, en calidad de su vivienda y la de sus tres hijos, Miguel, Lucía y Paola, pagándoles colegios a los tres hasta el final del bachillerato en el Liceo Francés de Madrid, y una asignación mensual, a determinar de mutuo acuerdo, para manutención de los hijos en común, la suficiente y holgada para cubrir gastos de comida, médicos, vestimenta y otras necesidades. Y mi padre, fracturado, humillado, puesto en evidencia, claudicó y firmó.

El grave error que en esa reunión se cometió fue no dejar fijada en ese instante la asignación mensual para la manutención porque mi padre, al día siguiente, vuelta a levantar la cabeza, se envalentonó, se saltó el mutuo acuerdo y, de forma unilateral, decidió pasarnos treinta mil pesetas al mes (equivalente a unos seiscientos euros actuales) para el gasto de todo lo de todos, y era un «o lo tomas o lo dejas». Para cuando se le quiso citar por segunda vez para otro ajuste de cuentas, ya estaba pegando tiros en Uganda y la oportunidad se perdió para siempre.

No volvió a escuchar a nadie, ni a atender a sus más respetables, nunca más. Estaba furioso en su orgullo por haberse dejado convencer y herido por haber cedido.

Por otro lado, y de buena fuente, no de una cercana a mi padre, en esos días llegó a oídos de la Tata, y de inmediato a los de mi madre, que para quitarle las penas y el cabreo a mi padre, la *Poupée* había anunciado en una cena en casa de amigos que estaba embarazada de él, que iban a ser padres, y que, al parecer, él la cubrió de besos en público. Ese chisme caló muy hondo en la moral de mi madre, así como en los restos de cualquier remota esperanza, pulverizándolos. El último resquicio se había sellado. No había más que discutir ni que intentar. No quedaba más que la realidad. Punto. Con lo que había, tuvimos que empezar a tirar p'alante. Hubo que ponerse manos a la obra.

Mi madre y la Tata me integraron de inmediato al equipo de gestión. Yo me encargaría de las cuentas de la casa. Se intentó hacer un estimado de gastos, pero de eso siempre se habían ocupado Teodoro el chófer y don Servando. Ni mi madre ni la Tata sabían por dónde empezar. Así que, tragándose la tirria que le tenían, se le llamó cortésmente para que nos guiase en aquel arranque tan crítico, y don Servando, encantado de sentirse útil, sobre todo por quienes nunca le habían considerado, se presentó de buena mañana al día siguiente con su cartapacio de cuero brillante como un cobre, su sobretodo gris rata y su Fedora de tweed. Tenía unas gafas de pasta negras que empujaba sin cesar como si se le fuesen a caer, pero solo era un tic, una manía. Aclarándose la garganta y carraspeando al hablar, como para darse importancia, fue sacando un sinfín de carpetas que contenían subcarpetas que guardaban más carpetas, con muchos folios habitados por diminutos cálculos negros como infanterías de hormigas. Hacía preguntas, demasiadas, y mi madre le cortó en seco. Le precisó exactamente qué buscaba, y él se sometió.

Las cantidades que las últimas cuentas de gastos de la casa arrojaban eran espeluznantes y, sobre todo, de unas dimensiones insoportables para nuestra nueva economía. No teníamos ni para encender la luz. «¿Pero cómo se había permitido tanto derroche?», exclamaba la Tata. Don Servando callado, inflamado de apuros, miraba de soslayo a mi madre, quien bajaba la mirada aceptando en secreto todas las culpas. «¿Qué vamos a hacer?», preguntó la Tata agarrándose de la cadena al cuello de todos sus santos y cristos colgados, «¿qué vamos a hacer?». Mi madre agradeció a don Servando sus atenciones y él, quedando a su entera disposición, se cubrió el escaso pelo gris y se fue en su Seat 1400 negro miura.

En la radio del cuarto de plancha tocaban *Esperanza la de Utrera* de Juanita Reina, y la Tata, Miguelito y su madre, la señora Lucía, cruzaban miradas perdidas en torno a la mesa de la cocina. Le daban vueltas a cómo organizar la mensualidad.

—Vamos a ver, señora, el dinero no es mucho, pero tampoco es una miseria.

—Tata, esa es otra canallada del torero... Si viviésemos en un pisito, nos alcanzaría tal vez, pero ¿en esta casa?... ¡No hay ni para empezar!

—¡Pues vámonos a un piso!... Venda usted la casa y con lo que le den... ¡como reyes vivimos!

—No puedo vender la casa, Tata, no es mía... La podemos vivir, pero sigue siendo del señor... Una trampa... nos ha hecho caer en una trampa.

Miguelito, tirando de sus pequeñas matemáticas y de cuaderno, intentando darle un sentido a un tan inminente naufragio, habló:

—Treinta mil pesetas divididas por cuatro semanas dan... siete mil quinientas pesetas... Eso es lo que tenemos para gastar cada semana... entre todo... pero algo deberíamos ahorrar... porque si alguien se pone malo o se le rompen los zapatos o sale una gotera... pues tendremos problemas...

Y aquel fue el principio de la nueva vida de mi reducida y recompuesta familia, a saber, mi madre, mis hermanas Lucía y Paola, la Tata, la Rosi, el pequinés Cangrejo, el gallo Cordobés, Filino el gato negro y yo. Y para empezar a lo grande, lo primero que tuvo que suprimirse por significar el mayor de los gastos, fue la calefacción.

Se acabó la calefacción. Tendríamos una casa magnífica con un frío igual de grande y, ante eso, nada se pudo hacer. No volveríamos a saber lo que era una casa caliente hasta años más tarde.

La primera inversión fue un dietario. Funcionaba así: la Tata me entregaba cada compra que hacía apuntada en un trocito de papel, que consistía en un garabato de sumas. Si era gris y basto, solo podía pertenecer a dos tiendas, pero si olía a pescado, entonces quedaba claro cuál. El de la frutería era inconfundible por cómo la Mercedes escribía las tés y las aes. La té tenía un palo con virutas en los extremos, y la mayúscula, la de «tomate», por ejemplo, era puro arte gótico, se asemejaba mucho a la mata en sí. La a minúscula nacía con un caracolillo en sus centros, en su ombligo, como un diminuto anzuelo del que un hilo se desprendía, la resolvía y enganchaba a la siguiente letra. La nota de Paco, el lechero de Húmera, tan solo era de una cifra, la del único litro diario de leche. Y así con todos, todos tenían su identidad, y su caligrafía revelaba mucho sobre el carácter y la vida de cada tendero.

Del pan, nunca hubo nota. El panadero nunca nos cobró las dos barras diarias, nos las regalaba. Sabía de la situación y decidió que esa sería su contribución. Pero también muchos otros tenían su gesto. Al señor Arturo y a su mujer Adelita, los del ultramarinos, de repente se les escapaban cosas en los paquetes y cucuruchos de la compra, y cuando llegabas a casa, en vez de cuatro morcillas, había seis, o el kilo de garbanzos pesaba medio más, y a la semana siguiente, cuando la Tata, apurada de vergüenza, se lo hacía notar como si de la confesión de un robo se tratase, ellos le contestaban que se habrían despistado o que la pesa ya tenía sus años y no marcaba bien. Pero como las coincidencias siguieron repitiéndose, los incesantes errores se dejaron de comentar, por eso de no caer en el mal gusto. Llegó el día en el que, al entregar la mercancía, decidieron mirarse abiertamente a la cara y darse las gracias. Ahí se acabaron las explicaciones a los trapicheos y rodeos generosos. «Reme, ahí te he puesto un cacho lomo del pueblo que ha hecho mi suegra, ya verás cómo se van a chupar los dedos los niños... ¡y dale un saludo a la señora de parte nuestra!».

Así era la gente de solidaria en aquella época, así de buena gente o más. Venían de pasarlas canutas, arrollados y diezmados por una guerra fratricida, pero el que algo tenía, lo compartía. El pensamiento de carencia ajena se hacía insoportable, y si se podía evitar, se aportaba con discreción. Las ayudas de estraperlo llevaban consigo mucho cariño.

En cambio, la clase pudiente estaba hecha de otra tela, tejida con envidia fina de las Castillas, humillada en Vascongadas por manos de mil sarcasmos, con tintes de guasa andaluza, cardada en el del reino de Valencia, y el todo, hilado en el huso de la propaganda de la capital. El hombre, de hombría e hipocresía, y la mujer, de misal y alcahueteo. Así lo mandaba y favorecía el Régimen. Sobre esas materias se erguían, orgullosas de la Patria, un puñado de familias de blanco católico radiante pasadas por tamiz. Y nosotros, tras la separación y pasar al bando opuesto al de Luis Miguel Dominguín, de inmediato y oficialmente fuimos reconocidos como «los italianos», ya no más españoles. Tuvimos que soportar, tragar, aguantar, como animales de compañía, las vejaciones hieráticas y ensañadas de una sociedad inmoral, que no conocía ni la compasión ni la vergüenza. Mi madre se aferró a muy pocos pero muy sólidos amigos y plantó cara. Yo vi cómo supo sacarle partido y provecho a toda esa infamia hasta torearla, y me consta que lo hizo por nosotros, y por mantener su promesa de no irnos a Italia, de no huir.

Lo insoportable no fue tener poco, o mucho menos de lo suficiente. Lo insoportable fue pasar del todo a la nada con apariencias del todo. Fue innecesario. Hubiese sido más llevadera una vida drásticamente diferente, una más simple, más acorde y adecuada a la realidad. No habría sido todo tan desagradable. Pero el peso del qué dirán, que jamás antes le había importado, a mi madre se le vino encima.

Como a través de una enorme lupa, se sentía acechada esperando la aplastara el desastre, sentía que no se le quitaba ojo. Pudo haber pasado página. Aunque nunca conocí, ni pregunté, las razones del porqué, las suyas, las personales, que tal vez fueron muy íntimas. Esas que la llevaron a mantenerle el pulso al despecho. Pero le pesó más de lo inesperado.

Con su vara de medir, decidió que su trono había sido usurpado injustamente y que el trato debía de estar, por lo menos, a la altura de una regencia, no del repudio vil. No quería caballerizas, ya las vivió en su crudísima infancia de guerras mundiales y bombardeos en Milán. Había peleado por ser quien era, lo había sacrificado todo por mi padre, y no estaba dispuesta a que le arrebataran su territorio ni su apuesta tan rápidamente, que, además, quedaba apuntalada por tres delfines de sangre. Eso la obligaba a depredar. ¿Se equivocó? Especular a toro pasado es una gran pérdida de tiempo. Pero lo cierto es que no ganamos nada en ese ejercicio de terquedad, en el mantenimiento de un estatus. No hubiese pasado nada de haber cedido en su empeño. Hubiese transcurrido un tiempo y luego, como hace el agua, nos habríamos adaptado a la forma de nuestro nuevo espacio, al de nuestras orillas. Pero luego, ¿la gente, la sociedad aquella, nos habría integrado con normalidad? La respuesta es no. Y mi madre lo sabía. Decidió quedarse y aguantar, hacer de tripas corazón y mostrar su lado más valiente, el más descarado, el más cínico.

Y comenzó la era de la mentira...

Cómo llegaron a enterarse de cada íntimo detalle de la separación, todavía hoy es un misterio. Pero Madrid tenía una red de lenguas que, incluso sin mala intención, unas por pena, otras por admiración, no paraban de producir saliva y atizarle al «me han dicho que han dicho que le han dicho», que se perdía entre parientes, amigos, vecinos, conocidos y hasta serenos. Y funcionaba de maravilla.

Se sabía, con precisión y exactitud, los alimentos que se consumían en la casa y la moderación que padecía la cesta de la semana. Se corrió la voz de que se nos había visto probándonos ropa en Sepu, unos grandes almacenes de nicho clase media baja, mucho más conveniente en precios que los de las Galerías Preciados, y no hablemos ya de los de El Corte Inglés, que quedaban fuera de nuestro alcance. Bueno, pues resultaba que también se nos había pillado subiéndonos, cabizbajos, tapados hasta las orejas para no ser reconocidos, a la camioneta que llevaba a Somosaguas, con bolsas de la tienda de las lanas de la Puerta del Sol, ¡a saber por qué tanta lana!, y entrar por la cancela de casa, zapatos en mano, porque se ve que a los pobrecitos niños les deben de estar ya pequeños, y qué vergüenza que no se les compren otros, con lo que llueve. Y era verdad. Lo peor de todo aquello es que todo era verdad y nosotros no nos dábamos cuenta de cuánto interés despertaba hiciésemos lo que hiciésemos.

En las sociedades primates, para mantener controlada la jerarquía, es básico y de crucial estrategia espiar a la manada, escrutarla y tener localizada a la disidencia, aunque sea de lejos. O mientras te acicalas, por ejemplo, recabar información de cada miembro para identificar al débil y así ejercer la crueldad puntual. La necesaria que ayude a conservar intacta la pirámide social que sostiene al mandato alfa. Y eso se hace a través de otros súbditos. Nosotros, en la manada, éramos los perfectos venidos a menos que poder patear. Así que alguna leyenda nacía cada día sobre la familia italiana. No había tregua.

Ese primer invierno, el de 1968, que nos pilló desprevenidos, sin recursos ni entrenamiento, fue duro de narices. Al llegar del colegio, los deberes se hacían compartiendo bombilla mientras que el resto del cuarto quedaba a oscuras. La regla, en cuanto al consumo de electricidad, era simple. Por donde fueses a pasar, encendías la luz, y acabado el tramo, la apagabas y encendías la del siguiente. Así te ibas haciendo camino. De regla, pasó a ser costumbre, y hasta hoy. Deberes acabados, nos bañábamos por turnos en la misma bañera con el agua caliente que la Tata hervía en la cocina. Dos grandes ollas para los tres. El último se bañaba con más cantidad de agua, pero driblando la mugre de los dos anteriores, hecha raspadura y mezclada a la espuma. Resultaba un poco asqueroso, pero como el orden rotaba, la hermandad tenía igual de oportunidades. Terminado el baño, bajábamos a cenar. No sé en qué momento reciente se rompió la tradición de comer solo algo frugal e irse ligero a la cama, pero siento que aquella costumbre debería de recuperarse. En nuestro caso, la seguíamos a rajatabla, no quedaba alternativa: dos rebanadas de pan mojadas en leche caliente y a dormir. Menos cuando empezaban los cuartos crecientes de luna. Entonces, la Tata le echaba un chorrito de café a la leche para combatir el posible insomnio, como su madre solía hacer con ella y sus hermanos, «porque si no la luna, que está muy fuerte en estos días, os desvelará», decía. Caíamos rendidos de todos modos, con o sin su homeopatía. Subíamos a nuestro cuarto, nos quitábamos las batas, y antes de encamarnos, nos poníamos toda la ropa caliente posible encima del pijama, de pies a cabeza, para evitar congelarnos. Las sábanas crujían de un cierto almidón de hielo. Paola dormía con bufanda, Lucía con guantes de lana, y todos con gorro. El vaso de agua de la mesilla de noche amanecía congelado. Las noches de cielo raso de los inviernos de Madrid no perdonan, y a eso de las tres de la mañana, cuando la escarcha empieza a cuajar y se apodera de todo, los termómetros caen en picado y el frío, creedme, puede llegar a ser insoportable, doy fe.

La casa, grande y desangelada, sin gente que moviera el aire como pasara en tiempos más felices, caída la noche, se convertía en una morgue. Mi madre decidió deshabitar el piso de abajo y, exceptuando la cocina, el resto de habitaciones se abandonó. Se bajaron persianas, corrieron cortinas y cerraron puertas con llave. Aquellas estancias, que eran las más amplias, se olvidaron, se entregaron al témpano y se hicieron imposibles de vivir. Y no solo por amplias, sino por los recuerdos que las habitaban. Aquellos fueron los espacios comunes al matrimonio. Los de los encuentros y festejos. Los de las grandes cenas y flamencos trasnochados. Los de los abrazos fingidos en presencia de amigos, pero bueno, al fin y al cabo, abrazos. Los de las veladas de cortejos, previos a un amor que tantas veces intentó ser salvado por ambas partes. El que iba y venía. Al que mi padre y mi madre ya se habían hecho y que, estoy seguro, hubiesen podido perpetuar de no haber sido porque entraron en escena los celos, los celos incendiarios de mi madre.

Esas habitaciones estaban llenas de recuerdos tóxicos, de fantasmas de una época demasiado fácil y perfecta, de traiciones, de abortos y pérdidas de hijos, de peleas y de golpes, de mentiras y de los destellos de una alegría tensa y fastidiosa caídos en la melancolía, que resultaron ser decepcionantemente engañosos y necesitaban ser borrados, ocultos bajo sábanas mortuorias del abandono, ya condenados a la obsolescencia.

Aunque también existía una necesidad de dominio y de higiene. Me explico...

Primero, ella tendría que ganarle el pulso a todos aquellos tiempos felices por los que se sentía traicionada, sobreponerse y sobrevivirlos, en los que sucumbió ante la creencia de que el amor de un torero sería eterno. Lo haría como lo había premeditado: con odio, con furia, hasta con demencia, rompiéndolo todo mientras aullaba, escribiéndose a sí misma una de las mejores escenas de la historia, a la que solo las grandes actrices dramáticas tienen acceso.

Insultaría todos aquellos momentos, los humillaría y, al fin, desterraría. Después, limpiaría el aire, la luz, las malas vibraciones encalladas de cada rincón, y lo haría de rodillas, con cepillo de raíces y gasolina, para arrancar de la cera del suelo cada huella de cada paso del torero. Lo haría sola o con la Tata, daba igual, pero lo haría, y lavaría los cristales y las paredes. Deshollinaría las chimeneas, puliría los zócalos y ventilaría los armarios para que, parafraseando a santa Teresa de Jesús, «¡... del torero, ni el polvo!». Y así fue.

Era de madrugada, eso seguro. Miguelito lo sabía porque unos gritos le hicieron entreabrir los ojos. Tenía la nariz como un cubito de hielo. Salió de la cama y despertó a sus hermanas, que habían decidido juntarse a dormir en el mismo cuarto, para calentar más rápido el aire. Aguzaron los oídos y oyeron unos lamentos pavorosos que venían del piso de abajo. Se asustaron mucho porque lo sabían deshabitado y, de inmediato, pensaron en algún fantasma o espíritu. Aterrados, despertaron a la Tata, que roncaba en el cuarto de al lado (roncar es un verbo gentil). Alarmada, se puso la bata y, seguida por los hermanos, salió al pasillo. Estiró la oreja, la estiró más, la movió para captar mejor las frecuencias, se giró, y les dijo a los tres:

—Anda, vamos... a la cama... de inmediato a la cama... y no os quiero ver más en pie hasta mañana.

—Pero, Tata... ¿qué es?... ¿es un fantasma?

—Sí... lo es... es un fantasma.

—Pero... ¿es malo?

—No... no es malo... ¡está loco!... y los fantasmas locos no hacen daño.

Así que volvimos al sueño, pero no sin antes pedirle que se quedara con nosotros. Dos por cama, apretamos los párpados mientras que, a lo lejos, latían los ecos de aquellos lamentos.

En el piso de abajo, en los salones, mi madre entraba en terapia. Lo hacía por lo menos una vez al mes y lo hacía a lo grande. Abría los salones, los reanimaba, encendía todas las luces posibles, a veces hasta el fuego de la chimenea, y ponía incienso de iglesia. Encendía todo lo que se dejase encender. Lo hacía para revivir la escenografía de los recuerdos, donde todos los focos fuesen solo suyos, para sentir su calor una vez se diese claqueta. Se plantaba en medio de su reinado perdido, y se dejaba llevar. Se concentraba cerrando los ojos, viajando hacia atrás en el tiempo, a sus momentos dichosos disipados entre las brumas de las colinas romanas, y, al grito de «¡acción!», aullaba como una patibularia, maldiciendo a los dioses, gritando nombres incomprensibles, desgarrados, rotos por su garganta rota, se tiraba en los sofás, rodaba por las alfombras, aventaba cojines, se arrastraba como una penitente desahuciada y, sobre todo, lloraba a ríos, como solo las actrices saben llorar. Todo de forma intensa y excesiva, pero con mucho sentimiento y emociones sinceras. Y sobre todo, con mucho, mucho cuidado de no romper nada. Lo hacía borracha.

Cuando la Tata le contó esto a Miguelito en una de sus sesiones confidenciales, Miguelito quedó fascinado. Preguntó que si alguna vez podría verla, escondido en algún rincón, y la Tata dijo que ni hablar, que eso sería una falta de respeto, y que a cada quien hay que dejarle a solas con sus secretos.

—¿A ti te gusta que te miren mientras haces caca? —le preguntó la Tata.

Pues asunto zanjado.

Nos hicimos muy hermanos en aquel período y los tres nos fuimos acercando mucho el uno al otro. No solo para calentarnos en las noches heladas, sino para muchos más fines y propósitos. Descubrimos que hablar de cosas, daba igual de qué, nos ausentaba del mundo, nos distraía de todo. Contar, contarse, era también conocerse, y conocerse era hacerse amigos, y hacerse amigos era compartir, y compartir era dar y recibir, y divertirse y reír, primero un poco, luego mucho, y ya descartadas las rencillas que entre hermanos existen, libres de ellas, jugar a carcajadas y no poder estar el uno sin el otro.

Y los tres, creo, aprendimos a depender y a completarnos. Cuando llegábamos del colegio, había tanta soledad y tristeza en el aire, que inventamos todo tipo de juegos y evasiones. Una vez acabados los deberes y cumplidas las tareas solidarias de la casa que tocaban a cada uno, nos buscábamos, sobre todo los fines de semana, en los que nunca salíamos de casa. La Tata no creía oportuno mezclarse con los malintencionados que pudiesen aprovecharse, en alguna fiesta de cumpleaños o comunión, para propósitos infames. No quería calentarse la lengua, así que descartamos las diversiones sociales. Dejamos de ver a nuestros primos, a los que echábamos mucho de menos, en especial a Carmen y Belén, nuestras almas gemelas, a Chiqui y a Lydia, las mayores, a Patata, Marta y a Jimena. Y aunque la vida siguiese en blanco y negro, ciertos pequeños destellos, diminutos esfuerzos inconformistas de la infancia, que todo lo percibe, fueron nuestra salvación. Cosas. Fantasías. Sueños. Tonterías.

A Paola le dio por las acrobacias. Dominaba cualquier arnés de los columpios que construyó Teodoro. Trapecio, cuerda, barra, daba igual, los sometía. También trepaba árboles y subía a los perros a sus ramas con un sistema de polea ingeniado con sus correas. Ni decir tiene que los perros vivían aterrados. Con solo oír su voz, había espantada. Lucía jugaba a las muñecas, a las cocinitas, saltaba a la cuerda, a la goma, y otros juegos de niñas de su edad. En el Liceo empezó a destacar en los deportes. Los libros le daban alergia. Comenzó a hablar, a comunicar, y salió de su eterno enfado. Yo me obsesioné con la medida de las cosas. Armado de un decímetro de madera de veinte centímetros, de uso en geometría, atacaba cualquier recorrido, cualquier objeto. Con esa regla chica y rígida, lo mismo medía unas escaleras que el largo de un pasillo, que la circunferencia de un tronco, que un insecto o la altura del pasto. Media incansablemente y llevaba un registro en un pequeño cuaderno de bolsillo. Nunca pude saber cuántos centímetros separaban Roma de Madrid, así que nunca supe lo lejos que estaba de mi madre. Solo podía sentir el peso del vacío de echarla insufriblemente de menos. De aquel modo, fui también imaginariamente midiendo la distancia entre las cosas, y la que separaba mi corazón de mi padre era incalculable. Ni especularla pude. Tiene que ser enorme, pensé, demasiada, porque no alcanzo a sentir nada por él. Se me pierde.

Las adversidades activan las células de la supervivencia y nosotros empezamos a crecer y crecimos mucho en poco tiempo, no solo en centímetros, los que sí podía medir, sino en carácter y como individualidades. El invierno tocaba a su fin y mi adolescencia llamaba a la puerta, estaba a punto de florecer.

Un buen día de la primavera de 1970 establecimos que yo sería el mayor, Lucía la de en medio y Paola la pequeña. Y que daba igual los años de diferencia, en adelante seríamos uno, indivisible, intocable, inseparable.

Y, de pronto, de entre aquella vida sin colores, brotó el primer almendro que nos llenó los ojos de pétalos rosas.

11

LA DESPENSA

La despensa era un cuarto de dos metros y medio de ancho por cuatro de largo, con estanterías de sólidas baldas de mármol blanco de una pieza, como higiene secular mandaba, de no ser madera. Tres por lado. Dos delgadas barras de hierro colgaban del techo, perpendiculares a la ventana y a la puerta de acceso. Allí se almacenaba todo. Cajas de galletas María, las grandes y cúbicas, nunca menos de tres, las de Cola Cao, latas de conservas de todo tipo, sobre todo de espárragos de Navarra y de bonito en escabeche del País Vasco que nos traía la tía Corito, el preferido de mi padre para sus tortillas del desayuno y que se pasaban meses esperándole. Botellas de tomate al natural de Villa Paz para las salsas de invierno, arroz y patatas por sacos. Cajones de cebollas, de pan duro, de mazorcas de maíz. Botes enormes de especias y grandes orzas con chorizos o queso en aceite, otras con perdices escabechadas o callos, y unas pequeñas, de aceituna machada. De las barras colgaba la chacina de la última matanza, ristras de ajos, guindilla, romero, tomillo, ajedrea, laurel, y piezas de caza menor, que se dejaban orear antes de ir a la cámara frigorífica o a la cazuela. Su olor era poderoso, aturdidor. Sazonaba los bofes hasta lo más recóndito de sus alveolos, condimentándolos de pimentón y comino. Era el perfume al que solía retirarse la Tata para respirar el recuerdo de la abundancia que fue, y que tanto alimentaba.

Miguelito entreabrió la puerta y vio que, en efecto, como su hermana Lucía le había dicho, ahí estaba, sentada en una silla de esparto, la de la despensa. Miraba al techo, a las barras desnudas, de las que tan solo un solitario cacho de tocino rancio y un resto de chorizo colgaban, esperando que se convirtiera en un cielo del que cayera el maná.

—¿Qué haces, Tata?

—Alimentándome.

La Tata cerraba los ojos y entraba en trance. Como si de un rosario se tratase, empezaba a rezar mentalmente el menú de la semana. Lo veía claro. En el silencio alimentario de la despensa, ordenaba lo que hubiese a disposición, por días, y así se quedaba tranquila. Con la tarea hecha, volvía a abrir los ojos.

—Hoy vendrá la Isabel, digo yo.

—¿Y qué le vas a dar, si no tenemos nada?

—Siempre hay algo... ya veré yo qué rebusco... Nos ayudan y nosotros tenemos que ayudar... eso es así de siempre... en los pueblos por lo menos... ya te tocará cuando crezcas... y lo tendrás que hacer.

—¿Pero... y si no tengo?

—Tendrás, tendrás... los que tienen, tienen que dar.

—Y entonces, papá... ¿por qué no nos da un poquito más?... A él le sobra mucho.

—Tu padre ya ha puesto de su parte... lo justo... aunque injusto... pero ya lo ha dado... No somos nosotros los que tenemos que juzgarle.

—¿Y quién lo va a hacer?

—La vida.

—Ya estamos... Los mayores lo arregláis todo con unas palabras que no tienen pies ni cabeza... Las personas arreglan las cosas... las cosas no arreglan a nadie.

—La vida y el tiempo.

—¡Y dale, Tata!

—Tú hazme caso... ya lo verás... la vida, el tiempo... y Dios.

—El que faltaba... ¿y quién es Dios?

—Dios es... Lo ve todo... lo sabe todo... Dios es alguien que... ¿cómo explicarte?

—¿Lo ves?... ¡Nadie sabe quién es Dios!... Ni tú, ni en el cole... nadie sabe quién es... nadie le ha visto... nadie se lo ha encontrado... nadie ha hablado con él...

—¡No digas eso, chico, que te van a castigar!... Claro que sí... que hay mucha gente que ha hablado con él... Tu abuela Gracia, mira... sin ir más lejos... tu abuela habla con él...

—¡Venga, Tata!... ¿Y tú lo crees?... ¿Tú sabes lo que en verdad le pasa a la abuela Gracia?... Y eso lo hemos visto todos y lo hemos oído... todos los primos... en la casa de Príncipe...

—¿De qué hablas?

—Pues lo que hace es que se sienta en su retrete... que es más grande que un barreño... porque si no, no le cabe el culo... y empieza a soltar y a soltar de todo... pedos, mojones... ¡y huele!... Un día estábamos todos fuera pegados a la puerta y casi nos mata de la peste... (muerto de la risa).

—Me parece muy mal que le hagáis eso a tu abuela... y me parece peor que os riais de ella... ¡es una señora mayor!...

—Calla, calla... Pues de repente soltó un cuesco de esos monumentales y luego ruidos... Se oía perfectamente que se estaba vaciando entera, vamos... Y empezó a gritar... ¡ay, Dios mío!, ¡ay, Dios mío!, ¡ay, Dios mío!, sin parar... Y eso era porque ese Dios vuestro la estaba aliviando, Tata... no es que hablara con él... ¡le daba gracias por vaciarla!... No me extraña... con todo el chorizo que come... Un día va a reventar y vamos a tener que despegar sus cachos de la pared del cuarto de baño.

La Tata, con los ojos como platos, escandalizada de la gracia, escuchaba a Miguelito sin poder reconocerle, pero sin perder comba de todo de lo que se estaba enterando. ¿De dónde había sacado esas historias? ¿Eran ciertas aquellas barbaridades? Entonces, ¿los éxtasis y trances de doña Gracia no eran otra cosa más que agradecimientos por liberarla el Señor de la masa retenida? Pues menuda decepción.

—¡Qué me estás contando!

—Lo que oyes, Tata... Dios no existe... o si existe solo está en las cañerías y por ahí se mueve... Sale, porque hueco tiene de sobra... Pregúntale al primo Peloncho... que un día se puso a llamarle por el agujero de la tapa del váter de la abuela... así hacía... ¡ay, Dios mío!, ¡ay, Dios mío!... Le retumbaba la voz y se oían unos rugidos... unos gruñidos tan espantosos, que salimos todos corriendo a todo meter... Como cuando te asomas a la madriguera de un jabalí, pues igual... Eso es el infierno, Tata, el infierno... y no me extraña nada, porque la abuela Gracia es una bruja... y no me digas que no lo sabes...

—Bueno, se dicen muchas cosas y tu abuela no es que sea muy querida... No tienes que hacer caso a eso...

Y allí mismo, en ese escenario perfecto ya calentado, con un público cautivado y entregado a la curiosidad, Miguelito desenfundó una vez más al cuentista que llevaba en la chistera, el que fue desarrollando a lo largo de años de lecturas y, en aquel apartado, se dejó llevar por él. Comenzó la magia...

—Es una bruja, Tata... pero bruja de las gordas... En el cuarto de estar de Príncipe, se encierra con la Sole, la Lola y otras dos más, y hacen espiritismo... Apagan todo... encienden velas... se dan las manos alrededor de una mesita redonda con mantel de terciopelo rojo sangre... y llaman a las almas de los muertos... y cuando llegan esas almas perdidas... las poseen a las cinco y entran en trance... se retuercen como serpientes en el fuego... y cuentan cosas que a la gente le van a pasar... y casi siempre son malas o muy malas...

—¿Qué me dices, chico?

—Parece ser que se transforman... les crecen las uñas... la nariz en gancho... el pelo gris... los ojos rojos... o amarillos que dan miedo... y hablan en lenguas antiguas que nadie consigue entender... lenguas misteriosas que salen de lo más profundo de sus gargantas... con voces roncas y pitidos...

—¡Ay, chico, que me estás asustando... no sigas!

—Escucha con atención... En las noches, cuando el hechizo se cumple y la abuela y sus brujas secuaces ya están poseídas... el viento aúlla en pena entrando por las rendijas de las ventanas y las hace batir...

Y de repente, atrapados en aquel cuartujo, por el resquicio de la ventana que se dejaba entreabierta para hacer de fresquera, entró un golpe de aire aullando de sopetón, que hizo que el chorizo y el tocino ondularan violentamente, congelando la sangre de la Tata, que pegó un brinco del susto.

—¡Ya... me voy! —dijo a Miguelito, que la sujetaba.

—¡No, Tata!... Demasiado tarde... tendrás que escucharlo todo... ya no puedes escapar... tienes que saber de qué gente estás rodeada... gente que tiene poderes...

Y la Tata, más enganchada que aterrada por la historia, como buena habitante de Saelices que era, por la afición a las cosas morbosas que tanto la podían, escalofriada y embaucada, dijo:

—Venga entonces... tira... que me voy a cagar entera y de golpe... Esto se pone buenísimo...

—Bien... pues resulta que una vez invocaron al alma del abuelo Domingo, que en paz descanse...

—Que en paz descanse... (persignándose).

—... Y el abuelo les dijo... les dijo... les dijo...

—¡Suelta ya, chico, que me estás poniendo de los nervios!... ¿Qué les dijo?

—Les dijo que dejaran en paz a mamá o él mismo se encargaría de arrastrarlas al infierno... que dejaran de pincharle los ojos con alfileres a nuestras fotos... que dejaran la magia negra o, una a una, irían muriendo de forma atroz...

—¡Para ya!... ¡Para ya!... Ya no quiero oír más... ¿Cómo sabes tú esas cosas si eras muy pequeño?... ¡No tenías ni el año!

—¿Qué cosas, Tata?

Entonces, la Tata le contó que ...

—Al poco tiempo de que llegases a Villa Paz, un día, haciendo limpieza en el cuarto de baño de tus padres, le di con el plumero al marco del espejo y algo cayó de detrás que recogí del suelo. Era una foto de tu madre contigo en brazos, sonrientes, pero vuestros ojos habían sido clavados con alfileres. Se me estremeció el alma y de inmediato corrí a enseñársela a tu madre. Me ordenó callar y no contar nada. Deberíamos averiguar quién había cometido tal horror, pero para eso había que actuar con normalidad o se levantarían sospechas. Al cabo de un tiempo, a la Aurora, la mujer de uno de los mayorales, igualando unos libros movidos de una de las estanterías de la biblioteca, se le cayeron unos cuantos. De entre medias de dos, cayó otra foto, esta vez solo tuya, con los ojos quemados como por un cigarro. Tu madre se puso muy nerviosa y decidimos que debíamos arriesgar. Así que, en el cajón de las fotos de la librería, metió un cepo para ratones. Suponía que la persona, para intentar coger discretamente alguna foto, no abriría del todo el cajón, y al no ver el cepo, se pillaría en él, seguro. No quedaba más que fijarse en quien tuviese los dedos vendados. Y funcionó.

A los pocos días, tu madre se fijó en que la tía Ana Mari no sacaba la mano derecha de debajo del rebozo. Hasta que al poco, en un descuido, al querer recomponérselo, dejó entrever unos dedos vendados que la delataron. Tu madre le preguntó qué le había pasado y ella contestó que nada, una tontería. No sería nada, pero sí que era una enorme coincidencia. No la pillamos *in fraganti,* aunque el cepo del cajón desapareció. Quedaba claro. Pasó a ser la principal sospechosa. Entonces tu madre fue más allá y escondió todas las fotos en una caja al fondo de uno de sus armarios y ni yo sabía en cuál. Desaparecieron. Alguien había entrado en su cuarto y fue directo a por lo que fue. Pues la cosa no acabó ahí. A la semana o así, Julián el administrador subió al *camarote* a por patatas que le pidió la cocinera y bajó a trompicones, pegando unos gritos de muerte. Estaba blanco como un cirio. Llamó a Vicente el guarda y a otros, a que vieran lo que allá arriba había. Tu madre y yo, al oír el revuelo, acudimos también. Julián nos rogaba que no subiésemos, que la escena era muy desagradable y claro, subimos. Colgados de una de las vigas había dos gallos decapitados que aún goteaban, o sea, que el crimen era reciente. Su sangre se derramaba sobre una de las santas figuras. No sé si te contaron, pero cuando estalló la Guerra Civil, los pueblos de los alrededores como Hito, el mismo Saelices y hasta Carrascosa del Campo, dejaron allá en Villa Paz, escondidas y en depósito para evitar que fueran profanadas o destruidas, todas sus figuras más valiosas, las más queridas. Nunca más después fueron reclamadas. Muchas seguían en jaulas protectoras de madera. Bueno... pues en este caso, la ensangrentada era una imagen de una Virgen con el Niño Jesús en brazos. La visión era macabra. Toda ella brillaba de un rojo aún vivo, bañada por los rayos del sol que levantaban el polvo al entrar por las ventanas enmalladas. Todos, horrorizados, nos quedamos en el umbral, incapaces de dar un paso, santiguándonos, menos tu madre. Despacio y examinando bien la escena, se fue acercando hasta ponérsele enfrente. De pronto se congeló, se llevó la mano a la boca y dejó escapar un «Dios mío». Alargó el brazo y arrancó algo que enseñó a todos. Era una foto de vosotros dos, cubierta de sangre, que alguien había clavado al vientre de la Virgen con un clavo grueso y oxidado. El espanto fue general. Tu madre convocó una reunión en el patio central a la que asistió todo el personal que se encontraba en la casa, familiares incluidos, y pidió que se atrapara al responsable de tal barbaridad de inmediato, que lo quería vivo, pero que si lo encontraba ella, le pegaría un tiro. Hubo muchas cabezas y miradas apartadas, a las que se pidió que de saber algo o sospechar algo, hablasen de una vez por todas, pero nadie quería meterse en líos. Yo le expliqué a tu madre, que enfureció y con razón, que esos silencios no eran signo de cobardía o deslealtad. Eran por culpa de los temores a ser castigados o a perder el trabajo, y eso a la gente la condicionaba. Se calmó y lo entendió, pero lo que más la sacó de quicio fue el pensar que alguien había tenido el descaro y el valor de ir a su cuarto de dormir, abrir cada armario hasta dar con la caja en la que había escondido las fotos, y robárselas. Que le revolvieran y tocaran sus cosas la sacó de sí y decidió ir a por todas, ella y yo, las dos solas. Y ya sabes cómo es tu madre, como para decirle que no. Pero antes de poner en marcha nuestro plan, una mañana de dos o tres días más tarde, apareció en el horno de carbón de la cocina otra foto tuya cortada a tijera, dispuesta para la quema de no haber sido descubierta a tiempo. La cocinera, que no se atrevió a tocarla, hizo llamar a tu madre y acudimos. Al ver aquello, agarró una sartén, y a dos manos empezó a atizarle a todo lo que había a su alrededor, a todo lo que le dio tiempo, antes de caer rendida. Nunca la vi tan furiosa, con tantas ganas de matar a alguien. Sentada en el salón, tiritaba de nervios y de furor. Le subió la fiebre y los dientes le castañeaban sin que pudiera hablar claro. Decía cosas que yo no entendía. La tapé con una manta en un sillón, le traje una tila caliente y se quedó dormida. Me quedé con ella haciendo ganchillo hasta que despertó y, nada más hacerlo, maldijo a los familiares residentes descargándoles toda su ira. Se incorporó, salió escopetada, le pregunté que a dónde iba y sin darse la vuelta gritó que a matarlos a todos, incluso a la abuela Pilar, y que luego se los tiraría a los cerdos, que no quería rastro de ellos. Y porque la agarré a tiempo con todas las fuerzas de mi cuerpo, o lo hubiera hecho, por mi sangre que lo hubiera hecho. A partir de aquel día ya no hubo compasión, ya no hubo buenos gestos ni favores, aquellos tres dejaron de darle pena. Tu madre pidió a todos que si no querían contar lo que creían saber de ellos, que al menos informaran de cada uno de sus movimientos. Seguidamente hizo construir una puerta de arco que encajara en el hueco del arranque del pasillo que conducía a los aposentos de aquellos malditos, como ella los llamaba, les cortó el hilo del teléfono para dejarlos incomunicados, y los tapió a cerrojo, aislándolos del resto de la casa y del mundo. No dio más explicaciones y cuando la tía Ana Mari se le quiso encarar, tu madre le aguantó el tipo, y con toda la furia de su mirada, la fue encogiendo y arrinconando. La tía Ana Mari, en su secundario papel de víctima, le preguntó que por qué estaba haciéndoles tanto daño a ella y a su familia, y que de esto se iban a enterar tu padre y doña Gracia. Tu madre la amenazó, advirtiéndole que si alguien en esta tierra se enteraba de algo, sería acusada de bruja y quemada en la hoguera en la plaza del pueblo de Saelices, a la que ella personalmente daría fuego, y que llamaría a los fotógrafos. Y en el fondo lo deseaba. Por eso me he quedado fría cuando me has contado lo que tu abuelo Domingo le decía a tu abuela Gracia cuando se le apareció... porque esas cosas han pasado... lo de los alfileres y las fotos... eso ha pasado... y Dios quiera que ya no estén pasando mientras hablamos, ¡hijo mío!... si tu madre se entera, se planta en Príncipe y las arrastra a ella y a sus brujas por los pelos... No le cuentes nada de esto o se arma otra vez... no despertemos a la furia... ¡con la manía que se tienen!

Y Miguelito, gracias a ese accidente, descubrió la escasa distancia que existía entre la imaginación y la realidad. Prácticamente ninguna. O quizá era una que no se podía medir con su decímetro, porque no era medible con ninguna herramienta, ya que estaban separadas tan solo por la frontera de su piel, que se erizaba de miedo ante el miedo, o con tan solo la fuerza de una caricia, conseguía hacerle viajar hasta la cantidad de amor que necesitara, sin límites y sin vergüenza, o construir lo que él necesitara para ser feliz, y hacer que otros lo fuesen.

Ese poder Miguelito lo tenía y se llamaba fantasía, y en su compañía se juró nunca más entristecer, nunca más sentirse solo o apocado. Supo que, allá arriba, en su cabeza, residían sus escapes y sus refugios. Un atlas de infinitas e inagotables tierras que, de quererlas nevadas, lo estarían, de necesitarlas verdes y soleadas, veteadas por ríos, lo serían, con océanos por los que surcar con su barco pirata, que ahí esperándole quedarían ondeando. Que con quererlo, con solo quererlo, su corazón mandaría las señales oportunas a las alturas y listo. Así de fácil. Solo con la voluntad, con solo quererlo.

12

La Marsellesa

A partir de las ocho y cuarto de la mañana se abrían los portones de acceso al recinto y un río de alumnos fluía. Al patio de los chicos se accedía por un túnel en pendiente desde la calle del Marqués de la Ensenada, que desembocaba en el frontón. Tirabas cartera y chaquetón en el montón de las carteras y de los chaquetones y te ponías en fila, esperando turno. Mi llegada se celebraba. Las reglas eran simples. Dos equipos de dos, y cuando un jugador fallaba, entraba el primero en espera, daba igual en cuál de los dos. Pero no todos eran admitidos en la cola. Los gordos fuera, los torpes fuera, los mariquitas fuera, y los que no fueran franceses ni españoles, de sospecharse que tenían suficientes aptitudes, entraban a la reserva. Una vez que todos los jugadores oficiales hubiesen cumplido con su par de turnos, se les daba la primera oportunidad. De pasar la prueba, entraban a la selección de forma inmediata tras la bienvenida aporreada de los capitanes.

En el frontón del Liceo me sentía el peón más disputado. Mi habilidad y destreza me hicieron imprescindible. Los demás me consideraban pieza clave, necesario. Había otras áreas físicas menores, como la de trepar a los árboles, o la de deshuesarse para escurrirse por pasadizos y reptar en madrigueras. Pero nada tan rudo como el desempeño en el frontón. El del Liceo Francés era un templo para mí, es más, un coliseo. Tenía medidas estándar, pintado de verde y con líneas de marcación para campeonatos. En los años de posguerra, los frontones, en todas sus categorías y estilos, se hicieron sumamente populares en todo el país, y cada colegio o instituto que se preciara tenía uno.

Ahí peleaba a muerte por mi equipo, con ambas manos. Jugando a la zurda, pegado a la pared, rascándola como un fósforo, devolvía golpes desde el fondo, raspándome la piel del lomo de la mano, sometiendo al adversario en distancias largas, recogiendo rebotes inesperadamente acelerados. O, cuando diestro, sorprendía al más atento con mi subir rápido de conejo para cruzar alguna pelota baja y sacar al contrincante fuera de la cancha.

Cuando sumaba punto, los vítores y rugidos del público me hervían la sangre, me hacían sentir el rey de los gladiadores y, sobre todo, el talismán de los alumnos mayores, invaluable privilegio que me abriría muchas puertas. Formaba parte de la élite de los elegidos.

Sin duda, era un juego de hombres, estereotipado, jerárquico y de filiación cruel. Eran los cachorros de las buenas familias del Régimen los que cribaban a los suyos y al resto a pesar de ser territorio soberano francés. Y para jugar, quien no era de rango, tenía que aparentarlo o quedaba fuera del juego. Y no solo...

Por muy formado que estuvieses, por mucho criterio o independencia de pensamiento que desarrollaras gracias a las libertades y al laicismo del colegio francés, muchos sin embargo llegaban ya tocados, premoldeados por creencias y tradiciones familiares, todas ellas plagadas de prejuicios religiosos, condicionadas por el estatus social y económico. Todos temerosos y alerta a los qué dirán, tan dañinos y llenos de hipocresía, pero, al fin y al cabo, determinantes.

Ahora, mientras uno fuese «un imprescindible» en el juego del frontón, mientras se dominase con ambas manos tanto la pelota de cuero como la bola blanda, mientras se diese la victoria a los mayores y se esforzase por mantener la titularidad común, uno tenía todas las cartas en regla para saberse «un intocable». Y ese era mi perfil, ese era mi caso, ese era yo.

Y así pasaron años hasta que un idiota me desenmascaró.

Jugaba en cuclillas una apasionante carrera de chapas con Anquetil a la bicicleta, mi corredor bandera, mi ídolo, cuando un desgraciado de padre desconocido me apuntó con el dedo y para que el patio entero se enterara bien, gritó:

—¡Tus padres se han divorciado!... ¿verdad?... Todo el mundo lo sabe y tú te lo callas, ¡idiota!... ¿no te da vergüenza?... ¡Miguelito, el niño huérfano!... Así te vamos a llamar de ahora en adelante... ¡Huérfano!... ¡Huérfano!... ¡Huérfano!... —Hasta que fueron demasiados los que se unieron al coro.

En ese exacto instante, toda la mentira a la que se me había forzado, todo el esfuerzo de años por mejorar a diario la calidad del fingir hasta por fin empezar a sentirme cómodo en el rol del infiltrado, en un chascar de dedos, mi encubierta farsa se desmoronó entera. Y todo se fue a la mierda.

De un salto, agarré a aquel chivato cobarde sujetándolo con una llave al cuello, cogí carrerilla y con toda mi rabia le estampé el cráneo contra la pared una y otra vez sin poder parar, una y otra vez, sin que nadie pudiera salvarle, una y otra vez, hasta sentirle desfallecer y quedar colgando de mi agarre, inerte. Lo solté, se desplomó, llegaron los *surveillants,* vigilantes de patio, lo levantaron, se lo llevaron a la enfermería chorreando sangre, y a mí me llevaron al despacho de Monsieur López, el comeniños.

Ahí, sentado, sin noticias, me mantuvieron confinado durante el resto de la mañana. Cuando empezaron a bajar los primeros turnos de comedor, sobre las doce del mediodía, aún no había aparecido nadie. Más tiempo pasaba, más probabilidades había de que la bronca y el castigo fuesen mayores. Se abrió la puerta y entró el temible Monsieur López. En un francés con muy fuerte acento español, me preguntó amenazante:

—Pero... ¿en qué demonios estaba usted pensando, González Bosé?... ¿en qué... (maldiciones) estaba usted pensando?... Porque usted no es así... por lo menos en estos nueve años que le conozco... ¡Usted nunca se había comportado así!

Monsieur López me conocía desde el jardín de infancia y yo, que ya cumplía trece, había conseguido aguantar mi secreto familiar durante casi dos años. Pero él no parecía estar al corriente de lo que en realidad había sucedido allá abajo en el recreo, lo que me había cegado y llevado a tal nivel de violencia.

Se lo conté todo y me rompí. Le confesé las razones que impulsaron tantas mentiras, mis esfuerzos diarios por ocultar la situación en familia para evitar ser apartado. El miedo a ser descubierto.

Le conté de las ofensas que fuera de los muros del colegio tuvimos que soportar desde el primer día por parte de las supuestas amistades de mis padres. Que todo se había vuelto tan insoportable, que perdí la cabeza, que estallé. Le dije que lo que había hecho el otro niño se merecía más castigo del que me fuesen a imponer a mí y que esperaba que el colegio lo expulsara porque me había humillado y avergonzado en público.

—¿Quién va a querer jugar ahora conmigo?... ¿Qué le puedo contar a mis amigos?... Van a pensar todos que soy un mentiroso y ¡nunca jamás querrán hacer pandilla!

Sabía que los minutos de rendija para hablar con las chicas se habían acabado. El compartir bocadillo en las meriendas. El no tener que pagar con cromos y Sacis el derecho a entrar a los urinarios... Y, por supuesto, el frontón se acabó para siempre. Eso es lo que había conseguido hacer de mi vida en el Liceo ese niño imbécil, chivato cobarde, «y ya verá usted, Monsieur López, ¡cuando lo cuente en casa!».

—No tienes por qué contar nada... Lo que aquí pasó, aquí se queda...

—Sí, claro... ¡cómo si los niños no tuviesen lengua!... No, señor... ya no pienso mentir más... estoy cansado de hacerlo... No puedo dormir... me paso las noches pensando en qué hacer al día siguiente... qué inventarme para no ser descubierto... y ahora que ya se sabe... así se queda... Tendré que buscarme una vida nueva...

Monsieur López, un hombre enjuto de culo respingón y siempre de *beige* trajeado, llevaba gafas oscuras graduadas y un sombrero de ala corta que escoraba hacia delante y derecha. Fumaba sin cesar. Su despacho olía a Celtas cortos, daba al patio de recreo y, entre otros diplomas enmarcados, tenía colgada una foto dedicada de mi padre en un lance natural, firmada con cariño y amistad.

Eso, que en teoría tendría que haber jugado a mi favor, nunca sucedió. Por no traicionarse en gestos y favores que delataran su admiración por mi padre, desde el primer día fingió tratarme como a uno del montón, pero con un plus extra de dureza visible, lo que le dejaba fuera de toda sospecha.

Mientras iba contándole los hechos, sin pedirle permiso fui entrando en confianza. Al fin y al cabo, estaba siendo mi confesor.

Sabía que me entendía. Lo podía sentir. También él había tenido que fingir, a su pesar y manera, la debilidad que sentía por el hijo de su ídolo, lo que le incomodaba bastante.

Monsieur López no fue indiferente a mi historia. Pudo imaginar perfectamente por lo que tuve que haber pasado durante tanto tiempo, lo que tuve que haber aguantado. La cara le fue cambiando. Le oí pensar en el daño con el que la mala baba de la sociedad madrileña puede golpear. Le sentí encogerse. Luego se paró a mirar en el vacío, a mi madre en concreto, a la que secretamente seguro cortejaría, perfumándose y acicalándose cada vez que recibía el anuncio de su llegada al colegio. Entonces, limpiaba el aire de su despacho con un enorme bote de espray de pino, la invitaba a sentarse, y le tendía una rosa que por casualidad esperaba en un pequeño florero, un detalle nada masculino para ser un objeto decorativo del despacho de un taurino calvo macho.

No me llevé la dosis de gritos habitual, pero me habló con dureza desde la pena y la comprensión.

—Tu compañero tiene la cabeza rota y no sabemos qué más... Nos reuniremos todos en el despacho de *Monsieur le Censeur* y se tomará una decisión... Ahora, sube a tu clase, recoge tus libros y tu cartera, y vuelve aquí... Te viene a buscar don Servando... le he llamado hace un rato...

—¿Y mañana... qué va a pasar?

—Seguramente te expulsarán quince días...

—Pero... Monsieur López... a quien tienen que expulsar es al otro chico... Usted no lo entiende... ¡no es justo!

—Le has abierto la cabeza a un alumno... eso es lo que pesa y cuenta... a la gente no le importa que vayas por ahí lloriqueando porque tus padres se han separado... ¿Qué te crees?... ¿que eres el único huérfano del Liceo?... ¡Y date con un canto en los dientes de que no te echen para siempre!

De vuelta a casa, el silencio de don Servando me daba pistas sobre la dimensión de la bronca que iba a meterme mi padre cuando se enterase, del tiempo de castigo en silencio que mi madre me impondría, y de la Tata no sabía qué esperarme, probablemente la suma de las represalias de mis padres más algún trabajo forzoso extra. Había que esperar a llegar a casa, a que mis padres volviesen de su viaje, que por ningún motivo iban a interrumpir después de lo que les había costado programarlo y reunir a la prensa, y del contratiempo que tal cancelación supondría para la buena imagen de su supuesta reconciliación mediática. Mucho menos por un accidente causado por su hijo, «que se arregla sin problema con dos entradas de barrera», pensaría mi padre.

Don Servando me soltó en la entrada de la casa y se fue. La Tata abrió la puerta y, antes de recibir el primer bofetón, me cubrí la cara. Pero ella solo me quitó la cartera de las manos, me desvistió del chaquetón y me dijo que la siguiese. Me senté en mi cama, muy triste y avergonzado. Ella se me sentó al lado. Me abrazó, me preguntó cómo estaba, cómo me sentía y estallé a llorar, liberando toda la tensión.

—Ya me ha contado don Servando... Lo siento por el chico, pero has hecho lo que tenías que hacer... Así la próxima vez se lo pensará dos veces antes de abrir la boca... y, desde luego, a ti no se te vuelve a acercar en la vida... ese ya está escarmentado...

—¡Pero me van a echar del Liceo, Tata!... Papá me va a matar... y mamá no sé qué me va a hacer... Estoy muerto de miedo...

—Ninguno de los dos te va a hacer nada... de eso me encargo yo cómo que me llamo Remedios de la Torre Morales... tú no tienes la culpa de esto... la tienen ellos... ¿Quién se ha separado?... ¡Ellos!... ¿quién nos ha obligado a vivir como si nada pasara?... ¡Ellos!... ¿quién nos ha estado obligando a mentir?... ¡Ellos!... Ellos son culpables de toda la miseria y de la rabia que arrastramos... los que tenemos que soportar somos los demás... y mientras, míralos... haciendo como si nada... viajando del brazo a los pocos meses de haberla liado parda... montando un teatro de falsedades... caramelitos p'al público... y nosotros aquí, pasándolas canutas y pagando el pato de todos sus caprichos... cualquiera de vosotros tres tiene más cabeza que los dos juntos... ¡Dios mío, para qué habrán querido una familia si no saben cómo cuidarla!... ellos son los que tienen que ser castigados... no tú...

Finalmente fui expulsado quince días y mis padres no aparecieron jamás. Nunca se enteraron de lo sucedido. Cuando llamaban a casa para saber cómo estaban los niños y las cosas, la Tata contestaba que todo estaba bien, que no se preocuparan de nada y que disfrutaran de sus viajes y de las fiestas. A lo que mi madre, bajo cuerda, le cotilleaba a la Tata que podría haber sorpresa. «¿Cuál, señora?». «Pues que a lo mejor no nos divorciamos y volvemos a estar juntos, no le cuentes nada a nadie todavía, pueden pasar muchas cosas, pero el señor me ha pedido perdón y está muy cariñoso, te llamo en unos cuantos días, cuando bajemos del barco en Portofino y atendamos a la prensa, te vuelvo a llamar, dale un beso muy fuerte a cada niño», y colgaba.

«¿Qué a lo mejor no nos divorciamos? ¿Tendrán poca vergüenza? ¿Pero a qué están jugando estos dos locos de la vida? ¿No se dan cuenta del daño que se hacen y, sobre todo, del que le están haciendo a sus hijos?». La Tata no salía ni de su furia ni de su asombro, pero se sabía solvente, responsable, y contaba conmigo en la gestión de la casa. Así que, aprovechando la expulsión, nos pusimos manos a la obra y poco a poco fuimos reparando cosas pendientes de la casa, reparando averías.

Me enseñó a sacudir bombillas para oír sus filamentos rotos y reconocer las que estaban fundidas, inservibles. A desmontar los interruptores de las lámparas, y luego, juntado terminales de hilos de cobre, volver a hacerlos funcionar. A planchar lo más complicado, las sábanas y las colchas, con una técnica de doblado de vuelta y vuelta evitando que se arrugaran a cada vez. Me descubrió las mañas para el trasplante de esquejes de geranio. A poner cepos para ratones sin pillarme los dedos, y a desatascar tuberías con una mezcla de posos de café y aceite templado. Además, a remendar, zurcir y coser botones, «que un hombre tiene que conocer de esas cosas por si acaso un día su mujer le chantajea. Ser independiente», decía, «es la mayor de las libertades».

De vuelta al colegio, todo cambió porque yo había cambiado. Me había fortalecido y había pensado mucho en cómo quería que Luis Miguel González Bosé fuese en adelante. Mis heridas estaban selladas sin arrepentimiento, con orgullo, y con un fuerte remanente de una mezcla entre desprecio y rabia. Me hice peligroso.

Al encontrarme cara a cara en el patio con el idiota del chivato aquel y su absurda cabeza cubierta de esparadrapos y vendas, se atrevió a sugerirme que lo menos que podía hacer era pedirle perdón. Entonces di dos pasos a la carrerilla hacia él, y frenando en seco, le hice un requiebro de cintura, le bufé, y el muy cobarde salió corriendo. Nunca se me volvió a acercar a menos de treinta metros, exactamente lo que daba de largo el patio.

Empecé por posicionarme. Sentándome en el mismo banco, mismo lugar en cada recreo, desempapelaba mi bocadillo y me lo iba comiendo, mirando los juegos de mis compañeros alumnos, sin rechistar. Si alguien se atrevía, por provocación o desconocimiento, a sentarse en mi sitio, me bastaba con pararme delante y mirarlo fijamente en silencio, aguantando la mirada, y en cuestión de segundos se levantaba asustado y me lo cedía ipso facto.

Se fue corriendo la voz, y por un perro que maté, me llamaron mataperros. Me convino. Por lo menos me dejaron en paz. Perdí la posibilidad de ser un gran jugador de frontón, como en su juventud lo fue mi abuela Gracia, y perdí mi carné de miembro de la Comunidad de los Gladiadores. Pero, poco a poco, aquel banco fue convirtiéndose en el territorio del *capo* que todos los italianos llevamos dentro, al que fueron atraídos especímenes muy interesantes, curiosos, diría.

El primero fue un gatito de pelo rubio rapado y ojos azules almendrados que tenía una impresionante colección de pajaritas y rebecas. Usaba pantalón corto de franela, camisas a cuadros, medias a media pantorrilla como todos, y calzaba zapatos de cordón, con buen lustre de madre. Comía a pequeños bocados, extendiendo sus meñiques hacia arriba como dos antenitas. Cuando me miraba, sus pestañas abanicaban el aire que me acariciaba la cara. El pequeño Jean-François era toda una niña y aún no lo sabía. Tampoco yo que estaba en mi clase. Fue mi primer reclutado. El chico nunca había tenido amigos, todos le consideraban raro. Pero para alguien como yo que tenía pasión por los cromos, era un buen coleccionable. Recreo tras recreo, fue acortando distancias hasta casi rozarme.

El segundo en llegar fue un cíclope polaco de nombre Arnö. Medía casi un metro setenta, para nuestra edad, un gigante. Fui directo. Le conté de la isla que mi padre poseía en Panamá, llena de elefantes, tigres e hipopótamos, de mi amiga la cebra de nombre Blanquette, el primero que me vino a la cabeza, el de *La cabra de Monsieur Seguin*, un libro obligatorio para todos los alumnos de cualquier Liceo Francés del planeta, escrito por Alphonse Daudet. Le hablé de mis aventuras en sus junglas, y a la siguiente sentada, ya estaba dentro del redil.

Después le tocó el turno al más inteligente de la clase, mi toca-yo Miguel, un genio en matemáticas, guapo, de pelo castaño on-dulado, y tímido, mofado por todos debido a su tartamudez. Siem-pre enfundado en su loden de grueso paño gris, junio inclusive.

Y así, raro a raro, fui juntando una pandilla de indeseados de gran corazón, gente tranquila. Sumados a mis tres mejores amigos y leales de siempre, Carlos, Javier y Raúl, rehicimos la compañía y retomamos la vida juntos tras el crimen.

Pero apenas levanté cabeza y sentí ausencia de peligros, caí enamorado de una rubia dorada de pelo largo, ojos celestes y ras-gos renacentistas que, aunque ancha de caderas, no resultó ser tan gringa de carácter como yo esperaba. Sus raíces judías y su amoro-sa familia, a la que poco más tarde fui presentado, me hicieron en-tender que Mónica no era una niña del montón. Su sensibilidad y cultura la hacían sobresalir por encima de todas.

«Despierta, Miguel, que estás frito y no lo ves, que lo único so-bresaliente de esa chica es su culo», me decían mis amigos inten-tando abrirme los ojos sin éxito y hacerme ver que «ni tetas tiene, Miguel, ni tetas para su edad, y además, con esos vestidos de flo-res que viste parece una monja campesina. Despierta, chaval, que estás atontao». Todo me daba igual, me sudaba un pie. Yo seguía flotando embelesado y hormonando desesperadamente. Para em-peorar las cosas, empecé a escribirle cartas que le pasaba por la rendija del portón de hierro que dividía el asfalto de nuestro patio, el de los chicos, del de las chicas, cubierto de arena, con fuentes para beber y un pequeño bosque de acacias que enmarcaban ver-jas románticas, trepadas por hiedras y glicinias. Ahí nos dábamos cita tras haber pagado al alumno mayor de turno el peaje debido, que consistía en algún cromo que él no tuviese, regaliz o un ciga-rrillo; lo que pidiera. Alguna vez, no teniendo con qué pagar, forcé el acercamiento a la carrera apuntando el papel por la hendidura para encestarlo y que entrase. Entonces me llevaba dos buenos tortazos con persecución a patadas. Pero sabiendo que el mensaje había caído del otro lado, en las buenas manos de mi amada, los golpes dolían menos.

Cada fin de semana que duró nuestro romance, la Tata me acompañaba caminando desde la Avenida del Campo hasta la estación de Pozuelo, donde ella vivía, para pasar la tarde. Sus padres me quisieron mucho, en especial él, marine de la armada estadounidense. Nos sentábamos a ver el atardecer en un montículo del jardín mientras nos comíamos varias bolsas de palomitas con miel, que eran su manjar favorito, y suspirábamos mientras nos contábamos nada bajo las torres del tendido eléctrico. Por aquel entonces, aparte de mi timidez enfermiza, padecía de un bloqueo total ante las chicas que me gustaban, lo que me hacía enmudecer y estallar de rubor. Llegaba a enfermar de tanto sonrojo y me veía obligado a huir. Pero con ella lo pude superar. Con ella me curé de casi todo. De ahí pudo surgir mi amor, aquel que me hizo estar tan seguro de mí mismo, y que tanta paz me daba. Aunque jamás conseguiría articular ni una sola palabra entera, y mucho menos un «te quiero», nuestro correo fue más que suficiente. En él quedaba constancia de puño y letra de lo que no se dijo o pudo querer decirse. Nos rozábamos los meñiques, nos mirábamos de reojo, y yo sudaba. Seguidamente, me empalmaba. No había tenido un episodio tan cursi en toda la corta vida de mi corazón, ni nunca jamás después lo tendría. Y pensar que, por aquel entonces, aún no había aparecido el mundo Walt Disney de color rosa. Hubiese muerto de empacho.

El Liceo Francés de Madrid quedaba en la calle del Marqués de la Ensenada, entre las calles Génova y Bárbara de Braganza. Ocupaba prácticamente todo el largo de una de las aceras, y en la de enfrente, el Ministerio de Justicia y el parque de la Plaza de París, al que se subía por una escalera de granito bastante empinada. Abajo y a la izquierda de aquellas escaleras, quedaba el puesto de golosinas, cromos, hilos de colores para hacer «escubidús» y algún que otro juguete de plástico, con lo que don Román se forraba. Era como un pequeño bazar de chinos de entonces, que se cerraba con candado, bajando la visera de contrachapado gris pálido. Ocupaba un lugar estratégico, por el que casi todo alumno, al salir de clase, era obligado a pasar por delante. Se acudía para comprar algún sobre de cromos, pipas, chicle Bazooka o Gallina Blanca, palo de regaliz o Sacis.

De octubre a junio, desde las nueve de la mañana hasta las cinco de la tarde, de lunes a viernes, estudiábamos todas las asignaturas en lengua francesa, la de español incluida. Los jueves y sábados eran medias jornadas y a las doce y media, salíamos. Esos recesos estaban pensados para adelantar estudios, no para holgazanear, pero pocos alumnos los cumplían, pocos éramos tan serios. Los domingos, libres.

Las aulas eran de género hasta la *sixième*, el equivalente al primero de bachillerato. Los chicos teníamos nuestra entrada, patio de recreo y turnos de comedor totalmente separados de los de las chicas, que ingresaban a su edificio por una pequeña puerta verde contigua al Instituto Francés, del otro lado de la calle, cerca de Génova. Nuestro bloque esquinaba con Bárbara de Braganza. En medio estaban ubicados los despachos de la dirección, secretarías, personal militar y diplomático.

La educación francesa era muy completa, muy amplia y cargada de asignaturas. El nivel de cultura general impartido era altísimo, y por muy mal alumno que fueses, acabado el bachillerato, el bagaje de conocimientos con el que te ibas era de lejos infinitamente superior y más diversificado que el ofrecido por la mejor escuela española del momento. Cabía la posibilidad de cursar ambos bachilleratos a la vez, el francés y el español, y yo me apunté a esa opción, convalidando mis estudios para, en un futuro, poder ir a universidades tanto en Francia como en España, lo que nunca sucedió. Con mi *Baccalauréat* certificado por el Instituto de Estudios de Burdeos, del que el Liceo Francés de Madrid dependía, nada más aprobar los exámenes finales me fui a París. Me inscribí en Filología y en Historia del Arte en la Sorbona y, volviendo a Madrid, entregué los documentos a mi madre para que quedara constancia de que la obligación requerida por la familia había sido cumplida y que por ende quedaba exento de cargas. Y nunca más volví.

El Liceo era territorio francés y por lo tanto se era libre de pensar, de opinar y de hablar, a lo que se te iba entrenando de curso en curso. No era fácil entrar en esa dinámica, ni entenderla, cayendo la que caía fuera de aquellos muros. Y bastaba un solo paso, cruzar un umbral. Liceo adentro, todos, de forma automática, entrábamos en modo Marsellesa y perdíamos el miedo. Sabíamos que todas las libertades que el Régimen negaba a sus ciudadanos, la República Francesa nos los otorgaba a cambio de nada, a cambio de ningún arresto. Y, sin uno darse cuenta, llegaba un momento en el que se establecía de forma natural que lo normal era que las cosas tenían que ser de aquella manera. Por lo que acabábamos por extender esa actitud fuera de los confines del Liceo y ahí empezaban los problemas. La facilidad de acostumbrarse a lo que es justo y darlo por hecho conllevaba el tener que andarse con mucho cuidado. Pensar de un modo no permitido, pretenderlo cuanto menos, chirriaba con lo establecido. Y hablar de libertad como si el Régimen te la negase era de desagradecidos y tenía consecuencias serias, fueses quien fueses. Mi padre, sin ir más lejos, desaconsejaba opinar.

Eran las once de la noche, una hora tardía para tres chavales de quince años que volvían a casa de alguna *boom*, así se les decía a las fiestas en casa de algún compañeros (las mejores, de lejos, en casa de Elena Benarroch), rebosantes de Coca-Cola, Fanta, patatas fritas y bailes pegados. Alain, Manuel y yo cantábamos a pleno pulmón bajo el efecto punzante de las burbujas. Eran esas canciones francesas que te enseñan desde el jardín de infancia, *En passant par la Lorraine*, probablemente. Caminábamos dirección a la calle Bailén bajando por Mayor, y a la altura de Capitanía General, tres bestias grises salieron de la oscuridad, nos saltaron encima agarrándonos con brutalidad, y nos metieron dentro del portón a empujones, estampándonos contra la pared, resoplándonos a distancia de nariz aquel olor a tabaco e ira que desprendían por la boca y que no quedaba más remedio que inhalar.

—¿Qué hacéis aquí las tres solitas... eh?... ¿No tenéis casa?...

—¿Qué pasa... no tenéis padres?

—¿Nadie os ha dicho que en este país no se canta por la calle a estas horas de la noche?... ¿Nadie os lo ha dicho?

—Y si se canta, ¡se canta en español y se canta el *Cara al sol*!... ¡Con el pecho bien hinchado y con orgullo!... Y no esas cancioncitas extranjeras que vete tú a saber de qué hablan...

—Llama a Sol... que se los lleven y les den una buena tanda... ¡a ver si dejan de ser niñas y se hacen hombres de una puñetera vez!

—Pero hasta que lleguen, ¡les vamos a meter la porra por el culo!

Se nos congeló la sangre. Sabíamos perfectamente que, de acabar en la Dirección General de Seguridad, no saldríamos en varios días, y que la paliza que nos iban a meter, por el solo gusto de metérnosla, corría el riesgo de forzar una confesión en la que nos auto inculparíamos de algo que jamás cometimos, y a saber qué fin se nos deparaba. Nos cagamos de miedo, temblando como hojas de sauce, mientras ellos fingían hablar con la DGS y pedir un traslado.

Estos episodios, y una lista de otros más graves, eran ejercicios que la Policía Nacional, los «grises», llevaban a cabo aleatoriamente para mantener en forma el músculo de la represión y difundir el terror. Para ellos eran tan solo bromas de gremio que, como en nuestro caso, no tenían mayores consecuencias Pero que en general acababan muy mal. Al cabo de una larga hora de detención, y de haber pasado por pensar en lo peor, nos pegaron cuatro collejas y nos soltaron, aconsejándonos cambiar los calzoncillos al llegar a casa, no sin antes haber olido bien lo cagado para no olvidar el olor del miedo. Salimos corriendo, cada cual por su lado, y nunca volvimos a hablar de aquel episodio, ni entre nosotros, ni con nadie.

Empecé oficialmente el jardín de infancia en el octubre del año sesenta ya viviendo en Somosaguas. Vestíamos un babi a cuadritos azul y blanco, y de casa traíamos un saquito de tela con la palabra *goûter* y nuestro nombre bordados a mano, que contenía el almuerzo de media mañana, antes de ponernos a dormir la siesta. La profesora Marie Thérèse, de ojos azul grito, era alta, rubia y con voz timbrada. Angelita, la mujer de apoyo en todo, que jamás perdía la sonrisa pintada de rojo carmesí, y que nos cuidaba repartiendo cariño a espuertas, murió muy joven y muy bella pesando más de quintal y medio.

En los años que siguieron, aprendí la buena caligrafía en cuaderno de doble línea, con pluma de plumilla y tintero, que el profesor rellenaba a diario con tinta azul de una botella de plástico con pitorro. El mismo curso que desapareció el babi pasamos al lápiz de mina, sacapuntas y goma de borrar, y a los cuadernos La Fontaine, de páginas a cuadro francés milimetrado. Casi todos los que empezamos a estudiar ese mismo año, continuamos, durante muchos años, formando parte de la misma *liste de présence* que, cada mañana, el profesor de turno repasaba, y al levantar el brazo cuando cantaba nuestro nombre, confirmábamos presencia.

A lo largo de aquellos años, independientemente de las entradas y salidas de muchos, los grupos de amigos se fueron consolidando hasta convertirse en hermandades especializadas en este o aquel otro interés.

Carlos Gómez Bellard, Javier Morales, José María Marco, Raúl de la Morena, Pierre Alain de Oliveira, Ignacio Loring, Javier Serrats, Yvon Marec, Javier Moro o Miguel Castaño pasaron a ser los más cercanos, los de siempre, los que más duraron. Con ellos hacíamos carreras de chapas, jugábamos a policías y ladrones, y más tarde, con algunos de ellos se formaría el Club de Exploradores con base en un cuartucho de mi casa en Somosaguas: un pequeño laboratorio con microscopio y tubos de ensayo en el que no solo torturábamos todo tipo de insectos y reptiles, sino que planeábamos expediciones por las junglas repletas de peligros que, imaginariamente, nos acechaban en el jardín, contra los que deberíamos combatir, no sin causar bajas, y de las que éramos curados o resucitados con pociones secretas.

Mis padres, desaparecidos como de costumbre, me obligaron, bajo consentimiento cómplice de la Tata, a cometer la primera falta grave que me costó la primera expulsión del colegio durante una semana. Monsieur Bucci era entonces mi profesor, yo tenía ocho años.

Existía en el Liceo una cartulina, la *fiche bleue* o ficha azul, que contenía nuestros datos y foto, y que guardábamos en una funda de plástico. Si se cometía una falta, la que fuese, cualquier autoridad podía reclamártela y, dependiendo de la gravedad, podía caerte una observación, una advertencia o una expulsión. Cuatro observaciones sumaban una advertencia, cuatro advertencias una expulsión, y con tres expulsiones, la definitiva del Liceo. Podían caerte dos observaciones de golpe, una o dos advertencias, una expulsión sin más, o directamente echarte del colegio si la falta era gravísima.

El último viernes de cada mes nos entregaban las notas en un cuaderno que debíamos devolver al lunes siguiente, firmadas por nuestros padres. Pero como los míos nunca aparecían, la Tata se encargó de firmarlas durante un tiempo, hasta que la dirección del Liceo decidió que no bastaba, que solo validarían la rúbrica de los progenitores. Así que, con el beneplácito de la Tata, repitiendo cientos de veces la firma de mi padre, que aparecía en alguna de las casillas de aquella ficha azul, conseguí calcarla exacta y la falsifiqué.

Al siguiente lunes, después de pasar lista, Monsieur Bucci nos pidió los cuadernos de notas y se puso a revisarlos. Se demoró sobre uno y, sin levantar la cabeza, me pidió mi ficha azul. Empalidecí. Regresé a mi sitio bajo las miradas de sospecha de mis compañeros. Al cabo de un rato, nos pidió abrir el libro de lectura y leer en silencio hasta su regreso, tenía que ir a consultar algo. Me supe atrapado y me entraron ganas de vomitar.

Veinte minutos más tarde, se abrió la puerta y entró el profesor acompañado del censor del Liceo, un hombre temible, delgado y encorvado como un mal presagio. Pidió que me levantara de mi pupitre y ante toda la clase me gritó, me dijo que era un traidor, un delincuente, un chico de poco fiar, que estaba muy decepcionado y que debido a la gravísima e imperdonable falta cometida, la dirección del Liceo había decidido expulsión directa e instantánea de una semana, «así que recoja usted sus pertenencias de inmediato y baje al despacho de Monsieur López, ya hemos avisado para que vengan a buscarle».

Mis padres, como de costumbre, jamás se enterarían del castigo, y la Tata, cómplice del crimen, me encubrió siempre y sistemáticamente. Sin embargo, no sería la última vez que falsificaría la firma. Seguí practicando y practicando hasta conseguir que fuese idéntica, creando una costumbre que duró hasta que acabaron los estudios. Se hizo adictivo.

Jamás mis padres me preguntaron por mis notas. Nunca supieron de la existencia de un cuaderno de calificaciones que tenían que verificar y firmar. Pero para eso estaba yo. Para leerme y echarme sermones, regañarme o darme palmaditas, y tras pedirme prometer que mejoraría, firmarlas suspirando. Yo solito me encargué de validarlas.

Tras diez años de Marqués de la Ensenada, el nuevo Liceo Francés del Parque del Conde de Orgaz ya estaba listo, y los cuatro últimos años de estudio los cursamos allá. Era inmenso, tenía varios edificios de hormigón de diseño súper moderno divididos por grupos de cursos, una zona de deportes, que ya se venía utilizando desde mucho antes y una construcción circular para refectorios, con un teatro de casi trescientas plazas en ese mismo cuerpo, construido para actos de toda índole, pero, sobre todo, para las representaciones teatrales de los montajes que la Compañía de Teatro del Instituto Francés tenía en reportorio, ya desde el antiguo Liceo, y que todos esperaban siguieran siendo un referente de prestigio en Madrid.

En esa compañía estábamos los más capacitados en las diferentes artes, música, baile, diseño, canto..., así como los autoproclamados actores, directores, escritores y productores, que del día a la mañana empezaron a abundar, y entre los que entré a formar parte. Todos hacíamos de todo, iluminación, escenografía, atrezo inclusive, y todos con un solo propósito común, el de saltarse clases con la excusa de que había que ensayar. Resultó que los ensayos empezaban cada primer día de cada trimestre, nos quitaban de dos a cuatro horas diarias de asistencia a cursos, y las dos últimas semanas nos absorbían de lleno, coincidiendo, a nuestro pesar, con los exámenes de evaluación trimestrales. Pero por el prestigio del Institut Français había que sacrificarse y yo, como de costumbre, el más fervoroso de los corderos por mucho y de lejos, me entregaba a la tarea tanto, que todos admiraban y comentaban mi sincera devoción.

Hasta que un día fui llamado a su despacho por el mismísimo *Monsieur le Censeur*, «omnipoderosa» máxima autoridad del colegio.

Era un hombre que siempre vestía de negro integral, de pies a cabeza, con camisa blanca como el pañuelo que asomaba del bolsillo de su chaqueta, y que se perfilaba fino como el sol rayando el alba. Tenía pelo níveo cortado a lo gendarme, tez pálida y luminosa, y ojos azul hielo que le rasgaban la cara, otorgándole mirada de lobo estepario siberiano. Me dijo: «Siéntese, González Bosé», y me contó que estaba muy preocupado porque mis notas eran pésimas desde hacía tiempo y la situación se había hecho insostenible. Le pregunté por qué y me contestó que sospechaba que estaba utilizando la excusa de mi afición al teatro para evitar la asistencia a clase y ausentarme en los exámenes, lo que no podía permitir más.

—Dígame entonces qué he de hacer, Monsieur.

—Creo que debe dedicarle más tiempo al estudio, señor González Bosé... Al fin y al cabo esto es una escuela y nos especializamos en impartir conocimiento... lo que hasta donde yo sé, no va a poder usted conseguir en ninguna otra parte... que no sea otra escuela... Si usted suspende, no habrá posibilidad de que le hagamos pasar de curso... aquí no va a encontrar ayuda, no se confíe... finalmente pondrá en riesgo sus estudios.

—¿Entonces... usted... me está pidiendo que solo me dedique a estudiar?

—Creo que usted puede perfectamente compaginar estudios y teatro... estoy convencido... es más... no me cabe la menor duda...

—Con el debido respeto, Monsieur... no me considero capaz de hacer bien dos cosas a la vez... se lo digo sinceramente... o estudio o me entrego a la compañía que, como usted bien sabe, le está dando un prestigio enorme al Instituto Francés desde hace años... Si la abandonase, siendo cofundador y alguien indispensable en su funcionamiento... ya que soy bueno y capaz ocupando cualquier puesto... supondría una pérdida que afectaría a todos mis compañeros... protestarían... se me echaría de menos, siento decirle... y se pone en riesgo su continuidad... lo que no creo agrade mucho al Instituto Francés... Monsieur... dígame usted qué tengo que hacer...

Monsieur le Censeur se quedó pensando, supongo que evaluando mis argumentos, y al cabo de unos momentos, esbozó una sonrisa sin dientes, simplemente tensando sus finos y afilados labios desde sus orejas, y me dijo:

—Haga usted un esfuerzo y nosotros haremos otro... Y otra cosa, señor González Bosé... sepa usted que nunca se va a morir de hambre.

En el nuevo Liceo, los mayores disponían de una zona cerrada y acristalada a la que se podía acceder solo en los dos últimos cursos, y en la que se permitía fumar. En francés, *le fumoir*, el fumadero. Un lugar ansiado que creaba estatus y daba mucha envidia. Mirando desde fuera, se oía gesticular a los mayores, consumiendo cigarrillo tras cigarrillo, y aprovechando para ligar.

Los reyes del lugar eran Philippe Leost, un francés muy atractivo de pelo castaño, ojos azules, barba de dos días y buen estudiante, que por su seriedad las tenía a todas suspirando de amor, desmayándolas a su paso. Ni una sola sobrevivió a sus encantos hasta que llegó René von Geamert, un belga de complexión atlética, pelirrojo claro de ojos oceánicos, boca carnosa y nariz griega, encantador, surfista y experto en vuelo sin motor ya a sus dieciséis años. Acabó por desbancar a todos y, contrariamente al bello y recto francés, este ofrecía buena cama, al parecer. Se corrió la voz y no dejó virgen con cabeza. Consiguió que las mejores amigas se enfrentaran a muerte. Hasta que perdió las sienes por una venezolana amazónica de porte exuberante, mata de pelo zanahoria y tupida, estrellada de pecas, de medidas perfectas, simpática y alocada, valiente y descarada, Teresa Zamoyski.

Recuerdo que por un tiempo fuimos cuñados ya que ennovié con su hermana Cristina, más pequeña y prieta, sin aquellos pechos firmes y sobrados de Teresa que, segundos antes de llegar adonde fuera a ir, la iban anunciando, abriéndole camino. A cambio, Cristina daba menos miedo, tenía cara dulce como de ratita, y de nuevo... caderas anchas. No sé qué diablos me pasaba, pero muchas de mis novias tenían ese denominador común. Creo que era debido a que, al enamorarme, mi mirada no paneaba hacia abajo, y para cuando me daba cuenta, ya era muy tarde. Retumbaban desde el pasado en mi cabeza los cantos y las mofas insidiosas de mis amigos. Pero ajeno a todo, mi corazón mandaba y acababa muerto de amor, suspiraba, me resignaba, y me justificaba diciéndome que la suerte ya estaba cagada.

La que más duró fue Béatrice, hija de mi profesor de Historia y Geografía. También ancha de caderas. Tenía una cintura de avispa, senos chiquitos, de los que arrancaba casi de inmediato un cuello de elásticas proporciones, largo y articulado. Piel sedosa, una boca carnosa y unos ojos verde corteza grandes como cenotes, en los que me sumergí durante años. Era compañera de clase, y no solo. A menudo también de pupitre o de banco, como por ejemplo, en las clases de Ciencias Naturales, Física y Química.

Con ella aprendí a besar con tiempo y suavidad. Besos interminables que todo lo exploraban hasta llegar a la suela de los zapatos, bajando con la lengua por el interior de las pantorrillas. En las *boom*, me enseñó a bailar agarrados, pegados como lapas, rozando nuestras zonas bajas hasta conseguir dolorosas erecciones que acababan en nada, en un horroroso dolor de huevos que a solas más tarde aliviaba. Ella era consciente de mis deseos y me los colmaba. Apretaba su entrepierna contra la mía mientras nos jadeábamos en alientos tórridos, los versos a la oreja de *Adieu jolie Candy* de Jean-François Michael, *Capri, c'est fini* de Hervé Vilard o *Le Métèque*, de Moustaki, entre otros *hits*. Me parecía la mujer más *sexy* del universo escolar a pesar de que su padre no le dejase llevar faldas por encima de la rodilla que no fueran escocesas. Tenía que usar manga larga y medias azul oscuro que le apresaban las rótulas incluso en los calores de junio. Para mi gusto e intenciones, acabó siendo demasiado seria y responsable, aunque con lo vago que era en asuntos de amoríos tardé en dejarla un montón. Al final de cada ruptura solía refugiarme en mis leales amistades femeninas, mi adorable y siempre maternal Elena Benarroch y mi divertida confidente, Isabelle Sourdeau. También las eléctricas hermanas Kahla.

Tenía otros intereses. La moda era uno, la música del momento otra, y muy activa. Empezaban a llegar discos de grupos internacionales en valijas diplomáticas, o de la mano de alumnos extranjeros y profesores. Se anunciaban en una cartulina clavada en la entrada de la pared del *fumoir*, en la que te registrabas para pedir la vez o proponías intercambiarlos por alguno tuyo.

A esa lista subí mi colección de los Beatles desde el *Rubber Soul*, que en 1965 mi madre contrabandeó escondido en el fondo de la maleta de uno de sus viajes, hasta el *Let it be.* Todos, absolutamente toda la colección, singles incluidos, más los que tenía de Yes, Creedence Clearwater Revival, King Crimson, Pink Floyd, Emerson Lake and Palmer, Aphrodite's Child, The Monkees, que por entonces tenían serie en televisión, repetida hasta el vómito; Donovan, Pétula Clark, Manfred Mann, Cat Stevens, Led Zeppelin, Iron Butterfly, Cream, The Who y, por supuesto, mis favoritos en absoluto, The Doors.

De Francia nos llegaban Sylvie Vartan, Johnny Hallyday, Antoine, Adamo, Françoise Hardy y Marie Laforêt, mis novias secretas; Claude François, los dos Georges, Brassens y Moustaki, y mis amados e idolatrados Serge Gainsbourg y Michel Polnareff, entre otros.

Con Monsieur Lipschutz, profesor de Filosofía, llegó la izquierda y lo hizo de forma natural. También las teorías anarquistas. En los libros de *Lagarde et Michard*, diez tochos que reunían lo más imprescindible y relevante de la literatura y del pensamiento francés y universal, se incluían textos de autores tales como Marx, Engels, Proudhon o Bakunin, que se estudiaban a fondo en una de las asignaturas que más me apasionaban, llamada *Étude de Texte,* análisis de texto. Consistía en despiezar extractos literarios y ahondar en ellos, argumentando los porqués de su vocabulario, sintaxis, estilo, etcétera. Se explicaban rimas o tipos de versos si de poemas u obras teatrales se trataba. Se estudiaba el contexto personal del autor en el momento de su escritura, razones, causas o necesidades que se dieron, así como los momentos y paisajes históricos de trasfondo. En fin, era un ejercicio profundo y exhaustivo, ciencia forense aplicada a la literatura, que me parecía de un interés insuperable, entusiasmante, que permitía englobar texto y autor, y entenderlos como un todo inseparable del resto de su época.

Empezaron las sentadas y las revueltas en las que participé envuelto en un abrigo de vicuña de pelo largo de mi madre, ropa ajustada hasta el ahogamiento, cabello largo y lustroso por los hombros, cejas rapadas, ojos pintados con kohl y, por supuesto, mis botas con alzas. Revolucionario, sí, pero no guarro. De ese aspecto ya se encargaban mis hermanas Lucía y Paola, disfrazándose de militar en los puestos y tienditas del Rastro. Yo siempre fui leal a la moda londinense, de la que tardé años en apearme.

Protestábamos porque se llevaba hacerlo y por sentirnos adultos con ideas propias. Protestábamos porque los horarios de autobuses no nos convenían, aunque para el resto del alumnado fuesen los útiles. Protestábamos por el corto tiempo de recreo en la mañana, apoyando a los mayores, que exigían más para poder fumar más, aunque al resto no nos incumbiese. Pero quedaba claro que para ser revolucionario había que ser solidario con quien fuera o lo que fuera. Protestábamos porque en clase de Latín, Monsieur Bogliolo apagaba la calefacción y no podíamos concentrarnos al traducir el *De Bello Gallico* del maldito frío que hacía. Se protestaba porque era otra excusa para no dar ni golpe, hasta que la dirección perdió la paciencia y amenazó con poner dos advertencias en la ficha azul de un golpe a todos los alumnos de los cursos con acceso al *fumoir,* los únicos, según ellos, instigadores y responsables de los alborotos que impedían estudiar a quienes lo querían y a quienes tenían el derecho de hacerlo. Ahí se acabó la revolución. Y se acabó el ser revolucionario, que en fin de cuentas requería mucho ajetreo. Entre ir a secuestrar el ciclostil a la central de profesores, la tinta y los papeles, imprimir panfletos, distribuirlos y correr la voz, se te iban horas que podían haber sido dedicadas a otros asuntos más triviales. Y a mí siempre me cazaban por las manos. No conseguía dar con sustancia que me quitase ese odioso color azul tinta violácea de la piel.

El miedo de muchos a ser expulsados por un tiempo o para siempre truncó las reivindicaciones. Nadie estaba dispuesto a recibir, de vuelta a casa y a la realidad de la España franquista, una paliza de la mano o vara católica de ningún genitor. O a ser enviado a un internado. A Sigüenza, sin ir más lejos. Y a catar, durante un verano o un curso entero, el sistema educativo de aquella Iglesia que con sus métodos hacía que la letra entrase, ya fuera con sangre, con rezos o con las más severas penitencias. Los que iban volvían acobardados, temerosos, con una huella profunda que les impedía hablar de la experiencia.

Otros muchos, los de familia devota al Régimen, enterados del libertinaje que en el Liceo se ejercía, escandalizados con la idea de poder llegar a tener un hijo comunista o socialista colgando de su árbol genealógico, finalizando el curso se daban de baja, pasando a ser inscritos en colegios como Dios manda, donde de hecho Dios mandaba mucho.

Mientras tanto, no pudiendo ser rebeldes en clase, organizamos orgías *hippies*, para no dejar de ser modernos ni adultos. Orgías de adolescentes amigos de curso, muy picantes y osadas, como uno las quiera describir, sobre todo lúdicas más que sexuales, pero al fin y al cabo, orgías. Ocurrían en el cuarto de mi casa por lo general. A excepción de una bellísima venezolana llamada Diana, que no era del Liceo, el resto de los participantes pertenecía a un mismo curso con todas sus ramas.

En el sistema francés, llegados al equivalente de lo que entonces era quinto de bachillerato, decidías en qué querías especializarte. Dependiendo de la nota, se abrían muchas opciones:

A: Letras clásicas y modernas, historia, filología, filosofía y derivados, arte, academias de Bellas Artes, etcétera. De aquí no podías saltarte a otra rama. Ahí estaba yo.

B: Ciencias Económicas puras. De aquí podías saltarte a A o a C.

C: Matemáticas y Física. Todas las carreras basadas en ellas, como por ejemplo las ingenierías, arquitectura, etcétera. De aquí podías saltarte a A, B o D.

D: Biología, Medicina, Química. Carreras muy científicas. Investigación, Astrofísica, y otras sesudas. De aquí podías saltarte a cualquiera de las otras tres, A, B o C.

Pero al desnudo, nadie preguntaba qué ibas a ser de mayor. No había penetraciones, las chicas así lo quisieron y se respetó. Todo el resto estaba permitido y practicado. Nos solíamos juntar no menos de quince. Llegamos a ser más de veinte en ocasiones, pero ya al final. Los nuevos miembros eran escrupulosamente seleccionados por los fundadores originales y por orden de entrada en el club. Se decidía entre todos.

Teníamos que ser amigos y tener mucha complicidad, ser discretos y no divulgar ni lo hecho ni lo visto para evitar sanciones de padres o del colegio. Pero, sobre todo, para no crear expectativas ni atropellos en la lista de espera, que era larga. Si no podías asistir a alguna de las sesiones, tu puesto podía ser cedido o vendido, pero debías comunicar a la comunidad la identidad del relevo con antelación de días.

Eran sesiones largas, de fin de semana, a puerta cerrada, con la Tata mordiéndose las uñas abajo en la cocina, preguntándose por qué le estaba prohibido subir al piso de arriba. Acercarse a la puerta o tocarla para preguntar si todo iba bien, si no queríamos merendar algo, lo haría so pena de llevarse un bufido. Antes de los eróticos encierros, subíamos alguna que otra Coca-Cola y Fanta, «la merienda ya la llevamos bajo la ropa». Esa frase nos meaba de la risa.

Los intercambios eran constantes. Mucho palpar, mucho amasar, mucho intentar que todo se activase, pero debido a la amistad entre nosotros y a los constantes ataques de risa, aquello tardaba en arrancar. En algún momento, a un amigo de mi madre, que acabó siendo amigo de todo el grupo, le conté de nuestras prácticas...

Iñigo era un hombre de unos treinta y tantos años, exquisito, encantador, culto, aristócrata y *voyeur*, y lo que pretendía, lo que le embriagaba, era poder asistir a aquellos encuentros para pintar, hacer bocetos, captar los cuerpos lisos y estilizados de aquella parvada de adolescentes que su pluma inmortalizara.

Tras consulta con el resto, fue dado de alta y se incorporó a nuestros juegos, lo que de alguna manera sobreexcitó a todos, activando el comportamiento hasta límites de sensualidad y sexualidad nunca antes alcanzados. Nos gustaba ser espiados, observados, retratados, algo que siempre estuvo en la psique y nunca abandonará a la especie *sapiens*. Al cabo de un par de sesiones, sin interferir en ellas, se desnudó sin ser notado, y entre boceto y boceto, empezó silenciosamente a masturbarse. Y así fue como, entre pasar y no dejar que pasase, pasaba el tiempo de nuestra adolescencia.

Una de las asignaturas más aterradoras era la de Formación del Espíritu Nacional, FEN en siglas. Estaba exclusivamente dirigida a los chicos. Mientras, las chicas tenían su correspondiente en la cual se les enseñaban las labores de la casa y cómo ser buena esposa y futura madre de familia numerosa. A nosotros se nos intentaba lavar el cerebro y adoctrinar para ser buenos falangistas. Ya desde el grado preparatorio debíamos aprender de memoria cosas como esta, perteneciente al libro de Geografía de la editorial Luis Vives, que gozaba del monopolio de los libros de texto de escuela: «... y después de cruzar volando el océano Atlántico, llegaréis a las ricas tierras de América, que pertenecieron a España y, por eso, hay allí muchos habitantes que hablan nuestra hermosa lengua, y rezan, como nosotros, al mismo Dios verdadero y la Virgen María. Muchos son de raza blanca y también hay algunas razas de indios». De forma subliminal, el Régimen no terminaba de reconocer la pérdida e independencia de todas sus colonias y se aferraba a las últimas del continente africano.

España era una, grande y libre, católica romana, temerosa de Dios, leal a su líder y próspera a pesar de su mísera autocracia. Eso sí, se reconocía con orgullo que la agricultura y la ganadería eran su fuente principal de ingresos. Pero se insistía hasta el agotamiento en que, y cito: «... España es una de las naciones principales de Europa, la Madre Patria de muchas naciones de América, y el Jefe del Estado es nuestro glorioso Caudillo, Generalísimo Don Francisco Franco». Lo llevo clavado en la memoria desde los siete años, indeleble como las tablas de multiplicar.

El señor Méndez era nuestro profesor de FEN: un vago de narices que, a veces, no siempre y según le daba, nada más entrar en el aula, nos hacía poner en pie y cantar el *Cara al sol*, cuya letra nunca conseguí memorizar, pero, de la que sí aprendí a hacerle *playback*.

En la primera clase de las dos a la semana, disertaba sobre valores patrios y hazañas de nuestro amado líder desde la Guerra Civil hasta aquel presente, y de cómo no existió en el mundo nadie que pusiera en su sitio a Hitler y a Mussolini, ya que jamás permitió que España cayese en una dictadura, forma de gobierno que habría acabado con todas las libertades de las que por aquel entonces gozábamos.

Y todos nosotros, tan distantes de la política como del ecuador, bostezábamos como hipopótamos sin entender nada de lo que pretendía inculcarnos. A excepción de uno, José María Marco, un chico culto y sensible, el único que lloró desconsoladamente el día que Monsieur Martin, el jefe de los vigilantes, irrumpió en la clase de Matemáticas de Monsieur Menu, anunciando que acababan de asesinar al presidente J. F. Kennedy de un tiro. Se cubrió la cara con sus manos y, echándose sobre el pupitre, rompió en sollozos. Alguien más, aparte de los dos adultos presentes y de mí, sabía quién era Kennedy. El resto, ni se inmutó.

Siempre sospeché que sus lecturas iban más allá de las obligatorias de cada curso, de las que cada profesor sugería. Era un niño responsable y serio. Se informaba, exploraba las bibliotecas en busca de ideas además de buenos textos, y, por lo tanto, nos llevaba a todos una importante delantera. Era un apasionado de la historia, entre otras materias, lo que más tarde le llevaría a ser experta eminencia del personaje de Azaña, entre muchos otros temas. Para mí, era el chico más admirable del Liceo, el que sentía más cercano y no solo debido a aficiones comunes silenciadas. No sé por qué razón no me acerqué más a él a compartir mundos. En algún momento quise ser él, igual de brillante y ágil escritor, siempre sacaba las mejores notas en sus redacciones, igual de coherente, manteniendo firmes sus creencias.

El tal Méndez nos mandaba ejercicios sobre el contenido de sus verborreas a principio de clase y luego se sentaba a fumar durante los restos. Leía novelas policiacas. Una vez al mes, creo recordar, debíamos fabricar «un periódico» sobre un tema de propuesta aleatoria. Formando equipos de cuatro, teníamos que redactar artículos, hacer dibujos y pegar recortes de revistas. A mi equipo le tocó el tema de Gibraltar, desde siempre escabroso y peliagudo para España y los españoles, por no decir tabú. Tras un debate acalorado, pero muy acorde y en la misma dirección, decidimos que era hora de levantar la voz y ejercer nuestro derecho a la libertad de expresión, del que ni remotamente se hablaba en la patria. Simplemente no existía, era un fruncir de ceños.

Sacamos pecho y escribimos todo lo que no se debía escribir. Que si Gibraltar era legalmente inglés desde el tratado de Utrecht y que hasta que los ingleses no decidiesen cedérnoslo de vuelta no había nada que hacer, que si era una pérdida de tiempo seguir haciéndole pensar a la gente que era un territorio invadido, y que qué pasaba entonces con Ceuta y Melilla, en fin... Lo plagamos de rigurosos datos provenientes de la Enciclopedia Británica y asestamos un durísimo golpe al orgullo patrio del señor Méndez, quien respondió recia y categóricamente. Nos puso cinco ceros de golpe a cada uno, calificación imposible de compensar ni en el resto del curso ni en muchos más siguientes. Teníamos casi asegurada la comparecencia en los exámenes orales de septiembre, pero nos tranquilizaba saber que en casa contábamos con el apoyo de nuestras familias, aunque de poco sirviese.

Nuestros artículos, de un rojo subido, y nuestro tono arrogante, nos mandaron a los cuatro a la guillotina. A Christian Boyer, dibujante junto a Javier Morales, que además era articulista; a Carlos Gómez Bellard, editor, redactor y supervisor, y por supuesto, a mí, el director del periódico, responsable y mente perversa del proyecto, que sin cabida de dudas había contaminado a todos con ideas socialistas, cosa que a nadie extrañaba, teniendo a quien tenía en la familia, a mi tío Domingo Dominguín, miembro del Partido Comunista de España en el exilio, y productor de aquellas horrendas y sacrílegas películas de un tal Luis Buñuel, otro rojo de mierda.

Fuimos los héroes del momento, los envidiados por nuestras agallas. Los valientes portavoces de los temerosos. Los idiotas a los que no les hubiese costado nada decir lo que la nación Méndez esperaba fuese dicho y así librar a toda la clase de caer bajo una vigilancia extrema desde aquel día en adelante. Las manzanas podridas del cubo, los traidores a los que no había que acercarse nunca más. Hubo tarta para todos y fue amarga.

A pesar de aquello, en el Liceo Francés nos sentíamos protegidos, libres de ser, estar, pensar, y aprendíamos mucho de todo y de buena fuente, la universal. La disciplina era férrea pero cabían las interpretaciones. Se extrapolaban y estimaban las causas de cada caso en cada contexto, se personalizaban, y se hacían excepciones siempre y cuando estuviesen justificadas. El diálogo con los profesores, a partir de ciertos cursos, era cercano y directo. A cambio se nos exigía mucho compromiso en el estudio y mantener el espíritu de la Marsellesa más allá del perímetro de aquella mini *République Française*. Ser alumno del Liceo Francés, como serlo del Italiano, del British Institute o de la Deutsche Schule, era ser europeo de verdad y haber viajado sin tener que haberlo hecho.

Durante muchos fines de semana de nuestra preadolescencia, sin dinero para ir al cine, ni para tomarnos una Coca-Cola con hielo y rodaja de limón, que era lo que se estilaba y marcaba la diferencia neta entre los pijos y los progres, comprábamos una bolsa de pipas cada uno y nos sentábamos en un banco a la salida de la boca del metro de la Plaza de España. Según iba apareciendo la gente, los solitarios, las parejas y las familias, imaginábamos por turnos quiénes serían, a qué se dedicarían, si esperaban a alguien, si eran de provincia, si a la que besaba era su novia, su prometida o querida, si estaban enfermos o de qué morirían, a qué bando pertenecían, dónde compraban su ropa o qué música escucharían. Así durante horas hasta que nos tocara regresar a casa. Nos juntábamos cuatro o cinco, aquellos para los que la imaginación era su única opción, su mejor película, su distracción necesaria, la urgente y favorita, la forma más intuitiva de no perder contacto con su interior, la que más tarde, a algunos, nos llevaría a seguir caminos que tendrían que ver con el único patrimonio del que entonces ya disponíamos, pero del que aún no éramos conscientes. El de la fantasía.

13

TAMAMES

El doctor Tamames, padrino de mi hermana Lucía, don Manuel para la gente, Tamames para los amigos y Manolo para la familia, fue un ángel de la guarda, un padre, un abuelo, un mediador salomónico, y la persona más leal e imprescindible que mi padre tuvo a lo largo de su carrera y probablemente en toda su vida. Le siguió en todas sus temporadas por si acaso algún percance, ya que el torero se negaba a ser cosido por nadie que no fuese él.

El doctor Tamames trabajaba de ocho de la mañana a dos de la tarde y subía a comer a casa todos los días. Terminando, echaba una breve cabezada sentado en un sillón, con el libro de turno colgando de la mano, se reincorporaba puntualmente, repeinaba los cuatro pelos de Rompetechos que le quedaban, fumaba un par de Rex con un café de napolitana y, tras un remate de charla, regresaba a la clínica Covesa en la calle General Mola (hoy, Príncipe de Vergara) esquina a María de Molina hasta la hora de cenar, y a casa. En cuanto llegaba el buen tiempo, aparecía un poco antes de lo habitual, se calzaba su bañador Meyba beis y daba cuarenta vueltas al perímetro de la piscina, caminando de puntillas sobre las losas de granito, para hacer tripa, mientras leía y leía. Jamás cayó al agua. Tenía vista periférica, decía. Era un hombre de rutinas.

Lo que sentía por mi madre era una madeja de emociones encontradas nada fácil de explicar para su corazón, delicada de sobrellevar, compleja de gestionar para su razón. Desde fuera y ante ella se le veía atrapado entre el fuego y el hielo, lo que le hacía cambiar a menudo de humor y perder el temple.

Solo se casó una vez, y al enviudar decidió nunca más hacerlo para dedicarse libre y enteramente a sus dos pasiones, la cirugía y la belleza, en la que cabían todas las artes, con especial predilección hacia la música, la arquitectura, la lectura y todas las mujeres del mundo, a las que era inmensamente sensible. «No hay mujer que no tenga encanto», decía, «todas tienen o esconden alguno que las hace hermosas, pero hay que saber encontrarlo, eso sí». Le fascinaba la conquista, arte en el que era un zorro experto, y a todas engatusaba con su galantería y caballerosidad. Localizaba, apuntaba, personalizaba, formalizaba, citaba, embadurnaba con besamanos, elocuencia y cultura, se agarraba de aquellos talles que enjoyaba y perfumaba, les abría puertas de coches, de hoteles y restaurantes, para finalmente llevarlas de viaje de turismo, y paso a paso, hasta los cielos de su hombría.

Sus métodos eran tan discretos cuanto eficaces y jamás se le vio o pudo imaginar sin una compañía femenina. Sus amantes eran despampanantes, verdaderas obras maestras de la naturaleza. Y por supuesto no pudo evitar ser inmune a la belleza arquetípica de mi madre, una única para él, sin un antes ni nunca un después, y por ello sufrió mucho, calló mucho, y lo pasó muy mal.

Cuando aquella Lucia Bosé recién casada aterrizó en España del brazo del torero, don Manuel Tamames cayó rendido a sus pies. Más tarde confesaría que esa tez cérea y transparente, esa osamenta indocaucásica que estructuraba una cara de mil ángulos, ese pelo azabache de desmayo perfecto y ese cuerpo de proporciones exactas, le hicieron pensar que la raza humana había tocado el ápice de su evolución. Mi padre, conociendo la afición del doctor por la música clásica y la ópera, se la encomendó para que la paseas y no echara de menos la cultura a la que estaba acostumbrada, y de inmediato sacó un abono extra en el Teatro Real para acudir cada miércoles a la función de la semana en su compañía. De tal manera, dio comienzo una amistad que construyó complicidades y apartados en todos los territorios. Tamames se convirtió en confesor y consejero en temas de matrimonio, nadie mejor que él, conociendo como conocía a mi padre. Supo amansar a mi madre cada vez que la encendían los celos, y explicarle hasta el hartazgo los porqués de las acciones de mi padre. Con mano izquierda y mucha serenidad, espantaba los fantasmas que habitaban sus temores, recordándole sin embargo una y otra vez que no olvidara con quién voluntariamente se había casado. No se cansaba de repetirle que a pesar de que ocupara el trono a la izquierda del rey, como esposa y madre de sus hijos, un torero nunca dejaría de serlo y ninguna fuerza, por muy seductora o razonable que fuese, cambiaría a ninguno de los de su especie, jamás. Hay batallas que se pierden y otras que nacen perdidas. «Perder el tiempo en intentar ganar no es tiempo perdido, es apostado. Perderlo en algo perdido de antemano, es de necios», afirmaba.

Al separarse mis padres, Tamames cambió para siempre de bando. Siempre del lado del más débil, se volcó con mi madre, una mujer extranjera socialmente lapidada socialmente, con tres hijos a su cargo, y probablemente sin futuro. Consideró que mi padre había actuado como un cobarde, sin el más mínimo honor ni hombría, y para él estaba muerto, aunque nunca le perdió su admiración en los ruedos.

Poco a poco, mi madre pasó a ser algo más que la figura de hija de los primeros años, la compañera de conciertos y resopones, estrenos y cócteles. Había dejado de verla como madre de sus tres adorados nietos y empezó a verla como una mujer separada, muy infeliz, pero que, tras superar el riguroso período de despecho, volvía por fin a estar en el mercado. Y a la primera de cambio, tirando de bisturí de piropos y de gasas de consuelo, se esmeró en recuperarla, desplegando todo su cariño, para así devolverle la autoestima perdida. Fue una labor de fondo en la que empeñó todas sus esperanzas e ilusiones sin obtener absolutamente ningún resultado. De haberse parado a pensarlo, tendría que haber adivinado que por la cabeza de mi madre jamás aparecería la idea de que Tamames pudiera llegar a ser su pareja. De hecho, todos sus cortejos fueron en vano y le pasaron a través, sin que jamás sospechara de sus intenciones. No desistió...

Cuando sintió a mi madre libre, independiente, confiada, distraída con su trabajo, con unos hijos que le habían quitado las preocupaciones del crecer, cuando la vio volver a su esplendor de mujer madura, cayó rendido a los pies de su obra restaurada, pero esta vez de puro amor. Y enfermó.

Empezó a fallarle el corazón. Tuvo que ser operado, y tras salir del peligro, se tomó la vida con más calma.

La perversidad de mi padre hizo que, mientras tanto, corriera la voz sobre lo mucho que mi madre habría tenido que ver en su estado de salud, lo mucho que habría calentado al doctor, su exa-migo y traidor, para que le estallaran las arterias de aquella mane-ra. Pero quitándole a esa hipótesis toda la mala leche del torero, la verdad no estaba tan distante.

A espaldas de mi madre, se hizo público que la admiración que Tamames sentía por ella había pasado a un estado más febril y pla-tónico que apasionado. Lo que no evitó que se enamorara hasta las trancas como un Pigmalión cualquiera, y no pudiera escondérselo al mundo. La trataba con respeto, con esa justa distancia que obli-ga a un enamorado romántico a ser discreto hasta la enfermedad. Nunca se atrevió a ofenderla con propuestas impropias. Pero debi-do a la intensidad emocional que reprimía, y al ser confinado al desaliento que sin respiro supuraba por las esquinas, pasaba sin cesar del pesar al entusiasmo, rozando la locura. El resultado era el de un profundo y constante desamor, que daba brillo a sus ojos y aflojaba la tira de su bigote gris.

Aun así, él era consciente de que eso era lo que había y que no había más, que mi madre le consideraba su mejor amigo, lo que conllevaba ciertas reglas y bastantes límites. Así que lo asumió, lo aceptó, y no se volvió a hablar del tema. Las voces se fueron dilu-yendo y él recuperó la paz. Y aprovechando la ocasión que le brin-daba nuestro cariño, se sumó definitivamente a la familia, cosa que para todos nosotros supuso una alegría, y también un alivio.

En los momentos económicamente difíciles, don Manuel esta-ba ahí para tirar de préstamo y chequera, sin jamás pretender de-volución alguna o se habría ofendido a muerte. «Este es mi deber, el de ejercer de abuelo», gruñía. «Hasta que se haga necesario y pueda, con gusto lo haré». Cuando caíamos enfermos, a cualquier hora del día o de la noche, el doctor Tamames estaba ahí, como médico de cabecera y trayendo calma y seguridad a los diagnósti-cos. Incluso de cirujano plástico tuvo que hacer tras el accidente de coche que sufrió mi madre, para remendar con puntos transpa-rentes su frente quebrada contra el cristal del parabrisas. No quedó ni rastro de sutura, en ello le fue la vida. Su propósito de devolverla al mundo sin huella de tragedia hizo que fuera más allá de su especialidad, aunque estuviese sobrado de talento y de autoridad profesional.

Cuando había que resolver las tareas de ciencias del colegio, Manolo también estaba ahí, aparecía. Tamames jamás nos abandonó.

A pesar de su tono cascarrabias y de su apariencia estricta y severa, tenía un corazón en el que amparaba a toda su gente querida. Su sentido del humor, muy a lo José Luis López Vázquez, hacía que alcanzase lo más alto de la comedia cada vez que se enfadaba o enfurruñaba.

Fue durante una comida helada de enero, justo antes de Reyes, pasadas las «navidades marroquíes», las que contaré más adelante. Mi madre, Tamames y los tres hermanos apurábamos unas lentejas calientes con chorizo y conversaciones al vaho cuando la Tata apareció anunciando una sorpresa. Nos había hecho un postre. El caso era excepcional y quedamos impacientes a la espera, limpiándonos el liquidillo de la nariz con el revés de la palma del jersey y ahuecando las manos juntas para soplarles calor. A pesar de los abrigos y chaquetones, el frío era insoportable.

Y apareció la Tata portando una enorme bandeja con una pila de gorros, guantes, manoplas y bufandas de lana para todos, que distribuyó.

—Tenga, don Manuel... para usted esta de rayas azul y blanca de marinero... y para la calva este gorro a juego, de enano saltarín... (calzándoselo), aquí sus guantes... Para la señora este lote de restos de hilo... ea... Y para mis hijones estos... verde para Lucía... rojo para mi Paolitis y... para Miguel... azul marino... toma, hijón... Lo he hecho todo yo con la tricotosa y con las sobras de lana... y la que me regalan, ¡claro!... No me dio pa más... pues nada... este es mi postre y mi regalo de Reyes... ¿les gusta?... ¿os gusta?

—Manolo... pareces un preso —le dijo Lucía.

—A la que voy a meter a la cárcel yo... es a la Tata —le contestó el doctor.

—Pues a mí me vienen de maravilla... gracias Tata... me gustan mucho —le dije, dándole un beso.

—Y lo tuyo, ¿dónde está, Tata?

—Se me acabaron los hilos, Paolitis... pero yo no tengo frío... me caliento con veros calientes.

—Yo te presto mis manoplas, Tatita... ¿te caben?

—¡Uy, mira!... ¡Me están perfectas! —le dijo a Paola probándoselas en el muñón.

—Reme... no entiendo de dónde sacas tiempo para hacer más de lo que nadie podría... no lo entiendo... (maravillada, mi madre).

—De la fuerza que me dan sus hijos, señora, y del Cristo de Medinaceli... Me pongo con la tricotosa y el transistor y soy la mujer más feliz del mundo... Don Manuel... y con ese semblante que me lleva usted ahora... ¡aún más! (echándose a reír y contagiando a todos).

—Tú es que no respetas nada ni a nadie, Reme... ¿te parece que un señor como yo haga el ridículo de esta manera? —refunfuñó molesto.

Durante toda la escena, Tamames había estado callado y fue poniéndose serio. La farsa no era su estilo favorito, ni el «payasismo», ni lo carnavalesco, que consideraba muy poco apropiado y nada adecuado para un caballero respetable. Para ninguno, en general. Su fuerte no era el sentido del humor, ni mucho menos a su costa. Pero en ese caso había algo más de fondo que se sumaba, algo que le barruntaba y que torció lo que en realidad no tenía mayor importancia. Lo detonó.

—Pero si estás guapísimo, Manolo... Es una broma, hombre... y estamos en Reyes —dijo mi madre.

—Qué Reyes ni qué reinas... Aquí, en esta casa, no se respeta nada y no se tiene conciencia de la gravedad de la situación... que no está para cachondeos... Tanto buen humor me parece fuera de lugar... no estamos para estar alegres... estamos para madurar... ¡Es tiempo de que madures, Lucía!... Con este ejemplo, los niños nunca van a darse cuenta de la seriedad del momento... Y tú, Tata... al menos podrías haberme tejido un tresillo de colores más sufridos que poder pasear... Agradezco tu intención... pero no soy un payaso.

—No tienes pinta de payaso, Manolo... tienes pinta de maricón —añadió mi madre riéndose y metiendo la pata hasta el cuello.

Típico de ella. Dicho en general: o jamás se daba cuenta de lo delicado de ese tipo de situaciones, y entonces era idiota, cosa que quedaba descartada, o lo hacía aposta, para provocar y más meter el dedo en la llaga, lo que sí que entraba en su estilo. Lo mismo le pasaba con mi padre. Cuando era momento de callar y no levantar tormenta, cuando había que parar en seco la gracia y desviarla a otro tema que destensase el ambiente, ella, y su otro yo, insistían con divertimento en empeorar las cosas, sacando de quicio al adversario. Esa capacidad espontánea e instantánea de crearse enemigos, esa sí que la manejaba divinamente bien. Tal vez diera por hecho que se lo podía permitir, dada la altura de su belleza y la ligereza de su capricho. Luego, a drama pasado, se sorprendía por lo desmesurado de la debacle causada y no entendía que las consecuencias hubiesen sido para tanto. Era un generador de tensiones gratuitas, una desalmada, una veleta, una inconsciente. Y lo más inquietante es que eso lo ejercía sobre todo con la gente a la que supuestamente más quería o más le importaba.

Al oír la palabra maricón, y considerándose fuera de toda sospecha por Dios y por la Patria, sintiendo que en todo ámbito podía ser cuestionado, incluido en el de la cirugía, en todos, menos en el de su hombría, Tamames pegó un puñetazo sobre la mesa y los cubiertos saltaron como delfines. Se hizo un silencio debido e incómodo, en el que solo mi madre mantuvo una sonrisa retadora.

—Mira... Lucía... No voy a decir lo que tantas ganas tengo de decir... Niños... ¿podríais subir al cuarto de jugar, por favor?... Vuestra madre y yo tenemos que hablar... (haciendo por irnos).

—¡No, niños!... Aquí no tenemos secretos... vamos a escuchar todos lo que el doctor Tamames tiene que decirnos... y callados, que seguro que va a ser muy interesante... (haciéndose la graciosa y enderezando postura de alumna).

Tamames bajó la mirada, sacudió la cabeza y encendió un Rex.

—Mira... Lucía... Eres tan bella como cruel... tan fascinante como caprichosa... y en eso tiene razón Luis Miguel... pero eres una maldita zorra... Acabarás perdiendo el respeto de todos porque no respetas a nadie... te crees intocable, divina, y con una sola palabra cualquiera te rompe... No me retes... no provoques... eso no te hace estar por encima de todos, no... te hace fea, vulgar, mezquina y odiosa... y hay muchas más mujeres en el mundo tan bellas o más que tú... no eres la única... pero sí más amables... menos fastidiosas... y menos arrogantes que tú mil veces... y porque te quiero mucho... mucho... y tú lo sabes... te lo advierto... ándate con cuidado porque estás a un paso de quedarte sola... muy sola... y luego no me vengas a llorar como de costumbre... arrepentida y desplegando tus mejores lágrimas... Esta vez no te abriré la puerta... ¿por qué?... Porque me pillarás cansado... muy cansado...

Apagó su cigarrillo, se despidió, y empujando la silla se abrochó el abrigo, olvidando que aún llevaba puesto su gorro, su bufanda y sus guantes de marinero color azul y blanco a rayas. Dio la espalda, empezó a caminar solemnemente, y al cabo de pocos pasos mi madre le interpeló.

—¿Me has llamado zorra?... ¿Delante de mis hijos?

Y Tamames girándose, bufo y hierático a la vez, le contestó:

—Así es... y no temas por tus hijos... ellos saben que eso es algo así como una especie de perra rojiza... ¿verdad, niños?... No hay secretos entre nosotros... tú lo pediste... —Y se fue yendo.

— Pues yo seré una zorra, pero yo no meto la mano en el fuego por tu masculinidad ni muerta... ¡que lo sepas!

—¡Pues mira qué bien!... Ya conoces a dos maricones... tu marido y yo... ¡Felices Reyes! —Y desapareció.

Mi madre, como si nada hubiese ocurrido, se fue tras él y la Tata detrás, no se supo si para evitar mayores males, o para matarla.

—¡Manolo!... ¡Manolo!... ¡Manolo!... Entonces... ¿mañana vienes a comer o no?

Acabada la tanda de veranos en Cannes, cerrado aquel capítulo para siempre, Tamames nos ofreció su apartamento en línea de playa, en el edificio Las Rocas, en una Marbella que apenas empezaba a desarrollarse.

De ahí dábamos el salto a Torremolinos a casa de los Blasco, para pasar el día entero. Mis padres, íntimos del matrimonio, Fausto y Paquitina, hicieron que todos los hijos creciésemos juntos, y mientras que los matrimonios iban de safari a Uganda, Angola o Mozambique, a todos nosotros nos juntaban a finales de junio para enredar. Uno de los pasatiempos era el de ir de pesca en un pequeño bote con una red de arrastre, y según la captura, eso que cenábamos. Aquellas aventuras marinas nos encantaban. A no más de doscientos metros de la playa, cada tarde, en tan solo un par de horas, izábamos un botín de lo más variado.

Los Blasco eran cinco hermanos, tres chicas, Bárbara, Alejandra y Marta, y dos pequeños, Fausto y Justo, que no contaban. Así que en la cubierta de aquel chinchorro, al final y sumando a mis dos hermanas, eran cinco chicas y yo solo contra todas. Uno de sus pasatiempos favoritos consistía en placarme y pegarme a la espalda un pulpo para oírme gritar del asco como una nenaza, y que el maldito cefalópodo me dejara marcadas sus ventosas en la piel. Les parecía sumamente divertido. A veces me sujetaban y me ponían varios de ellos, de todos los tamaños, obligándome a implorar piedad, la que jamás aquellas cinco diablesas demostraron tener conmigo.

Juntas eran malvadas. Bárbara, la mayor al mando, manejaba un abanico de estrategias poco común, capaz de liar hasta a su santa hermana Marta, la más tímida y ruborosa de las Blasco. Alejandra, en cambio, iba más allá que todas ellas juntas. Su perfidia, ejercida desde un corazón de infancia, la hacía temible, y sus bromas solían ser sádicas. Y por supuesto, mis dos hermanas, sabiéndose protegidas, vivían encantadas de aliarse en las torturas.

Aquellos días se hacían ligeros y se pasaban entretenidos. La Tata, como por costumbre materna, nunca nos perdía de vista y velaba porque nada nos faltara. Cuando el dinero que mi madre nos tenía que mandar no llegaba a tiempo, ella sabía que esa cabeza loca volvía a estar fugada con el amante de turno, y le pedía prestado a la tía Paquitina, o levantaba el aparato y llamaba a Tamames, quien tras maldecir y desahogarse con razón por la falta de seso que mi madre demostraba, de inmediato nos hacía llegar con alguien un sobre al apartamento.

El doctor Tamames nos cuidó y protegió hasta el día de su muerte, el 12 de mayo de 1975 en Tenerife. Estaba de vacaciones, acompañado por su amor de aquel entonces, mi tía María Rosa Salgado, bellísima mujer donde las hubiese, actriz del cine español y exmujer de mi tío Pepe, con quien tuvo tres hijos, mis primos José Manuel «Peloncho», Jimena y Alejandro.

La noticia de su fallecimiento le cayó a mi madre como una losa, y quedó huérfana al instante. Uno tras uno, todos los padres que fueron, empezando por mi abuelo el Nonno Nico, Luchino Visconti después, y por último Tamames, el más sólido y leal a pesar del carácter de la Bosé, se fueron yendo sin avisarla y ella en ninguno de los tres casos pudo aceptarlo. Nadie la vio llorar, pero durante un largo tiempo, más tarde, le buscó, llamándole por teléfono y colgando al recordar que ya no estaba, comprándole regalos por sus cumpleaños, apuntando citas con él en sus agendas. Tardó mucho en salir de su vida, de las nuestras.

Manolo, don Manuel, el doctor Tamames y otros motes, fueron esa armada de ángeles de la guarda que en mi infancia marcaron la diferencia en el dar ejemplo y en la mejor calidad de cariño y afecto.

14

CRUCEROS

En el verano de 1970, mi padre se embarcaba en uno de sus cruceros y me mandó llamar para acompañarle. «Nos lo vamos a pasar en grande, Miguel. Sicre tiene un yate nuevo y vamos a recorrernos parte de la Costa Ligur, Córcega, la Costa Azul y acabaremos en la Costa Brava, ¿te apetece?», preguntó mi padre. Y a pesar de los recuerdos encontrados que guardaba de los anteriores viajes, el plan no podía apetecerme más. Me fui con él a Mallorca, y de allí rumbo a Santa Margherita, Liguria, Italia.

En el crucero del año anterior hubo de todo y yo no estaba preparado para nada. Fuimos a navegar por el Caribe en el yate de Henry Roussel, dueño de la farmacéutica Roussel, junto a sus hijos Christine y Thierry, Jean-Noël Grinda, campeón francés de tenis y mito viviente de la época, su esposa Florence y una espectacular modelo, Deborah D., Debbie para los amigos. Viajamos de París a Puerto Príncipe, Haití, donde embarcamos hacia Tortuga y después a Montserrat, Guadalupe, Martinica, Santa Lucía, San Vicente y las Granadinas, y de la isla de Granada, vuelta a Haití.

La compañía era estupenda, se comía de maravilla, y, sobre todo, la atención que recibía por parte de las tres mujeres de a bordo era de mimos y de constantes achuchones. Todas ellas en *topless,* como mandaba la France, y yo cuerpo a tierra, arrastrándome por las colchonetas con los codos para ocultar mis erecciones comprimidas por los bermudas del bañador de licra turquesa. Viví quince días muerto de vergüenza y reptando. No estaba acostumbrado a ver tantos pechos juntos y tan perturbadores.

Los de Debbie eran pequeños, casi charlestón, cabían en el cuenco de la mano, y sus pezones puntiagudos apuntaban rectos como dedos hacia el horizonte, que yo obedientemente seguía con la mirada por si algo en clave pretendían señalarme. Los de Christine, la heredera farmacéutica, eran un tanto más grandes, y según más tarde en mi vida pude confirmar, perfectos, con ese peso exacto que en su caída hacían levantar sus botones rubios y dorados, empitonando las estrellas y el éxtasis. Los de Florence, en cambio, una mujer en sus treinta y pocos recién estrenados, eran grandes y morenos como cocos grandes y morenos, con dos ojos abiertos mirando fijo como búhos, túrgidos y con autoridad suficiente como para mandar sobre los otros pares de rango no menos impecable. Florence era una mujer pequeña, proporcionada, de labios gruesos y sin uñas. Se las comía hasta la carne y lo alternaba con dos paquetes de cigarrillos diarios.

Yo me tumbaba en medio y ellas me hacían reír con sus cotilleos y sus comentarios de revistas. Me gustaba mucho cuando se embadurnaban entre ellas. Me entraba una fiebre que me hacía ver doble, en particular cuando se masajeaban los pechos la una a la otra, por encima y por debajo, levantándoselos y amasándoselos. Más de una vez no pude contenerme y descargaba allí mismo, boca abajo, en medio de ellas, con cara de idiota.

Hasta que llegó el día en el que los varones también se animaron. Supongo que fue cuando ya todas se habían acostado con todos. Juntos y a la de tres, arriba en el solario, se despojaron de sus bañadores, ellas de la parte inferior de sus dos piezas, además. Como si no hubiese sido bastante. Pasé de reptil a lapa, y me adherí para siempre al suelo de teca del yate. De pronto, vi la cara de mi padre, que se me echaba encima con la intención de arrancarme el Meyba, y antes de que hubiese forcejeo y un disgusto serio, Florence le agarró del brazo y le dijo: «¡No, Luis Miguel, no!, deja en paz al niño, ¡no ves que lleva empalmado desde que subió al barco!, ¡bastante vergüenza está pasando ya para que encima le obligues a desnudarse!». Quise morir. Entonces, ¿todas ellas se habían dado cuenta desde el primer día y habían hecho como si nada? La cosa no fue a más, pero a partir de ese día la convivencia se me hizo vergonzosa, muy insoportable, además de... dura.

Una noche en Pointe-à-Pitre, decidieron bajar a tierra e ir a cenar a casa de unos amigos. Todos menos Florence Grinda, que dijo no sentirse bien, tal vez demasiado sol; Debbie, que quería descansar, lo que me dejó perplejo, ya que no hacíamos otra cosa desde que dejamos París, y yo, a quien Henry padre pidió quedarse y hacer compañía a su hijo Thierry, que estaba enfermo en cama. Me dijo: «Vigila bien que no salga de su cuarto, está encerrado y castigado porque se ha portado muy mal, que lo sepas, y si te pide que le lleves agua o lo que sea, no te dejes convencer y avisa de inmediato al capitán, él sabe qué hacer, tiene órdenes concretas y la llave de su camarote». La cosa parecía grave y, sobre todo, muy secreta. Así que me quedé a bordo. De todos modos, un plan con mayores en casa de extraños no es que me apeteciera demasiado.

Más tarde, llegando a Madrid, mi padre me contaría que Thierry tenía serios problemas de adicción a muchas sustancias, entre las cuales el éter. Se cree que en el barco encontró una botella, tal vez en la sala de máquinas. Aquella tarde cayó seriamente intoxicado y su padre había enfurecido. Le obligó a tomar un puñado de calmantes para que durmiese los efectos de la sobredosis. Al parecer, antes de encerrarlo en su camarote, le había deseado la muerte. Le gritó, «espero que te dé un ataque al corazón y que se te pare ya de una vez, no dejas de darme problemas y disgustos». Luego le abofeteó con todas sus fuerzas, le dio una tremenda paliza que le hizo vomitar, le dijo que era una vergüenza de hijo y un desagradecido. Que ese crucero se había hecho solo para él, para alejarle de toda la mierda de París, que estuviese en familia y recapacitara. Thierry, a su vez, desahogó todo su odio y su desprecio contestándole que no quería cruceros, que lo que había querido toda su vida era tener un padre, pero que ya había desistido en el intento. Ambos estaban fuera de sí. Dios mío, pensé, cuánto en común tenemos todos los hijos, cuánto nos condiciona, y en cuánta medida dependemos de lo que nos puedan dar ellos a lo largo de la vida para enfrentar al mundo.

Me quedé en mi camarote con la puerta abierta, frente al de Thierry, que dormía profundo. Pasado un rato largo, le oí roncar y decidí salir a cubierta a explorar. La noche era tibia y tiraba una brisa que me trajo risas. Las seguí hasta dar con las colchonetas de proa, enfundadas de felpa blanca, sobre las que se recortaban dos cuerpos desnudos de mujer, los de Florence y Debbie, que al verme me dijeron, «Miguelito, ven, ven a divertirte con nosotras». Me acerqué sin malicia, subiéndome al altar a gatas, y una vez al alcance de sus manos, tiraron de mí y me arrastraron en medio de ellas, me quitaron la ropa dejándome totalmente desnudo e instantáneamente erecto.

Se reían, se tocaban, me besaban, se besaban, me reía, muchos nervios, me gustaba, me acariciaban, me pedían que las acariciase, les lamiese los pechos, me enseñaban cómo hacerlo, se los lamía, me besaban todo el cuerpo, se ponían a caballo sobre mi ombligo, en mi cara, ese olor, Dios bendito, ese olor a delirio, a mar, que les besaba, les lamía más, me volvían a lamer, un abrazo, dos, tres, piernas, brazos, besos, pechos, ombligos, sudor, más nervios, mareo, no aguanto más, y de pronto... me escabullí del enredo con la destreza de una anguila. Alterado, con la excusa de volver con Thierry, me fui corriendo, sobrepasado por lo que me acababa de ocurrir, caliente como un verraco, mientras ellas me reclamaban y me mandaban risitas y besos de lejos. A mitad de camino, aún desnudo sobre el pasillo de la banda de babor, agarrando mi ropa con una mano y con la otra la baranda, me fui sin tocarme. Por unos segundos me quedé ahí, manchado y mareado, retorcido de placer, vigilando que nadie apareciese, temiendo caer al mar.

A la mañana siguiente, al desayuno en la mesa de popa, fueron llegando los trasnochados, los embriagados, los adictos y las infieles. Todos tras gafas oscuras que escondían un tácito acuerdo. A cada uno le pasó lo que tuvo que pasarle, lo que quisieron que les pasase, pero pasara lo que pasara, ahí nunca pasó ni pasaba nada. Descubrí cuánto juego dan y cuán cómplices son los cristales oscuros en los aprietos, cuán capaces de mentir y silenciar a plena vista. Así que cuando mi padre me preguntó qué quería de regalo de fin de crucero, no lo dudé y le pedí unas gafas de sol.

Pero volvamos con Sicre...

Un año más tarde, en el yate de Ricardo Sicre, navegamos de Mallorca a Santa Margherita, y nada más desembarcar, nos hartamos a pizza. La idea era pasar ahí la noche y al día siguiente, al caer la tarde, poner rumbo a Mónaco, bordeando la Riviera Ligur, y cenar contemplando la costa centelleante de miles de luces de las casas entre los escollos y farallones, las ristras de lamparillas de las flotillas amarradas en los puertos de los pueblos pesqueros... Así, perezosamente, costa arriba, navegaríamos saboreando la noche.

En el puerto de Montecarlo, mi padre hizo una llamada y me dijo: «Coge ropa que nos vamos un par de días a casa de un amigo en la Costa Azul». Rentó un coche y el chófer nos acompañó a una veintena de kilómetros del otro lado de la frontera, hasta una villa espectacular que colgaba sobre un acantilado. Era la residencia de verano de Andrea Rizzoli, el más poderoso editor italiano de la época.

La mansión era enorme, de gran exquisitez y gusto, y de un lujo costeable solo para unos pocos cuantos. Nunca había visto nada igual, tan babilónico, suspendido y dominando todos los azules del mar Mediterráneo. Cualquiera sensible a la belleza hubiese caído extasiado y yo no fui la excepción. Me sentí como llegado a destino de uno de esos viajes que solía hacer sobre las páginas de mi atlas a un reino del lejano antiguo Medio Oriente, convencido de que los emperadores del lugar en breve aparecerían y entonces yo estaría tocando el cielo. Me los imaginé con trajes suntuosos y joyas cayendo en cascada desde sus coronas, cargando pesadas capas bordadas en hilo de oro fino y pedrerías raras coloridas. Eso eran, dos altivas y sagradas serenidades.

Andrea Rizzoli apareció dando gritos de bienvenida, habano en boca, envuelto en un remolino de virutas, ahumando el aire salado. Calzaba unos náuticos rojos y llevaba bermudas azul marino con camisa de botones a rayas blancas y azul celeste, desabrochada hasta el esternón, luciendo pecho lobo. Abrazó a mi padre, me vapuleó, y nos arrastró hacia fuera para compartirnos las vistas de sus dominios desde aquel jardín a pique bajo los pinos. Respiré hondo, muy hondo, y me guardé todo el aire posible, como si dos minutos más tarde fuésemos a irnos para siempre y nunca volver.

Una voz femenina nos interrumpió y, abriendo sus brazos, nos acogió y estrechó con cariño y entusiasmo. Era Ljuba Rizzoli, mujer de Andrea. A pesar de su nombre yugoslavo, era de origen lombardo, de un pequeño pueblo cerca de Milán.

La recuerdo bella entre las más bellas a cara lavada, despampanante y alta. Tenía un esqueleto perfecto, de dimensiones amazónicas, y una frente amplia que acentuaban sus peinados tirantes. En pocas frases, nos resumió cómo iba a transcurrir nuestra visita a Villa Rizzoli, mandó llevar nuestro equipaje al cuarto y pidió un refresco para tomar en la terraza, a la sombra. Pero las sorpresas no habían acabado ahí. De la nada apareció el más divertido y amoroso de todos mis amigos de infancia, mi adorado e idolatrado Walter Chiari. Salté de la silla a sus brazos para volar en círculos, y me comió a besos sonoros que repetían mi nombre con su voz ronca, sus orejas de chimpancé y sus ojos azules bajo cejas pobladas y «cobertizas». Me llené de alegría y me supe salvado. Su presencia sería un apoyo de confianza para integrarme entre los mayores. Mi padre, visiblemente sorprendido, le saludó cordialmente. En su cara pude ver que su presencia no era de su agrado, no le hacía mucha gracia. Sin duda, por el recuerdo del antiguo romance que le unió a mi madre.

Walter Chiari fue, a principios de los cincuenta, el primer amor de Lucía Bosé que públicamente se dio a conocer. Uno largo, que hizo de ellos una pareja muy querida y admirada en Italia. Pero, para mi padre, todos eran rivales. No importaba el tiempo pasado, seguirían siéndolo. Y mientras se cruzaban anécdotas y risas falsas, a mis espaldas sonó una voz suave que creí reconocer. Me giré y ahí estaba mi madre, la que faltaba, llamándome a sus brazos.

Lo primero que pensé fue, qué maldito mi padre que me tenía guardada esta sorpresa, hay que ver, por fin vamos a pasar unos días los tres juntos, y fui feliz, feliz, feliz. Mi madre se acercó a mi padre, le dio dos besos cordiales, le retó con la mirada y se abrazó a Walter, dejando claro quién estaba con quién. La tensión paró en seco el aire mientras yo peloteaba mis ojos del uno al otro, sin que ellos dejaran de apuñalarse las pupilas mientras la conversación del resto proseguía ajena a la tirantez.

Compartía cuarto con mi padre, que no paraba de salir y entrar del balcón a la cama, del baño al balcón, fumando ausente. Supongo que pensando en qué momento se dejó arrastrar a tal emboscada y perder la exclusividad y el protagonismo de la casa, como creyó recordar que los Rizzoli le habían prometido, o así lo dio por hecho.

Tocado en su amor propio, pensaba en un contratiempo, en una fuerza mayor que justificase una partida repentina, o yo que sé. Tal vez, simplemente, buscara el justo punto de nicotina que diese paz a su estado alterado y calmase el ataque de celos, demasiado irracionales e injustificados tal vez, en todo caso inadmisibles para su orgullo torero.

Le dije: «Papá, no me habías contado esto y quiero que sepas que ha sido el mejor regalo del mundo, y aunque sea corto y solo vaya a durar un par de días, vamos a disfrutarlo, hace mucho que no estamos juntos los tres solos y, por favor, deja ya de pasearte de esa manera que me estás atacando». Mi padre, que se había parado con ganas de arrearme una bofetada y callarme la inmensa felicidad que me llenaba la boca, de pronto, se destensó. Decirle que tan solo iban a ser un par de días fue la clave. Pensando que el tiempo volaría, decidió entrar en el juego y hacer el esfuerzo. Asintió con la cabeza: «Está bien, nos lo vamos a pasar en grande. Aunque a tu madre esto no se lo voy a perdonar en la vida», añadió.

Mi madre dormía en un cuarto al fondo del pasillo, enfrente del de Walter, y ambas puertas estaban siempre abiertas. De vez en cuando, les espiaba desde nuestra habitación y les veía salir al encuentro, ayudando a darse últimos retoques en el vestir o desapareciendo el uno dentro del cuarto del otro, en albornoz, y tardando en volver a aparecer.

La situación no podía ser más extraña. Aunque no me diese para un mal pensar, la falta de cercanía con mi madre estando a dos puertas, y el compartir cuarto con un padre fumante y distante, me sacaba de mi zona de confort.

Pero con apenas catorce años, esa malicia que me abandonaría acabando la pubertad se resistía en crear paisajes con desarrollos dramáticos y adultos. Así que, cuando me sentía escorar hacia el desaliento, ahí estaba el mar. Treinta metros más abajo y en picado, chocando contra las rocas, al que contemplar desde la barandilla del balcón, el que poder respirar a pleno pulmón, y allá, su horizonte en el que perderme.

La primera noche fue noche de casino. Un amigo árabe, así me anunció mi padre, nos invitaba a un reservado en el de Montecarlo para jugar ruleta y hacía falta esmoquin. Rápidamente, Ljuba mandó llamar a un sastre local, y en unas horas ya tenía el mío propio, hecho a medida, con fajín, pajarita y zapatos. Y claro, tanta eficacia en resolver problemas al instante por una armada de asistentes capaz de procurar cualquier capricho, me hizo decidir que de mayor quería ser multimillonario. En plena Costa Azul, rodeado de gente glamurosa, de casinos a un tiro de piedra, de Bentleys y Ferraris, de yates inmensos y grandes mansiones, mi proyecto parecía absurdamente fácil de conseguir. El lujo te empapa a la primera, te hace suyo, te perfuma de abundancias y de ensueños, y te crea inmediata adicción. El lujo, como el diablo, fascina.

Cuando nuestra comitiva llegó a las puertas del Casino de Montecarlo, la acogida fue asombrosa. Una multitud rodeó a mis padres y a Walter, pidiéndoles autógrafos y «flasheándoles», ralentizando la entrada.

Ya dentro, me adelanté corriendo escaleras arriba como si de una travesura o un juego palaciego se tratara, y en la cima del Mar de Todas las Alfombras, donde se junta y toca con el Cielo de las Arañas de Baccarat, dominé toda la riqueza del mundo por unos instantes. Enfundado en mi esmoquin de terciopelo negro y mi pajarita de tahúr, con mi pelo largo y dorado, me sentí el joven más espléndido e irresistible del planeta. Desde allá arriba, frené a cámara lenta la subida de mis padres y amigos, con ese ralentí que permite observar y regodearse en cada detalle, y lo disfruté.

Las señoras, mi madre y Ljuba, cogidas de la mano y asiendo el largo de sus vestidos con la otra, enjoyadas hasta cegar, peinadas para una coronación, con chales de raso y seda, subían espléndidas, resplandecientes. A cada escalón parecían hacerse más cómplices, quizá cebándose con la sorpresa que tanto debió consternar a mi padre al llegar a Villa Rizzoli esa misma mañana. No habrían tenido tiempo aún de darse un apartado con pitillo para comentarlo, y qué mejor momento que la subida de unas escaleras interminables para hacerlo y quedar fuera de sospecha. Se mataban de la risa, a nada de descomponerse enteras. Los tres caballeros, cinco o seis peldaños más abajo, las seguían al paso, elegantes y tiesos, con sus pañuelos blancos amaneciendo al ras del bolsillo de sus chaquetas, empaquetados y «engemelados» de oro y zafiros, caminando cuesta arriba hacia la ruina, calzados de charol.

Dos lacayos abrieron las hojas de la puerta del reservado y los ya presentes se pusieron en pie. Las primeras en adelantar saludos fueron ellas. Se cruzaron triples besos, abrazos llenos de piropos y de deseos de salud para todas las familias, típico de la hospitalidad meso oriental y árabe.

Había dos *buffets* atiborrados de *delicatessen* en bandejas de plata, embellecidos por estallidos de flores en forma de cola de pavo real o fuegos de artificio, tan dinámicos en sus colores que parecían estar animados. Dos guardaespaldas a cada lado de ambos, ocho en total, remataban la decoración. Dos mesas de ruleta, no una, como todos esperaban. En la de la entrada, la destinada al personal de compañía del anfitrión magnate, las apuestas eran más comedidas y no se permitían más de mil francos por tirada. La mesa del fondo, apartada y blindada por una muralla de carne mora de dimensiones suprahumanas, no dejaba ver el bosque. Esa era la nuestra, y se jugaba contra el casino. Todos expertos, todos forrados, todos gordos, todas bellas, todas perfumadas de amor prohibido y alicatadas de bisutería de lujo, por dentro y por fuera.

Nos sentamos a la mesa y dio comienzo el juego. Ljuba me pidió que me colocara detrás de ella. «Ya sabes, quédate pegado a mí, a lo mejor me traes algo de la suerte del principiante», me dijo, y así me habló antes de apostar:

—¿Es tu primera vez en un casino, *mio caro*?

—Sí, es la primera vez.

—Y espero que sea la última... No hagas como yo, que me he vuelto una obsesiva del juego... Apuesto y apuesto y ¿para qué?... Para dejarme una fortuna y regalársela a otros... Te deja vacía... es una mierda.

Ljuba era feliz porque se lo merecía, pero sentía que su vida, que nunca fue hecha de medias tintas, sino más bien de todo lo contrario, ya no podía llevarla más allá, ni más alto ni más lejos, simplemente, porque había tocado techo hacía tiempo. Empezaba a asomar la tristeza. Aquella simulación de felicidad absoluta que la enjaulaba era la misma que tiene atrapados en el aburrimiento a los todopoderosos. No hay nada que les haga ilusión, nada que les sorprenda. Nada que les entusiasme, nada que les divierta. Desdichados, vagan por un desierto de abundancias, y el solo roce de un cariño les devuelve a la vida. Se les activan las ilusiones y sienten algo parecido a alguna emoción pura, buena.

Esa noche, sin saberlo, yo repartí unas cuantas.

Le gustaba apostar al 29 y también al rojo. Una, dos, tres veces, y la suerte no llegaba. Ljuba se enfurecía. Decidió cambiar de táctica e implorar a la fortuna. Agarró una pila de fichas de cinco mil francos y me las frotó por todo el cuerpo. Luego dijo: «¡Y ahora la magia!», y me las restregó por la entrepierna. Eso me gustó y empecé a hacerme ilusiones. En los cruceros con mi padre, estaba acostumbrado a ver a maridos y esposas prestarse entre sí sin que surgiesen celos ni tensiones, y mi deseo me pareció lícito. Era un sistema establecido entre las altas sociedades de todos los continentes y funcionaba de forma automática. Tomé su frotar como un avance de algo que me fue calentando y calentando. Al tercer pase, yo ya estaba duro como el granito. Y surtió efecto: el *croupier* cantó un pleno al 29. La suerte se fijó en ella y ella en mí. Me besó como a un hijo, me miró como a una presa, y ya no pude contener tanta sangre al galope, ni espacio para esas ráfagas de latidos que me estallaban en el pecho. Creo que me subió la fiebre porque la pajarita se me calentó.

De mi izquierda, surgió una voz profunda y ronca, en un francés con fuerte acento árabe, que me dijo: «Toma esta ficha, chico de la suerte, apuéstala por mí, y de lo que ganes te doy el diez por ciento», y me entregó una ficha de diez mil francos. Era el magnate anfitrión de la noche, un hombre educado y amable, con una sonrisa bondadosa y unas manos regordetas y graciosas, que, al parecer, estaba pasando más calor que yo. «Tómala y haz tu apuesta, a ver si me sacas a mí también de esta mala racha». Aposté un pleno al cinco sin pensármelo dos veces. Se cantó *les jeux sont faits* y, mientras la ruleta giraba, hice un rápido cálculo mental de cuánto me tocaría si acertaba. Me entraron vértigos. ¡Miles de francos serían míos! De inmediato, supe en qué gastarlos, tuve planes. Cerré los ojos y deseé ese cinco más que nada en el mundo. Le prometí al Altísimo que, de acertar, cambiaría mis ganancias contra mis malsanas intenciones con Ljuba, que no volvería a desearla ni a mirarla, ni mucho menos me tocaría pensando en ella.

De pronto, un boato ensordecedor atronó mis oídos y una bestial palmada me sacó del trance. ¡Había hecho un pleno al cinco! Se desató una fiesta de zarandeos y besucones que no me dejaba razonar. ¡De golpe, era rico! Mis planes para el resto de las vacaciones iban a ser posibles, y mi proyecto de ser multimillonario tenía toda la pinta de estar más al alcance y ser más fácil de lo que yo esperaba. Ya estaba encaminado. Ese día sería mejor conocido como «el día del principio de mi gran fortuna», navegando en mi inmenso yate por todos los mares posibles y navegables, con chicas y amigos, tal vez incluso Ljuba.

«Toma», dijo el señor, «esta es tu parte en fichas, al salir las cambias y te darán el contante, enhorabuena, eres un chico afortunado». Y en verdad lo era.

Mis padres y Walter, que se habían acercado a la mesa, descubrieron el porqué de tanto revuelo. «Tu hijo tiene la suerte encima, Luis Miguel», le decía el anfitrión, «la ruleta no miente, hay que estarle muy cerca, este chico va a ser alguien», y tendiéndome otra ficha de otros diez mil francos gritó a la compañía: «¡Que haya revancha!, *faites à nouveau vos jeux, mesdames et messieurs!*», y volví a insistir con el cinco. Me cayó encima un chaparrón de protestas y desacuerdos mientras la ruleta giraba. Todos fijos en la bola que bota, rebota, salta, tropieza, y ¡pam!, de nuevo pleno al cinco. Hasta ahí pude aguantar. Agradecí al anfitrión la confianza puesta en mí y esta vez le rechacé mi parte. No sé si por temor a defraudarle de haberme pedido una tercera ronda o si por los golpes que me atizaron en las costillas. Tenía suficiente.

Mi madre y Walter, en la zona opuesta, bebían su *champagne* y parecían haber recuperado la confianza de su época de noviazgo. Mi madre se divertía y bromeaba con él. Más tarde, Walter me enseñaría las artes del cortejo, las no abruptas. Me enseñaría a hacer reír a una chica, a bajar sus defensas con suavidad y así permitirle escuchar todas esas palabras bonitas que un hombre desea regalar y que llevan a ponerla en el centro de su atención. «Y después, si sientes que lo permite o lo quiere, puedes ser malo, que también les gusta mucho», me decía.

Me fui hacia una esquina y detrás fue mi padre. Me dio una palmadita en la cara y con guasa, me dijo: «Dame las fichas a mí, que yo te las administro». Luego me hizo una llave agarrándome por el cuello y, al bajar la cabeza, me la besó. Me miró lleno de orgullo y añadió: «No sabía de tu afición por el juego, el próximo paso, una mesa de mus en las cacerías, tú y yo de pareja y desplumamos a todos, ¡qué contento estoy!, ¡es que estas cosas me hacen feliz!». Normal, había dado señales de macho, y en todas esas ocasiones me volvía a aceptar como hijo.

Se nos acercó Ljuba, radiante y ganadora, abrazándonos a ambos, y durante un breve instante, los tres cruzamos miradas, y mi padre me hizo entender por un brillo extraño en sus ojos, que por qué no, que no se le había pasado por la cabeza, pero que por qué no, Ljuba, tú y yo, ¿no? ¡No!, no, no... ¡No puede ser cierto lo que estoy imaginando!, ¿verdad, papá? Y como acto reflejo me zafé de aquel enredo, de aquel pensamiento turbador. No por inmoral, sino porque hacía minutos que le había cambiado a Ljuba por mil francos a la suerte y temí ser castigado.

—¿Quién es nuestro anfitrión, Ljuba?... Es un poco tosco, pero es muy simpático y amable... —le pregunté.

—Es Adnan Khashoggi... Él dice que es empresario saudí, pero, en realidad, es de origen turco... y el mayor traficante de armas del planeta... lo cual no le hace malo, sino todo lo contrario... es amoroso y le encanta ser generoso con sus amigos... Adnan... Adnan Khashoggi... retén bien ese nombre... vas a oír hablar mucho de él...

Volviendo a la mesa, observé que dos hombres, que habían estado todo el tiempo de pie a espaldas del *croupier*, seguían anotando en una libreta los resultados de cada tirada, los plenos, las bandas, los caballitos, todo, concentrados como si no existiese nada a su alrededor. Ljuba añadió susurrando:

—Y la que está entrando por la puerta es Melba, ex *croupier*, italiana, y actualmente la amante y favorita de nuestro anfitrión... Mira bien lo que va a hacer... es incomprensible... Acerquémonos a la mesa... el momento del gran espectáculo está por empezar...

Melba era una mujer de una belleza sencilla, sin casi maquillaje, el justo para resaltar sus ojos grandes y almendrados, de cabello negro obsidiana, labios cereza y nariz pronunciada, de origen siciliano. Vestía un traje ceñido de terciopelo verde albahaca y volantes de chifón a tono, un moño a lo Deborah Kerr sujeto por un broche de brillantes en forma de hoja de laurel, y un juego completo de pendientes, pulsera y collar cubre escote, todo ello de platino engarzando esmeraldas casi negras del tamaño de almejas. Una bofetada al hambre. Fue besada y adulada, y, tras tomar asiento, levantó la mano reclamando la libreta que aquellos hombres habían llenado de información sobre las rondas del juego. Mientras ella la inspeccionaba y hojeaba hacia delante y hacia atrás, hacia delante y hacia atrás, siguieron las apuestas. De pronto, agarró una pila de fichas de cinco mil, unas ocho, tal vez, y apostó todo a un número nada más, ni al rojo, ni al negro, a nada más. Una mezcla de tensión y admiración se mascaba en el aire, en la expresión de cada cara. El *croupier* cantó el número, que para euforia de todos resultó ser un pleno al de Melba. Khashoggi le besó la mejilla como se besa a un caballo pura sangre ganador que acaba de conquistarte L'Arc de Triomphe, y luego, juntándole las manos, se deshizo en devoción y más besos. La imagen del traficante desarmado ante su bella fue de una gran y emocionante ternura.

Así sucedió tres veces más seguidas, tres plenos consecutivos y con apuestas cada vez más elevadas. ¿Qué secretos guardaría aquella libreta? Como diciendo basta, no abusemos de la suerte, Melba se levantó de su asiento dejando al resto de las amistades, y se dirigió hacia mi madre y Walter, los únicos no interesados en el espectáculo. Seguían enfrascados en sus conversaciones, agarrados a sus copas de *champagne*. Charlaron un rato y brindaron a la salud de volverse a ver y, tras despedirse cortés y cariñosamente de todos, de un golpe de capa recogió a su séquito y voló fuera del reservado, dejando una estela de Jungle Gardenia tras de sí y a un Khashoggi más enamorado que antes.

El regreso a la casa fue alegre, todos lo estaban. En medio de las buenas noches, mi padre retuvo a mi madre y la invitó a fumarse el último cigarrillo con el pretexto de que «tenemos que hablar, Lucía, no hemos cruzado una palabra desde que llegamos». Mi madre me besó y me dijo: «Ve a dormir, anda», y él dijo: «No, Miguel se queda».

Durante unos minutos, se habló del cielo, de la brisa, de las estrellas y del sonido del mar, tan apaciguador, tan agradable. Mi madre salió con su típico y recurrente «podría vivir aquí por el resto de mi vida», sumando así Villa Rizzoli a un listado de mansiones regias ya conocidas en Ischia, Capri, Venecia, París, la Toscana, Mallorca, Roma, y demás lugares fastuosos con legiones de sirvientes. Olvidó sus orígenes campesinos y humildes, porque, supongo, algún día, durante la guerra, en algún refugio antibombas de Milán, alguien le contaría o leería *La Cenicienta*, y debió pensar que, como ella, había nacido para ser reina.

—¡Y yo también, no te jode!... ¿verdad, Miguelón?

—A mí me gustan más los barcos, papá... A mí me gustaría ser diez veces más rico que tú y dar la vuelta al mundo en un barco de treinta metros con mis amigos... parándonos donde quisiéramos... así toda la vida.

—¿Y las chicas?... Porque un viaje así sin chicas se haría insoportable... digo yo —preguntó mi padre.

—No, no, no... nada de chicas, *dammi retta, figlio mio*... Las mujeres somos muy pesadas, servimos para poco, y en un barco somos torpes y tiquismiquis... Nos tropezamos contra todo, nos quejamos de todo y nos mareamos constantemente.

—Bueno, Lucía... pero estáis para lo que estáis... y eso también es un trabajo... ¡y de mucho agradecer!

—¿Ah, sí?... ¿Y de qué tipo de trabajo se trata?

—Pues cocinar, limpiar, servirnos tragos y luego abriros de piernas cuando se os pida, gozar y estar calladitas, no montar escándalos...

Estaban todos muy borrachos y no controlaban sus lenguas. Aun así, las bromas de género que mi padre manejaba, que formaban parte de su repertorio y que eran soportadas por todos y todas cuando se estaba pasado de copas, a mi madre no le hacían ni pizca de gracia. En especial, durante aquella época en la que los encuentros con él solían deprimirla mucho y, en consecuencia, su visión de la mujer se hacía bastante sombría y derrotista.

—Llegaste por sorpresa, Lucía... nadie se lo esperaba.

—La sorpresa has sido tú, Miguel... Ya hablaré de esto con Ljuba... Y encima con Miguelito... Reconoce que todo esto es muy desagradable...

—¿Desagradable porque te estás acostando con Walter y te acabo de pillar... o por qué otra razón?

—Miguel... no sé por qué te cuesta tanto meterte en la cabeza que tú y yo somos dos personas que nada tienen que ver ya... aparte de lo que te gusta sufrir imaginando cosas... Muy español.

—No, señora mía... Hasta que no estemos divorciados, tú seguirás siendo la señora de Dominguín y eso merece un respeto... mantener unas formas... por lo menos, un poquito de decoro... ¡carajo!

—Miguel... por favor... llévate tus reglas y tus celos a Madrid, que aquí nadie los entiende... Hazte respetar tú y mantén la compostura... Esto es Europa... Francia... Montecarlo... y mis amigos son italianos... Aquí tus comentarios dan pena... son rancios... de otra época... Si estás incómodo, desaparece... no voy a discutir más... Buenas noches a todos... me voy a la cama.

Me dio un beso fuerte, me miró con lástima, como pidiendo perdón, y se metió en la casa. Mi padre, dando hondas bocanadas de humo, se perdió en su mirada, y su mirada en la oscuridad del césped. Había sido derrotado y yo estuve presente.

Al día siguiente, el último antes de volver al barco de Ricardo Sicre, la actividad empezó tarde. La mañana, maravillosamente perezosa y lacia, desmayaba cuerpos en las hamacas distribuidas aleatoriamente por la explanada de la terraza jardín de Villa Rizzoli, y recalentaba los restos de las resacas a golpe de Bullshots y Bloody Marys. Las señoras, en un aparte de caftanes y lentes oscuros, repasaban a la sombra las *haute couture* del privado de Khashoggi y las emociones que fueron captando durante la exótica noche pasada. Por su lenguaje corporal y, sobre todo, por el de sus manos, que cortaban el aire de izquierda a derecha con la precisión de sables, o en vertical, firmemente, traducían enfado, fin de la historia, por ahí no paso.

Mi madre me llama y acudo, me pregunta si he dormido bien y por el dinero que anoche gané. «Tengo planes, mamá, antes de que acabe el crucero, me bajaré en Barcelona, iré en tren hasta Calais y de ahí a Dover en *hovercraft*, una especie de deslizador sobre agua, luego en autobús a Londres. Unos amigos han conseguido entradas para el concierto de The Doors en el Round House y me muero por verles, son lo máximo, mamá, ¡y la oportunidad es única!».

—¿Y dónde te vas a quedar a dormir?

—En casa de mis amigos, que están con una familia inglesa... Aprenden inglés y ayudan en las tareas de la casa a cambio de comida y cama.

—¿Y tú vas a quedarte también a compartir comida y cama?

—No... voy a llegar de noche cuando la familia ya esté dormida y me colaré por una ventana... Dormiré con ellos, y a las cinco y media de la mañana me despiertan, vuelvo a salir por donde entré, y así nadie se entera de que estuve... Si no, se les cae el pelo.

—Normal... yo les mataría... ¿Y después?... ¿Vas a vagar por Londres?... ¿Qué vas a comer?... ¿Dónde vas a esperar hasta que empiece el concierto?... Solo pregunto...

—Me voy directo a la entrada de la zona del concierto... Llegaré a las seis, seis y media de la mañana, y ahí les esperaré hasta que lleguen... a eso de las siete de la tarde... el concierto empieza a las ocho... Vamos a entrar los primeros y tendremos a Jim Morrison aquí... pegado a las narices... Creo que no voy a soportarlo.

—Y si llueve... ¿cómo te las vas a arreglar?... Llévate una cantimplora con agua para beber, por lo menos.

—Mamá... ni va a llover... ni me van a raptar... ni me voy a morir de hambre, ni nada de nada... Tengo ya catorce años... por favor, no me agobies... tengo mucha ilusión y ahora soy rico...

—Vale... vale... pero ten cuidado de que no te roben y, sobre todo, que no te droguen... *Sono terrorizzata con queste storie di droghe... Mi vengono i brividi...*

—¡Mamá... ya!...

Ljuba se mataba de la risa viendo cómo su amiga, esa mujer de su Lombardía común, fuerte y audaz, se llenaba de temores de madre. «Déjale y confía, *Lucia cara*, tiene que empezar a explorar su vida, tiene que volar», le decía, pero mi madre no podía evitar arroparme con sus ojos, envolviendo mi cara en una cápsula de caricias que me protegía del mundo. Me tumbé cerca de ellas en la hierba y las oí hablar en italiano, lengua materna de ambas.

—Como te decía... los españoles son muy rancios... hasta el torero, un hombre de mundo que ha conocido gentes y culturas diferentes, lo es... y con las mujeres ni te cuento... o eres madre o eres puta... a menos que te separes... y entonces pasas a ser reputa... la más puta directamente... la más... Vives bajo sospecha constantemente... se dicen y se cuentan sobre ti cosas que no se sabe bien de dónde salen... ¿La verdad?... Ya no soy feliz en ese país... no sé si alguna vez lo fui... estaba demasiado enamorada para saberlo... no veía más que a ese hombre fabuloso... macho... varonil... como un guerrero... aplaudido por las masas... idolatrado como un dios... No sé qué me pasó...

—Pasó que te pilló virgen, *mia cara Lucia*... te pilló ignorante... fue el primer hombre que te llevó a la cama y nunca pudiste compararle con... otras cosas... (haciendo el ademán de medida). No quito que no tuviera sus artes... no lo discuto... pero fue muy listo... me lo estoy imaginando... He aquí la mujer más bella del mundo... la más ingenua... o sea, la más tonta... y esta... que está sin estrenar... va a ser la madre de mis hijos... la embarazo, me voy, pare, la embarazo de nuevo, me vuelvo a ir a lo mío, otro hijo... y así hasta diez hijos, que es lo que el Generalísimo quiere... familias numerosas... patriotas y gran mano de obra para los campos... porque hasta donde yo sé... España es un país agrícola y ganadero, ¿no es así?... Pues ahí lo tienes... Nunca tendrías que haber abandonado el cine, Lucia, nunca... tenías una carrera por delante que todas deseaban... hasta la Mangano... hasta la Loren... y esa cara única... ese misterio... Perdóname, pero me pongo muy nerviosa de pensarlo... Fuiste una tonta...

—Hicimos un pacto y le prometí dejar el cine para ocuparme de la familia que queríamos tener... y él me prometió dejar los toros y los dejó...

—¿Ah, sí?... ¿Por cuánto tiempo?... *Rispondimi... per cuanto tempo ne è stato lontano?*

—No aguantó ni una temporada... pero es que su familia le metía presión... Vivían de él... y su padre era muy hábil... sabía cómo provocarle para que volviese a combatir en los ruedos... Al final, tuve que aceptarlo... Estos hombres han nacido para lo que han nacido y no pueden renunciar a esa parte salvaje...

—... Que es exactamente la que más te gusta... ¿no es así?... Contéstame a una cosa, Lucía, pero has de ser sincera... como una hermana... *da milanese a milanese*... ¿Sigues enamorada de Luis Miguel?... ¡Porque todo me cuenta que sí!

—No... ya no lo estoy.

—*Sincerità... ti chiedo sincerità*... no voy a contarlo... ¿lo sigues?

—Es difícil de explicar, Ljuba... No estoy enamorada, pero sigo fascinada por él... Me atrae físicamente aún, pero no podría imaginarme haciendo el amor apasionadamente con él como entonces... Es magnético... yo creo que eso lo sienten todas las mujeres... Es un hombre de verdad...

—Pero es tosco, ¿cierto?... Rancio... machista... mujeriego... canalla... atractivo... ¿no?... Ya... pues siento decirte que estás muerta de amor por él... le justificas en todo... ¿no te das cuenta?... Tranquila, te confieso que yo lo estaría... (risas) mira un poco lo que me ha tocado a mí... ¡te puedes creer la mala suerte!... Pero es tan dulce, tan tierno... tan doméstico... Dan ganas de comérselo...

—¡Te lo cambio cuando quieras!

—¿Ya mismo?

—¡Ya mismo!

Dos mujeres, dos señoras, dos estilos diferentes pero espectaculares en todos los sentidos, perdiendo el tiempo en arreglar sus vidas pasadas, pero saliendo de ello con su amistad fortalecida. Dos mujeres, una, mi madre, la que me había dado la vida, y otra que pudo haber sido mía, pero que tan necio fui como para cambiársela a la suerte por unos miles de francos. Suspiré, y cuando quise darme cuenta ya estaba sentado en la parte de atrás de la berlina, recostado en el asiento, ventana abierta y con el viento soplándome en la cara, disfrutando del atardecer del Mediterráneo, al borde de un acantilado que serpenteaba de vuelta hacia Montecarlo.

Al amanecer, amarramos en el puerto deportivo de Cannes. Dos invitados se unirían a la travesía. Mi padre miraba sin cesar su reloj, fumaba, y con ojos chinos oteaba el pontón, moviendo la cabeza como un guacamayo a ver si atinaba a localizarles entre el balanceo de los mástiles que se cruzaban contra el azul del cielo, como floretes gigantes. «Bueno, seguro que han tenido algún contratiempo, porque ella suele ser muy puntual, avísame en cuanto vayan llegando, estaré en mi camarote, voy a ponerme algo cómodo», me dijo. Decir que solía ser muy puntual me dio a entender que ya se conocían, que habían tenido otras citas, y que tanta impaciencia nos iba a subir a bordo alguno de esos líos buenos y divertidos de los que mi padre gastaba.

Desde el fondo del embarcadero, giró una turba de gentío, acabando con la serenidad de los chasquidos del chapoteo del agua contra el muelle. Una pareja, seguida de cuatro porteadores cargados de maletas de marca, y rodeada por un enjambre de fotógrafos disparando sus flashes, venía hacia el barco. Detrás, a la carrera, llegó la policía portuaria, seis miembros o más, que se interpusieron y cortaron el acoso. Le grité a mi padre que ya estaban llegando los invitados. Antes de que volviera a girar la cabeza, irrumpió de la oscuridad de la cabina de popa como catapultado por un muelle, camisa blanca, pantalón rosa, afeitado y repeinado. Como recién levantado. Olía a Calèche que tumbaba, su identidad, el perfume que le robaba de su baño en Somosaguas.

Oculta por el ala ancha de su sombrero, ni a punto de abordar pude adivinar quién podía ser esa mujer por la que mi padre tanto se acicalaba hasta que alzó la mirada. Era Romy Schneider, y detrás su marido, Harry Meyen. «¡Luis Miguel... Miguelito... Ricardo!», exclamó abriendo sus brazos y apresurándose directa a los de mi padre. Estaba feliz de vernos, feliz de pasar unos días con nosotros, feliz de alejarse de la tremenda y despiadada presión mediática, feliz de navegar por el Mediterráneo, pero no tan feliz de tener que cargar a cuestas con Harry, que iba subiendo a bordo dando tumbos, borracho desde el desayuno, atufado por la pendiente que debía afrontar y resoplando para tomar aire a cada metro, agarrado al cabo de la baranda.

Romy era menuda y proporcionada al milímetro, la mujer diez. Sus ojos claros y tristes de rasgo felino, y esos promontorios del hueso ocular, tersos y despejados, daban espacio y vuelo a unas cejas arqueadas, gaviotas suspendidas en las corrientes térmicas que remontaban desde un corazón asolado. Romy dejó de ser feliz muy pronto, muy joven, maldita por su belleza y por su desesperada búsqueda de un amor para toda la vida. Estaba radiante, quería cariño, y de inmediato supe que mi padre se había ofrecido voluntario para dárselo, una vez más.

Se instalaron y zarpamos rumbo a Cavallo, una isla al sur de Córcega, casi enfrente de Bonifacio, a casa de la princesa Marina Doria de Saboya, que nos esperaba a cenar. Navegamos bordeando la costa oriental de Córcega, dejando atrás Bastia, y bajando directo hasta nuestro destino. La casa de Marina Doria estaba escondida entre la vegetación baja de la playa y era acogedora. Dejé a los mayores entre copas y bromas y me fui a nadar. Nunca pensé que el Mediterráneo pudiese tener tantos azules ni tantos tonos de verde. Desde la playa, se podía caminar, con el agua no más arriba de la cintura, treinta metros mar adentro, y la arena, blanca y suave como nieve en polvo, escondía decenas de lenguados de todos los tamaños y otros pequeños peces que, al arrastrar los pies, levantaban el vuelo.

Cayó la noche, se cenó y nos despedimos de la anfitriona y su legión de perritos. De vuelta hacia el yate, Ricardo propuso: «¿Una última copa?». ¡Una última copa, dale! Subimos a bordo y Sicre mandó traer alcohol y habanos a cabina para cerrar la velada.

En el asiento de popa, yo miraba a los peces que se aglutinaban alrededor de un foco, les echaba migas y aceitunas, y me divertía viendo sus peleas, hasta que mi padre se acercó.

—¿Te lo estás pasando bien?

—Me lo estoy pasando genial, papá... ¡Me encantan estas vacaciones!

—A mí me encanta que pasemos tiempo juntos... Deberíamos hacerlo más a menudo... tal vez un par de veces al año... ¿qué dices?

—No puedo... ya sabes... el Liceo... pero en el verano, me encantaría...

Y se hizo un silencio. Sentí sus ojos rascarme la nuca mientras yo los clavaba en los peces. Su acoso empezó a molestarme y levanté la cabeza. Me sonrió.

—Oye, Miguel... ¿tú me harías un favor?... ¿uno grande?... Es un secreto, tiene que quedar entre tú y yo... y nadie más... ni Ricardo puede enterarse... ¿Me lo harías?

—¿De qué se trata?

Y metiéndose la mano en el bolsillo, tapándose con el cuerpo y cerciorándose de que nadie lo veía, sacó un botecito de pastillas que destapó, volcando tres en el cuenco de la mano.

—¿Qué es eso, papá?

—Esto es Valium... Valium 10... un somnífero.

—¿Y qué quieres que haga con eso?

—Muy fácil... Te vas al bar y esperas a que Harry pida otra copa, que va a ser ya mismo, porque con el ritmo que lleva no va a tardar... y cuando el camarero se la vaya a llevar, le dices que tú te ocupas... le metes en la copa las tres pastillas... y le das vueltas a la bebida hasta que se disuelvan... Si las machacas un poco antes de echárselas, mejor.

—¿Y qué va a pasar?

—Que vas a ganarte dos mil pesetas.

—¿Cómo?

—Lo que oyes... pero no hagas más preguntas, ¿estamos?...

Lo primero en lo que pensé fue en el proyecto de hacerme millonario y, de inmediato, supe que el destino me había subido a ese crucero para cumplir mi sueño, y acepté el trato. Paso a paso, ejecuté las órdenes de mi padre y personalmente le serví la enésima copa a Harry, quien a los diez minutos empezó a bostezar y a dar cabezazos. Levantándose, se excusó por el inmenso cansancio, se despidió de todos, y tambaleándose, se encaminó hacia su camarote.

—Miguel le acompaña, ¿verdad, hijo?... No sea que vaya a tropezarse y se nos mate... y eso no lo queremos... ¿verdad que no?... ¿Qué haríamos con un cadáver a bordo? —preguntó mi padre, y Ricardo le contestó riendo:

—Se lo dejamos en la playa a Marina, ¡verás qué susto se pega!

Y ante mi asombro, mi padre levantó la mano y me enseñó tres dedos, que traducido en pesetas, me dio a entender que la oferta había subido a tres mil si me hacía cómplice hasta el final. Así que, relamiéndome, rodeé mi cuello con el brazo de Harry y le llevé hasta su camarote, le tumbé en la cama, y al segundo descorche de zapato ya estaba roncando. Me quedé un rato, por si despertaba y se asustaba, pero al ver que había caído profundo, volví al puente.

Antes de aparecer, vi que todos se habían retirado excepto Romy y mi padre, que se agarraban de la mano, la una perdida en la mirada del otro, y lo entendí todo. Me quedé a dormir en cubierta, en la colchoneta de proa bajo las estrellas, pensando en el pedazo de cabrón que me había tocado por padre, mordiéndome los labios de la risa, a solas bajo aquel manto de estrellas, el que tantas y tantas aventuras piratas acompañó a lo largo de siglos, capaz de guardar cualquier secreto por muy canalla que hubiese sido.

A la mañana siguiente, como si nada. El único avergonzado era yo, el matrimonio austríaco se levantó como recién enamorado. El marido fresco y duchado, ignorando que durante la noche, la caridad de un donante de la tripulación de a bordo había devuelto la sonrisa a su mujer, también fresca y duchada. Se desayunó en casa Doria y zarpamos rumbo a Bonifacio, primero, para más tarde virar y remontar sin prisas las costas de poniente de Córcega. Mi padre propuso que nos lo tomásemos con calma, al menos tres días más, fondeando en bahías solitarias, con playas de arenas antillanas del Mediterráneo. Planazo.

Llegó la segunda noche y la escena de la anterior se volvió a repetir. Mi padre me entregó las pastillas y, como a su pareja de mus, a una señal de cejas, me envió a endulzarle el sueño a Harry. A los diez minutos le acompañé a su camarote, cargándole entero escaleras abajo, como me temía fuese a ser de futura costumbre. Y así otra, y otra noche más, hasta que llegó la última cena en la que Ricardo anunció con un brindis que navegaríamos de vuelta a Cannes para acompañar a Romy y a Harry, unos amigos estupendos, divertidos, y mirando a mi padre, añadió: «Un matrimonio ejemplar y enamorado, envidiable, que con todo el dolor del alma nos abandona mañana, pero que llevaremos en nuestro corazón hasta el fin del viaje». Y bebieron, bebieron y bebieron, y yo nutriendo a los peces que se arremolinaban a la luz de la bombilla de popa.

Mi padre se acerca, se me sienta al lado, se saca el bote de Valium 10, y en vez de tres pastillas me entrega cuatro.

—¿Cuatro?... ¡Te has vuelto loco, papá... le vas a matar!

—¡Uy, eso quisiera Romy!... No le va a pasar nada... y como es la última noche, mejor asegurarse de que Harry no vaya a darnos un susto... no vamos a cargarnos la harmonía que hemos tenido hasta hoy, ¿verdad?... Pero... esta noche, hay un favor más.

—No... no voy a hacer nada más... ¡te la estás jugando mucho, padre!

—¡Pues de eso hemos comido todos durante estos años!...

—Vale... pero lo que sea tiene un precio.

—No hay más billetes... que ya me has sacado muchos cuartos... Lo vas a hacer, simplemente, porque quieres mucho a tu papuchi y no quieres que le pase nada malo... ¿verdad, mi amor?

—¡Qué zalamero eres, padre!... Pero... hay un favor más que tú vas a tener que concederme... Yo me bajo del barco en Barcelona y me dejas ir a Londres, a un concierto con unos amigos, y tú no dices nada a nadie... ¿estamos?

—Tu madre me va a matar.

—Mamá ya lo sabe... y tengo su permiso... ¿trato? —Y nos dimos la mano sellando el silenciarlo todo.

Esa última noche me tocó dormir con Harry, ese era el favor extra. La pasé en vela, arrullado por sus ronquidos a pescuezo quebrado y por sus incontables discusiones con apariciones a las que atacaba a zarpazos contra la nada. Las horas parecían haberse ido a otra parte y volvían despacio sin conseguir adelantar el alba, momento en el que Romy y yo cambiaríamos de lugar. Y por fin se hizo un tímido fulgor en el horizonte de la escotilla. Llamé a la puerta de nuestro camarote y, un minuto más tarde, Romy apareció con rastros de mil revolcones. De puntillas, me agarró la cara con las dos manos y me dijo en francés: «Te debo una grande, muy grande, te veo al rato, mi ángel, y no olvides llamarme cuando vuelvas a París, prométemelo», y se escabulló furtivamente al interior de su madriguera.

Mi padre la vio marchar como al llegar, cargada de maletas de marca, arrastrando a un marido con una cornamenta recién estrenada y bien cocido ya desde el desayuno. Se dijeron adiós agitando sus manos como pañuelos, hasta que ellos giraron y desaparecieron, de nuevo entre porteadores y flashes, para volver una vez más al sólito tedio de la vida de una diva bella, amorosa y nostálgica, que dejó a mi padre tocado, con esa expresión en los ojos de los que se van al frente y prometen volver, y a mí, con un montón de recursos más para pegarme las vacaciones de mi vida.

Pero no había tregua en aquel crucero y, sin perder tiempo, zarpamos hacia PortLligat, Cadaqués, en la Costa Brava catalana, donde nos esperaba Salvador Dalí, y ya llevábamos casi dos días de retraso.

Fondeamos a doscientos metros de la costa, enfrente de la playa a la que bajaba escalonada la casa del genio. Había poquísimas construcciones, y el mar, a pesar del pleno verano, estaba vacío a excepción de alguna barca de pescadores, convirtiendo aquel lugar en un remanso de paz. Se cruzaron señales de brazos del barco a la casa que anunciaron nuestra llegada, y a los veinte minutos, Salvador nos mandó a su emisario. Se trataba de una mujer rubia, muy atractiva, que nadaba hacia el barco llevando en la cabeza una corona de espino. Cuando trepó a cubierta, descubrimos que estaba en *topless*, que era alta, que tenía un cuerpazo, y que al cerrarlos, sus ojos tenían pintado un trampantojo que imitaba dos huevos fritos, sangrantes desde los lagrimales, hasta rozar los labios. Toda una obra de arte en sí, toda ella entera lo era, pura cinética. Con voz grave, nos dio la bienvenida y anunció que el señor Dalí nos esperaba para el almuerzo. Y sin más, aquella sirena, de la que había caído fulminantemente enamorado, saltó al agua de cabeza y, por donde vino, se fue. Me quedé extasiado viéndola alejarse y pensé: «Quiero casarme con ella, sea quien sea ese ser, quiero casarme con él». Ese ser era Amanda Lear.

La casa de Salvador Dalí, para un chico de mi edad, era un parque de atracciones. Ordenada, limpia, luminosa, enloquecida, sin sentido, divertida, misteriosa, fuera de control, nada previsible, coherente, creativa, serena, olorosa, blanca, emotiva, culta y mediterránea, entre otras decenas de adjetivos con los que describir también a su dueño.

Casa Dalí era idéntica a Salvador y a Gala, quien a los pocos minutos de nuestra llegada apareció descalza, bajando por unas escaleras de métrica áurea, y tímidamente se nos unió. No habló mucho en todo el día, solo intervenciones monosilábicas dentro de su estilo. Observaba. Recababa información encaramada desde la altura de su asiento como un mochuelo, y a todos sometía a su escrutinio forense. Mucho antes de la invención de los rayos X, ya existía Gala entrando a visitar el ADN de tus huesos. Aunque su mirada oscura, afilada y todopoderosa no se hacía notar, no molestaba, su presencia no incomodaba.

Mi padre y Dalí compartían el gusto por la taxidermia, en el pasado le había enviado algunos trofeos de caza. Dalí se interesaba mucho por el gran Benedito, maestro en ese arte. Una vez muerta, pretendía disecar a Gala sentada en su trono. Ella había accedido, donando su cuerpo al surrealismo, y allí mismo, en persona y de palabra, lo confirmó. Consultaba técnicas egipcias y peruanas para aprender a embalsamar, así que su amada compañera fuese eternizada, inmortal e incorrupta, como santa María Goretti. Yo la imaginé mejor reemplazando al inmenso oso pardo que se erguía en la entrada, con la misma actitud amenazante.

Comimos una parrillada de la pesca del día, unas ensaladas deliciosas del huerto, y la sobremesa se disparó hacia unos temas inverosímiles. Mi padre, que siempre intentaba reconducir cualquier conversación al tema de los toros para así acaparar las atenciones, se vio un tanto desplazado. Salvador le interrumpía sin cesar volviendo a lo suyo. Las propuestas de debate que lanzaba eran mucho más interesantes y divertidas, y todos podíamos participar de ellas con las ideas más disparatadas. Mi padre siempre se ponía muy tenso cuando no conseguía ganarle el pulso a alguien, su lenguaje corporal le traicionaba con un mismo patrón. Cruzaba las piernas y los brazos, que apoyaba sobre las rodillas, como cerrando murallas, estiraba el cuello como una iguana, achinaba los ojos, agriaba las comisuras de la boca y fumaba de lado girando la cabeza. Carraspeaba de más a menos fuerte, como las perdices macho hacen con su cuchicheo para ser ubicadas, y se hacía atrás en silencio, intentando ser echado de menos. Pero nadie le reclamaba y, poco a poco, en aquella tarde, se fue desdibujando hasta desaparecer por completo. Se habló de cultura, en general y en concreto, de pintura y escultura. Ahí yo no solo entraba en áreas que manejaba sobradamente, sino que Salvador me exigía que opinara con audacia, lo cual le fascinaba.

Con su fuerte acento catalán, le decía a mi padre que «este chico no debe ser tuyo, ¿de dónde saca todas esas teorías tan bien fundadas?», y mi padre le contestaba que «de todos esos libros que se traga, supongo, porque yo no le obligo a ir a ningún museo ni a todas esas chorradas». Y por mucho que lo intentara, la ironía española traducida al catalán no surtía gracia. «A ver si le convences tú, Salvador, de que hay otras cosas más, además de las letras; las mujeres, por ejemplo».

—Oye tú, chaval... ¿que no me dirás que eres virgen aún?

—Lo es, Salvador, lo es... y por cómo se plantea la cosa, creo que va a casarse con su mano derecha... eso... o se hace maricón.

—Hombre... no es mala opción tampoco, Luis Miguel... Yo he sido maricón toda la vida, y hasta que no llegó Gala, no me enteré de que era heterosexual ecléctico, tú... Me decía siempre... Salvador... tú eres un gran homosexual y no te enteras porque eres más cerrado que una langosta... no te enteras, tú... Y entonces decidí averiguar que tenía yo en común con una langosta... y me hice traer una tonelada de esos crustáceos con la intención de diseccionarlos... para llegar al fondo de su sexualidad... y de su alma anaranjada.

—¿Una tonelada? —pregunté.

—Tal vez dos o tres... me quedé corto quizá... siempre me pasa, tú... mi modestia es de un recato compulsivo.

—¿Y qué pasó?

—Pues que durante mucho tiempo solo comí langosta... dormía sobre lechos de langostas... caminaba sobre langostas como Jesucristo sobre las ascuas... y hacía sacrificios humanos de langostas... ¡Las odié, tú!

—¿Por qué, Salvador?

—Porque ninguna de ellas supo desvelarme el misterio de mi presunta y ansiada homosexualidad... y entonces las subí a todas a una barca y navegué al atardecer hacia Roses... y en el camino las esparcí en el Mediterráneo, como pétalos de flor... así como un *sacerdotiso* celta... devolviéndolas a su origen... Después regresé a la casa y rapté a Gala desnuda... que cortaba racimos de uva encima de una escalera infinita... Hicimos el amor durante varias reencarnaciones... ¿eh, que no fue así, Gala?... (Gala asiente) y fue entonces que por amor a esta diosa... me hice lesbiana ... pero me hubiera gustado más ser una langosta homosexual, tú...

Todos reímos y aplaudimos la historia, a pesar de que unos minutos antes, el que se hiciera pública mi virginidad me hubiera irritado y humillado. Pero mi padre no dejaba pasar la ocasión de ponerlo en evidencia. ¿Tal vez mi alarde de conocimiento le sentara como la hiel? ¿O el verme brillar más que él por un instante se le hiciese insoportable? No lo sé. Probablemente, algo de eso tuvo que ver, pero la tarde se le torció y no la pudo reconducir. No se paró ni un segundo a pensar que sus batallitas eran siempre las mismas, que repetían la misma narrativa, y que ya nos las sabíamos de memoria. No éramos Avas, Ritas, Romys, Ljubas, o mujeres sedientas de su hombría torera, no; éramos tan solo un puñado de amigos hartos de los sólitos relatos de sus faenas y corridas, queriendo disfrutar, a ser posible y para variar un poco, de la genialidad de un mito viviente, tal vez más famoso y reconocido que él en el mundo entero. Y, sobre todo, ¿cuándo volvería a darse otra vez una oportunidad de gozar de aquel modo a Dalí y beber de su ingenio? Mi padre no entendía que Salvador no solo era el anfitrión, era, además y por mucho, más ameno para todos que él.

Pero su trastorno narcisista de la personalidad, que según pasaban los años se iba haciendo más agudo, exigía doblegar, someter a sus pies a todo aquel que brillara más que él. No se daba cuenta de ello, lo que le eximía de ser mala persona, pero contra aquel impulso nada en la tierra podía. Y, en consecuencia, con el tiempo, su amargura se fue haciendo pesada y penosa.

No dejé de pavonearme ante Amanda ni un instante, quien captó el mensaje y furtivamente me lanzaba sonrisas y muecas. El sol ya volcaba hacia el atardecer, y Salvador, atento a todo lo que sucedía en la reunión, se dio cuenta del embrollo. Sin perder la ocasión, se dirigió a ella.

—Amanda... ¿por qué no le enseñas a Miguelito el laberinto de jardines y los recovecos de palacio?

—Y de paso, el huerto, Salvador... —añadió mi padre.

Y Amanda, tendiéndome su mano y con su voz de contralto, me invitó a seguirla diciendo «buena idea, me parece muy buena idea, ¿vienes conmigo?». Y no pude resistirme a esa sonrisa plagada de dientes blancos y afilados, tal vez más grandes de lo normal, perfectos para el mordisco. Ni a esos ojos oscuros y penetrantes, fijos como los de una rapaz, de los que ya era presa anunciada. Seguí sus pies descalzos, su espalda lisa y bronceada, su olor a gardenia, sus caderas de mujer joven, las seguí a rastras. Como una ondina alegre y juguetona, me condujo por pasillos y pequeños patios encalados habitados por ánforas y agaves, empedrados de lajas de pizarra rosa y de roca caliza que desprendían talco al pisar, bajo emparrados de vid trepadora y de jazmín de olor. Cansados, nos sentamos en un banco para mirar, mirarnos, no hartarnos de mirarnos, hasta cansarme, hasta cansarnos, solo mirarnos. Llegaron las caricias de unos dedos que recorrieron los henchidos filos de mis labios, que me electrizaron la piel de la espalda, de abajo arriba. Después, el beso tan esperado, que se multiplicó por muchos y que se prolongó hasta derretirnos el uno en el otro, rodando por la hierba punzante de delirio, respirándonos apasionadamente, muy cerca, comiéndonos.

—Si tú quieres... yo me ofrezco para dar el primer paso... si no... no pasa nada —me susurró.

Y contesté que sí, porque sentí que era ella la que lo reunía todo, la que, no sabía bien explicar por qué, me quitaba de encima el peso del pudor y me hacía sentir adulto.

Fue mi primera vez. Allí, casi a la vista de todos pero apartados, perdí mi adolescencia y empezó una sólida y leal amistad, muy única, que duraría toda la vida, y que con el tiempo nos haría cómplices y hermanos. Y que nos uniría después y en adelante, en tantas y tantas historias en diferentes momentos, diferentes ciudades, ya para siempre. El encuentro con Amanda fue uno de esos raros momentos en los que he sentido que estaba de por medio el destino.

De vuelta al barco en zódiac, mi padre no dejaba de escrutarme y yo de ignorarlo. Ya me temía el interrogatorio al que iba a ser sometido, pero esta vez sentía la fuerza para plantarle cara, y así fue.

Nada más cerrar la puerta del camarote, desplegó una enorme sonrisa, una guasona.

—Mucho habéis tardado Amanda y tú en recorrer los jardines... a saber qué te habrá enseñado...

—Me ha enseñado lo que le ha dado tiempo... pero había más que enseñar... la casa es muy grande.

—Mira hijo... no quiero saber nada... pero me encantaría que me contases...

—Que te cuente el qué, papá... no hay nada que contar...

—Bueno... pues si tú lo dices... pero es que me muero de la curiosidad... no puedo evitarlo... no imagino cómo debe ser hacerlo con... alguien tan... ¡especial!

—¿Especial?... ¿qué quieres decir con eso?

—Bueno, ya sabes lo que se comenta... en fin, lo que sea...

—Mira, papá... si lo que quieres saber es que si por fin lo he hecho... para que no me marees más, ya te digo que sí... por fin lo he hecho... ya no soy virgen... ya puedes quedarte tranquilo... pero no voy a contar más detalles... me da vergüenza... ¿puedes entenderlo?

—Por supuesto hijo, y es normal... pero...

—¿Pero?

—Pero, ¿cómo era aquello?... Solo eso y ya no te molesto más... te lo juro...

—¿Pero te estás oyendo hablar, papá?

—Por favor... solo eso... es que yo nunca...

—¡No vi nada, papá!... Y, además, es el primero... ¡Cuando tenga una colección más grande, ya te contaré!

Se quedó mordiéndose la lengua y pensando en que otra vez su hijo le había tomado la delantera en algo más, aparte de en Humanidades y Letras, en algo que le mataba de curiosidad. La envidia no le dejó pegar ojo. A la mañana siguiente, en el desayuno, Ricardo Sicre nos dijo que iríamos a repostar a Barcelona y yo aproveché para anunciar que allí me bajaba, y que «nunca podré olvidar este crucero, Ricardo, estos quince días llenos de aventuras y de lugares asombrosos, y, sobre todo, la oportunidad que me has dado de poder pasar tiempo con mi padre, que ya estaba haciendo falta».

Todos morimos de pena golpeándonos los muslos con unos ayes sonoros, todos empezamos a echarnos de menos de inmediato, regalándonos una buena provisión de abrazos de reserva para aguantar hasta la próxima. Nos prometimos no dejar de llamarnos pronto y vernos para cenar, a lo que todos entusiastas coreamos que sí, pero nada más desembarcar, todos nos olvidamos de todo, deprisa y de forma sincronizada.

Mi padre siguió asediándome con la mirada y oía su voz en mi cabeza, rogándome que no le dejase así, tan en ascuas. Pero sus esfuerzos fueron vanos y, nada más atracar, agarré mi maleta y corrí hacia la estación, me subí al primer tren cama rumbo a París, luego Calais, luego Dover y, finalmente, Londres, mis amigos y el concierto de The Doors. Y cómo no, medité largamente sobre todo lo vivido en aquellos maravillosos días, que aún, entre una y otra cosa, no me había dado tiempo a digerir.

15

Los años luminosos

Con la década de los setenta, llegaron los años luminosos. Mi madre, en su plena madurez, más bella que nunca, era disputada por los más grandes directores de cine, así como por los noveles, para quienes Lucía Bosé era un icono, un mito con el que soñaban trabajar, y las ofertas le llovían. Se instaló en Roma, recuperó su autoestima, volvió a estar en su salsa, a jugar con los deseos ajenos, y se dejó cortejar.

Tuvo amantes que ya no necesitaba esconder, volviendo a ser la mujer que siempre fue, la de antes de cruzarse con el torero y perder el norte.

También se humanizó y le entraron súbitas ganas de volver a ser madre. La tarea de educarnos, la de estar a pie de cama en las fiebres, de vigilar los estudios y de cuidarnos de malas compañías, ya estaba hecha. De todo ello se fue encargando la Tata y lo había superado con sobresaliente.

Lucía y yo florecimos en dos adolescentes de cortarle la respiración a cualquiera, andróginos, guapos y espigados, de los que mi madre se sentía muy orgullosa. Le gustaba mostrarnos y pasearnos presumiendo de descendencia, medio castellana, medio lombarda, de excelentes genes, porte, belleza, y con ese punto *fin de race* que para ella era crucial, porque de algún modo hacía prevalecer a la Italia refinada sobre una España «tosca y troglodita».

Acudíamos a ella cada vez que nos echaba de menos, es decir, muy a menudo. Nos mandaba billetes de avión y viajábamos allá donde ella estuviese rodando, generalmente a Roma.

Paola se quedaba en Somosaguas en compañía de la Tata, aún sin edad de ser independiente. Se convirtió en una excelente estudiante, una brillante sabelotodo que daba sopas con ondas a sus hermanos mayores, una chica seria. Sin que nos diésemos cuenta, pasó de ser una niña monísima a una mujer de una belleza que rivalizaba con la de mi madre. Empezaron los novios y simultáneamente los castings que la llevaron a las pasarelas de todo el mundo y a las portadas de los semanarios de moda más relevantes. Se convirtió en una *cover girl* espectacular, un pedazo de mujer, inteligente, elegante, simpática y cautivadora. Pero la diferencia de casi cinco años con nosotros, los mayores, respecto al uno solo que nos llevábamos Lucía y yo, la llevó a tener su propia vida, y al acabar sus estudios, voló.

De 1970 a 1973, nuestra vida recuperó buena parte de la alegría perdida. Volvió el agua caliente a Somosaguas a ratos, no así la calefacción, que tardaría aún unos años, pero ya estábamos tan hechos a ello, a nuestras conversaciones empañadas de vaho, que no la echábamos demasiado de menos. Se nos permitió tener perros otra vez. Mi padre nos mandaba puntualmente un camión de leña de encina de la poda de La Virgen cada invierno, y la despensa tuvo un nuevo abastecer.

La relación del matrimonio, pasado el huracán *Poupée*, recuperó la cordialidad. Cada quien respetaba la vida privada del otro y se intentaba no hablar de ellas, por lo menos delante de los hijos, a excepción de las navidades, en las que se vestían de gala para echarse en cara toda la mierda pendiente. La peor, la más desagradable, ocurrió durante el «período marroquí».

Por aquella época, mi madre tenía un amante bereber, Bachir, un hombre de una belleza fuera de la ley, de buena familia y cama, al que visitaba a menudo en su tierra. Su hermana Ouria, igualmente espectacular y de gran simpatía, fue la confidente de mi madre, y durante aquel *affaire,* tuvo gran influencia sobre ella, una positiva y cabal, menos mal.

El tiempo que duró aquel romance nos vestimos con chilabas y calzamos babuchas que traían de Marruecos, las que Ouria nos mandaba hacer a medida en Marrakech. El *office* se llenó de lavamanos de estaño plateados, cuencos de cerámica con tapa para el tajín, perfumadores para agua de azahar, en fin, objetos de bazar. La terraza de verano, cerrada y acristalada tiempo atrás para uso de todo el año, se transformó en una jaima blanca, con hiedras que se cosían a la tela del techo según iban creciendo, para que aquel infinito cielo blanco se vetease de vida orgánica.

Para mí, la hiedra era la alegoría de mi madre, la que todo lo alcanza, la que llega a donde se lo propone, la que serpentea por encima de ti y se desprende sin ser notada, verde y refrescante, y sin embargo, tóxica.

Sucedía que, ligado a cada amante que tenía, nuestra vida y entorno se veían transformados, teniendo que ver siempre con la nacionalidad, profesión o actividad de cada uno de ellos. Pasamos por la era de la moto y los coches antiguos, de viajes a Jávea en Harley o en Ford T; por la de la equitación, volviendo a las escuelas de doma y a los criaderos de salto olímpicos; por la de los versos psicodélicos y psiquiátricos, con ingesta del bar de casa.

Y un día, misteriosamente, mi madre, regresando de un rodaje en París, se encerró en su cuarto a oscuras y se entregó al llanto. Ahí tapiada pasó semanas, y solo la Tata entraba de cuando en cuando con bandejas de alimentos que la mayoría de las veces retiraba intactas. Cuando el confinamiento acabó, surgió pálida y demacrada, con los pómulos abiertos en alas, exageradamente consumida, y nadie osó hacerle preguntas. Tardó tiempo en salir de su tristeza. Más tarde confesaría que había perdido al hombre que pudo haber borrado a mi padre de su mente para siempre. Murió de cáncer en sus brazos, negándose a ir a un hospital para pasar los últimos días con ella, abrazados en la cama de un hotel del *Quartier* Saint Germain. Nunca pudo pronunciar su nombre, le causaba un tremendo desgarro. Nunca contó quién fue aquel ser tan milagroso. Se lo llevó todo a la tumba. A partir de ese momento, el amor dejó de interesarle.

Pero volvamos a Marruecos...

Una tarde, la Tata y yo volvíamos en taxi desde Madrid, y al darle las señas de destino al taxista, nos contestó que ya sabía dónde quedaba esa casa, lo que no era de extrañar, ya que el mundo entero conocía la ubicación de la vivienda familiar del torero. Llegaban cartas de todas partes con tan solo un «Luis Miguel Dominguín, España», como únicos datos en el sobre. El conductor nos contó por qué lo sabía.

—¡Qué casualidad!... Dos veces en la misma semana que me toca ir a la misma dirección... Hace unos días traje a una pareja... una mujer guapísima... no la pude ver bien, pero, por lo poco que la vi... un cañón de mujer... Estaba con un hombre muy bien parecido... un moro... y se pasaron todo el viaje pegándose el lote... pero no saben ustedes de qué manera... ¡que se comían vivos a besos!

La Tata estaba descompuesta, y al llegar a la cancela, el conductor paró y nos dijo: «Aquí mismo fue, aquí mismo, ella se apeó y a él le llevé de vuelta a Madrid».

La historia llegó a oídos de mi padre, quien a pesar de constarle que mi madre había recuperado su independencia reactivando su vida, la privada también, al igual que él mismo había hecho, seguía pretendiendo lo que, en el fondo, todos los hombres españoles de la época pretendían: que su exmujer renunciase a tener otras relaciones, que guardara riguroso luto en ausencia del cónyuge perdido sintiéndolo en el alma, confesándose torpe y desdichada por no haber sido capaz de conservarlo, dándose golpes en el pecho rosario en ristre, entregada por completo a los hijos, y como única opción de ocio, los tés de separadas en Embassy una vez a la semana, los jueves.

Y llegaron las navidades...

Mi padre apareció vestido con un esmoquin de pantalón negro de lanilla invernal con listón lateral de raso, camisa blanca de hilo con gemelos de oro, fajín y pajarita negra de moaré, impecablemente anudada a mano, y chaqueta de terciopelo color frambuesa, con solapa conjuntada también en moaré, a juego con el lazo de sus lustrosos zapatos. Estaba bronceado, con ese innegable moreno de crucero, moreno yodo. Tenía el pelo cortado al dos, lo que hacía su frente y sus entradas más altas y profundas, infinitas. Al verlo entrar, renové mi amor por él, el orgullo de saberme el único hijo varón de aquel hombre tan elegante y atractivo.

Mi madre vestía un caftán de seda amarillo y rosa, con anchos carriles bordados en hilo de oro en cuello, en botonera, mangas y bajos, regalo de Ouria, de Marrakech. Calzaba babuchas de gamuza de cabritillo teñidas color arena dorada, llevaba el pelo suelto y lacio, negro y brillante como la obsidiana, y de sus lóbulos balanceaban dos espléndidos, largos pendientes de orfebrería marroquí, obsequio de su amante Bachir. Exótica y espectacular.

Al verlos frente a frente, supe a mi pesar que se habían acicalado para la guerra.

Él, paseando el sol de su piel, de sus constantes vacaciones, y alardeando de su vanidad de *playboy* alfa, descarado y sospechoso de llevar encima, aún frescos, los mil olores de las mil mujeres con las que se habría restregado, revolcado y copulado en aquellos dichosos y malditos altamares, en yates de amigos.

Ella, luciendo su versión marroquí de un traje de luces de colores capote, con destellos de alamares toreros, exhibiendo las joyas que otro hombre le había regalado, lo que a mi padre le confirmaba el rumor que había llegado a sus oídos y que le puso tan celoso.

Para colmo, también nosotros, sugerido por mi madre, nos habíamos puesto nuestras chilabas y babuchas. Un error que marcó de inmediato las distancias entre el bando de las costas de África y el de las de España.

La tensión empezó a mascarse un instante después de los abrazos.

Mi padre no pudo evitar comentar que por qué los niños iban vestidos de moros, y sin más protocolo, arrancó un peloteo de provocaciones que, de entrada, tuvo su gracia, y que ambos torearon al alimón. Pero, en breve, el tono fue cargándose de ironías y sarcasmos, derivando en esa guasa que mi padre manejaba a las mil maravillas y que a mi madre sacaba de quicio.

Se empezaron a echar en cara rumores, dimes y diretes, «quediranes», y, una vez alterados, ya calientes, el volumen de voz subió hasta hacerles perder el control. Se tocaron los esternones con las puntas de los índices, luego se los clavaron como puyas y, en cuestión de nada, llegaron los empujones, los insultos, los me cago en todo, salpicando a varios miembros de las familias.

Se separaban, se medían, tomaban carrerilla, se volvían a encarar, y otra vez de vuelta. Mi madre le escupía el *champagne* a mi padre a la cara, él la amenazaba, la agarraba, la zarandeaba y lanzaba sobre los sofás. Ella le descargaba tandas de manotazos, le golpeaba el pecho y le maldecía en dos lenguas. Se gritaban de forma insoportable.

Nosotros, sentados en el diván del ventanal, asistíamos mudos y aterrados a un espectáculo de quinta, de esos que ni años más tarde consigues entender ni justificar, y que nos dejó tocados para los restos.

Aquella Nochebuena dejamos de verlos como personas responsables, como nuestros padres. En minutos perdieron la dignidad, la credibilidad, la razón, y fue en nuestra presencia, sus hijos, desaparecidos justo enfrente, a escasos metros de sus arrebatos. Les perdimos casi todo. Mucho cariño y sobre todo, respeto.

No aguanté más y me arranqué. Fui directo a por ellos, gritando más fuerte que ambos, con más furia y rabia que ellos. Me metí en medio y empecé a repartir puñetazos a diestra y siniestra, cegado de ira y con tal fuerza, que de inmediato conseguí separarlos y que callaran. No les miré a la cara, no pude. Sentía tanta vergüenza que me dolían las tripas. Me fui de ahí con paso ligero y rápido, y mis hermanas, muertas de pavor, me siguieron escaleras arriba en dirección al cuarto de dormir. Sentados y abrazados en la cama, lloramos y lloramos y lloramos y lloramos, desconsolados, tristes, temblando. Nos entró una mezcla de pánico y de desolación o, como nosotros solíamos llamarlo, un «puntapié de abandono».

A la hora de cenar, cuando la Tata sacó el besugo del horno al comedor, descubrió la que se había armado. Mi padre se había marchado pegando un portazo y había mandado a mi madre más allá de la mierda. Mi madre temblaba y fumaba iracunda, enjaulada como una tigresa entre el mobiliario, y cuando le preguntó qué había pasado, le dijo que «pues lo que tenía que pasar, Reme, que el señor, como cada año, nos ha vuelto a amargar las fiestas». «¿Y los niños?». «Los niños están arriba, se fueron corriendo, estaban asustados». La Tata abrió la puerta y nos vio a los tres, acurrucados y dormidos. Cogió una colcha, nos tapó, cerró la puerta y dio por muertas las navidades.

Al día siguiente, mi padre mandó un camión de mudanzas que cargó con los dos Solanas que meses antes, en un ataque de reconciliación, le había regalado a mi madre. Uno, un Cristo crucificado de metro y medio por ochenta; el otro, mucho más grande, representaba un baile en una verbena, con parejas de ojos negros mirando fijamente. Aludió a una oferta recibida imposible de rechazar, y añadió que esos cuadros nunca dijo habérselos regalado, que eran suyos prestados, y que los había comprado con la venta de un paquete de acciones, pero sin ninguna intención de quedárselos, solo una inversión. Mi madre levantó el aparato y le dijo lo nunca oído, hasta de qué iba a morir. Mi padre recibió sus gritos y concluyó con que «ver coincidencias donde no las hay, es cosa de los malpensados». Y colgó.

Era de cajón. Los momentos de sol barruntan tormentas, y las del matrimonio Dominguín eran de truenos tomar. Tras cada piropo, caía un desprecio. Tras cada abrazo, empujones. Tras cada pelea, un secuestro de bienes, unas medidas restrictivas, o un camión de leña que nunca llegaba y tocaba ponerse una capa más de abrigo. De Solanas hubo tantos como despechos, contiendas a las que ninguno de los tres hermanos supimos acostumbrarnos. Hubiese sido como aceptar que así era la vida en general, la de todos. Aunque hubiese otros casos, muchos de ellos muy cercanos, que desde otra perspectiva, fueron casi peores, más desgraciados.

En aquellos años, por encima de las estrecheces, lo que se tuvo, se compartió, tras el desahucio de la familia Bronston, su hija Andrea, nuestra amiga de infancia, se trasladó a vivir con nosotros a Los Cardos, Avenida del Campo 2, Somosaguas.

Tras años de abundancia, viviendo en una magnífica residencia en Puerta de Hierro, a la que acudíamos en los cumpleaños para asistir a las más hollywoodienses fiestas para niños de Madrid, con *buffet* de especialidades rusas, gringas y hebreas, chucherías y atracciones, fuegos artificiales y, para rematar la tarde, proyección privada de una de las películas de papá Samuel o Disney, todo ello, de golpe, cayó en el recuerdo.

Bronston era, probablemente, el hombre más poderoso del cine español, mejor relaciones públicas que gestor. Y entre que unos cuantos se la juraron y una racha desafortunada de películas que no recaudaron lo esperado, la factoría Bronston entró en quiebra y, con las deudas hasta el cuello, tuvo que dejar ir todas sus propiedades, desde estudios a hangares, naves, terrenos, oficinas y, por supuesto, casa y coche. Del día a la mañana, la familia lo perdió todo, y una vez ejecutado el embargo, los Bronston quedaron en la calle.

Aprovechando la ruina, cómo no, el matrimonio entró en crisis. Dorothea, la madre, y los tres hijos, Andrea, Philip y Kira, se quedaron en España viviendo de préstamos y de lo que el padre conseguía mandarles. Samuel, entre tanto, había viajado a Houston para intentar reactivar su último proyecto, que nunca vería la luz, «Isabel y Fernando», una épica sobre los Reyes Católicos, con Glenda Jackson y John Phillip Law como protagonistas de la cinta. Pero a Houston le llevaron también otros motivos que no se descubrieron hasta más tarde. Buscaba, sin levantar alarmas, la cercanía de hospitales especializados y, al poco tiempo, murió de cáncer. La familia se desmoronó. Y excepto Andrea, que se quedaría con nosotros en Madrid para acabar sus estudios en el colegio Santa María del Camino, madre y hermanos regresaron a Estados Unidos para encontrar asilo en lo que les quedaba de familia.

Andrea, de la misma edad que Lucía y yo, pasó de inmediato a ser una hermana más y, en consecuencia, fue arrastrada a toda aventura, escapada o fechoría, estuviera o no de acuerdo.

A pesar del cariño que encontraba en nuestra familia, las cosas no fueron nada fáciles para ella, nada fáciles. Por eso, a menudo se tapiaba en su baño durante largos trechos de desdicha y peluquería, forrándose a brownies. Como consecuencia, salía del encierro teñida como una gineta, moteada de alergias cutáneas y sin pantalón que le calzara. Así que, como las pescadillas, volvía a decaer y entraba en un bucle de clausuras sin fin.

Su cuarto de baño era un laboratorio. Poseía los artefactos más extraños y vanguardistas para moldear, ondular, rizar y alisar el pelo. Casi todos conseguidos de estraperlo, contrabandeados desde Estados Unidos en valijas de amigos de familia.

Aquel «Universo Cabello» colmaba sus estanterías, que almacenaban todo tipo de champús vitaminados al concentrado de las hierbas más remotas y desconocidas. Más todas las cremas acondicionadoras inventadas o por serlo, a base de aceites exóticos para que el pelo ondulara sedoso y brillante, a cámara lenta, capaces de sellar aquellas horribles puntas abiertas que, de lo contrario, deberían ser sacrificadas, renunciando así a algún milímetro de largo, algo imperdonable para Andrea. Recuerdo, en particular, un acondicionador taiwanés al inexistente extracto de mantis y orquídea, que veneraba con fervor.

Andrea fue la primera persona en entrar en mi vida seriamente adicta y dañada por el consumo en general, como buena gringa, pero, en especial, por el cosmético. Era carne de secta. El culto al cabello, que hoy y siempre fue algo muy arraigado en el entero continente americano, ella lo llevó al extremo. Si su pelo estaba sucio, es decir, si cada día no conseguía lavárselo al alba, con tiempo sobrado para tratarlo con devoción, le invadía una inseguridad que la afectaba psicológicamente, la debilitaba emocionalmente, tornándola frágil y susceptible. ¿Cuándo podía producirse esto? Cuando no despertaba a tiempo y se le iba la mañana, cuando su producto favorito del momento se agotaba, aunque tuviera otros cinco espléndidos ya testados que ampliamente pudieran suplirlo, o cuando la humedad, aliada con algún reactivo químico, le freía el pelo dejándoselo crujiente como el beicon. Entonces echaba el pestillo, no comía, murmuraba cosas en tejano, y adivinábamos en qué momentos pasaba por delante del espejo porque emitía súbitos sofocos, llantos desconsolados o gritos de espanto.

Tuvo varios apodos:

— Morticia, por ser la primera adolescente gótica vestida 24/7/365 de riguroso negro que conocimos, adelantada al movimiento que décadas más tarde surgiría. Visionaria y precursora.

— Salmonete, por su color de piel y pelo igual de rosa anaranjado, y sus enormes ojos azules que la hacían idéntica al pez. Y finalmente...

— Sigrid, novia del Capitán Trueno, reina de Thule de belleza nórdica, guerrera y aventurera, de bellísima cabellera rubio vikingo jamás descompuesta.

Ese era el apodo que más le gustaba. Solo se lo merecía de acicalarse a tiempo, ser capaz de descolgarse por la tapia de salientes de granito de mi cuarto a la calle, a pesar de calzar botas de alzas, y escaparnos Casa de Campo a través para ir al Cerebro de Magallanes a bailar como locos, bebernos un San Francisco, y encontrarnos con la pandilla del momento para fardar de vestuario y de ojos pintados.

Esas sesiones eran memorables y locas, aderezadas de los amigos más *in* del Madrid más guapo y *glam*. Manolo Cáceres, Vicente Carretón, Manolo de la Fuente, Juanjo Peñalver, Marta del Pino, todos ellos, chicos chicas, todas ellas, chicas chicos, como la moda y la actitud mandaban.

Andrea estaba bastante colgada de mí, y con esa crueldad típica de la adolescencia, reconozco algunas veces haber ido demasiado lejos en la toma de su intocable pelo.

Tenía una voz bellísima, heredada de su madre Dorothea, menos «operática», de un timbre contemporáneo versado al country, y de perfecta afinación. Más tarde, a partir del verano de 1977, su talento la llevaría a entrar en la formación de los coros de mi primera banda en gira, junto a Sol Pilas y a Linda Wesley, una morena gringa de Chicago que llegó a España con la producción de la comedia musical *Godspell*, y se afincó en Madrid ennoviándose con José María Yuste, de Martes y 13.

Andrea Bronston se quedaría conmigo de corista durante muchas giras, vivió en Somosaguas un larguísimo tiempo, y más tarde pasó a ser soporte indispensable de los coros de otros artistas, entre ellos, Camilo Sesto, del que fue novia y compañera durante años y años.

Antes de arrancar nuestras carreras en la música, terminando los estudios, también formó parte de la expedición de nuestra aventura londinense a partir de junio de 1973.

La terraza de verano, la transformada en jaima blanca, fue convertida en un enorme estudio de arte. Se instaló una gran mesa llena de materiales de dibujo y escritura, hacer collages y decorar sombreros.

Las tardes eran apacibles, todos concentrados en hacer manualidades, cada quien sentado en su rincón, escuchando ópera italiana de fondo, cuyos libretos leíamos y estudiábamos de la mano de mi madre, apiñados en un sofá, en general, los sábados. Ella nos cantaba todas y cada una de las partes en la tesitura de cada voz. Acto por acto, nos desgranaba el texto, explicaba la trama, y nos alentaba a aprender las arias más significativas. Una vez memorizadas, tirando de su ropero y de lo que fuera necesario para crear las escenografías, desplazando muebles y objetos varios para construir los decorados, nos asignaba a cada uno de los hermanos un personaje y se representaban las partes de la ópera elegidas. La diversión era infinita y estimulaba nuestras creatividades, empujándolas hasta el límite e incluso más allá, que, a fin de cuentas, era lo que mi madre pretendía. Imaginar, desvariar, arriesgar, inventar, ser audaces y, sobre todo, equivocarse. De eso exactamente se trataba.

De cada vuelta de esquina de la casa, colgaba una tira de papel clavada a la pared con una chincheta de la que pendía un hilo que ataba un lápiz. Cada vez que se pasaba por delante de alguno, se debía escribir un pensamiento, un algo, y doblar el papel para ocultarlo. Daba igual lo que fuese, lo primero en venir a la cabeza. Lo de menos era su sentido, es más, evitar que lo tuviese y que fuera lo más absurdo posible hacía el juego más divertido, le daba más chispa. Al desdoblar las cuartillas una vez completadas se leían en corro. Los resultados eran surrealistas, hilarantes. Cuando se preguntaba quién había sido el autor de tal o tal frase, el culpable era premiado con aplausos y risas. Nos recargaba de autoestima y sacaba los colores.

Somosaguas se convirtió en un referente, en un refugio para reuniones de artistas en las que había que estar. El Grupo de la Bosé, así se le conocía en Madrid, se hizo numerosísimo y muy ecléctico. Las actividades que se montaban en casa eran tan variadas como impredecibles. Sesiones de fotos con disfraces y maquillajes, composición improvisada de piezas con arreglos de coro para voces disonantes, coreografías, *performances*... Comidas de interminables sobremesas, y charlas que versaban sobre los temas más variados, con tendencia a lo esotérico. Pero muy raramente se tocaban temas políticos. Todos disidentes, pero todos pacientes resignados a la espera de que el Caudillo la palmase.

Todo ese trasiego artístico dio comienzo con los primeros ensayos de grupos musicales en el bungaló de la piscina. Por ahí pasaron desde Micky y los Tonys o Massiel, hasta Los Pekenikes. Y los que más, Los Bravos. De ahí en adelante, mi madre, una intelectual de izquierdas, mujer independiente separada y admirada por las nuevas generaciones españolas, decidió amadrinar y promover a todo tipo de talentos artísticos. Manuel Viola, pintor de voz ronca que extendía y repartía sus lienzos por el suelo de la casa, invadiéndola y convirtiéndola temporalmente en su estudio. El escultor Otero Besteiro, dueño de un malvado y malhumorado chimpancé de nombre Manolo y de una variadísima colección de sombreros de pelaje animal, a quien mis padres compraron su primera exposición de escultura y dibujos entera. Joan Manuel Serrat, que tenía por costumbre venir a casa y tocarnos a la guitarra los temas del álbum que cada año grababa, antes de ser publicado, un maestro fascinante, culto y cariñoso que, una vez que entró en nuestras vidas, nunca más salió. Francisco Nieva, Paco en familia, dramaturgo y director de teatro entre tantas otras locuras, genial e impredecible, líder de todos los montajes y obras que surgieron en las enloquecidas tardes de la casa, y que allí se representaron y quedaron fijadas. Gloria Fuertes, poetisa niña con flequillo, atrapada en un cuerpo de bruja barbuda, sin más escoba que un lápiz, con un corazón de mina mágica, lleno de reflexiones y de bondades en verso. Ginés Liébana y su mujer Clotilde, pintor meticuloso y quisquilloso, inventor de la lengua surrealista de vocabulario quijotesco que toda la pandilla acabó adoptando y hablando. Gigi Corbetta, Juana Biarnés y consortes, fotógrafos oficiales de la familia. Él, un italiano bonachón con altura de baloncestista y barba de mago; ella, la Juana, una loca de la vida, entusiasta y dispuesta a tirarse a cualquier charco, con fuerte acento mallorquín y férreo carácter. Antonio D. Olano, periodista y escritor gallego, sombra y testigo de mi madre hasta en su último día con Picasso, mensajero de pasillo de las noticias de la Corte del Régimen. Pin y Román, una pareja de jóvenes decoradores absolutamente innovadores, inspirados, rompedores, que trabajaban mano a mano, y que se amaron hasta el último día de sus vidas. José Luis Arechavala, un anticuario de origen vasco, delgado y alto, pegado a una nariz de Cyrano de Bergerac, el filibustero del Rastro. Cristina de los Quando's, Juan Pardo y Emy, su rubia mujer, la de las botas pirata de colores pastel, Camilo Sesto y sus novias de turno, Marcia Bell y, por supuesto, la eterna Rosetta Arbex, dueña y madame de la noche, cómplice de las indiscreciones del todo Madrid «jetsetario», una leal amiga y una temible lengua adversaria, la primera mujer con nariz operada que conocí. Y decenas de otros personajes y personalidades más, que iban y venían, dependiendo de las épocas, de las tendencias, modas y de las estaciones. Aquello era una constante ebullición de propuestas e ideas, un sin cesar de creatividades, de alba a alba.

Y por supuesto, las fiestas, muchas fiestas, constantes fiestas a las que se integraban los amigos más cercanos, residentes en Madrid y no, nacionales y extranjeros: Jacqueline de Ribes, Flora Mastroianni y su pareja, Luis Suárez, Aline y Luis Quintanilla, Natalia Figueroa, Machús Suances, Raphael, Miguel Ríos, Waldo de los Ríos e Isabel Pisano, Lola Flores y Antonio González, Pitita Ridruejo y su delicado marido, el excelentísimo embajador de Filipinas, Jimmy Giménez-Arnau, Antonio Gasset, los hermanos Leopoldo y Michi Panero, Jaime Chávarri, Pastora Vega, el Güito, Ira de Fürstenberg, Carmen Hohenlohe, José María Civit, Françoise Fabian, Albert Hofmann, José María Poveda, Luis Racionero, Fernando Sánchez Dragó, Oriana Fallaci, Claudia Cardinale, Umberto Tirelli, Marina Doria, Mel Ferrer y Audrey Hepburn, Peter Viertel y Deborah Kerr, Alfonso de Borbón, Adam Czartoryski... y una lista interminable, además del omnipresente doctor Tamames.

—Chicos... la semana que viene llegará a casa un amigo mío y se quedará por un tiempo... Viene a descansar... Le voy a dejar mi cuarto, estará más cómodo que en el de huéspedes, y si necesita algo... estará al lado del cuarto de Miguel... Yo me vengo a dormir aquí, a la terraza... voy a poner una de esas camas blancas de hierro tan divinas... Por un tiempo me instalaré aquí... bajo la hiedra... despertando con el sol en la cara todas las mañanas... *Vi dirò che non vedo l'ora!*

—¿Y quién es él, mamá? —preguntó Lucía.

—Es un actor de cine... austríaco... Es el amante de Luchino, el padrino de tu hermano... el hombre más bello del mundo.

—¿Cómo se llama?

—Helmut... Helmut Berger.

La llegada de Helmut a Somosaguas causó un revuelvo en Madrid y el teléfono de casa no paraba de sonar. En efecto, Helmut era un hombre de una belleza hipnótica. Rezumaba una enorme sensualidad canalla y mucho peligro. Su ambigüedad era límite, la justa para hacerle presunto de todo, y culpable de nada. Engatusaba al instante, y reforzaba con desparpajo y mucho afecto las relaciones que iba enmarañando a su paso, era tocón y sobador. Tenía ángel, lo tenía todo. Era el actor del momento.

Mi madre decidió presentarlo en sociedad y montó en Somosaguas una cena organizada por el mejor relaciones públicas de España, el gran y mítico Jean Louis Mathieu, y un flamenco escogido por Pastora Vega. Acudió la *jet set* más *fashion* y top del momento, más las personalidades internacionales de paso y el todo Madrid. Trescientas personas por lo menos. Mi madre tiró la casa por la ventana.

Aproveché para invitar a algunos de mis amigos de clase, a Javier Moro y Luis Izquierdo, entre otros. No cabía un alfiler. Desde Michael York a Françoise Fabian, desde Jacqueline de Ribes hasta Carmen Hohenlohe, Manuel Viola, Camilo Sesto, el duque de Aosta, José María Civit, Umberto Tirelli, Esa de Simone, Flora Mastroianni, Luis Suárez... Una lista interminable. El único representante de la prensa admitido fue Agustín Trialasos, siempre de la mano de nuestro amigo de pandilla, Juanjo Peñalver. Mis hermanas Lucía y Paola, y Andrea Bronston.

La fiesta fue alargándose toda la noche hasta el amanecer y el alcohol hizo estragos. El primero, Helmut, que acabó desmayado en un sofá como un ángel caído prerrafaelita, copa en mano, mientras que la multitud se le acercaba para maravillarse, tocarle y comprobar que, en efecto, su belleza era mortal.

Por aquellos días las salidas se sucedían y, dentro de lo compatible con los estudios, Lucía, Andrea y yo nos apuntábamos a todas las discotecas posibles, Tartufo, La Boîte, Gitanillo's, Bocaccio, Cerebro, Tiffany's, Cleofás, Pachá, y el sagrado Stone's.

Helmut se instaló en la casa y la hizo suya. Alargó su estancia y acabó por entender y compartir el amor que Ava Gardner sentía por Madrid. Desató su verdadera naturaleza, una salvaje e infantil, exenta de culpa por falta total de conciencia, la más caprichosa y arrebatada, creando en casa un estado de sitio constante, un caos del que mi encantada madre no solo se hizo cómplice, sino que estimulaba, alentaba.

Los dos acabaron siendo como anillo para el dedo del otro.

Empezaron a aparecer personajes de diferentes especies, todas dementes, enloquecidas y viciosas, amigos de cada ayer, que tras cada noche se convertían en de siempre, reclutados en quién sabe qué antros. Chicos y chicas espectaculares, decadentes, nobles y chulos, prostitutas de buena familia y no, lésbicas y amazonas, travestis, modelos. Todo tipo de almas gemelas afines a la de Helmut, que él elegía a partir de la medianoche o tras compartir una dosis de algo, y a los que mi madre, divertida, permitía el acceso a la casa, liberando barra, llenando de humo y sustancias todos sus espacios, incluso pernoctando.

Las bajadas a desayunar eran de campo de batalla. Cuerpos esparcidos por doquier, como abatidos, en las posturas más inverosímiles, retorcidos, contorsionados, desnudos y vomitados, como muertos, perdidos, borrachos, drogados. Alguno gemía, otro roncaba, la mayoría, desmembrada, ni respiraba.

Helmut era un buen chico que vivía más asustado que un huérfano. Cada despertar, tras ducharse y asearse, todavía entumecido y resacoso, se acurrucaba en el regazo de mi madre, desplegaba sus encantos y, mimoso, sollozaba todo el arrepentimiento por sus malos comportamientos, arte del que tenía un manejo maestro. Esa era la imagen recurrente de cada día después, la que mi madre esperaba como agua de mayo, la del consuelo a su niño malo, acariciándole el pelo, reconfortándole, mientras yo moría de celos.

Nunca en la vida ella me había amparado en sus brazos como a él, ni me había consolado de nada, ni acariciado con tanta mansedumbre. Cierto, yo no era así de malo, o por lo menos no de esa manera, y tal vez no me lo merecía, llegué a pensar. Pero no podía soportar ese retrato. Me hervía la sangre, y deseaba que hiciera sus maletas y se largara. Ya estaba bien de tanto mamoneo. Se convirtió en un hijo más, y así lo proclamaron. Mi madre hizo pública su adopción, y todas (no había más que mujeres en la familia), quedaron encantadas con la noticia. Menos yo.

Helmut me retaba con la mirada, como cuando uno consigue desplazar a otro en el corazón de alguien. Se la juré y juré detestarlo para los restos. Nadie iba a arrebatarme el principado en aquella casa. Y menos un intruso austríaco, vicioso y canalla, por muy bello y deseable que fuese. No podía quitarle los ojos de encima.

Ni él me los quitaba a mí. La rivalidad se hizo pavoneo, el pavoneo una contienda, la contienda un lance, el lance un desafío, un vis a vis, un acercamiento, una atracción, un deseo incontenible, un abrazo estrangulado de caricias, unos besos robados en cada esquina y, finalmente, una cama, en silencio, callada, puerta con puerta, noche tras noche, una pasión salvaje, piel contra piel, sexo, mucho sexo, transpiración a mordiscos, e, inevitablemente, caímos enamorados.

La clandestinidad que tuvimos que establecer tenía todos los ingredientes del morbo. En la mesa, siempre hacíamos por sentarnos al lado, como por pura casualidad, y por debajo nos tocábamos hasta estremecernos, abultados de deseos urgentes que abrían braguetas y masturbaban manos, mientras se mantenía la compostura y la cara.

Desarrollamos unas artes de seducción a la desesperada, tan sucias como irrefrenables, y cada vez tuvimos menos cuidado, hasta que se hizo tan obvio que no hubo manera de «desaparentarlo». Mi madre fue la primera en darse cuenta, y su actitud con ambos cambió. Conmigo se hizo sarcástica, y a la menor de cambio intentaba separarme de él, mandándome a hacer favores y encargos. Pero con Helmut fue despiadada. Pasó de ser su madre a comportarse como la amante despechada; de su aliada, a su anfitriona incómoda, y dejó de seguirle el juego. Una oleada de celos le invadió la sangre y se propuso hacernos tangibles, desmitificarnos, desterrar lo etéreo en ambos.

No pudo soportar que su hijo, el amor de su vida, su amado Edipo, la traicionase con su otro hijo, el adoptivo, su amante platónico, los dos hombres más bellos del mundo. La idea de sabernos juntos, haciendo el amor a cada instante, asfixiándonos a besos, abrazados y sudando pasión en su cama o en la mía, la idea de habernos puesto en bandeja el uno al otro, acabó enfureciéndola. Más reprimía sus celos, más la llevaban los demonios. Resistió hasta el límite, seguro que mordiendo la almohada a gritos.

Sin previo aviso ni levantar sospecha, un día decidió cambiar de estrategia. Anunció que se iría de viaje con Helmut a recorrer

Andalucía, que es una España «taaan maravilloooosaaa», aseguraba ella mientras acariciaba su cara cubriéndolo de besos, mirándome de reojo. Me quitó su atención para desviarla en atizar tensiones, de una forma tan obvia y premeditada, que no me dejó más opción que despreciarla. La decisión llegó en el peor de los momentos.

Helmut había dejado de salir por las noches. Lo que más le apetecía era estar en casa, y mi madre se empeñó en que eso no podía ser. Tenemos que volver *alla follia*, le insistía, «tienes que volver a ser el Helmut divertido y *scatenato* que todos amamos, querido, ahora estás callado, como triste, te veo muy soñador». Y Helmut le contestaba: «Estoy cansado de tanta fiesta, ahora lo único que quiero es estar en paz, en casa, con mi familia». «Y con Miguel», añadía ella.

—Todo el mundo se da cuenta, Helmut, *amore mio*, pero yo tengo que protegeros... Miguel es muy joven, es casi un bebé... nunca ha tenido nada así y es normal que la primera vez uno la quiera vivir con intensidad... como si no hubiera un mañana... pero las lenguas son malas y por eso hemos de despistarles.

—No entiendo bien lo que sugieres, Lucía...

—Vamos a distanciarnos... de vez en cuando, viene bien... salir de Madrid... unos días...

—Pero no quiero ir a ninguna parte, *Lucia cara*... Mi vida ha sido... es agotadora... y quiero parar...

—Echarse de menos es muy bueno... créeme...

—Lucía... tu hijo tiene una fuerza que me calma... nadie me había amansado así desde que tengo recuerdo... ni Luchino lo ha conseguido... Visconti es como mi padre y me da seguridad, pero Miguel es puro... todavía es puro y eso es un tesoro raro... tiene un ángel al que es imposible no rendirse... Lo tuve tan cerca al principio que ni reparé en él... pero de repente sucedió y no sé cómo... me llevó por delante, como un tren... quiero estar abrazado a él el día entero, y espero tener tu permiso... Estoy enamorado de él y si no le veo, no puedo respirar... Es joven, el más bello de todos los hombres, es tierno, y tiene ese lado oscuro que me fascina... Es el amor de mi vida y quiero tu consentimiento para estar con él el resto de mi vida —le murmuró desesperadamente sin dejar de mirarla a los ojos, en su italiano germánico. Se lo dijo sin temblar, con el corazón abierto en canal. Su mismo discurso hubiera podido ser el mío, pero estaba en mi habitación, esperándole y preguntándome qué demonios le retenía.

—Sí, Helmut... lo sé y estoy de acuerdo... pero primero unos días de distancia y luego os cuidaré a los dos... *D'accordo?*

Aquella noche fue triste. Helmut me contó el pacto al que había llegado con mi madre y yo los maldije. Fue una noche de insomnio en la que nos comimos las palabras en las bocas, haciendo el amor con esa calidad que se suele en las despedidas para siempre. A la mañana siguiente, mi madre voceó desde abajo del hueco de la escalera, reclamándolo, y como quien pretende humillar al vencido, ella no se despidió de mí.

Durante esa larga semana, la Tata, mi hermana Lucía y Andrea se encargaron de que la melancolía no me ahogase el alma. Para mí era un estado nuevo, una pasión inesperada, y todo aquel arrebato me había convulsionado. Mi inexperiencia había sido arrollada por un conocimiento en el que me tuve que graduar a zancadas y a trompicones, lo que me había hecho entender cuánto manda el sexo sobre el amor, cómo lo potencia y lo subyuga. Y estaba padeciendo todos los síndromes de sus abstinencias juntas y de golpe. La Tata me daba consejos de adulto que me eran difíciles de comprender, en especial, cuando usaba ese tono de voz pausado y grave, casi a media voz. Me trasladaba a mundos incómodos y sórdidos. Lucía era más natural y de complicidad más liviana, no solo porque éramos muy cercanos en todo y todo lo sabíamos del otro, sino porque las mismas edades saben bien cómo conversar entre sí y quitar leña a los dramas. Fue de agradecer. Janis Joplin y The Doors nos hicieron acortar el tiempo. También los planes de viaje al terminar las clases, renovados y ampliados cada día, nos hacían soñar y nos distraían. Todo con tal de no pensar en los puntos de sutura que, de lo contrario, habría tenido que darle a mi corazón roto. Mientras tanto, Andrea, cuatro cuartos más allá, ensayaba pociones en su laboratorio capilar como una cobaya de *spa*.

Y finalmente llegaron del viaje...

Se apearon del coche entre risas y bromas, y entre ellos se palpaba una relación renovada, más relajada. Daban órdenes a la Tata y a la Rosi para que descargaran el coche. Parecían dos adolescentes.

En el umbral de la puerta, yo les esperaba. Mi madre pasó por delante con los brazos cargados, como una exhalación, descolgando un beso lejano, y se la llevó el viento, casa adentro, hablando a solas. Helmut llegó corriendo a mis brazos, me besó en la boca apretando labios y, después un furtivo *ciao*, arreó tras mi madre, reclamándola, y me dejó plantado *a deux battants*. Como si nos hubiésemos cruzado en algún lugar, hacía tiempo, en algún momento de la vida, y nada más.

> *Ô rage! ô désespoir! ô vieillesse ennemie!*
> *N'ai-je donc tant vécu que pour cette infamie?*
> *Et ne suis-je blanchi dans les traveaux guerriers*
> *Que pour voir en un jour flétrir tant de lauriers?*

Así de desesperado, como el Cid de Corneille me sentía, así de viejo y abatido, de rabioso.

No hubo manera de separarlos, tan sintonizados estaban y enzarzados en distribuir las artesanías y objetos que habían comprado durante su estancia en Córdoba, Granada y Toledo. Yo no existía, me esquivaban, me arrollaban, me pasaban a través.

La representación siguió durante toda la cena. Se daban el relevo, peloteándose anécdotas, muertos de la risa. El Helmut de hacía una semana había desaparecido, probablemente, mi madre se lo había tragado. ¡Bravo! Participar de los resultados ganadores de las estrategias contrincantes es una mezcla de un cuarto de enhorabuena, otro de pena por haber sido excluido y dos de envidia malsana. ¡Bravo! Mi madre había recuperado finalmente a su hijo pródigo.

Y ahora no me molesten...

Tocaron a la puerta de mi cuarto y abrí. Helmut me agarró en vilo y, de un beso largo, caímos en la cama. Me dijo: «Te eché de menos, a cada momento pensé en ti, pero al final nos lo pasamos tan bien que pude sacarte de mi mente, como un clavo, y fue gracias a tu madre, la divina Lucía que tanto adoro, ¡ah, si no hubiese sido por ella, habría enloquecido, hubiese sido tan infeliz y llorado tanto! Le debo la vida, ¿sabes?, ¡tienes una madre maravillosa!».

Y siguió hablando, excitado, rememorando las bellezas de Andalucía, y la comida y los vinos y la arquitectura y la luz y los tablaos y los chicos, tan guapos, tan hombres que «al final caí y tuve un par de aventuras, pero no se lo digas a tu madre o se va a poner celosa, Dios, no había modo de que pudiese fijarme en alguien, que ella ya se había dado cuenta, ya sabes cómo es, que todo lo controla, todo lo observa, todo, Dios mío, qué sentido de culpabilidad te mete en el cuerpo, pero aun así pude conseguirlo, y uno fue en... Granada, creo, y el otro anoche, en Toledo, porque siendo la última noche, bajó la guardia, pero el de Granada era un gitano de unos veinticinco años, con una polla así de grande, no te puedes ni imaginar, así de grande y morena, no podía con ella, pero el de Toledo, *Dio mio*, ese la tenía más grande aún, una bestia de ojos azules, yo no sabía que los de Toledo tienen ojos azules, me lo contó tu madre nada más llegar, me dijo: «No te extrañes si ves a muchos con ojos azules, es típico de aquí», y que en la familia de tu padre, al parecer, hay muchos hombres con ojos azules, pero lo más increíble era la dimensión *del cazzo, Dio mio quant'era grande e grosso*, tenías que haberme visto, y ahí pensé mucho ti, en compartirlo contigo, hubiese sido glorioso, *sai*, y entonces me aplastó con todo su peso y...».

... desconecté. De repente, todo lo que me contaba me pareció asqueroso, no me interesaban sus historias de señora en viaje de señoras y, tras un rápido rebobinar, volví paso a paso sobre los mejores momentos de aquella ciega aventura y todo se me fue derrumbando. Debieron pasar pocos segundos de soliloquio, pero de la vuelta a la realidad, aquel gran amor que tanto me había enfermado de golpe se había pulverizado, y me encontré al lado de una persona que tenía todos los defectos que más repudiaba. En un descuido, se me cayó el amor.

Helmut no pudo entender qué me pasaba cuando le interrumpí y le pedí que se fuera, que quería descansar, que estaba agotado. «De qué», me preguntó, y dentro de mí se oyó una voz que decía: «de tanta tontería». «No lo sé», respondí, «he estado trabajando mucho en el jardín y en el huerto, ayudando a la Tata, y quiero dormir». «¿Pero qué me dices? He esperado tanto este momento, una semana, tengo ganas de ti, de que me hagas el amor, de que...». «Ahora no, de verdad, Helmut, hoy no tengo fuerzas... ni ganas. *Buona notte*, Helmut»... «*Buona notte, fiorellino*», contestó, se incorporó y se largó confundido, pero no demasiado contrariado, no.

Le oí bajar las escaleras a toda prisa, directo a mi madre. Allá estará entretenido, pensé. Y me quité un peso de encima.

Días más tarde, Flora Mastroianni organizaba una cena en su casa de Madrid y acudimos los tres, Helmut, mi madre y yo. Hasta entonces, la convivencia había sido tensa, y para no dar explicaciones, cedí varias veces ante la insistencia de Helmut, pero siempre pasó en su cuarto y en la cama de mi madre, no en la mía. Y cada vez me las ingeniaba para tirar los marcos con sus fotos de la mesilla de noche. A cada principio, me gustaba que me viera, que me observara, y yo a ella, pero ya entrado en faena, me molestaban su mirada y su sonrisa, las detestaba, y de un manotazo o de una patada, el pobre torpe de mí lo tiraba todo por el suelo, ¡vaya! Helmut traducía eso en arrebatos de pasión y se entregaba más, ardiente.

Pero las sesiones post Andalucía ya tenían otro tono. Había revancha, había necesidad de someter, había desprecio y una cierta violencia. Pasé del amor a la pena y al asco en lo que muere un pez.

Casa Mastroianni era de las que invitaba a ponerte cómodo, con un ambiente moderno y de gusto muy italiano. Flora era la mujer más *cool* y abierta de mente que había en Madrid, mucho más que mi madre, que no lo era en absoluto, aunque lo pretendiese.

Su amante, Luis Suárez, era un canario de cuerpo atlético, semiculturista, moreno y con una sonrisa encantadora de dientes blancos impecables. Un tío simpático que amaba con locura a Flora y la cuidaba con ternura. Era una pareja ejemplar que no tenía problemas en demostrarse el cariño en público. Tortoleaban sin cesar y a mí se me caía la baba al verlos.

Esa noche estaba Marcello, recién llegado de Roma, y por ello la fiesta. Fue una enorme sorpresa para todos.

No podía evitar caer en la admiración, y una cierta envidia, viendo gente como el matrimonio Mastroianni, que, de forma tan madura, continuaban siendo los mejores amigos del mundo, al igual que pasaba con sus parejas. Las iban integrando al saco de sus complicidades con respeto, alegrándose el uno de la felicidad del otro. Y por otro lado, esa suerte me entristecía. Pero luego pensaba que cada pareja es cada pareja y que en nada se parecían ellos a mis padres. No obstante, era divertido ver a Marcello besar a Flora, Flora a Luis, Luis a Marcello y a Flora, y todos abrazarse con afecto, queriéndose de verdad.

Dos platos de pasta después, arrancó el flamenco. Flora estaba ya tan integrada en España, que como era deber en cualquier cena de cualquier casa de Madrid, se acababa en sarao.

Helmut estaba ebrio desde que entró por la puerta en casa de Flora y yo tenía ganas de irme, me dormía. Luis me vio la cara y se me acercó diciéndome que le siguiera, que me daba una ayuda. No entendí bien a lo que se refería y pensé en un café bien fuerte que me despertara de un manotazo en toda la cara. Le seguí hasta el cuarto de dormir en penumbra y, cerrando la puerta, sacó un pequeño bote de cristal que contenía unos polvos blancos.

—Toma un poco de esto... te va a despertar.

—¿Qué es eso, Luis?

—Cocaína.

—¿Cocaína?

—Sí... cocaína... no me digas que nunca la has tomado.

—No... nunca... nunca he tomado drogas.

—¡No te puedo creer! ¿Nunca?

—No... nunca, te lo juro.

—Pues no sabes lo que te pierdes.

—Habrá tiempo...

—¡Sí, por supuesto!... Pero no le digas a Helmut nada de esto, porque no para de perseguirme en toda la noche... se huele que hay, y ya casi no me queda... tengo que invitar al resto... ¿vale?

—Sí... bien... no le diré nada... Oye... ¿no tendrás un café?... Creo que esto va para largo y necesito algo que me despierte.

—Sí, claro... pero yo tengo algo más fuerte que un café.

Y estampándome contra la pared me agarró la cara a dos manos y me pegó un beso tan profundo, que antes de poder entender qué estaba pasando, o de poder preguntar nada, ya estábamos desnudos, liados en la cama como dos salvajes.

Pasó una hora larga de forcejeos y mordiscos con rumba de fondo y muchas preguntas que, apenas me cruzaban por la cabeza, eran lamidas lejos o acariciadas fuera. Sin darnos cuenta, se nos fueron el tiempo y las palabras. Estábamos tan sorprendidos de lo sucedido y tan a gusto, que solo nos mirábamos, nos acariciábamos, nos besábamos y limitábamos nuestra conversación a un intercambio sereno de sonrisas, y eso me gustaba.

Luis me parecía un tipo firme, más fiable, más masculino, más afín a mí. Él fumaba y yo miraba el techo cuando la puerta se abrió de golpe.

Se oyó a Helmut gritar borracho a contraluz: «¡Luis, quiero cocaína!, ¡dame ya esa maldita cocaína o méteme *il cazzo nel culo*, pero despiértame ya con algo!». Y tambaleándose en la penumbra, cigarrillo en mano, se nos vino hacia la cama. Cuando nos descubrió, se echó las manos a la cabeza y no paró de decir, «*Dio mio, non può essere vero*, Dios mío, no puede ser cierto, Dios mío no puede estar pasando». Paseaba en círculos golpeándose la frente y el pecho, calentando personaje, y a la señal de acción, nos ofreció una de las peores escenas dramáticas que jamás fueron representadas, de las que nunca pudieron ser escritas, por mala, histriónica y exagerada, *giggionesca*, como se dice en italiano. Luis y yo, sentados en la cama, sin pagar entrada, siempre con rumba de fondo...

Me señalaba y gritaba:

—*Puttana!... Tu non sei altro che una puttana di merda!...* Infame... los dos sois dos putas de mierda y me habéis roto el corazón... no quiero ni veros... no puedo miraros a la cara... (apoyándose en la pared y sollozando). Toda mi vida persiguiendo el amor y por fin, cuando lo encuentro... está *scopando* con otro hombre... mi mejor amigo... (Luis me mira y se señala, preguntándome) en casa de mi amiga... la amiga de mi amiga... su madre... la madre de mi hijo... el amor de mi vida... de todos y de nadie... ¡Oh, mi corazón!... (hincándose de rodillas en la moqueta), ¡oh, mi corazón!... ya no tienes dueño... (tambaleándose de rodillas, penitente) no tienes casa..., no tienes madre..., estás vacío de amor... (arrastrándose por el suelo y llegando a la cama, aferrándose con las uñas a la colcha, trepando a ella). Me habéis traicionado... me habéis humillado... me habéis apuñalado por la espalda... (desnudándose, arrancándose la ropa) no podéis dejarme así... sin amor... sin coca... sin sexo... y tengo ganas de que me hagáis de todo... acabad conmigo... os imploro... acabad con lo que queda de mí...

Y a la cuenta de tres, Luis y yo nos abalanzamos sobre Helmut y él se dejó masticar, con rumba de fondo.

No llevábamos ni diez minutos cuando la puerta se abrió de golpe y Flora encendió la luz. Acompañaba a mi madre al baño y sin querer pisó la mierda. Por un instante, hubo un flash, todos quietos, nosotros tres desnudos y enzarzados, las señoras de pie en el umbral, asombradas, espantadas. Pero de pronto, Flora empezó a reír y a reír y a reír, golpeándose el pecho y la cara, roja de rubor y de temperatura.

Luis fue el primero en contagiarse y yo le seguí. Mi madre, descompuesta, cabreada como una mona, plantada y con sobredosis de palpitaciones, no le encontró la gracia por ningún lado al asunto y encaró a Helmut. Y Helmut, tapándose alguna de sus vergüenzas, sin conseguir ocultar la mayor de todas las que llevaba encima, y que mi madre estaba fulminando. Flora la miró y, al verle la cara, redobló el ataque de risa, se dio la vuelta, desternillada, y pasillo arriba empezó a gritar: «*Marcello!... Marcello!... Vieni a vedere questo... ti prego... io muoio... è da non credere!*». Y la rumba sonando al fondo del pasillo.

Al día siguiente, Helmut tomó el primer avión de vuelta a Roma y ahí acabó todo. Mi madre no se despidió de él. Herida, traicionada, vencida, humillada, no quiso verle la cara y le vio partir a través de los visillos de encajes y puñetas, desde la ventana de su cuarto en el piso de arriba.

No quiso verle nunca más. Yo sí. Le abracé, le dije que nos veríamos pronto, él se disculpó, yo le pregunté de qué, lloró y me susurró un *ti voglio tanto, ma tanto bene, sei nel mio cuore, Miguel, amore mio*, me dio un beso con toda la fuerza de su arrepentimiento, que ocultaba tras sus enormes gafas de sol, y se subió al taxi con destino a la siguiente aventura.

Helmut era el hombre más bello del mundo, sin duda que lo era, pero también el más frágil de todos los seres humanos que conocí. Se marchó de Somosaguas, aquella enorme trampa que todo y a todos engullía, y lo hizo deshecho en mil pedazos. Pocas semanas más tarde, nos volvimos a encontrar en Londres, luego en París, en Viena, y nunca dejamos de vernos, hasta que llegó un día...

16

EL DESEMBARCO

El 22 de octubre de 1974, apenas comenzados los años luminosos, murió el Nonno Nico, mi abuelo materno. Fue un golpe durísimo para toda la familia.

Domenico Bosè nació el 2 de diciembre de 1885 en una localidad cercana a Milán y trabajó en el campo, como desde generaciones atrás, hasta que (como ya he contado) las bombas incendiarias que cayeron sobre la Cascina del Cabreo, casa de la cooperativa en la que la familia entera vivía, la arrasaron.

Mi madre, sus padres y hermanos, Gianni y Aldo, fueron viviendo de refugio en refugio hasta que acabó la guerra. En medio de aquellas tribulaciones, Aldo murió de una infección por una herida que se complicó en sepsis. La Nonna Rosa, madre de mi abuela, la Nonna Francesca, había fallecido hacía algunos años y no estuvo allí para curarle con sus pedazos de pan enmohecido que acumulaba envueltos en un paño húmedo, en un cajón de la cocina, con los que todo sanaba. En vida, la Nonna nos contó que no le dio tiempo a llorar. Vivían en huida constante y lo prioritario era el salvarse, tirar p'alante. Estaban tan entumecidos por el hambre, el frío y la tragedia, que sentían como los animales sienten, con otra especie de dolor.

Acabada la guerra se instalaron en un pequeño piso de protección social, en un edificio semiderruido, y mientras la ciudad se iba reconstruyendo, prácticamente desde sus cimientos, cada miembro de la familia fue buscándose la vida y un trabajo.

Mi tío Gianni fue contratado por la CGE (*Compagnia Generale di Elettricità*), en la que se quedaría el resto de su vida activa, como delineante técnico de transformadores. También fue aparejador en la construcción de edificios para cooperativas.

Mi madre entró a trabajar en una tienda de dulces, il Galli, en plena Piazza del Duomo, como *commessa*, empleada de la marca. Su especialidad era empaquetar y lo hacía con destreza. Allí, con tan solo dieciséis años, Luchino Visconti, comprando dulces, la vio y le vaticinó que ella haría cine, a lo cual mi madre le contestó que era algo que no estaba en sus planes, aparte de imposible. Su acompañante, antes de salir de la tienda, le preguntó que si conocía al hombre que le había hablado. Ella contestó que no y el joven Franco Zeffirelli le contó que se trataba del gran Luchino Visconti. Ni sabía quién era, ni había oído hablar de él. Ese mismo año, un fotógrafo aficionado, amigo de mi madre, Sergio Coppini, le hizo varios retratos. Sin decirle nada, mandó uno al concurso de Miss Lombardia, y lo ganó. Se enteró cuando una tarde, volviendo a casa del trabajo, al entrar en la cocina, su hermano Gianni le metió un puñetazo, la llamó puta y le enseñó el diario local en el que aparecía su fotografía en portada. Un titular rezaba, «La señorita Lucia Bosè, milanesa de Sesto San Giovanni y de 16 años de edad, gana el título de Miss Lombardia. Pasará a representar a la región en el concurso nacional que tendrá lugar el día tal, del mes tal, en Stresa, a orillas del lago Maggiore, y a competir por el título de Miss Italia, patrocinado por la Carlo Erba, marca farmacéutica perteneciente a la familia Visconti di Modrone», etcétera, etcétera. Por entonces, el presidente del certamen era Edoardo Visconti, hermano de Luchino, más tarde primer gran amor de mi madre. Tras la guerra, muchas empresas italianas patrocinaban concursos de belleza. Sus ganadoras se convertían en sus imágenes y representantes a cambio de un sueldo y de hacer grandes giras por todo el país. La retomada industria del cine se nutría de ellos y casi todas las grandes actrices que pasaron a ser mitos surgieron de aquel Miss Italia. El año en el que mi madre ganó, el segundo puesto sería para la bellísima Eleonora Rossi Drago y el tercero para Gina Lollobrigida. De los siguientes, y de sus diferentes categorías, surgieron Silvana Mangano, Sophia Loren o Silvana Pampanini, entre otras.

El Nonno Nico encontró trabajo en una fábrica de pinturas plásticas destinadas a maquinaria, grandes estructuras industriales y navieras. Trabajaba en un entorno muy tóxico, y a menudo la Nonna Francesca le excusaba sus conductas, alegando que eran los vapores químicos los que le hacían perder la cabeza. Pero no era así. El Nonno tenía su propia y particular locura, que dejaba rastros a diario.

Unas navidades, la empresa en la que trabajaba, no disponiendo de aguinaldo, regaló a cada uno de sus empleados una cierta cantidad de botes de pintura de cinco litros, de la sobrante, para no tener que almacenarla. Al Nonno le tocó un lote de cuatro, de pintura rojo bermellón, y se la llevó a casa.

La Nonna Francesca estaba por irse cuando él llegó. Se cruzaron y se dieron las últimas consignas. Los hijos habían hecho cada uno sus vidas y ella se iba con sus hermanas a pasar las fiestas y de paso, a perderle de vista. Él se quedaría guardando la casa, solo por fin, como más le gustaba estar, para dedicarse a lo suyo. Pequeñas tareas rutinarias, rituales cotidianos.

Todas las mañanas, bien temprano, de los días de fin de semana o festivos, se subía a su bicicleta, montaba a sus tres gallinas en el manillar y pedaleaba hasta a un terreno en las afueras de la ciudad en donde cultivaba un pequeño huerto junto a su hermano Giuseppe. Llegaban a la misma hora y, sincronizados, desmontaban y se saludaban de lejos. El Nonno soltaba sus gallinas para que picaran caracoles y otras plagas, y ambos se ponían a faenar. Llegando la hora de comer, poco antes del mediodía, cada uno se sentaba a la puerta de su caseta de labor. En silencio, descansaban mientras almorzaban. Jamás se hablaron, jamás. Sin embargo, se necesitaban. No se concebían el uno sin el otro. Un día, el Nonno llegó a la hora de costumbre y su hermano no apareció. Esperó, esperó y esperó a pie de bicicleta, sujeto al manillar, hasta avanzada la tarde y después, harto de esperar, se marchó. Al día siguiente, una vecina le llevó el recado de que su hermano Giuseppe había muerto. Cuentan que el Nonno Nico se sentó en una esquina y empezó a hablar con él, a recriminarle por qué no le había avisado que se iba a morir y que las cosas no se hacían así. A decirle todo aquello que nunca se dijeron, que dejaron de decirse desde el día en el que ambos decidieron que las palabras entre ellos sobraban. Jamás volvería a cultivar el huerto y aquel terreno se abandonó.

La comida favorita del Nonno era el pollo. Le gustaba el ritual entero, de cabo a rabo. Desde criarlos y cebarlos, hasta estirarles el cuello y vaciarlos para finalmente desplumarlos en agua hirviendo. Cuando tocaba pollo, se le cambiaba la cara, se iluminaba. La Nonna los asaba a pares, y uno de ellos, entero, era solo para él. Empezaba por el chicharrón crujiente de la piel, después la carne, que, por entonces, debido a la nutrición absolutamente orgánica y al ejercicio que hacían, era más oscura y se pegaba al hueso casi negro. Así que la apuraba y roía al máximo. Luego atacaba los cartílagos, dejando para lo último los huesos, que trituraba con esmero y paciencia, uno tras otro, durante una eternidad, hasta que del pollo en el plato no quedase ni la sombra. Era un prestidigitador.

A la vuelta del año, cuando la Nonna Francesca regresó de los días vacacionales con su familia Borloni y abrió la puerta de la casa casi muere infartada. No pudo no taparse la boca para ahogar un grito de espanto. Petrificada en el umbral, quedó viendo su cocina pintada entera de rojo bermellón. Suelo, alicatado, paredes, marcos de ventanas, mobiliario, todo. Hasta el hilo de la corriente y el casquillo de la bombilla central. También. Todo.

El Nonno Nico había sido el autor de aquel horror al que él llamaba «su obra de arte», o «romper un poco con lo habitual». Pero la cosa no acababa ahí. Como tenía pintura de sobra, pintó el resto del apartamento, entero, paredes y techos, puertas y cenefas. Todos los muebles que pudo y hasta las barandas del balcón, todo en rojo bermellón. Contaba que, acabando con la cocina, sintió que no le quedara suficiente para pintar las cacerolas, lo que le frustró muchísimo. La Nonna Francesca entró en *shock* y le echó de la casa. Se sintió incomprendido.

Domenico Bosè hablaba mal el italiano. Se manejaba en milanés, dialecto de uso diario entre todos los mayores de la familia. Era un hombre con un concepto de la vida completamente al margen de su época. Sus pensamientos pertenecían al futuro, sus propuestas, de inmensa creatividad. Fue un hombre libre, visionario e inconformista. «El pan es un veneno», decía, y, en vez de comprarlo, se lo gastaba en dulces para llenar sus bolsillos, que mis primos Bettina, Simone y Daniela, por quien sentía especial predilección, asaltaban a la salida de la escuela. Sus ojos azules de verde mar, ligeramente oblicuos, su nariz aguileña heredada por toda su descendencia, su locura entusiasta y sus invenciones surrealistas hicieron de él un sabio de corazón justo. Adoró a sus hijos y a sus nietos con pasión, y a su mujer más que a todos juntos, aunque la temiese. El día que se fue, fue de un hondo pesar, y todos quedamos mirando al cielo para ver partir al ángel de la alegría, al que se le paró la pila del corazón.

Como ya he contado, la Nonna Francesca, que había dedicado toda su vida al campo y a las labores domésticas, una vez que el Nonno Nico murió, hizo las maletas y se marchó de Milán para siempre. Se vino a vivir a Somosaguas con nosotros hasta el final de sus días. Tomó las riendas del huerto, del gallinero y del jardín, apoyó en la cocina, y todas las noches, sentada en la butaca de su habitación, mientras comía los restos del pan del día que guardaba en el marsupio frontal de su delantal, nos contaba historias de la guerra, de las familias Bosè y Borloni, y todos los nietos, en corro en el suelo, la escuchábamos fascinados hasta la hora de ir a la cama.

Tras la Nonna empezó el desembarco. Una tras otro, el resto de la familia Bosè fue llegando a Madrid y se quedaron para siempre. Mi madre empezó a echar de menos a su sangre, y al que más, a su hermano Gianni. Se dieron el tiempo y las buenas coordenadas para el abandono de Milán y no se lo pensaron dos veces. Siempre que habían visitado Madrid les había dejado muy buen sabor de boca y, a la mínima, cerraron una época y se lanzaron a la aventura.

La primera en llegar fue mi prima Bettina, una espléndida adolescente, coronada de trenzas cruzadas a lo ruso, siempre alegre, extremadamente inteligente y de belleza heredada. A pesar de tener las redondeces típicas de su edad, el andamiaje óseo de los Bosè estaba presente y lo sujetaba todo. Vivía ardiendo en rubores. Su vía materna le regaló una voz preciosa y bien timbrada, que recluté para mis coros en la segunda de mis giras. Por edad, nada más entrar en Somosaguas, se emparejó con mi hermana Paola, haciendo vida juntas y compartiendo cuarto.

Poco más tarde aterrizó el resto y a la vez. El Zio Gianni, la Zia Marisa, y mis primos Simone y Daniela, la más pequeña de los seis primos italianos. Con ellos, la familia Bosè se reunía al completo, por fin, y la alegría de mi madre y la de su hermano fueron milagrosas para todos, una alegría que fue completa puesto que el terreno lindante al nuestro en Somosaguas seguía desocupado y se compró para edificar su casa. Mi tío hizo los planos, y mientras se iba construyendo, toda la familia al completo vivió bajo el mismo techo, el nuestro.

Mis primos crecían a base de Liceo Italiano, mis hermanas terminaban o desistían del Liceo Francés y yo tiraba de todo tipo de trucos para conseguir llegar a la meta del bachillerato. No lo tuve fácil. En los últimos años, innumerables distracciones me desviaron de mis estudios, algunas interinas del Liceo; otras, las más, como consecuencia de mi acné y de la falta de motivación.

La Tata, más feliz que una perdiz, había organizado la producción de la casa de manera que las tareas estaban bien repartidas entre las soldados, quedándose para sí las cargas más pesadas. Solo descansaba si acababa reventada, y para llegar a ello se necesitaba labor para masacrar a varias mulas. Solo entonces dormía satisfecha.

La Rosi deambulaba tras la Tata, pegada a su sombra como una lapa, rematando lo que ella empezaba. Se había convertido en una chica preciosa, muy hacendosa en todas las labores de la casa, capaz de lo que le echaran, y sus fotos del Dúo Dinámico habían dado paso a un tal Antonio, un chico estupendo de estupenda planta, honesto y trabajador, que servía en otra casa de la colonia. Y con eso, quedamos tranquilos, porque su futuro nos tenía en vilo. Mi madre, tras tantos años de esfuerzos, tantos cuidados y tanto empeño de la Tata, quería colocarla bien. Había pasado por tanto calvario, soplo al corazón incluido, que merecía un marido que la quisiera y cuidase. Dimos con él.

Andrea Bronston seguía fija y clavada en sus potingues capilares, y más de una vez, alguna reacción química nos dio un susto. Tuvimos que explicarle que el pelo de una persona, aunque creciera y pudiese renovarse, también estaba expuesto a la quema irreversible de raíz. Que se anduviera con cuidado. Pero la investigación y experimentación resultaban ser más fuertes que nuestras advertencias y, sin duda, más fuerte que ella.

Pero tal vez la noticia más relevante era que la calefacción había vuelto.

La carrera cinematográfica de mi madre se consolidaba y no paraba de rodar. Por ende, la economía mejoró notablemente. La asignación que mi padre nos mandaba, en poco tiempo y con la expansión que tuvo España entre finales de los sesenta y comienzos de los setenta, se quedó en un valor ridículo, pero ¡qué más daba!, si además, hartos de enfrentarse, habían vuelto a entablar una amistad, que si no incómoda, desde luego resultaba molesta para los hijos a esas alturas. Nos daba vergüenza verlos así.

Mi madre tuvo la suerte de recuperar su vida perdida, la madrileña y sobre todo la romana. En sociedad con sus amigos Umberto Tirelli y Esa de Simone, había comprado una casa maravillosa en Capri, Il Canile, en lo alto de la isla, a pique enfrente de los Faraglioni, esas dos emblemáticas rocas que surgen del mar y que aparecen en toda postal, que poco a poco fueron remodelando y haciendo habitable. En ella se retiraba, terminados los rodajes, o se recluía para estudiar y preparar los nuevos personajes. Y nosotros, en vacaciones, acudíamos a ella para acurrucarnos en aquellos días buenos, probablemente los más entrañables, cariñosos, de su vida. Se había reconciliado con el mundo. Lo había hecho con sus amigos, con su profesión, con su feminidad, y a la mujer pasada, literalmente, la había pulverizado. Junto con ella, hizo añicos todas y cada una de sus pertenencias, a saber, recuerdos, vestuario, costumbres, y la práctica totalidad de las amistades en común con el torero. Metió su par de escopetas del veinte en su doble funda de cuero grueso y, antes de empujarlas al fondo de lo alto de su armario y del olvido, junto a una caja de cartuchos, por si acaso, las rocío abundantemente con el Tuberose de Mary Chess, su nuevo perfume, el de la nueva mujer, porque, según aseguraba, aún olían a campo. Y eso era inadmisible.

Creó un universo nuevo que sembró con nuevas ideas y amigos nuevos. Todo olía a recién estrenado. De hecho, lo estaba. Se había regalado a sí misma un nuevo universo como quien se regala un abrigo de pieles, uno muy psicodélico, muy *op art,* en el que la nueva mujer sería la musa. No ya la reina, ni mucho menos la emperatriz. Aquellos personajes viscontianos no habían funcionado en el pasado, quedaron obsoletos, trasnochados, y solo con pensar en ellos, la boca se le ranciaba.

La nueva Lucía Bosé era una mujer que había retado a la Belleza con mayúscula, consiguiendo ser más bella aún que todas las Lucías anteriores, más que la coronada Miss Italia, de lejos. Había conseguido batir las apuestas, romper los cánones, y fue posible porque, mientras resurgía de las cenizas, derrotó al despecho. Y en la firma del tratado de rendición, el despecho mismo le entregó una fórmula que la hizo deslumbrante. Mi padre, que pasaba por ahí, no quedó inmune a ello y volvió a interesarse por ella, pero ya de otra manera. Una más madura, más canalla de sombrero blanco, más relajada. Pero lo contaremos al rato.

Volvamos a Capri y después a Roma...

La casa de Il Canile era deliciosa. Olía a mar y a *basilico,* la albahaca de hoja grande y dulce. La rúcula salvaje, amarga y picante, de un verde liquen y flor amarilla, crecía por todas partes. De las paredes de roca, se desprendían matas de alcaparras, y bastaba darse una vuelta para volver a casa, subiendo casi cien escalones muy escarpados, con un ramo de ensalada en mano. La paz que se respiraba desmontaba las voluntades, y las ganas de retomar cualquier ciudad daban extrema pereza, las deshojaba. Los largos paseos por el caminito estrecho y empedrado del *lungomare* conducían por acantilados entre pinos y genistas hasta acabar en alguna villa tiberina, pasando por delante de Villa Malaparte, pintada de rojo comunista, propiedad del escritor Curzio Malaparte. No había ni un segundo de Capri que no fuese perfecto. Desde los helados en la *piazzetta,* hasta las vistas suspendidas en Punta Tragara. Todo se hacía inolvidable.

Cuando había que afrontar el regreso, se hacía en batiscafo hasta Nápoles, y luego en tren hasta la estación de Roma Termini. Roma...

Probablemente, Roma sea la ciudad más bella del mundo, rivalizando con Florencia. Italia es el país más bello del mundo, o tal vez sea yo el débil y en exceso sensible a su belleza. Cada palmo pesa en historia más que su peso en oro. Y eso se palpa, se percibe.

Por aquella época, mi madre había dejado de vivir con Esa de Simone en Via Cardinal de Luca, a un lado del Ministerio de la Marina, frente al río Tíber, y se hospedaba en el casa de un matrimonio amigo, Mara Masciarelli y Franco Casini, cerca del Circo Massimo, sobre el Monte Aventino, una de las siete colinas romanas.

Franco y Mara tenían un apartamento en un edificio moderno de la Via Aventina, grande y luminoso, que abarcaba el último piso entero. Al final de la cuesta, la calle desembocaba en una plazoleta y, separado por un callejón para contenedores de basura, de un ancho de no más de cuatro o cinco metros, sobre el costado derecho del edificio, había una residencia de curas polacos. Era un convento seminario o algo así. Solo se veían pasar por delante de los cristales jóvenes altos y rubios, con su *clergyman* gris y un crucifijo al cuello. La ventana de la habitación que nos dejaban ocupar a Lucía y a mí, y que llegó a convertirse en residencia casi permanente, daba a aquel callejón interno. Justo enfrente de la nuestra, la ventana de uno de los cuartos de dormir de alguno de los seminaristas. Estaba casi siempre cerrada y en su alféizar, un gato negro ronroneaba al sol. Cuando se le saludaba, miraba fijo en verde y maullaba las gracias. Pero ¿quién era el dueño de ese gato que nunca parecía comer, solo alimentarse de rayos de luz? Tardamos en averiguarlo. Hasta que un día se declaró una fiesta por todo lo alto que reunió al convento entero. Bailando como locos, los seminaristas y alguna monja, que supusimos eran las encargadas del cuidado de tanto chico, llenaban los marcos de las ventanas. Y el gato en el poyete, ajeno al alboroto. Uno de ellos se acerca a la ventana, la abre, y en italiano con fortísimo acento polaco, sobreponiéndose al volumen de la música, nos grita que si nos apetece unirnos al baile. Dijimos de inmediato que no, no se va con gente desconocida, pero entablamos una corta conversación en la que, entre otras cosas, nos dijo que era él el dueño del gato negro. Agarra al gato, lo mete dentro, nos da las buenas noches y cierra la ventana silenciando la juerga. Ahí nos quedamos, mi hermana y yo, un largo rato más, observando el programa de danzas polacas, con banda sonora atenuada y sin subtítulos. De cuando en cuando, el dueño del gato negro nos saludaba mientras que, con sus compañeros bailaba bailes muy desafortunados y poco agraciados. Mi hermana suspiraba por todos y decía nunca haber visto juntos a tantos chicos guapos con tantos ojos azul rubio.

Una mañana temprano, bajando por la cuesta de Via Aventina, nos vimos arrollados por una tropa de atletas en chándal polaco. Iban en pelotón cerrado, corriendo como ñus en espantada, y el brío de su carrera nos llevó por delante. Casi arrastrados por el rebufo, una mano se levantó de entre la manada y alguien dijo «*ciao!*». Inconfundible su cara al girarse, era el dueño del gato negro.

Volviendo a casa un par de horas más tarde, remontando la calle, de nuevo fuimos adelantados por los seminaristas atléticos que volvían de su sesión maratoniana. Ya no eran tantos, y los que quedaban, a durísimas penas podían levantar sus poderosos jamones. Resoplaban. Tres o cuatro, luego dos, otros dos... y a nuestras espaldas un ahogado que nos dice, «chicos, sentémonos aquí al fresco, no puedo con mi alma». Era el dueño del gato negro, un hombre de poderosa complexión, de unos cincuenta años, poco más tal vez. Pero puedo equivocarme. Junto a otros dos «cobardes», así llamó a los dos voluntarios que se unieron a la charla, entablamos una larga conversación sobre Roma, su historia y la belleza que aquella ciudad escondía en cada uno de sus rincones. Paseamos nuestros ojos y palabras por los recovecos del Trastevere, Villa Borghese, y nos relató de forma extraordinaria, tangible e ilustrada, la basílica de San Giovanni in Laterano, que confesó amar, y que estaba a nada de donde vivíamos. Descubrimos a un hombre fascinante que sabía mucho de muchas cosas. Nos despedimos y dimos cita para otra ocasión, «cuando Dios nos haga coincidir de nuevo». Pero ya habíamos entablado línea directa con el dueño del gato negro. Muchas veces cruzábamos frases y gestos mudos, de ventana a ventana en la Via Aventina, otras, simplemente, desde la penumbra del flexo de nuestra habitación, le observábamos pasear por delante de los cristales, inmerso en lecturas, de arriba abajo, y vuelta atrás durante horas. ¿Qué estudiaba, si más bien tenía pinta de profesor?

Estos encuentros se sucedieron a lo largo de un par de años o tres, a principio de los setenta, en los períodos en los que, acompañando a mi madre o a mis padres juntos, nos alojábamos en Casa Casini. Pero, en uno de los viajes, no vimos al gato negro. Al siguiente, tampoco, ni rastro de él ni de su dueño. Solo quedaron ventanas que, del otro lado, enmarcaban figuras más ancianas y solemnes, sin fiestas, ni rastro de juventudes. La conexión se había interrumpido y el gato negro y su dueño desaparecieron.

Al cruzarnos con una de las monjitas del mismo hábito que las que solían mezclarse con los anteriores inquilinos, nos acercamos a preguntarle por el hombre del gato y contestó que él ya se había ido hacía bastante, que regresó a su tierra. Lo sentimos mucho. Al fin y al cabo, había entrado a formar parte de las visitas a Roma, se había hecho costumbre. Las ventanas del callejón perdieron su interés y volvieron a ser dos oscuras ventanas más que daban al patio de basuras.

Era octubre de 1978 y acababa de regresar de mi primera gira promocional por Latinoamérica. El éxito de los dos primeros singles, *Linda* y *Amiga*, estaba arrasando. Quedaba claro que mi carrera había arrancado de forma potente. Era gloriosa, de hecho. Allá por donde fuera, en cualquiera de los territorios del continente americano, un nuevo ídolo de juventudes había reventado y no se hablaba de otra cosa. Sentados en la mesa del comedor, le contaba a mi familia entera anécdotas y aventuras de mi recorrido. México me pareció un país fascinante con el que me compenetré de inmediato. Nada más pisar su suelo, tuve una corazonada y sentí que algún día viviría allá. La llegada a Chile fue digna de los Beatles, gente por todos lados que asaltaron el avión en pista en busca de su estrella, país apasionado y único. Ecuador, con su gente bonita y amable hasta lo inimaginable, y Guayaquil, como les relataba, ya boquiabiertos, ciudad llena de iguanas en los árboles, la más húmeda del planeta. Llegar a Argentina era volver a Europa. Tal vez, de todos los países, el que más arraigado a sus raíces italianas e inglesas estaba. Gente elegante y amorosa. El Perú... apasionante y misterioso. Allá vi la gente más guapa de todo el continente, quizá no solo fue un golpe de suerte. Allí mi primer temblor de tierra, una bienvenida de alerta de los Andes. Venezuela, amada desde el primer instante, repleta de arte y de cultura. Caracas, la ciudad más sofística y loca de todas. Un país con la gente más divertida de entre todas y con quienes aprendí a amar el chocolate. Y finalmente, Colombia, patria segunda de mi padre, donde abriendo puertas me sentí como en el sillón de casa, como si siempre hubiese vivido allá. Allá también, los amigos más queridos, los heredados. Y así con todos y cada uno de los países que visité, que no fueron todos, a lo largo de seis meses, cuando de pronto...

—¡Señora!... ¡Señora!... Que llama la señora Mara por conferencia y me está pidiendo que, por favor, encendamos la televisión...

¡que la encendamos ya, deprisa!... ¡que está el señor del gato negro!... ¡el dueño del gato negro, dice!... —gritaba la Tata desde la
cocina, y todos nos levantamos a la de una y acudimos ante el te-
levisor.

En la primera cadena, en directo desde el Vaticano, se estaba
llevando a cabo la entronización del nuevo papa, elegido tras dos
días de deliberación del conclave. Tenía 58 años y era el papa más
joven del siglo xx, el primer papa no italiano desde el siglo xvi. Era
polaco, de apellido Wojtyla, tomaba el nombre de Juan Pablo II, y
era el dueño del gato negro. Era él. El hombre corpulento y amable
de Roma, el de las largas conversaciones sentados en los porta-
les de Via Aventina, el de los bailes torpes, el estudiador de libros.
Era él, el amante de San Giovanni in Laterano y de los maratones
por el Circo Massimo. Era él, y fue increíble volver a verle después de
años. Era el nuevo flamante papa y ahí estábamos nosotros de nuevo,
mirándole a través de otra ventana, a distancia de miles de kilómetros, pero al fin y al cabo una ventana, tal vez la más universal.
Aplaudimos como locos, y a quienes desconocían la historia, les
contamos lo increíble que es la vida y sus coincidencias. Pero una
pregunta quedó en el aire...: ¿y el gato...?

Mara Masciarelli tenía una tienda de trajes y accesorios exóticos
llamada L'Oca, en Via dell'Oca, a la vuelta de Piazza del Popolo.
Mi madre descubrió por casualidad esa tienda y se hizo cliente.
No solo. Entabló una relación de amistad íntima con Mara que
duró hasta los últimos días. De hecho, el último viaje que mi madre hizo antes de fallecer fue a Roma, a su casa. Pasó un mes entero allá, volviendo sobre cada paso dado entre aquellos muros, por
aquellas calles, desandando su andada historia, su vida, recordán-
dola. Decía que tenía un presentimiento y quería despedirse de su
amada ciudad. Por supuesto, nadie hizo caso de sus palabras «ca-
sándricas», ya que repetía sin cesar tener planeado vivir hasta los
ciento tres años.

Los viajes a Roma se hicieron constantes y a alguno de ellos se
apuntó mi padre. Las relaciones entre el torero y la actriz se habían
vuelto más que cordiales. Se lo pasaban estupendamente bien jun-

tos. Aquellos turbulentos años de rencillas públicas habían acabado. A todos nos pareció haber tenido una larga y amarga pesadilla familiar, haber despertado de ella, y con el nuevo trato, tocar el tema incomodaba a todos hasta el punto de sentir vergüenza ajena. Se evitaba hablar de aquello y si se hacía, se hacía con un tono más relajado. Dejaron de atacarse y se tomaban el pelo recordándose lo que pudieron llegar a hacerse o a pensar la una del otro. Se respiraba por fin.

Hacíamos vida tranquila familiar, todos instalados en Casa Casini, en Via Aventina, aunque en territorio paparazzi. No podían ocultarse de la avidez de los medios insaciables. Cada salida era un asalto, pero aquella nueva pareja, en aquel nuevo ciclo de vida, gustaba a rabiar... y daba mucho que hablar.

Mi padre, en plenos cuarenta, había madurado extraordinariamente bien y su atractivo masculino era insoportable. Las mujeres se daban la vuelta por la calle, se dejaban engatusar por aquel hombre irresistible de piel cetrina y andares particulares. Mi madre, cada vez que oía los comentarios que le hacían, se mataba de la risa y le atizaba una colleja. Él se dejaba maltratar suavemente por una mujer que había aprendido a admirar, que le había demostrado que rehacer su vida fuera de los muros del mito patrio, sacando a tres hijos adelante, buenos chicos, sin pedirle ayuda, mandaba huevos. Se le caía la baba, y en arrebatos súbitos, se lanzaba sobre ella, la estrujaba de abrazos y besaba con fuerza, sonoramente. De repente se adoraban

Ver aquello era argumento irrefutable de que los milagros se dan. A nosotros nos lo parecía. Atrás quedaban los incendios, las navidades odiosas, el frío sin calefacciones, el tener que fingir, que mentir, los estómagos vacíos, los «quediranes», la sociedad madrileña y toda la hiel de unos años sombríos que nadie quería desenterrar.

También era cierto que España había cambiado, estaba cambiando. En mucho se permitía más. El turismo estalló y las costas de España se pusieron de moda, atrayendo a suecas y alemanas que buscaban pasión entre las barbas cerradas y negras de machos ibéricos que aún desconocían el desodorante. España se puso en el mapa y pasó del blanco y negro al color en muy poco tiempo. A mediados de los sesenta, se empezó a mantener limpia España, eslogan de la campaña más famosa de la década, que pretendía que el país dejase de ser un basurero y dar ejemplo al turismo. Ese y el «Spain is different» estaban en boca de todos. Como lo estaban mis padres. Pero ambos habían madurado ya. Lo hicieron tarde pero lo consiguieron a la par.

De repente, de la casa de Via Aventina los maridos desaparecían. Alquilaban una habitación de hotel y desaparecían durante días. Descubrimos que se encerraban a jugar al ajedrez, a fumar y beber como tunos. Durante unos años, mi padre se obsesionó con aquel juego y Franco Casini resultó ser un gran maestro. Le enseñó todo lo que sabía a mi padre saliendo de aquellos encierros convertido en un magnífico jugador. Cambió el mus de las cacerías por las partidas de tablero.

Poco a poco, todo se fue redimensionando y tomando el justo equilibrio que aporta la sensatez. Las mesas de cartas dejaron paso a un cara a cara de torres y alfiles, las multitudes y las fiestas se trocaron por cenas reducidas en casa para pocos amigos, las cacerías, por la cría de animales para repoblar otras fincas, los cruceros en grupo, por paseos solitarios en lancha.

Mi madre aceptaba a las amiguitas de mi padre y mi padre seguía estando celoso de los devaneos de mi madre, de los que evitaba entrar en detalles. Pero lo importante era que se había vuelto a la normalidad.

Otra ciudad que visitábamos a menudo era Londres. Lo hacíamos en tropel, aprovechando las grabaciones de los discos de Camilo Sesto. Su productor, Juan Pardo, tenía una excelente mano para crear familia, grupos divertidos de buen ambiente. Con la excusa de arropar a Camilo, y aprovechando la ocasión para hacer compras de vestuario, más de una docena de personas viajábamos acompañándole.

El hotel era una fiesta. Aleatoriamente, del «Grupo de la Bosé» de Somosaguas iban rotando casi todos sus componentes. Las tiendas de Oxford Street y King's Road eran asaltadas por un enjambre de españoles de acentos casados con italiano, francés e inglés, que se probaban todo y todo compraban. Cuanto más estrecho y adherido a la piel, mejor. Era ley. Monos de terciopelo, mallas de licra, botas de charol con alzas, camisas de seda de manga abombada, *mini-pulls*, chamarras de napa... Todo lo que se pudiese encerrar y apretar con cremallera iba a la cesta. El caso era vestir ahogado, sin desmayarse y erguido, lo que a veces se confundía con estreñimiento o sangre azul, ambos compatibles. Sombreros y gafas remataban el conjunto.

Pero fueron esas idas y vueltas a Londres las que empezaron a envenenarnos, a despertar la necesidad de irnos a vivir allí al acabar los estudios. Lucía y yo, luego junto con Andrea y Rosa Lagarrigue, mi compañera de clase y coreografías del Liceo Francés, comenzamos a soñar y a acercar, en cada conversación, la firme posibilidad de trasladarnos allá para cursar estudios, con los que cada uno soñaba.

Londres nos parecía la ciudad más imponente de la tierra, la patria de las libertades, y lo era. En aquellos años, y durante décadas, todo lo trascendente pasaba por Londres. La música, la moda, la pintura, la fotografía y los vicios. No había paseo por calle del centro de Chelsea en el que no te toparas con alguien famoso, alguna celebridad. Eso, a nosotros nos parecía como saltar de las páginas de alguna revista a pasar a otra dimensión. Los artistas españoles formaban parte de nuestras vidas y no impactaban. Pero la idea de salir uniformado de *glam*, de pies a cabeza, e irse topando con Mick Jagger, Marc Bolan, Twiggy, Verushka, Donyale Luna o Brian Ferry, por nombrar los primeros que se nos venían a la mente, nos parecía entrar en lo más *in* del momento, lo más cool, lo más *fab*. Nuestra meta quedaba fijada y todos nuestros esfuerzos irían a conseguir formar parte de aquellas constelaciones, ser parte de sus vidas, por qué no, ser como ellos. Y sin descanso, nos pusimos manos a la obra...

17

Hermanos amigos

La liga entre colegios estaba por comenzar y nos habían aceptado aunque no fuéramos un equipo. El Somosaguas F. C., el más valiente de todos los clubes y el más dispuesto a conquistar la copa, lo tenía todo menos uniforme. Se convocaron reuniones interminables para debatir sobre los colores y el escudo, pero siempre se salió desuniformados.

Los había del Athletic de Bilbao, del Real Madrid, la mayoría del Valencia, alguno del Sevilla y solo uno del Atlético. Del Barça, nadie. Para poner fin a tanta discusión que no llevaba a ninguna parte, alguien propuso que cada quien vistiese de su equipo y que a quien llevase una camiseta diferente a la del equipo contrario se le pasara la pelota, a boleo. Que seguro que se acertaba a entregarla a uno de los nuestros, que era de cajón. ¿Cómo? Nos pareció una propuesta bárbara, es decir, una barbaridad, una locura. Entonces, las tatas dieron con la solución más práctica: ir a Galería Preciados, ver qué había a disposición y con eso armar el uniforme.

No fuimos todos. Se rajaron. Es más, creo que me tocó ir a mí solo con un par de tatas. Era enero y los almacenes estaban de rebajas. Había que hurgar en inmensos cajones de prendas todas revueltas, dar con once combinaciones iguales y acertar con las tallas. Todo eso, mientras se peleaba contra la tropa de gallináceas que venían a lo mismo, a la caza de un uniforme para su chiquillo.

El truco estaba en tomar una buena bocanada de aire y zambullirse en los cajones, y en apnea intentar agarrar lo que fuese, lo máximo posible. Seguidamente, en un aparte, hacer orden, ver qué faltaba, y de nuevo tirarse a la piscina hasta el agotamiento. Tuvo que ser como esas imágenes de pelícanos, petreles, cormoranes y otros pájaros, atacando desde el aire un inmenso banco de jureles que, por dentro del agua y a su vez, rodeaban y daban caza delfines, ballenas, lobos de mar y atunes rojos. Un hervidero.

Sudado, descompuesto y despeluchado, tras casi una hora de intentos, en la última salida a superficie, les dije que con lo que hubiese, habría que armar la vestimenta, que ya. Las tatas tampoco aguantaban más codazos ni más tirones de pelo. De aquel enzarce, salimos con bastante de lo mismo, no todo igual y casi nada emparejado.

Llegando a casa, en el cuarto de plancha, se fueron casando camisetas con pantalones. Pasó que de las que más había eran camisetas blancas y verdes, las del Betis, y mucho calzón blanco. Insuficiente para todo el equipo. Con el bajón añadido de que bastantes conjuntos deberían ser devueltos por ser de talla demasiado pequeña.

—¿Y el portero?... ¡Ay, Dios mío, que se nos ha olvidado el portero!

—El portero no cuenta, mujer... ¿no ves la tele, o qué?... Los porteros son otra cosa... no van como los demás... o sea, que no tiene por qué reconocerse...

—¡Pero es que no hay nada para él!

—Pues que se ponga un chándal, demonios... yo no me vuelvo a meter en ese nido de locas... ¡Mira... menudo moratón me he llevado!

Y así fue. Por arriba conseguimos ir todos de verde y blanco, y por abajo, bueno... por abajo fuimos como pudimos. Alineados y juntos, dábamos el pego. Pantaloncillo blanco en su mayoría, alguno negro, como santo Betis manda, y un par de tonos entre el marrón y el berenjena recuperados de los cajones del desteñido.

Nuestro primer contrincante fue nada más y nada menos que el Colegio Retamar, equipo macho y regio, imbatido, imbatible. Muchos de nuestro banquillo estudiaban en ese colegio. Pero, sintiendo más la sangre del Somosaguas F. C., se dieron de baja allá para representar al equipo de su colonia, el de su casa y corazón, el de sus hermanos amigos.

En el equipo había de todo. En la delantera y el medio campo, jugadores excelentes, como los hermanos Josevi e Ismael «Zanahorio» Barrera, dichos los Barrera, Juan Carlos Rubio y José Luis García Berlanga, Berlanguita. Estos cuatro eran buenos en todo. En baloncesto se salían, y en carreras en bici, se despegaban del pelotón al primer golpe de pedal.

En ellos confiábamos, en ellos teníamos puestas todas nuestras esperanzas. En especial, los que formábamos la línea de defensa. En ellos y en los líberos, que eran dos o tres individuos que corrían por toda la cancha con la intención de desesperar al contrario y desbaratar su formación. Era una nueva figura de jugador, nunca hasta entonces descubierta, fruto de un «no hay más remedio», introducida en el juego como forma de reciclaje solidario.

Te los podías encontrar en cualquier posición. De pronto, te encaraban en un «uno contra uno» en el medio campo, haciéndote pensar que jugaban ahí, como de repente te los tropezabas subiendo o bajando por las bandas, liándola parda. No hacía falta que jugaran bien, pero sí que taparan mucho espacio visual. Y para ello, nadie mejor que los hermanos Landeta, Quique y Bernardo, dos vascos cachetones, redondos de diferente altura, pero dos animales de empuje. Siempre atufados y vociferando. Para el equipo contrario eran muy molestos, incluso sentados en el banquillo. Sabían fastidiar de maravilla. En ellos, Fidel Sendagorta y yo teníamos puestos nuestros ruegos. Ambos éramos parte de la defensa y lo que menos deseábamos era que el ataque llegase a nuestra linde. No nos convenía nada. Nos parecía inapropiado.

Primero, porque sentiríamos una inmensa decepción hacia el resto del equipo que no habría hecho bien su trabajo. Segundo, porque en verdad, ninguno de los dos éramos jugadores de casi nada, y si lo éramos, nadie nos lo había contado. Estábamos solo para rellenar. Formábamos parte del «reciclaje compasivo». El deporte nos parecía una actividad incómoda. No éramos competitivos y mucho menos quedaba en nuestros planes partirnos ningún miembro, o «esguinzarnos» nada. Tercero, porque la llegada de la horda hostil era anunciada desde el arranque en campo contrario con gritos desgarradores que nos sacaban de lo nuestro con sobresalto. «Lo nuestro» eran charlas al sol, tres o cuatro metros por delante de la portería, pero bien en medio del arco, para taparle lo más posible la visual a Goyo, el portero, quien nos maldecía mientras corría de poste a poste como un oso polar intentando ver por dónde le llegaría la jugada. Hablábamos de cosas de mucho calado, relacionadas con algunas asignaturas de escuela, o de religión, con la retransmisión en vivo del partido como ruido de fondo.

Pero, inevitablemente, a pesar de nuestros líberos estorbadores, de nuestro medio campo hábil y capaz, de nuestra delantera dribladora, que aguantaba más de lo debido arriba en la cancha, inevitablemente, tarde o temprano, en un descuido, acababan por adentrarse en nuestro terreno y llegar hasta nuestras posiciones. Entonces desplegábamos recursos...

No recuerdo quién era el cuarto de aquella barrera, además de Fidel y yo, y de Bernardo Landeta, que bajaba a menudo para reforzarnos. Sí recuerdo que, nada más ver a las hordas enemigas avanzar, echársenos encima, los cuatro, sobre nuestra línea, dábamos unos muy cortos y rápidos pasos, de derecha a izquierda. De izquierda a derecha, frenéticos y sincronizados, como insectos vibrando. Buscábamos ejercer el mismo efecto que provocan las manadas de cebras en desbandada cuando son perseguidas. Al parecer, sus rayas crean una distorsión en la visión de sus depredadores que no les deja ver más que una masa enorme, compacta, que les impide separarla por individuos. Nosotros pretendíamos lo mismo, pero con nuestras camisetas del Betis a rayas verdes y blancas. Lo teníamos muy ensayado.

También tenía aprendido un paso que me enseñaron en el Liceo, uno que al parecer era de inmensa eficacia para detener la carrera del adversario. De un ligero golpe de cadera, hacías pasar la pierna izquierda, o la derecha, dependiendo de la dirección del ataque, por detrás de la otra. Se suponía que el balón toparía con la bota, interrumpiendo la jugada. Me mintieron. Muchas veces la probé e igual de veces me pasaron por encima, me arrollaron.

Superada la línea de defensa, ambos equipos ya en el área de portería, se levantaba una inmensa y tupida polvareda en la que no se veía nada. Se oían vociferios de todos contra todos, de pérdida de nervios, de preguntarse «el balón, dónde está», de quejidos por patadas. Pero, a cambio de una cierta carencia de calidad como equipo, estábamos entrenados a que esos momentos de confusión se eternizaran y jugaran a nuestro favor. Bien capacitados en el orgullo para tragar polvo, nos convertíamos todos en uno, en piña.

En un porcentaje muy cercano al cien, o la pelota salía disparada fuera de la nube de una contundente patada de nuestro glorioso portero, evitando que el marcador cayese en desventaja, o él acababa por hacerse con ella contra su pecho, cuerpo a tierra. En ambos casos se oía un sonoro caer de brazos acompañado de un ¡ooooohh! de desesperación, y tras unos segundos, del polvo emergía entero el equipo contrario, cabizbajo y enharinado.

No éramos el mejor del municipio, pero éramos duros de derrotar, desesperantes. Conseguimos jugar un par de partidos más y luego nuestras estrategias fueron pulverizadas por un rival al que de seguro pusieron sobre aviso sobre la existencia de unos líberos omnipresentes, muy molestos, que desbarataban toda jugada, y por una defensa muy charlatana, que, por no jugar ni en pintura, entorpecía mucho la llegada a meta.

Cada tarde que nuestras tareas lo permitían, bajábamos a casa de los Barrera en la calle Avutarda, a mitad entre la avenida del Campo y la glorieta de las Suelves, así llamada porque allí tenía su residencia la familia. Muchas hermanas, todas bellas, todas pretendidas por todos los hermanos amigos.

En aquel pequeño patio trasero de Casa Barrera, la espectacular construcción de Miguel Fisac, había una canasta. Por turnos, nos pasábamos la bola y ensayábamos tiros a cesta. Al igual que con una en los pies, con otra entre las manos, los mismos habituales seguían siendo los mejores jugadores, en especial Ismael y Berlanguita, dos grandes dribladores, además. Se armaban minipartidos para que toda la compañía tuviese su tiempo de juego. Y entre baloncesto y bicicletas nos daban las de cenar.

El grupo de los hermanos amigos de Somosaguas era muy extenso. No siempre conseguía reunir a todos, pero nunca nos juntábamos menos de una docena.

De la Avenida del Campo, estaban los Rubio, pero solo Juan Carlos era de la pandilla. De los Nieto, Santi, una chica divertidísima, hoy día una estupenda arquitecta. Los Sainz, con Mari Carmen, Malena, Antonio y el pequeño Carlos, Cachulo, el de los ojos grandes, hoy en día el mítico piloto. Y luego nosotros, Lucía, Andrea Bronston y yo. De Avutarda, los Berlanga, así abreviados. Solo José Luis, Berlanguita; Jorge y Carlos entrarían más tarde. Con Carlos en especial, mi amistad fue estrechísima y prolífica en la música. De los Barrera, los tres mayores, Ismael, Ana y Josevi. De los numerosísimos Valdés de la calle Caballo, únicamente Mercedes y Jacinta. De Grillo o de por ahí, si mal no recuerdo, estaba Mari Ángeles Carranza, un chica tremendamente apocada y poco agraciada a la que con crueldad apodábamos «fetocardio», y que más tarde resultó encarnar la leyenda del patito feo. No supimos cómo fue ni cuándo, pero un día apareció un bellísimo cisne blanco que a todos dejó boquiabiertos con su belleza. Del final de Búho, eran los hermanos Llorente, Jaime y Juan, calle que desembocaba en la plazoleta donde vivían los Landeta, Quique y Bernardo. En Siete Cerros, los Sendagorta, pero solo Fidel entró al grupo. Ahí también vivía Teresa Bravo, prima hermana de los López Bravo, la familia más numerosa junto a los Valdés, hijos del por entonces ministro de Industria, fallecido en accidente de avión. Una tragedia que golpeó a todos, y que mamá Marián, la tía Marián, sobrellevó con entereza ejemplar. De entre todos los López Bravo, mis más íntimos, pero ya fuera del grupo de los hermanos amigos, fueron Gabriel, Alberto, Miguel y, sobre todo, Joaquín, con quien compartí mi primera estancia en Londres, en casa de Miss Nichols, en Chester Row, entre muchísimas más aventuras. Y luego, desperdigados por otras calles que mi memoria no consigue ubicar, Loreto Bernat y Virginia Bernar, tal vez por Corzo, Mara y Cristina Chávarri, también por la misma zona. Esos éramos la base del grupo. De él, entraban y salían otros miembros de familias que llegaban y desaparecían: recuerdo a una familia mexicana, los Cobo Losey, vecina de Caballo, cuya hija Rosa fue una amiga tremendamente cercana hasta regresar a Veracruz.

Pero de entre todos, mi piña más cercana eran Berlanguita, Fidel e Ismael. No solo éramos inseparables; éramos, además, el núcleo duro de cualquier actividad del grupo, bien o mal intencionada que fuese. Exceptuando las actividades de los domingos de iglesia. De ellas se encargaban las hermanas Valdés.

Cantábamos en el coro de la capilla de Húmera, cuyo párroco era don Julián, un sacerdote menudo, con manitas rechonchas y peludas, y gafas de culo de botella color verdusco. No tenía cuello.

Mercedes y Jacinta, dos veces por semana, de tarde, a la vuelta de clase, reunían a los voluntarios en su casa y dirigían los ensayos del repertorio. Voces y guitarras. Y al «un, dos, un, dos, tres», atacábamos el «qué alegría cuando me dijeron, vamos a la casa del Señooooor, ya están pisando nuestros pies, tus umbrales Jerusaléééén...», y demás tonadas destinadas a ilustrar los momentos más señalados de la misa. Mercedes nos tenía vigilados a todos. Cantaba con ojo punzante. Al que se equivocase, le clavaba los alfileres de su fría pupila. Pero era necesario hacerlo, porque la mayoría de los componentes no se lo tomaba en serio y había que evitar ser el hazmerreír de la comunidad. Jacinta era más dulce y más permisiva, reía mucho. La más devota de las hermanas, que aparecía ya aprendida de todo, no todos los domingos, sino solo los muy señalados, era Carmen, la mayor. Era muy devota y más tarde, si mal no recuerdo, entró a formar parte de la armada de Nuestro Señor, acabando en las Américas.

Cada misa era un éxito. Tras las congratulaciones recibidas por el coro de *muppets* de la calle Sésamo de la iglesia de Húmera, ya de vuelta a casa, cuesta arriba por la Calle de la Iglesia, subíamos al paso cantando una canción africana que nos enseñó Malena Sainz grabada por «Nuestro Pequeño Mundo», de la cual desconocíamos la historia, su significado. No había más manera de aprendérsela que de un tirón. Era una constante onomatopeya que decía así...

O ken karangue
O ken karanga karangue
Ye ye go ba re bo
O ken karangue re
O ken karangue
O ken karanga karangue
Ye ye go ba re bo

O ken karangua re
A ken ka re o ba re bo
Oh ye (oh ye)
Oh ye (oh ya)
Li ba re de bi bi ma
Li ba re de bi bi ma
¡Yang ga!

Allá van, allá van, las gallinas a Luján...

Cada sábado había llamada al orden. Nada más desayunar, nos subíamos a las bicicletas y acudíamos a la reunión. El grupo se daba cita en la rotonda del depósito del agua, un inmenso torreón encalado en blanco y azul añil, de al menos treinta metros de altura, que abastecía a toda la colonia. De no haber sido por la costumbre, y porque cuando llegamos a la zona ya imperaba, nos hubiese parecido la edificación más horrenda e invasiva de nuestras vidas. Aún hoy no dejo de pensar en lo fea y obsoleta que es.

No contentos, los urbanizadores y propietarios de toda la finca, hasta los horizontes más lejanos en dirección hacia los cuatro puntos cardinales, los Urquijo, decidieron acompañar el horrendo depósito de un monumental tendido eléctrico, modernísimo para la época, destinado a abastecer a Pozuelo de Alarcón, Húmera, Carabanchel y hasta Majadahonda, de la tan necesitada energía. Una de sus torres, con sus amenazantes brazos de acero extendidos en cruz, descolgaba numerosos hilos de acero que se combaban por el peso y rozaban el depósito. Ambas monstruosidades juntas, pegadas y hermanadas, quedaban a pie de la valla de la Casa de Campo y de la casa de los Berlanga. Según fuimos conociendo a toda la familia, comenzaron las sospechas...

El padre, Luis García Berlanga, era uno de los directores de cine más importantes de España y nunca dejó de serlo, hoy reconocido como uno de los pilares de la historia cine en español. Hasta ahí bien. Sin embargo, bajo nuestro punto de vista, no era normal tener esa desbordante creatividad. Para la época no lo era, además de ser exageradamente brillante. Era cariñoso y simpático sin tener por qué, casi incomodaba. Sospechamos. Luego estaba la madre, María Jesús, de Valladolid. Azuzaba a sus hombres de casa, a los cuatro, a ser audaces, cosa insólita en las mujeres españolas y de Castilla la Vieja, región casi triste, fría y de reconocida seriedad. Además, a todo decía que sí, todo le parecía maravilloso, como estupendo era que su marido se encerrase durante meses con sus amigotes a escribir guiones, o sea, frases que los actores en su momento deberían repetir. Una rareza. Para nosotros, algo nunca oído. Y claro, no nos quedaba más remedio. Más sospechas. ¿Y lo del abuelo? Eso sí que era peculiar. Un señor que enfundado en un abrigo gris, fuese a diario en la estación del año que fuese, para arriba y para abajo en bicicleta, reservado, circunspecto, ¿transportando barras de pan bajo el brazo? ¿A su edad? Algo no iba bien. ¿Y qué de los tres hermanos? José Luis, por ejemplo, era una enciclopedia que todo contenía, todo. Maestro futbolero y baloncestista. Muy mandón.

—Sí... pero mi verdadera pasión es la ornitología... ¡un día tenemos que hacer una expedición a la Casa de Campo! —confesó.

Por supuesto, jamás le pregunté que quería decir eso por miedo a la mofa. Pero también sentí un cierto temor a que tuviese que ver con el vampirismo o con la caza del gamusino. A veces, en medio de alguna conversación, se apartaba unos metros del grupo dando la espalda, y colocando los labios así, como ahuecándolos, emitía ruiditos semejantes a cantos de pájaros. Después de unos cuantos intentos, se giraba y sentenciaba, serio:

—... *Upupa epops*... abubilla común... pero no sé si es el del macho o la hembra... no sé distinguirlos... aún.

Y se reincorporaba a la conversación dejándome fuera de juego. Eso sí que añadía una tonelada de sospechas a las ya acumuladas, y las podía argumentar. Luego, Jorge, un chico paella, lleno de granos desde el cuello abotonado de su camisa hasta la coronilla del pelo, enfrascado en lecturas y con un sentido del humor de frecuencia radio desconocida para todos. Nunca reía y nació adulto, al parecer. Eso contaban. Y, por fin, Carlos, delgado como un triguero salvaje, encimado sobre dos piernas ínfimas que caían atadas al interior de unas botas altas, como de poliomielítico, desgarbado y desarticulado, apartado del grupo a su pesar, por razones de edad y de torpeza. Este espécimen se alimentaba de cómics, pintura y música, y aseguraba que más nos valía tenerle en cuenta porque en breve sería una estrella de la música moderna, a lo que desataba cataratas de risas del Niágara.

Sumado el peso en sospechas que cada uno de los componentes de la familia Berlanga aportaba, y tras un cónclave secreto que unos pocos urdimos, los más preocupados y concernidos declaramos que todos ellos estaban mal de la cabeza. Que los «trastornos de creatividad excesiva» que todos padecían eran debidos a las torres de alta tensión y a sus hilos, que les cruzaban casi por encima de la cabeza y de su casa.

Llegamos a la conclusión de que aquella brillantez, común a todos sus componentes, no era sino una variante amigable de la locura. Y menos mal que conseguimos diagnosticar la causa y sus efectos a tiempo. De lo contrario, les hubiésemos mirado con desconfianza, o no les hubiésemos tratado. Directamente. Concluimos que no había que acercarse a aquellos tendidos so riesgo de acabar siendo artista. Así que muchos de los que pensaban estudiar medicina o leyes se mantuvieron apartados.

Desgraciadamente, la rotonda de reunión quedaba a la salida de la parcela de los Berlanga y todos, tarde o temprano, teníamos que pasar por allí...

Cada sábado contábamos cuántos éramos y nos contábamos lo ocurrido durante la semana. El gacetín de la colonia con vistas al fin de semana. Dependiendo de quién estuviera, sabíamos qué actividades podríamos atacar y cuáles descartar. No menos de veinte solíamos juntarnos.

Y para empezar, para celebrar el tiempo por delante, daba igual qué estación, hiciera frío o calor, txirimiri o niebla, agarrados fuertemente del manillar de nuestras bicicletas y haciendo sonar nuestros timbres como una armada de grillos y chicharras, nos dejábamos caer todos, cuesta abajo por Corzo, para celebrar el aire en la cara y una cierta sensación de libertad que, dependiendo de la edad, tenía un valor diferente, pero que siempre traía alas.

Aquellas bajadas acababan en carrera. Seguían un recorrido preciso, obligatorio, que era el paso por delante de todas y cada una de las cancelas de todos y cada uno de nuestras casas para que los padres, o quien de la casa fuese, quedase tranquilo sabiendo que ya estábamos juntos y que empezaba el mambo. Ganaban siempre los mismos y perdíamos el resto. La meta era el punto de partida. Agotados, resoplando bofe, el grupo de los hermanos amigos armaba actividades.

—Me voy fuera un tiempo, chicos... Tengo localización en provincias y estaré rodando unas semanas por ahí... Ya sabéis qué tenéis que hacer, ¿no?

—Sí, papá —contestó Berlanguita.

—Echad un vistazo cada día para que nadie se cuele, ¿me entendéis?... Y vigilad que nadie abra el armario de los secretos o me enfadaré mucho... ¿quedamos?

—Sí, papá —volvió a responder Berlanguita, tragando saliva.

La responsabilidad que nos había caído encima era tan gorda que nos temblaban las piernas. Pero nos temblaban porque tendríamos que ingeniárnoslas para borrar nuestras propias huellas, no las de nadie más. Y por supuesto que íbamos a entrar.

Tendríamos no más de doce años y la propuesta que Berlanga padre nos trasladaba venía de la casi certeza de saber que su hijo José Luis y yo, ya habíamos visitado con antelación aquel lugar pecaminoso. No me cabía la menor duda e intentaba explicárselo a mi amigo, que decía que no, que eso era imposible, que siempre habíamos dejado todo como estaba. Pero sabemos que los padres lo saben todo, todo lo huelen. Lo huelen en los ojos, en el lenguaje corporal de sus hijos y en la piel.

El armario de los secretos quedaba en el estudio de papá Berlanga, subiendo por las escaleras de caracol desde su vestidor. Ya en sí, aquel estudio entero era un inmenso secreto, un museo de manuscritos y colecciones peculiares, lleno de extravagancias y exquisiteces. El armario en cuestión se ubicaba justo desembocando la espiral.

—¿Te acuerdas dónde está la llave, José Luis?

—Pues claro... me acuerdo perfectamente...

—¿Y si tu padre la ha cambiado de lugar?

—¡Que no!... Siempre la deja en el mismo sitio... desde que el armario es secreto... siempre...

—¿Y si al buscarla tiramos algo que no podemos volver a colocar del mismo modo y al volver tu padre se da cuenta?

—¡Sube de una vez ya!... ¡Eres un miedica!... ¡Como si fuera la primera vez que lo hacemos!

—Ya... pero tu padre nunca nos había pedido que le vigilásemos su secreto... y nos lo dijo con segundas, ¡acuérdate!

—Vale, pues si te rajas, no subas... pero entonces vete y déjame solo, que me están entrando muchas ganas ya... ¡Vete ya!

—No... espera... ¡ya voy!

Cuando aparecí arriba, Berlanguita sonreía llave en mano. Nunca supe dónde la escondía ni jamás pregunté.

Era todo un ritual de nervios y de tensiones. Mientras que él abría la cerradura, yo espiaba por las escaleras con ojos y oídos, agudizando las alertas. Luego, lentamente, abría la puerta del armario de los secretos y empezábamos a relamernos. Berlanga padre guardaba ahí sus evasiones, sus delirios, sus picardías. Sus fantasías.

Montones y montones de *Play Boy*, y de su versión francesa, el *LUI*; además de montones de revistas *sexys* en otros idiomas. Todo tipo de publicaciones eróticas y de tono aún más subido. Había pornografía dura. Recuerdo en especial unas danesas, tamaño novela de bolsillo, con fotos de señoras comiendo enormes vergas, descomunales. Otras, de unas rubias repeinadas, calzando medias negras y ligueros, postradas hacia adelante, penetradas por inmensos cipotes. Más... unas que, según José Luis, que conocía como nadie el nombre de cada postura, hacían el «sesenta y nueve». Pero en esa, aseguraba, se come más pelo que carne. En fin... Llegaba un punto en el que había más sangre en la cabeza que en el resto de mi cuerpo y tenía que parar. José Luis era mucho más resistente, más insaciable porque a él la sangre no se le quedaba arriba, decía, «se me va toda al rincón de abajo». Era la diferencia entre mis doce y sus trece años; y uno, hace mucho.

Terminando el atracón, cada devolución era milimetrada, cada revista en su exacto lugar y en su pila. Soplábamos para quitarle al polvo las huellas, cerrábamos el armario de los secretos y mientras que yo bajaba, José Luis devolvía la llave a su lugar, dejándola en su idéntica posición. Y ahí no había pasado nada.

Tras cada visita al armario, Berlanguita solía golpearse la frente y recordar de pronto que tenía tareas pendientes, así que nos despedíamos. Coincidencias. Más tarde las llamaríamos pajas. Y yo, con un mareo que me impedía pedalear, agarrado del manillar de la bici como un búho a un conejo, caminando, regresaba despacito a casa. De esto, nunca se hablaba. El armario, además de otros secretos, también guardaba dentro el nuestro.

El Festival de Eurovisión paralizaba a Europa entera y en España no era para menos. La sintonía de conexión marcaba la cuenta atrás para los últimos ajustes en el sofá, controlar que bebidas y aperitivos no faltasen, y pegarle un grito al que estuviera en el baño para que saliera y viniese corriendo a ocupar plaza delante del aparato.

Para la mayoría de los españoles, Eurovisión era una ventana al mundo. Durante unas horas, se disfrutaba sin censuras de lo último en moda, peinados, maquillaje y estilos de baile. Los locutores y locutoras traducían al color nuestro blanco y negro con un entusiasmo casi rayando el nervio. A ellas se les notaba más, se ponían eufóricas. Se esforzaban para que sus descripciones fuesen captadas lo mejor posible, con todo el detalle de lo que ellos mismos estaban viviendo en directo.

La intervención de España era siempre muy esperada y solía destacar. Nuestra música moderna empezaba a soltarse el pelo, y a las concursantes, ya que durante años no hubo ningún «él», se les permitía ponerse a la altura de los estilos europeos. Por el espacio de una noche. Nuestras representantes eran todos nosotros.

La idea empezó a rondarle al grupo de hermanos amigos y nos dijimos que por qué no. ¿Por qué no un Festival de Somovisión, y de paso recaudar fondos para una bajada a Madrid? ¿Por qué no una sesión de cine en el Mola y hot dog con combinado de kétchup y mostaza en Galatea? ¿O unas tortitas de maíz con sirope de arce y montaña de nata en Woolworth? ¿Por qué no? Y nos pusimos manos a la obra.

El local sería el garaje de Casa Barrera y el mobiliario también. Una vez calculado el diseño de producción, cada quién levantó mano y aportó. Varias sesiones acaloradas más tarde, quedaban definidos y asignados los participantes con sus respectivos repertorios. Todos los armarios de todas las casas de todos los representantes del «Festival de Somovisión» fueron saqueados a fondo. Se consiguieron los indumentos lo más parecidos posible a los que vestían los artistas en las portadas de sus singles y durante semanas vivimos pegados a la tele, tragándonos cualquier programa musical que pusieran, esperando topar con alguno de los artistas elegidos y así poder copiar sus gestos al máximo, clavarlos.

No fue algo improvisado, no. Nos lo tomamos muy en serio y ensayábamos sin cesar, robándole tiempo al tiempo. Las actividades habituales quedaron suspendidas. Hicimos una gran publicidad del evento, que fue de boca en boca hasta que toda la colonia de Somosaguas se enteró del día, hora y lugar del espectáculo. Nos pusimos muy nerviosos y redoblamos nuestro sentido de la responsabilidad. Visto que les íbamos a rascarle el bolsillo a padres y amigos, y bien rascado, nuestro compromiso fue serio y firme. Nos hablábamos como profesionales del sector, entrando en sus roles y pieles.

Cada uno, encerrado en su cuarto, ocupaba horas de estudio de los *playbacks*. Quien tenía comediscos, sacaba ventaja, era un privilegiado. Los ensayos musicales generales, los de dúos o grupos, se daban en el vagón de tren (¿o tal vez era un tranvía?), en casa de los Sainz, un buen espacio. Papá Antonio y mamá Julia habían instalado uno a sus hijos en medio de jardín, a la entrada de la casa, con grandes ventanales para poder vigilarles desde la comodidad del salón. Muy listos.

Pero los de vestuario se hacían en casa, en la nuestra. Por una sencilla razón: casi todo el vestuario, al final, fue prestado por mamá Lucía, la única titiritera de entre todos los padres. Su vestidor era sobrado, guardaba verdaderas maravillas. Pero pasaba que, entre prueba y prueba, nos dejábamos ir un poco. Cada prueba de vestuario acababa en fiesta de disfraces, con música y coreografías.

Una tarde se decidió llevar a cabo un ejercicio propuesto por mi madre: intercambio de sexo. Los chicos nos travestiríamos de mujer, las chicas de hombre. Había pelucas, pestañas postizas, laca y colorete a raudales para nosotros, además de todo tipo de faldas, trajes de noche y pamelas. Para ellas, descubrimos un residual de trajes de mi padre apretados en la esquina de un armario en la buhardilla. En su mayoría eran trajes de gala, esmóquines y fracs, con sus accesorios completos, capas españolas y sombreros variados. Así que, si nosotros acabamos anotando puntos quedando divinamente deslumbrantes, ellas nos dieron un duro golpe en elegancia y dandismo.

En el salón de casa, con la música a tope, la tarde llegaba a su *summum*, rozaba el trance. Cada quien, poseído por un personaje, interactuaba con el resto desplegando amaneramientos y remilgos. Era un gran baile de máscaras en Venecia, un Montecarlo en Madrid. Estaba siendo la más divertida y loca de las tardes, cuando de pronto, al volver de la esquina del fondo, la que torcía del pasillo de la entrada hacia el salón, como una exhalación surgida de la nada, apareció el torero. Sin previo aviso, seguido de toda su corte de puros y habanos, una decena de taurinos rancios, ensombrecidos y empaquetados en sus trajes cruzados de paño y franelas de colores sufridos, ahumando el aire perfumado de notas florales de fiesta libertina. Los vimos llegar, embistiendo, como recién salidos de toriles. Del impacto, se nos congeló la sangre. También la identidad.

—¿Qué coño está pasando en esta casa, Lucía? —preguntó a mi madre, la más reconocible de entre todos, por no decir la única.

—No, Miguel... Primero se dan las buenas tardes y se presenta a los acompañantes... es lo mínimo... ya que no has tenido la educación de avisar... ¡Señoras y señores, por favor, en fila!... Seamos nosotros los corteses y demos la bienvenida a los... fumadores... Les presento a todos ustedes... ¡al padre de mis hijos!

Uno a uno, mi padre desfiló ante nosotros, saludando y repartiendo reverencias y besamanos. No quedó indiferente ante la peculiar belleza de tanta chica, tal vez un poco demasiado empolvada para su gusto, pero empezó a relajarse y, sobre todo, a divertirse con los nombres, apellidos y apodos de cada uno de los formados que mi madre iba enunciando.

—Madame de la Frutpoché... de gran delantera, como podrás comprobar... Toca, toca... no se asusta, es más... ¡lo disfruta!... Casada con el conde duque del Cazzoduro... Su título nobiliario, al parecer, no miente... ¡Oh!, y ellos son Lady Pâtédefoie de la Chu-

mine y su amante... el capitán de fragata Sir Colgant Lesshuevs...
Y mira... observa qué belleza de mujer... como verás es... religio-
sa... también es virgen... y estaría dispuesta a probar el estoque de
un torero... Te presento a sor Mighelina de las Ardientes...

Todos, menos los estirados taurinos, reíamos y divertíamos con
las ocurrencias de mi madre y su manejo de la situación. Vi también pasar el divertimento por los ojos de mi padre, sus ganas de
entrar al juego, pero de reojo vigilaba a su corte, que no entendía
de qué iba aquel ritual.

—Todas muy guapas... y ellos por lo que cuentas... muy bien
dotados... de títulos y fortuna... pero... fuera de bromas... ¿dónde
están mis hijos?... Quisiera verles un momento... me marcho de
viaje y me gustaría saludarles... ¿Dónde están, Lucía?

—Bueno... acabas de besar apasionadamente la mano de tu hijo
Miguel y no te importó que fuese monja ni virgen... ¡es más!

Hubo explosión de carcajadas, esta vez hasta de la parte tauri-
na. A mi padre se le cambió el semblante, y el que sus acólitos, a su
costa, le rieran la gracia a su exmujer, le sentó a cuerno quemado.

—Papá... soy yo... Sor *Mighelina* de...

—De las Ardientes... de las Ardientes —repetían todos mis amigos para refrescarme la memoria.

Mi padre se me cuadró delante, paneó de arriba abajo con estupor y dijo:

—No está mal la niña... Ya te lo advertí, Lucía... cuidado que vamos a tener problemas con ella... Lo siento, guapa... pero a mí me
gustan más putas...

—¡Pero Miguel!... Son chicos, por el amor de Dios... No es para
ponerse así, ¡vamos!... Y es un carnaval... ¡solo es un carnaval!

—Ese es el problema, Lucía... que en esta casa todos los días es
carnaval... todos los días...

De un gesto de mano, recogió a sus cohortes, y dándose la media vuelta, desapareció por donde había entrado, dejando una larga estela de olor a habano contrariado y a descontento.

En cuanto oímos la puerta cerrarse, cada quien retomó su personaje y proseguimos como si nada nos hubiese interrumpido.

... Y llegó el día del tan anunciado Festival de Somovisión. Desde la cancela de entrada de Casa Barrera, un río de gente bajaba por la cuesta que llevaba al garaje. Los encargados de taquilla, agobiados por la afluencia y la falta de asientos, nos comunicaron que nos planteásemos hacer dos funciones, que para una no daba cabida. A lo que Berlanguita, ya entonces con mucha mano y manejo, pegó un grito y dijo que, por favor, no molestasen a los artistas, que bastante tenían ya con lo que tenían. Que cada uno solucionase su parte y que no se nos ocurriese dar la sensación de desorganización o nadie cobraba. Les cuadró y puso fin a las quejas. Finalmente, se optó por apiñar al público detrás de la platea, al aire libre bajo el sol, y el remanente, la gente más joven y de confianza, colocados en la cuesta del acceso al garaje. Y dio comienzo la función.

Salí a dar la bienvenida a los asistentes y un avance del programa, ya que no solo era uno de los promotores de la idea, también fui su director, iluminador y escenógrafo del festival. Y seguro que algo más, seguro.

Sin más espera, con todos ustedes...

El espectáculo duró hora larga y por él pasaron artistas de la talla de Adriano Celentano, Karina, Nino Bravo, Camilo Sesto, Mina, Gigliola Cinquetti, Los Bravos, Cliff Richard, Sandie Shaw, Voces Amigas, Adamo, Miriam Makeba, Mocedades, y un grupo que en aquellos años arrasaba, Viva la gente. Fue justo con su canción bandera, la que llevaba por título el homónimo nombre del grupo, con la que cerramos el espectáculo, un gran *finale* coral. Durante aquella ejecución, recuerdo haber sentido un gusanillo. Algo empezaba a moverse pero no sospechaba qué.

La gente aplaudía como loca viendo el monumental elenco, justo ahí, delante de sus ojos, en el garaje de los Barrera, ¡nada más y nada menos! Los chicos habían conseguido reunir a medio mundo y los padres estaban orgullosos, se les veía. Las madres lloraban y las tatas gritaban a rabiar. Nuestros amigos y resto de familias no daban crédito a lo que acababan de vivir. Se notaba que les rondaban muchas preguntas por la cabeza. Y alguna que otra envidia.

Se vivió mucha alegría y se dieron muchas emociones. Al final del día, sentados contando la recaudación, que fue mucho más grande de la prevista, casi el triple, nos preguntábamos si, a partir de una idea tan simple, habíamos conseguido tanto reconocimiento, por qué no retar a otras colonias, colegios e institutos y montar algo más grande, más importante, más en serio, un gran concurso. Y comenzamos a planear...

La facilidad que el grupo de hermanos amigos tenía para crear era ilimitada. Nos fuimos creciendo, tomando experiencia y con el tiempo construimos grandes proyectos, muy grandes. Éramos adolescentes comprometidos con nuestras ideas y nos volcábamos en ellas, con ellas. Teníamos determinación, pero también la fuerza de hacer, de investigar, de arriesgar. Esa, nos venía de la libertad que gozábamos, venía de la tranquilidad y confianza que la mayoría de nuestros padres nos transmitían. Cierto que Somosaguas era sede y domicilio de muchos artistas, pero del mismo modo hubiésemos podido quedar desperdigados, y no fue así. Nos atrajimos. Años más tarde, muchos de nosotros seguimos interactuando puntualmente. Nuestras amistades se fortalecieron y muchas quedaron bien cimentadas. Hoy en día, entre nosotros, hablamos de ellas como quien habla de hitos históricos. Y seguiremos haciéndolo. Pero de momento hoy es domingo, y los domingos se iba a patinar a la pista de hielo del Real Madrid...

El viaje era largo y lleno de trasbordos. Para llegar a buena hora, había que madrugar, una vez más. Primero, camioneta de Somosaguas a Plaza de España, luego microbús, el M-8, hasta Cuzco, y de allí en tranvía hasta una cierta distancia de la pista que se hacía a pie, cargando al hombro nuestros patines.

Berlanguita, Ismael, mi hermana Lucía y la mayoría de los chicos, optaron por patines de hockey. El resto, patines de patinaje artístico. Los «hockeys» eran más lanzados, más bestias y alcanzaban mayor velocidad. Los demás hacíamos más piruetas y figuras. Era imprescindible tener buen trasero para amortiguar caídas y Diana Mendoza, cubana con cuerpo de desmayo, tenía el mejor de Madrid: respingón de abeja. Lo sabía y lo paseaba. Lolita Flores no se quedaba atrás, solo que además tenía la delantera más perfecta de la pista y según iba girando, iba imantando devotos, entre los cuales siempre ocupé la primera plaza. Todo Madrid venía a pavonearse y a socializar. Había pocos sitios para encuentro de jóvenes y en ellos nos medíamos las hormonas.

Era el Madrid de los setenta, y quedaba nada para concluir los interminables estudios en el Liceo Francés. Después habría que sacarse los malditos títulos de ambos bachilleratos, el francés y el español. Esos papeles serían canjeados por la libertad. Libertad de poder decidir qué hacer de nuestras vidas antes de cumplir la mayoría de edad.

En nuestras camas intranquilas, con sábanas atornilladas de tanto dar vueltas y más vueltas, se nos escapaban las horas, las noches, haciendo planes, soñando y dudando. ¡Había tanta emoción por acabar una etapa como por empezar una nueva, siendo individuos independientes, sin la ayuda de nadie! Y eso daba mucho vértigo. Muchas ganas de ir al baño. Pero mientras todo iba procesándose, una cosa sí estaba clara: Londres. Mudarnos a Londres y buscarnos allá la vida.

18

LONDRES 73

Lucía hermana y yo llegamos a Londres en junio de 1973. En cuanto aterrizamos, nos sentimos totalmente perdidos. Nuestro inglés, el aprendido en el Liceo Francés, no se parecía en nada al que ellos hablaban. No solo. El manual de los buenos modales que nos enseñaron junto a la gramática inglesa distaba muchísimo del de los tratos en la aduana. De inmediato, nos hicieron sentir incómodos y «malvenidos».

Abrieron las maletas desperdigando el contenido, mezclándolo al de otras en revisión. Traíamos más objetos que ropa. A pesar de nuestra edad, sospecharon que traficáramos antigüedades para algún marchante de la ciudad. Más tarde nos enteramos de que era práctica frecuente.

Un agente me dice que le siga. Le sigo. Me mete en un cuartucho estrecho con mesa, silla y un neón de techo, sin ventanas. Cierra la puerta. Se sienta y balbucea algo que no consigo entender. Me lo vuelve a repetir despacio. Sigo sin entenderle. Pienso en mi hermana, allá afuera, sola. Me preocupo. Casi no habla inglés y estará preguntándose qué demonios pasa.

El policía, un hombre de unos treinta y tantos, me dice que habla poquito *espaniol*. Suspiro de alivio. Sentado, sonríe. Me mira de arriba abajo. Se levanta. Que ponga las manos contra la pared, ordena. Me cachea. Regresa a su silla y se reacomoda. Me pide, por favor, desnúdate. No creo haber entendido bien, ¿perdón? «Desnudo, por favor. *Grasias*». ¿Cómo? He oído bien. Empiezo a hacerlo. Mientras me voy quitando la ropa, el miedo me va invadiendo.

431

Las ganas de llorar también, de salir corriendo y de volver a casa, a la tranquilidad de mi casa.

Mientras me voy quitando ropa, me pregunta que por qué Londres, que qué necesidad. «Si esto empieza así, no quiero saber cómo va a seguir», pienso. Me pregunta que por qué tengo pasaporte panameño y veo una luz.

A un par de calcetines y un calzoncillo de la desnudez total, le empecé a contar mi vida. Quiénes eran mis padres, todo lo que en todo lugar surtía efecto inmediato. Pero Inglaterra, como más tarde aprendería, es una isla aislada del resto del mundo que insistía con orgullo en seguir siendo cabeza de aquel imperio que una vez fue. Y se lo cree. Desprecia al resto del planeta hasta unos niveles irritantes. Nosotros no somos nadie, solo ellos, sus colonias y la Reina. Lo demás no les incumbe. Ellos son ingleses y eso crea la diferencia. Es un título que les permite rozar la mano de Dios.

Y, por supuesto, del gran torero Luis Miguel Dominguín y de la actriz italiana Lucía Bosé, ni la sombra del polvo. Me vine abajo. Me preguntó el motivo de mi visita. Le conté la verdad. Quedarme a vivir en Londres, estudiar danza y conseguir un trabajo. Me pidió que le buscase en el pasaporte el visado o el permiso de estancia, el papel de invitación de alguna empresa para hacer una pasantía, el contacto de algún familiar conocido en casa de quien fuese a quedarme, o la inscripción en la escuela en la que, como le había contado, iba a cursar..., algo, me dice, «algo que justifique que pueda dejarte entrar en el país y que no me obligue a devolverte a tu casa en el próximo vuelo».

Estaba muy asustado. A pesar de que en su discurso jamás hubo un tono fuera de lugar, ni un grito. Plantado ahí, en medio de aquel cuarto de interrogatorios, con la vergüenza ajena ya totalmente expuesta, me derrumbé. Me puse a llorar, desamparado. Dejó que me desahogara un rato largo, durante el cual no sabía a qué agarrarme. Pensaba en las mofas que al regresar a casa, tras apenas horas de ausencia, saldrían de la boca de mi madre. Todos los «telodije» juntos y los reproches que le daban la razón en todo. Luego vi a la Tata abrazarnos y acurrucarnos a los dos bajo sus brazos, sus cálidas alas, diciéndonos «nos os preocupéis, en casa estáis mejor que ninguna otra parte».

Cuando acabé la llantina, con mucha lástima, el agente, en su acento *cokney* cerrado, me dijo: «Venga, vístete, ve fuera y recoge tu maleta. Espero que te vaya bien en esta ciudad. No pareces un mal chico, así que voy a darte permiso para que entres y lo intentes. Tengo un apartamento en Benidorm y amo España. Le debo esto. Allá siempre me acogen bien y son amables conmigo. Los españoles sois muy amables. En eso no nos parecemos», y soltó una pequeña carcajada. Para entonces ya me había vuelto a vestir. Me estrechó la mano, y abriéndome la puerta me dio paso educadamente.

Mi hermana hizo muchas preguntas. Le contesté que había sido algo rutinario. «¿Rutinario? ¡Pero si has estado allí más de media hora!». Me hice el sordo. Demasiada información que contarle. De camino al hotel Rembrandt, aún con el susto metido en el cuerpo, me agarraba del estómago preguntándome cuanto tiempo tardaría en digerirlo.

En el Hotel Rembrandt, a dos pasos del Victoria & Albert Museum, y a los mismos de la estación de metro de South Kensington, mi madre y su amiga Paca Nieto, azafata de Iberia, nos habían regalado, preventivamente, una semana de estancia mientras nos organizábamos y buscábamos un apartamento definitivo y las escuelas. No se fiaban

Las mentiras que les habíamos contado en Madrid muy pronto nos estallarían en la cara. De entrada, nos instalamos en la habitación y desde el balcón, ya residentes de la ciudad, respirábamos el aire de libertad que en Londres soplaba. Ese que vive contenido en cada uno de sus ruidos, en el caminar y entrelazarse de sus peatones, en el fluir del tráfico, el que se encuentra al salir de la costumbre, el que existe y reside en las cosas que desconoces, en las diferentes.

Llegar a Londres no era sinónimo de por fin volar, ni mucho menos. Pero como así queríamos verlo, así es como lo sentíamos.

La situación iba a ponerse muy complicada para nosotros, aunque en la adolescencia, mientras dura, se vive en una sensación de inmortalidad y de ligereza que todo lo desgrava. La que protege y blinda a sus jóvenes inquilinos de que no les ocurran cosas peores, dramas mayores. Gozan de esa suerte y privilegio, y se tiran al vacío convencidos de que van a planear, y planean. Aun así, la corta estancia en Londres, meses que parecieron durar años, iba a sacudirnos duramente al pavo que, junto con nosotros, pasó la frontera.

Antes que ir a visitar la escuela en la que me habían contado se daban los cursos que me interesaban, nos tiramos a la calle. Como en otros viajes anteriores, acompañando a mi madre y a Camilo, nos lanzamos al ya conocido King's Road a ver escaparates y gente.

En un parque urbano a mitad de calle, en un entrante con árboles y bancos, residía permanentemente una tribu de *punks,* los de aspecto más salvaje del universo. Portaban crestas afiladas y multicoloridas que rasgaban el cielo. Llegando a la altura de su territorio, cruzábamos a la acera de enfrente. No queríamos líos por nuestro acento. A casi todos paraban y pedían algo o preguntaban. Cigarrillos, fuego, chicles, la hora... Tiempo más tarde, descubrimos que eran las personas más educadas de la ciudad, firmes con su credo, nada en contra de nadie en particular, todo en contra del sistema.

A la mañana siguiente del primer día, fue tal y como lo habíamos visualizado. Nos desperezábamos en las camas de la habitación de nuestro hotel, preguntándonos qué hacer esa mañana. Por dónde ir a pasear para seguir haciendo nada. ¡Malditos!

Desde la rabia que hoy siento ante el teclado con el que escribo, si entonces hubiese podido estar presente en aquella habitación de hotel y tener la oportunidad de hablar con aquel par de niñatos inmaduros, les hubiese dicho todo lo que no querían escuchar. Si hoy pudiese cambiar algo de todo lo que he vivido, rectificaría y recompondría todos y cada uno de los minutos de nuestra estancia en aquel Londres de 1973.

No sé qué nos pasó nada más llegar a Londres. Pero de golpe dejamos de ser los chicos activos y emprendedores que solíamos ser. ¿Nos hicimos blandos? ¿Dimos la vida por resuelta o todo por hecho? ¿Había algo más insensato aún que complacernos con nada? ¿Que deambular mostrándonos? ¿Que quedarnos viendo, ente risitas, cómo por la calle, cada inglés, cada uno de ellos y de ellas, se giraba para contemplar a aquellas dos bellezas de cachorro de animal caminar, como nadie más lo hacía, con los andares de un paseíllo, de una pasarela? ¿Eran aquellas nuestras verdaderas y únicas aspiraciones? Hoy aún me enfurezco. Supongo que sentir aquello ¿nos bastó? No lo sé. No sé qué pensar. Éramos bellos y descerebrados a partes iguales. Ese es el único recuerdo en claro que me queda. La única explicación que no necesite un remordimiento, la única honesta, la única que merezca un cierto perdón, un alivio.

A ellos les hubiera dicho ¡venga ya chavales, venga ya!, que la vida no es un estado de acné contemplativo, que la vida es una suma de días cortos, cada día que pase más corto que el anterior y que el tiempo se escapa rápido en el vacío. Agarra el metro, sube a un autobús, organízate de una puñetera vez. Inscríbete en tus clases. A las que tanto contaste que querías asistir, esas. Sobre las que tanto mentiste. Las que, al parecer, conocías de memoria cuánto duraban y quiénes las impartían. Llama a las puertas de todos los miserables trabajos. Los ilegales, pongamos, para empezar. Esos a los que solo alcanza tu ciudadanía panameña, los más sucios y deplorables. Busca y acepta uno, ¡vamos! Llénate de porquería y de olor a *ghee*. Eso, si es que tienes lo que hay que tener, es decir, responsabilidad. Y cuando al final del día acabes exhausto, de regreso a casa, la que aún no tienes, no olvides que mañana a las seis hay que descargar el camión de esos combinados preparados que apestan a curry. O elige. Porque allá en tu hogarcito español estarías delante de la chimenea, hablando el mismo idioma de quien te sirve la leche caliente, pero aquí... Aquí tu jefe es un indio gordo y tirano que desprecia a los principitos de piel blanca con muñecas *fin de race*, y que desde sus ojos saltones, está deseando que te agaches a recoger una caja de chile escorpión, agarrarte por la larga melena dorada que ondulas y meterte su enorme polla por tu ario culo. A eso se le llama realidad. Y para eso, ni tú, Miguel, ni tú, Lucía, estáis preparados. Sé que desde aquí no me oís, y aunque lo hicierais, os quedaríais igual de anestesiados que si os hablase en chino. Sois dos pobres mentecatos inútiles y lo que os vaya a pasar, espero que sepáis traducirlo en buena fortuna. Aunque lo dudo. ¡Malditos idiotas!

Y así fue. No me equivoqué.

Los dos seguimos ajenos a la suerte de la semana regalada en el Hotel Rembrandt, que llegaba a su fin, al contado dinero de bolsillo que se iba evaporando en las tiendas de Oxford Circus, y al billete de avión de ida y sin vuelta a Madrid.

¿Qué demonios nos pasaba, que no acabábamos de entender que habíamos decidido ir a Londres con el propósito de empezar la vida que cualquier individuo sueña con atacar cuando termina sus estudios superiores? ¿Una de esas que otorgan dignidad? Y a eso no se le llama hacer turismo. Por alguna maldita razón, asociábamos aquella ciudad con gastar dinero y no conseguíamos distraernos de ello. Deambulábamos desoyendo las voces de nuestros ángeles guardianes, que nos gritaban: «Chicos, ¡moved el trasero ya!». No conseguimos aprender nada de la lección. Ni con sangre nos entró. Hasta que llegó un buen día...

Pero sigamos adelante...

Mi tiempo en Londres es de difícil ordenamiento. No consigo visualizar una cronología exacta, pero los hechos fueron los que fueron. Todos ellos, exceptuando muy pocos, desastrosos.

Para poner un poco de rigor y de cabeza, por fin, un día llegó Rosa a la ciudad. Rosa Lagarrigue era mi compañera de clase, chilena y metódica. Le venía de familia. Su padre, don Sergio Lagarrigue, tuvo que arramplar con la familia entera, y de la noche a la mañana, abandonar su negocio en Chile y trasladarse a Madrid. El gobierno de Allende le expropió casi todo. Rosa, desde muy pequeña, al igual que su hermana Blanche, físicamente más parecida a su madre, fue entrenada en lo pragmático y en el saber bien de lo que de una fortuna vale cada céntimo. Durante casi toda nuestra aventura en Londres, de otra manera no se puede llamar a aquel intervalo de vida, Rosa nos sacó las castañas del fuego constantemente.

Para empezar, una casa, un techo, algo ya para mañana mismo, que nos echan del hotel. Viendo precios y zonas, a nada podíamos acceder. Londres siempre fue una ciudad cara, incluso en barrios periféricos. Pero éramos tres, y con la próxima llegada de Andrea Bronston, los gastos se repartirían entre cuatro. Y ahí, quizá sí que nos alcanzaría, nos dijimos. Pues tampoco. Estábamos más tiesos que un polo de mojama. En algún momento, durante un cortísimo período, se nos uniría Lorena Lastra, otra compañera del Liceo. Pero con ese refuerzo, aún no contábamos. ¿Qué hacer? De repente, ¡milagro!, nos preocupábamos por algo. ¿Estaríamos madurando? Finalmente, acabamos dando con nuestras patitas en Earl's Court, por aquel entonces lo más marginal y *friki* de la ciudad, a pesar de lindar con Old Brompton Road.

El apartamento era un *basement flat*, que dicho en inglés suena a bohemio chic, pero que en español se traduce como «sótano bajo de mierda». ¡Y, Dios, que si lo era! Quedaba en el 65 de Eardley Crescent, al final de la curva casi esquina con la misma calle de Earl's Court, si mal no recuerdo. Se accedía por una pequeña cancela y cuatro escalones más abajo, la entrada a la casa por la cocina americana y su saloncito. Un pasillo con tres cuartos de dormir y un baño. Nos parecía un sueño. Más aún cuando descubrimos que en el lote iba incluido un pequeño jardín trasero de dos por cuatro, pero un jardín a fin de cuentas. Mucho tendría que ver con él mi hermana Lucía, al poco tiempo de instalarnos. Firmamos ahí mismo. Bueno... pagamos el dinero de dos meses por adelantado y el *landlord*, el propietario, un hindú muy muy amable, nos entregó las llaves diciéndonos que cualquier problema que tuviésemos, por favor, no dudásemos en llamarle. Pero el problema más gordo iba a ser él mismo. Resultó ser un ladrón. Se metía en las casas de sus arrendatarios, desvalijándolas enteras, sin levantar sospecha. No fuimos la excepción.

Tardamos en trasladarnos lo que en caer un relámpago tarda. Dijimos adiós al Rembrandt, a sus exquisitos sándwiches de mantequilla salada y pepino, los aún hoy renombrados «sándwiches de la Reina». Dijimos hasta pronto al Museo de Victoria & Albert, el de Ciencias Naturales, a sus largas tardes entre huesos de dinosaurio y taxidermias. Adiós a los «pequeños lujos de South Kensington regalados por mamá o la Paca». Apenas a una estación de distancia por la línea District, desembarcamos en nuestro recién estrenado barrio.

Tanto fue el entusiasmo de la visita para la renta del subsuelo aquel, que no reparamos en los inconvenientes que se incluían. De inmediato, entendimos que el jardín trasero había sido una carnada.

El apartamento estaba sucio hasta su médula. ¿De ese sucio inglés que no se ve porque forma parte del paisaje y de ellos mismos? De ese mismo. Ese que llevan encima desde que nacen, el idéntico al de sus casas. Las que forran con papel de pared a cuadros escoceses, con escenas de caza, motivos florales o lo que se les venga en mente, que encolan sobre mugre. Sus moquetas tienen tanta vida que cualquier color original, en el tiempo, vira al verdusco, el del musgo o el del liquen que les crece. Sus ventanas, que tendrían que ser transparentes, para aprovechar el escaso sol que les toca al año, son, sin embargo, translúcidas por las capas de polvo acumulado que nadie limpia. Me salto los baños por no ser desagradable, pero me entretengo un rato en las cocinas, la nuestra en concreto. Debido a la imaginación que desató la novela inglesa del xix, en especial Dickens, el retratista de lo sórdido, desde entonces a cualquier cosa que tuviese un fogón se le pudo llamar cocina. Y la nuestra tenía todo de eso.

Sacar el hollín nos llevó qué sé yo cuántos botes de lejía y otros productos corrosivos, cuánto forcejear contra las paredes del horno, emboscado hasta la cintura, como en una mina. Paso de comentar lo del fregadero y sí reparo en una pequeña maquinita tragaperras debajo de él, entre los sifones de sus tuberías. No encontrábamos su utilidad.

Por no molestar al dueño, llamamos a la puerta del vecino de arriba. Resultó ser una inglesa barbuda con una dentadura postiza que hacía bailar incesantemente, masticándola, ensalivándola al hablar. Nos reveló que aquella maquinita era la del gas, que proporcionada agua caliente y calefacción. Solo servían monedas de cinco peniques para hacerla funcionar, y que más nos valía hacernos con una buena reserva. Quedarnos los fines de semana sin qué para cocinar, para lavar los platos o sin poder calentarse sería un drama. De ducharse, ni habló. Pero, para muestra, un botón. Ya intimando, nos contó de los anteriores inquilinos, unas *drag queens* muy escandalosas. Cuatro eran. Tenían constante trasiego de clientela y cuando follaban, ululaban y golpeaban fuertemente las paredes con sus alzas, como si fueran martillos. Gente desagradable de todas las razas, protestó. «Espero que vosotros no seáis tan ruidosos». Y añadió: «¿Tenéis intención de prostituiros?».

Todo parecía complicado y se hacía tedioso. Enseguida se creó un bote para las monedas.

En el cuarto del fondo, el que me tocó, había fotos de machos desnudos, los que seguro las inquilinas anteriores habrían encolado a la pared, a la cabecera de la cama. No había forma de despegarlas, y en una de nuestras conferencias con casa, le preguntamos a la Tata que si había algo con qué quitar eso. Nos dijo que con agua caliente y vinagre. Pues ni así salían. Olían muy fuerte y era un olor conocido. Tras ser olfateado por tres narices distintas, nos miramos y nos preguntamos: «¿esperma?» En efecto, eso era, y con eso las habían incrustado. Costaron varias horas de bíceps, cepillo de raíces y fórmula de la Tata, pero salieron.

Rosa se había inscrito en Worthing, en una academia especializada en *dance notation*, una técnica de transcripción de coreografías en partitura musical. De lunes a viernes estudiaba allá y los fines de semana subía a Londres. Trabajaba en un restaurante griego y se sacaba un dinero extra, como teníamos que haber hecho también los demás. Pero tarados como éramos, no se nos vino en gana. ¿Pensamos tal vez en ello? No, porque no pensábamos. Hablamos de hacer algo para ganar algún dinero, pero no fue a más. Al igual que con en el resto, nos gustaba más proyectar que hacer, más hablar de ello que concretar.

Y llegó el fatídico día que tenía que llegar, el del final del dinero, que cayó entre semana. Metidos en casa, sin rastro de comida en la nevera, sin Rosa que nos echara una libra a la boca para alimentarnos, sin la Tata a quien algo se le ocurriera, nuestros estómagos empezaron a crujir. Pues ni aún así, con el hambre en curso, fuimos capaces de tomar iniciativas. Hubiese sido el momento perfecto para infundir arrojo a la situación y lanzarnos a la calle a buscar un trabajo. Pues ni así. ¡Qué desgracia! Hicimos por pensar, pero toda la sangre durante aquellos meses estuvo ocupada en repartir hormonas por las cuatro esquinas de nuestro mecanismo. Nada se movía en nosotros. Tumbados en sillones o en tierra, lacios como guepardos, nos paralizábamos a la primera de cambio, sobrepasados. A un tris de fenecer de hambre, nos podía más el romanticismo que la voluntad. Idiotas.

De pronto, una voz de hermana, vaga y medio moribunda, exhaló:

—Las moneditas... unas moneditas... allá... en la tragaperras... ¡Ve!

Desde que su mensaje llegara a mis oídos y su señal a algún resto de mi aparcado cerebro activo, y luego fuese traducida y entendida, pasó un buen rato.

Lo que Lucía pretendía decirme era que con las monedas para la maquinita del gas podíamos comprar algo de comer. Costó captarlo y cuando lo fue, nos lanzamos a la calle y en la primera tienda libanesa compramos un paquete de galletas saladas que nos llevamos al parque. De nuevo tumbados, pero esta vez bajo un árbol, las consumimos perezosamente, recuperando las calorías necesarias para una vez más, ir a caminar por King's Road y hacer pasarela. No teníamos remedio.

Allá, calle arriba y abajo, nos dio el crepúsculo. De nuevo con hambre, por casualidad pasamos por delante de un pequeño restaurante que se inauguraba, el Mowatt's, y nos invitaron a entrar. Éramos tan espectaculares que a todas partes nos invitaban, en todo lugar nos dejaban entrar. De haber sido dos adefesios, hubiésemos muerto de inanición.

Para hacer corta una larguísima historia de amistad y más, en aquel lugar topamos con dos chicos canadienses encantadores. Fred Kennedy tenía treinta y cinco años, estatura media, pelo escaso y piel cetrina. Tenía una boca ancha de dientes níveos y ojos rasgados, los de su madre, una india Ottawa. Era corresponsal de NBC, periodista y premio Pulitzer. Un hombre de acción, de trinchera. Su amigo, a quien consideraba su hermano, Douglas Newby, tenía ojos azules y piel asoleada, boca carnosa y dientes de ratón. De entre su pelo largo castaño, salían derrapando dos patillas que de inmediato embelesaron a mi hermana Lucía. Pocos días más tarde ya estaban saliendo, y Fred y yo, también.

Nos hicimos inseparables. Quién sabe si aquella estabilidad inesperada, aquella seguridad de empezar a tener un círculo de amistades y comenzar a construir relaciones, no fuese la bendita culpable de que de pronto asentáramos algo de cabeza, de que tal vez, buscando la admiración de mi compañero, me acercara a Covent Garden y me inscribiese en el Dance Center, dando comienzo por fin a mis tan deseadas clases de danza. Creo que tuvo mucho que ver. Que fue definitivo.

El Dance Center era una escuela integral. Allá no solo se tomaban clases de danza de diferentes estilos —*jazz*, contemporáneo, étnico o clásico, entre otros—, sino que se tenía acceso a una formación más amplia para hacer del alumno un artista completo de comedia musical. Y eso era exactamente lo que estaba buscando.

Fue tomar la primera clase, con una tal Arlene Phillips, y nunca más salir de aquel templo. Más tarde, Arlene se convertiría en toda una estrella del West End y de Broadway, además de colaborar estrechamente con muchos de los grupos más relevantes de los ochenta, como Village People o Duran Duran. El Dance Center también era la escuela donde los grandes John O'Brien, Katherine Dunham y Lindsay Kemp enseñaban. Clases de canto, impostación de voz, recitación y mimo, todo en un mismo edificio de tres plantas.

El ambiente era efervescente y creativo. Los talleres se sucedían y las colaboraciones combinadas entre clases y profesores no cesaban. De hecho, no conseguía dar abasto con todo. Todo me encendía, todo me interesaba y a todo lo que podía, me apuntaba.

Para el *break* del almuerzo, teníamos dos opciones: el pequeño comedor de combinados hiper saludables del mismo centro de danza, o los sanísimos puestos de batidos y ensaladas a la salida de la escuela, los del mítico mercado de frutas y verduras de Covent Garden. Pasearse por allí era como meterse en el rodaje de *My Fair Lady* esperando cruzarte con Audrey Hepburn.

Gracias a la existencia de aquel lugar fui salvado de la desidia y de una vuelta a casa que hubiese sido una derrota. En el Dance Center aprendí muchísimo. Me enriquecí. Tanto en diversificación de estilos como en anatomía. Aprendí, porque era parte vital de cada clase, dónde estaba cada hueso, cada articulación y cada músculo de mi cuerpo en cada uno de los movimientos de cada ejercicio. Aprendí a visualizarlos y a hablar con ellos. Mejoré considerablemente mi técnica. Me faltaba desde que abandoné la escuela Karen Taft en la calle Libertad de Madrid, a la que iba a hurtadillas para que mi padre no se enterara. Aprendí a trabajar en equipo y a mantener firme mi disciplina. Un cuerpo es un templo. Tu cuerpo es tu templo. Mi cuerpo es mi templo. Y es sagrado. Aprendí a madrugar, a ser higiénico, concepto que, si entre ingleses no era nada obligatorio, en el Dance Center, sí. Y eran implacables si no cumplías con las reglas.

Y lo más importante... aprendí a respirar. A respirar siempre y en todo momento. Ese pequeño impulso mecánico que constantemente ejercemos como un acto reflejo, en la danza se convierte en un aliado clave. Como cuando haces inmersión. Respirar siempre, pero respirar bien. Respirar cada ejercicio, cada palabra cuando la recitas, cuando colocas el tono, y al cantar... nunca olvidarse de respirar. Con la respiración llega la vida.

De aquel centro salí transformado para siempre. Lo hice con un bagaje de herramientas que entonces no adiviné cuánto me aportaría en los futuros venideros, cada día menos lejanos. Como fondo de paisaje en todo lo que me queda por contar, siempre estuvo el Dance Center. Cada mañana para empezar los días, cada tarde hasta casi su cierre, allí estuvo. Un punto de referencia firme dentro de una realidad transformada que me hacía sólido, seguro de mí, fuerte.

Pero si pude cursar tantos estudios fue porque, a la desesperada, un día no me quedó más opción que llamar a mi madre y pedirle un préstamo.

—Serían, más o menos, cien mil pesetas, mamá... ya sé que es mucho dinero, ¡pero justo ahora que he dado con lo que me gusta!... me dolería mucho tener que abandonarlo... No... no encuentro trabajo, mamá... nadie quiere a un menor... y encima panameño... buscan personas mayores de edad... por los sindicatos... Lo siento, mamá... Sí... nos estamos portando bien... ¡Noooo!... ¡qué dices, drogas!... ¡si no da tiempo a nada!... y además, estamos sin un duro... cómo quieres que salgamos... Pocos... amigos pocos, pero son buenos... Lucía tiene un novio... guapísimo y canadiense... no... por ahora no hace nada más que darse besos... se ha ido a vivir con él y creo que muy pronto nos vamos a ir también Andrea y yo... es que nos ahorramos mucho, y él no nos cobraría nada... Sí... Andrea llegó ya hace varias semanas... Bien... bien... Entonces, ¿qué tengo que hacer?... ¿Abrir una cuenta de banco?... Bueno, tú me dices, ¿vale?... Está bien... yo espero a que me des noticias... Te vuelvo a llamar mañana... Por favor, que sea pronto o me van a cortar el grifo en la escuela... Está bien... *Ciao, un bacio forte...*

Colgué nuestra conversación en italiano y me quedé pensando en cómo demonios me iba a hacer llegar el dinero si, siendo menor y extranjero, nunca podría abrir una cuenta corriente para hacer transferencias, ni aquí ni en Manila.

Volviendo a casa me encontré con un panorama. Las vecinas polacas del último piso, dos prostitutas envidiosas de no tener un pedazo de jardín, usaban el nuestro de vertedero. Desde su ventana, arrojaban toda la basura que generaban. Mi hermana, harta de tanta porquería, se quedó escondida para descubrir al responsable. La verdad es que aquello que alguna vez fue un jardincito, había dejado de serlo y apestaba a podrido. Las pilló *in fraganti* volcando el cubo de basura por el hueco de la ventana. Sin pensárselo, arreó escaleras arriba y llamó a la puerta. Nada más abrirla, una de las dos se llevó un puñetazo, y en lo que se quejaba, enganchó a la otra por los pelos y la arrastró escaleras abajo hasta la calle. Justo ahí, cuando le estaba metiendo duro, fue cuando aparecí. Tuvimos que repartirnos la unta. Desde lo alto de mis alzas, a mí me resultaba más difícil mantener el equilibrio en la pelea.

Lucía, que siempre iba de motera *cross*, daba patadas y partía huesos. Hacía daño. Tenía la fuerza de dos hombres y un metro noventa de poderío. A mí, en cambio, además de no tener tanta, me costaba pegarle a una mujer, por muy perra que fuese. Lo mío era más bien separar, reconciliar. Y claro... me las llevaba todas. Pero en cuanto se oyeron las sirenas, arreamos cada quien a su madriguera como suricatos. Cerramos puertas y el embrollo fue tragado.

A Lucía la arañaron, pero ella repartió maquillaje para semanas. Aun así, quería más guerra. Tuve que amenazarla. Aquella reyerta fue la gota que nos hizo tomar la decisión de mudarnos a casa de Douglas Newby.

Amanda Lear había llegado a la ciudad y de inmediato me llamó. Vivía de prestado en una casa estupenda, propiedad de la actriz Susannah York, en Glebe Place, un callejón que daba a King's Road. Estaba en pleno *affaire* con David Bowie y todo pretendía ser susurrado, todo secreto. Desafortunadamente eso, en el Londres de los setenta que yo viví y del que formé parte, era algo absolutamente imposible. Jugábamos al misterio. Fue aparecer ella y mandar todo el orden de mi vida al garete en un flash. Pero era tan divertida, osada y bella, que no me importaba dejarme arrastrar a cualquier infierno que me propusiera. Nos ligaba mucha amistad, aún más complicidad y... un pacto muy grande.

No sé cuándo se decidió, pero entre nosotros se hablaba en francés.

Me dijo: «Ven a buscarme mañana por la tarde, pasaremos por el taller de Zandra (Rhodes), he de recoger mi vestido para la fiesta de la noche en casa de Bianca (Jagger), que está furiosa porque nunca la llamas y teme por tu integridad. Dice que no puedes andar solo por ahí, que un día te van a violar. Pero creo que la interesada en hacerlo es ella (risas). ¡Viene Mick (Jagger) también! Mmmm... ¡gran reencuentro!, ¿no crees?, y Brian (Ferri) con su novia nueva, que me cuentan que es una monada, veremos. Me muero por ver a Penelope (Tree) y a David (Bailey), hace siglos que no les veo. ¡Tan felices juntos! ¿Cuánto tiempo llevan ya? Y Twiggy, ¡mi pequeña adorada Twiggy también va a estar! En fin... ¿comemos juntos? Conozco una pequeña *brasserie* a una manzana de aquí, modesta pero deliciosa. ¿Pongamos entonces mañana al mediodía en punto? Te amo, mi belleza, *ciao*!».

Con Amanda era imposible encajar palabra. Eran monólogos con intensas puestas al día y mucho *name dropping* (suelta de nombres importantes), algo muy *in* del momento que te hacía ser alguien.

Su capacidad social era remarcable. Siempre viajando, presente en actividades diversas, desde la música a la moda pasando por el cine, y musa de Dalí. Conocía a todo el mundo y todos la adoraban. Una fiesta sin su presencia brillaba menos. Íntima de todos, conocía todos los secretos de palacios y escuderías. Era la mujer, el personaje del momento.

Colgué el teléfono. Me puse a repasar los pasos de la coreografía que al día siguiente debíamos completar para la gala de fin de trimestre en el Dance Center. Llamaron a la puerta y no contesté. Quería terminar de repasarla sin interrupciones. Volvieron a llamar. Seguí sin contestar. Insistieron y grité en inglés a quien fuese que esperara un momento. Abrí la puerta y quedé de sal. Allí, justo ante mis ojos, en el umbral del 65 de Eardley Crescent, Earl's Court, Londres SW5, estaba plantada la última persona que esperaba ver aparecer, pero a la que más ganas tenía de ver: Remedios de la Torre Morales, la Tata. Con dos cojones. Apretada en su abrigo de paño verde de grandes botones, sonreía. Se me tiró al cuello.

—¡Ay, hijón!... ¡Si supieras lo que ha sido el viaje!... Si me hubieras visto yo solita... como una paleta... sin entender ná de ná, preguntando a todos en el aeropuerto pa coger un taxi... no, si ¡mérito tengo!... y luego no encontraba la maleta y me decía... y ahora para colmo ¡se me pierden los chorizos y la pasta que os traigo!

—¿Qué has traído chorizos, Tata?... ¡Tú estás loca!... Si te los llegan a pillar... ¡Te meten una multa que te mueres! ¡Te hubieran arrestado!

—Pues nada... ¡sin dinero que os hubieseis quedado! (dándose golpes en la panza). Porque aquí lo traigo... ¡metido entre la faja y el panti!

—Pero... ¿de qué dinero hablas, Tata?

—Del que le pediste a tu madre... ¿o no le pediste dinero?... Aquí está... cien mil pesetas en billetes de a mil... que dicen que se cambia mejor... Y vosotros... ¿cómo estáis aquí?... ¡Pero dime la verdad!

Se la conté. Entera de cabo a rabo. En medio de la conversación, apareció Lucía, que quedó pasmada. Y al rato Rosa, que también alucinó de alegría al verla. En un momento fuimos transportados a la cocina de Casa Somosaguas, y el tiempo se nos fue. Se hizo hogar. La Tata tenía ese poder mágico. El de calentar los corazones con fuego de leña, estuviese donde estuviese.

Deshicimos maleta, nos juró que no había venido a espiar, que en cuanto se enteró del asunto ella solita se ofreció. «Así mato dos pájaros de un tiro, le dije a tu madre, y me dio el permiso». Nos hizo de cenar, y antes de irse a dormir, para el día siguiente ya tenía hechos planes de cómo atacar a fondo la limpieza de aquel cuchitril.

Cuando de mañana aparecí en la cocina para desayunar algo antes de irme al Dance Center, la Tata ya estaba liada, apretando brillo al alicatado. Le conté mi día y le dije que la vería tarde en la tarde.

Al volver a casa, tras cuatro horas de clases, tras recoger a Amanda y abrirme la puerta de su casa un hombre desnudo de color gamba con una toalla en la cintura, que me tendió la mano y me dijo: «Pasa, soy David (Bowie)»; tras comer en aquella *brasserie* en verdad deliciosa, tras acompañarla al taller de Zandra (Rhodes), tras recoger su vestido para la fiesta de la noche en casa de Bianca (Jagger), «que está furiosa porque nunca la llamas y teme por tu integridad, dice que no puedes andar solo por ahí, que un día te van a violar, pero creo que la interesada en hacerlo es ella (risas). ¡Viene Mick (Jagger) también! Mmmm... ¡gran reencuentro!, ¿no crees?, y Brian (Ferri) con su novia nueva, que me cuentan que es una monada, veremos. Me muero por ver a Penelope (Tree) y a David (Bailey), hace siglos que no les veo. ¡Tan felices juntos! ¿Cuánto tiempo llevan ya? Y Twiggy, ¡mi pequeña adorada Twiggy también va a estar!». En fin... Tras todo eso de nuevo y lo otro aquello, volví a casa para cambiarme deprisa, sin poder con mi alma. Y aún me quedaba aún regresar a buscar a Amanda de vuelta y acudir juntos a la fiesta.

Sentada en el salón, quieta y atrapada en su abrigo de paño verde de grandes botones, grandes como ojos que todo lo observan, estaba la Tata.

—¿Adónde vas? —me preguntó.

—¿Cómo que adónde voy?... Acabo de entrar por la puerta... ¿y crees que me voy de nuevo?

—En la manera de entrar, te lo he visto... Vienes de carrera a cambiarte y te vuelves a ir... te lo veo...

—Pues sí, Tata... ¿y la verdad?... Estoy muerto y no me apetece nada... con gusto me daba una ducha caliente y me metía en la cama hasta mañana... pero no tengo más remedio que arreglarme... tengo cena y creo que va a ir para largo...

—Pues yo me voy contigo... (pausa...).

—¿Cómo que te vienes conmigo?... ¿Te has vuelto majara?... ¿Qué pintas tú allí en medio de tanto moderno y sin hablar inglés?... ¿Y quién les digo que eres?...

—Les dices que soy tu Tata... o como se diga en inglés... pero yo aquí sola yo no me quedo...

—*Hello, Mick* (Jagger)... *let me introduce you to my nannie... she just dropped in from Spain... How about that?*... ¿Qué tal así?... ¡Tú estás mal de la cabeza!

En el taxi en dirección a casa de Amanda, miraba de reojo a la Tata y no daba crédito a que me estuviese pasando aquello. Aparcamos un momento en Glebe Place, me bajé, recogí a Amanda y, al entrar en el taxi, una voz que tendía la mano, dijo:

—Buenas noches, señora... Soy Remedios de la Torre, la Reme para todos... Soy la tata del señorito Miguel... ¡encantada!

Recogiendo a dos manos y con ambos brazos la mayor cantidad de chifón pintado a mano por Zandra (Rhodes) de su inmenso vestido tulipán, sin perder el ritmo de entrada en cabina, Amanda se sentó junto a la Tata, le atizó dos besos y contestó:

—¡Pero qué divina... tu Tata!... Es un placer conocerte, querida... Yo también hablo español... (apuntándome con su dedo enguantado)... y él habla mucho de ti y te quiere mucho... ¡Vamos a pasárnoslo de maravilla esta noche!... ¿Tu primera vez en Londres?

Llegando a casa de Bianca (Jagger), ya se habían hecho íntimas. Se habían contado sus vidas y resultaban tener muchos amigos y conocidos en común.

En cuanto entramos por la puerta de Casa Jagger, Amanda, reclamando la atención de los presentes, se encargó a gritos de hacer las presentaciones y de dejar bien claro que la Tata era mi *nannie*, lo que ha todos pareció de lo más *cool*. Y entre las muchedumbres se agitó un brazo de alguien que gritaba, «Tata!, ¡Tata!, ¡Tata!» Era Patrice Calmettes, un fantástico y muy inspirado fotógrafo francés afincado en Madrid, íntimo de la familia, con quien había hecho innumerables reportajes. Era mi hermano del alma, mi cómplice, mi adorado Patrice, que también se encontraba ahí. Conocía sobradamente a la Tata y fue directo a sus brazos. La besó con cariño y se alegró muchísimo de verla.

—Ah... ¿pero os conocéis? —preguntó Amanda y Patrice le contestó:

—¡Es como mi madre!... ¡La adoro!...

—Pues al final... el mundo no va a ser tan grande... —sentenció la Tata.

La fiesta iba plagándose de gentes entre las cuales de cada tres, dos eran celebridades. En un rincón, sentada y apretada en su abrigo de paño verde de grandes botones, grandes como ojos que todo lo observan, juntando sus gruesas piernas enfundadas en medias de nailon color carne y calzada de mocasín marrón de tacón bajo, la Tata charlaba animadamente con Amanda, Patrice y varios más, entre los cuales me pareció reconocer a Phil (Manzanera), que se sumaba al idioma, y a Marianne (Faithfull), o tal vez... En fin.

Fumaban marihuana y a la Tata le llegaban los efluvios. No podía parar de reír y todos se divertían con ella a muerte. Hablaba muy alto en español para que los ingleses la entendieran.

—Pero... ¿qué hace Patrice aquí? —pregunté a Amanda.

—Te lo cuento, pero nadie debe saberlo... Está teniendo un *affaire*...

—¿Con quién?

—Con la anfitriona... hace meses... ¡ssshhhh!...

De vuelta a casa, la Tata, acalorada y roja como una pepona, no podía parar de reír. Decía: «Estas sí que son fiestas y no las que daba tu padre. Yo me mudo aquí, qué ciudad tan divertida, no me extraña que no quieras volver». Del otro lado del asiento, Patrice dormitaba. Había llegado directo a la fiesta y, en vez de quedarse en un hotel, le dije que viniese a casa y cargó con su maleta.

Y hasta aquí. Resumiendo...

Seguí con mis estupendas clases y siendo arrastrado por Amanda a todas las fiestas de la ciudad, en las que me salían amores y propuestas de futuro hasta por debajo de mi sombra. Eso sí, siempre bajo la estrecha vigilancia y el buen quehacer de Miss Lear.

Una de las citas obligadas durante mi estancia en Londres era la visita a Ava Gardner a su departamento. Se había trasladado a finales de los sesenta y allí murió. Estaba prácticamente retirada aunque seguía dejándose tentar de tanto en tanto por el cine. Tenía el pelo corto y fumaba mucho. En su apartamento, cerca de Ennismore Gardens si la memoria no me falla, luminoso y con vistas a un pequeño parque privado recintado y extremadamente bien cuidado, como dirían los ingleses *perfectly manicured*, de «impecable manicura», recibía en chándal ligero y, como de costumbre, descalza. Sus ojos no dejaban de crecer, tiernos y cálidos, y al fondo, un ligero velo de melancolía. Ava decía que le daba mucha rabia haber perdido la belleza, que era algo odioso. Era la mayor mentira que pudo haber dicho en su vida. Siempre fue bella, nunca dejó de serlo. Nosotros los hermanos, de pequeños, evitábamos mirarla prolongadamente para no caer en su hechizo. La Tata, en cambio, quedaba embobada. La recuerdo en Somosaguas, perfecta de pies a cabeza, jugando con los tres a lo que fuera con tal de estar con niños. No pudo tenerlos, de joven tuvo complicaciones y la maternidad nunca se dio. Como de costumbre, los abrazos eran largos y cariñosos.

—Un paso en falso... un solo paso en falso me bastó dar a destiempo... Si no, ahora estarías visitando a tu madre... ¡por qué poco!

—No me imagino habiendo heredado tus ojos, Ava... No me cabrían en la cara...

—¡Calla, calla!... Has tenido la suerte de tener la madre más bella del planeta... Ya se lo dije a tu padre cuando me pidió que se la presentase...

—¿Qué le dijiste?

—Le dije que se olvidara... que le presentaría a todas las que él quisiera pero a tu madre... ¡nunca!... Y me puse yo sola mi trampa porque a tu padre, ya sabes... con las mujeres no había que provocarle... y negárselo, seguro que le despertó las ganas... A mi amiga ni te acerques, le dije... ¿Cómo está Lucía?... La última vez que hablé con ella hablamos tanto que nada más colgar tuve que firmar el contrato de una horrible película para pagar la cuenta de la conferencia, ¡imagínate!... Me contó que se lleva mejor con tu padre... me alegro... y que detesta el cine como nunca... ¡ah, cómo la entiendo!... El cine no está hecho para las mujeres como nosotras... acabamos siendo objetos de escaparate y no hay modo de salir de esa maldita casilla... ¿Cómo van tus estudios?

—Van bien... adoro esa academia y adoro su ambiente... siento que formo parte de una gran familia...

—Cuando los acabes... ¿Cuántos años son?

—En principio, un mínimo de tres.

—Cuando acabes tus estudios, te voy a ayudar... Conozco a toda la gente más importante de los teatros de esta ciudad... Es un ambiente cerrado y hostil, terriblemente *snob*... y será bueno tener madrina, créeme... O eso... o ir de cama en cama... y tú no vas a pasar por eso...

—¿Porqué siempre están las camas de por medio en todo, Ava...? ¡Es una constante!

—Si quieres una respuesta obvia... ya sabes por qué... si quieres que adivine... nunca lo supe... Son dos cosas que no tienen nada que ver... Uno puede tener talento en la cama y no fuera de ella... y viceversa... Y si un productor desea locamente a una actriz... bueno, que la haga su amante y que no le haga pasar por tanto chantaje... Pero yo voy a impedir que tú pases por eso... eres un hijo para mí... te quiero mucho y, además, tus padres no me lo perdonarían... sobre todo tu padre... No quiero tener que volver a soportar sus reproches... ¡Qué hombre tan pesado!

—Os quisisteis mucho, ¿verdad?

—Yo por lo menos... estaba loca por él... Hablando de camas... ese sí que tenía buena cama... pero era muy celoso... No era fiel pero pretendía que yo lo fuese... y la verdad... nunca he tenido que hacer ningún esfuerzo por serlo... Cuando he amado, he amado solo a un hombre a la vez... Pero tu padre era muy controlador... y si él no estaba... dejaba siempre a alguien «para acompañarme», para que no me sintiese sola y que me ayudase... ya sabes...

En aquel contraluz difuso, dibujado entre copas de árboles y un trozo de césped que dos cortinas de color beis suave enmarcaban, Ava dio una profunda calada, se recogió en ovillo en su butaca pálida, como un perrito que quiere entrar en calor, absorta en el pasado, mientras con la yema de los dedos de la mano que no fumaba, recorría el filo de las uñas de los dedos de sus pies perfectos.

—Creo que él también me quiso... como lo hacían los hombres de aquellos años, eso sí... daba igual la nacionalidad que tuviesen... Porque he oído hablar mucho de que si los toreros tenían que comportarse y sentir como toreros, que si los galanes de cine iban por la vida rompiendo corazones... No... no era así... En aquella época los hombres estaban todos como almidonados... no se descomponían, y menos en público... Demostrar emociones era declarar su debilidad y falta de hombría... ¡Qué pena!... Ahora todo es tan relajado... Pero si quieres una respuesta, es que sí... tu padre estaba enamorado de mí o no hubiésemos pasado por todo lo que pasamos... no hubiésemos sido tan cómplices... Era muy divertido... ¡brillante!

—¿Es verdad esa historia que tanto se cuenta?

—¿Cuál de ellas, Miguelito?

—Se dice que la primera vez que estuvisteis juntos... que os acostasteis... papá se levantó y empezó a vestirse sin perder un momento... y que cuando le preguntaste que adónde iba con tanta prisa, él te contestó: «¡A contarlo, hombre, a contarlo!»... Quería que el mundo entero se enterase de que se había acostado con Ava Gardner... ¿Eso es cierto?

Ava echó la cabeza hacia atrás, doblada por una risa que durante unos momentos la transportó al pasado, rejuveneciéndola y llenándola de lozanía. No podía parar.

—¡Maldito!... Ni me acordaba ya de esa historia... ¡No me digas que aún sigue viva!... ¡Maldito torero!... A él siempre le gustaron los trofeos... La historia no fue... exactamente esa... pero ya no merece la pena cambiarla... Me parece que la anécdota es genial así contada y que cualquier otra versión sería menor...

—Y entonces ¿cuál fue?

—Esa frase la dije yo... y se quedó en una intención... Estábamos los dos fumando, agotados, desnudos... y yo dije... estoy por levantarme y gritarle al mundo que acabo de acostarme con el hombre más guapo del universo y que estoy enamorada de su cama... Esa fue la verdad... pero tiene más ingenio dicha por él... Dejémoslo así... Si leyese esa frase en un guion, pensaría que es la de un actor... no la de una actriz... Tiene más fuerza dicha por un hombre... en boca de una mujer sonaría vulgar... Quizá sea un pensamiento machista, pero qué más da... Dejémosla así... no toquemos nada... podría haberla dicho tu padre perfectamente... tenía ese humor... esa rapidez de pensamiento... Que se la quede...

Cuando Ava vivió en Madrid, mi madre se encargó de cuidarla y su amistad se hizo de acero. Se consolidó. Ninguna de las dos, teniendo enfrente a la otra, aceptaba ser la más bella y ambas se enfadaban. La más bella eres tú. No, tú eres la más. Y Ava, mientras llenaba sus siete chupitos de diferentes alcoholes, recordaba una vez más a mi madre que, acabado de beber el último, por favor, la abandonase a su suerte, que se marchara como de costumbre, porque con el último despertaría el monstruo y hasta ahí podía garantizarle su amistad. Después no conocería a nadie ni recordaría nada.

Las tardes en su apartamento de Londres eran amables, llenas de abrazos y té, acabando ambos apretados en su butaca, hechos un nudo, pegados al primer plano el uno del otro. Ava en gran pantalla, Ava la de los pies descalzos con perrito, Ava la de las manos suaves, Ava la hechizadora, Ava la mujer perfecta que tanto gustaba jugar a ser una niña más, alargada sobre el linóleum azul del cuarto de jugar de la casa de Somosaguas; Ava la misteriosa de gafas oscuras, incluso en los interiores a oscuras; Ava querida.

—Ava... te veo la próxima semana, ¿te parece?

—O la siguiente... cuando tú puedas... pero no me olvides... No me dejes sola...

Todos, menos Rosa Lagarrigue, acabamos mudándonos a casa de Douglas Newby. Patrice, Andrea, Lucía y yo.

Una noche, mientras estábamos fuera, todos excepto Andrea, que dormía, el apartamento de Newby se incendió. Perdimos todo y Andrea estuvo a nada de arder. Douglas, casualmente, estaba ausente, y no se supo de él hasta varios días más tarde. Hubo sospechas...

En el incendio desaparecieron joyas de familia y de Patrice, muy valiosas. Esto ya empezaba a oler mal...

Recogimos lo que pudimos de entre los escombros y mientras encontrábamos nueva casa, nos apelmazamos en los dos únicos cuartos que se salvaron de las llamas.

A los pocos días, Douglas y Lucía rompen. Douglas se va de su casa y abandona Londres. ¿Con qué dinero? Douglas decía ser carpintero, aunque su apartamento era más bien de alguien con recursos. Algo aquí no cuadra...

Recibo una llamada de teléfono de la William Morris de Roma. Carol Levi, su directora, me pregunta si estaría interesado en hacer carrera en el cine. Le contesto que por qué no. Me responde que me suba al primer avión porque empiezo a rodar en Sicilia en una semana y he de hacer al menos una prueba de vestidos. Me cuenta: «es un film de época basado en una gran novela. He leído el guion y es bueno. Tú serías el protagonista. Se titula *Il garofano rosso*, del libro homónimo escrito por Elio Vittorini, dirigida por un joven, Luigi Faccini. Si me dices que sí, te hacemos llegar el billete. Roma te espera». Y sin pensarlo dos veces, acepté.

Nos desperdigamos. Patrice se quedó en Londres, Lucía y Andrea, sin más opciones, volvieron a Madrid. Rosa en Brighton. Yo a Roma.

Años más tarde, me volví a encontrar con Fred Kennedy. Me preguntó si me había llegado la noticia. Me contó la verdad. Me contó que Douglas le había mentido. Que nunca fue carpintero. Que en realidad, Douglas «Canada» Newby era mercenario de élite. Que así se ganaba la vida. Que tras el incendio se alistó en una misión en Angola. Le pegaron un tiro. Lo mataron. Encontraron su cuerpo descuartizado a machetazos en una fosa. Me dijo que tal vez nuestras sospechas de entonces estaban fundadas. De esa manera, se cerraba la historia y encajaban todas las piezas.

19

Roma, última parada

Conducía un MG rojo biplaza descapotable de 1954, que me estaba esperando en Roma desde que nací. Fue la herencia de mi madre. Lo dejó al cuidado de su amiga, abogada y agente, Esa de Simone. Al abandonar Roma para trasladarse a vivir a España, le dijo convencida que le diera mantenimiento porque algún día ese coche sería de su hijo. «¿Qué hijo?» »El que voy a tener con el torero, el primero de muchos. Para él será».

Dieciocho años más tarde cumplí con su deseo. Paseaba por la ciudad eterna, que no puede serlo más, por gozar de un clima privilegiado casi todo el año, para mi gusto demasiado húmedo de mayo en adelante, hasta entrado septiembre.

Atrás quedaba Londres, las alzas, el maquillaje, el pelo largo y las modas *glam* y *gay power*. Tras aterrizar en Fiumicino, aeropuerto de la ciudad de Roma, fui directo a la Sastrería Tirelli para la prueba de vestidos de la película que empezaba a rodar en una semana, la primera de las muchas que filmaría durante aquellos dos años largos vividos allá, residiendo en una habitación de casa de Simone, en Via Cardinal de Luca 19, cuarto piso izquierda, pegada al Ministerio de la Marina, frente al río Tíber.

Allí, en la misma sastrería, me cortaron el pelo al estilo de los años veinte, y al día siguiente tomé el primer avión rumbo a Siracusa, Sicilia, donde me quedaría tres meses rodando *Il garofano rosso* a las órdenes de Luigi Faccini.

Durante la primera lectura de guion, caí fulminado por mi compañera de reparto, Barbara Nascimben, mi amada en la cinta.

Aquel mismo día comenzó un cortejo tímido, en paralelo a las secuencias del guion, que culminó con un primer beso dado en pantalla, y que nos sirvió a los dos para sellar un amor que duraría casi hasta que dejara Roma. Amé a Barbara como creo no haber amado antes a ninguna mujer. Después hubo otras que quise con locura. Pero, hasta aquel momento, nunca había vivido esa torpe sensación de entumecimiento que todo lo ofusca. Ese calorcito rico en el corazón, que sientes al abrazar a tu amorosa.

Terminado *Il garofano rosso*, de nuevo volví a Sicilia para el rodaje de mi segunda película, *Giovannino*, también de época, junto a Christian de Sica y la bellísima Tina Aumont, hija de Jean-Pierre Aumont. La película se conoció como «la de los hijos de». Todos en su elenco resultamos ser hijos de famosos actores y directores de cine. Al terminar *Giovannino*, comenzó *L'orca* de Eriprando Visconti, luego *La Gabbia* de Carlo Tuzi, seguida de *Suspiria* de Dario Argento... Y así sin descanso. El cine me proporcionó estabilidad e independencia económica total. Me permitió incluso comenzar a aportar modestas sumas de lo que conseguía ahorrar, que enviaba a casa, contribuyendo a su manutención.

Sin embargo, a pesar de mis esfuerzos por sujetar en corto a mi naturaleza, no conseguí serle fiel a Barbara. Con todas las coprotagonistas de las películas que fui rodando mantuve una relación. Con todas. A eso se le llamaba «el efecto Mastroianni». Era notorio que Marcello mantenía romances con sus compañeras de reparto, con algunas de ellas incluso se casó, tuvo hijos. Aunque Flora siguiese siendo su norte, su Penélope.

Entré a formar parte activa de aquel método que, por supuesto, me trajo serias discusiones y amenazas de término de relación. Pero Barbara estaba tres veces más enamorada de mí que yo de ella, y bastaban algunas palabras de arrepentimiento, de esas que culminan en un «te juro que no lo vuelvo a hacer, he sido un idiota», que jamás los hombres cumplimos, pero que sirven para darnos un plazo extra antes de volver a cometer perfidia, y ella volvía al redil. Después de una pizza en alguna *trattoria* con serenata napolitana, de unos largos y suaves besos, aparcados en mi flamante MG rojo de 1954 a la luz de la luna, para cerrar la noche en los brazos del otro, quedaba listo para depredar de vuelta. Sí... no me causaba remordimiento alguno. A pesar de ser un cliché, funciona siempre. Hay que tener mano, pero no falla. Lo había heredado. Nunca en mi vida le fui fiel a nadie. Es una tendencia común al género masculino. No le demos más vueltas.

De todos los rodajes, el más peculiar fue el de *Suspiria,* hoy convertida en película de culto. Recién llegado del Dance Center de Londres, el papel de bailarín me lo llevé de calle en las audiciones.

Dario Argento era un personaje en todas y cada una de sus letras. Parecía loco, sin embargo, era de extrema lucidez. Dibujaba *story boards* llenos de detalles de cada toma, delirantes, psicodélicos. En su habitación del Hotel Flora, justo en el arranque de Via Veneto, pegado al Muro Torto, tenía su base operativa. Un día, el edificio entero empezó a oler a carroña y el olor fue en aumento hasta hacerse insoportable. Revisaron cada habitación a fondo, cañerías y conductos del aire. Nada. Según uno se acercaba al cuarto de Argento, el hedor se hacía más fuerte, y finalmente no le cupo duda a nadie de que su origen estaba allí. Pero él no permitía la entrada, alegando que, como cliente, tenía unos derechos de privacidad que debían ser respetados. Ante la fuga masiva de hospedados, no hubo más remedio que llamar a los bomberos, que irrumpieron en la habitación derribando la puerta.

En la tina del cuarto de baño, descubrieron una carcasa de cordero ya casi consumida por miles de gusanos, que él dijo «cultivar» por ser de necesidad para una de las escenas de la película. Era una en la que Alida Valli y yo entrábamos en la buhardilla de la casa escuela en la que se desarrollaba la historia. De repente, una enorme lluvia de larvas nos caía de entre las tablas del forjado causándonos enorme espanto y poniendo al descubierto las claves del misterio a resolver de la película. Y él, personalmente, en vez de encargar la cría de aquellos bichos a alguien lejos y fuera de la ciudad para evitar pestes, decidió hacerlo en su mismísima habitación de hotel. Dario contaba que observarles en la tarea de roer la carne hasta el hueso le provocaba mucha calma, como quien se queda prendado ante las llamas de un fuego. Pasaba largas horas de la noche estudiándolos mientras hacía apuntes.

El rodaje fue de lo más divertido que recuerdo. Los actores adultos lo pasaban fatal, morían del miedo. Pero ese era el género de la película, y Dario Argento se encargó desde la primera toma de que el *cast* entero entrase en tensión. No fue la única sorpresa.

Como paisaje de fondo tenemos, entonces, los rodajes que se sucedían, solapándose incluso en un par de ocasiones, los amoríos con todas las actrices de reparto y mi relación nada estable pero oficial con Barbara Nascimben. Era independiente en mi economía, colaboraba en casa, disponía de chequera, y la ciudad se maravillaba con aquel jovencísimo con gafas de sol, al que se veía pasar, fugaz como una exhalación, al volante de un esplendoroso MG de 1954 biplaza descapotable, con llantas de radios y neumáticos en blanco y negro. Roma me adoptaba y yo pensaba que mi futuro estaba en los grandes estudios de cine, no cabía otra opción. La vida fluía y las propuestas de trabajo iban en aumento, cada vez de más calidad.

Mi grupo de amigos fuera del trabajo eran divertidos y venían de muchos ambientes diferentes. Meralda Caracciolo, sin duda, fue la amistad más importante.

Aristócrata rebelde de inmenso corazón, me acogió y protegió en los peores impases de mi estancia en Roma. Por ejemplo, tras el robo de mi flamante MG rojo de 1954, que me supuso un tremendo golpe. Sobre todo, porque no iban a existir palabras con las que defenderme de los ataques e insultos que mi madre iba a propinarme. De hecho, empezó por llamarme idiota, y de ahí p'arriba. No fue un descuido, no se lo llevó la grúa, como al principio creí. Me bastó una llamada de teléfono a la central del ayuntamiento. El coche no estaba ahí, ni lo estuvo en los siguientes días en los que seguí llamando, aún esperanzado. Até cabos y no me cupo la menor duda de que la desaparición de mi amado *alter ego* radicaba en los constantes papelitos que aparecían cada día, pillados entre los pliegues de la capota. Muchos eran anónimos. Otros adjuntaban un número de teléfono, pero todos preguntaban: «¿Quiere usted vender su coche? Llame a este número». De un gesto reflejo, los rompía y tiraba. Ni los leía. Pero a partir de una fecha empezó a ser sospechoso que no solo los dejaran en los lugares de aparcamiento cerca de casa, sino en cualquier lugar de la ciudad donde aparcara. Me perseguían en corto, estaba claro. A la salida de los restaurantes, segundos más tarde al regresar de comprar los periódicos a pie de kiosco, con el motor aún en marcha y en plena calle. El día del robo noté un soplo en la nuca, una presión. Un amigo me aseguró que, «cuando empiezan así, con tanta insistencia, el coche ya está vendido. ¿Cómo que está vendido? Sí, que el cliente, seguramente, un coleccionista alemán, allá hay muchos que pagan bien y en marcos, lo quiere ya mismo. Si no respondes a la oferta, te lo roban. Está sentenciado». No le hice caso.

Acudí a sacudirme toda aquella sombra de corazón a casa de Meralda. Me entregó su Wolkswagen escarabajo verde botella en ese mismo instante. Me dijo: «Olvídate, llorarle no te lo va a devolver. Necesitas un transporte que te lleve a donde tengas que ir y este es nada espectacular pero duro como pocos, pasa raspado por los callejones más estrechos de la ciudad, y lo mejor... tiene cuatro ruedas. Ya verás que, con el tiempo, te va a ser fiel como un perro. Ahora necesitas un compañero alegre y simpático que te demuestre que las chicas caen muertas de amor por ti, no por el guapo aquel de ruedas bicolores y peinado descapotable. Su motor hace un ruido adorable, ronronea. Llévatelo, es tuyo». Y me lo llevé.

El primer viaje que hice fue a Velletri, donde mi recién casada y parida hermana vivía. Era la casa de sus suegros, Marisa e Italo. Quedaba a las afueras de Roma, y en cuanto podía, allá que iba. Bimba acababa de nacer y la familia entera era un pesebre. Lucía se había casado con Sandro Salvatore, mi mejor amigo romano, mi uña y carne. Sandro y yo, a quien conocí ennoviado con otra amiga muy querida, Roberta Riccardi, la *Tzotzas*, desarrollamos una amistad fraternal. Era un tipo atractivo, muy masculino y de inmensa simpatía. Juntos arrasábamos. Ligábamos sin fronteras. Tocábamos guitarra y cantábamos el repertorio entero de Simon y Garfunkel. Él Simon, yo Garfunkel. En una de sus visitas a Roma, Lucía cayó secuestrada de amor por él, y al muy poco tiempo de salir juntos, se casaron en la finca de mi padre en Andújar, Jaén, en La Virgen. La boda fue apresurada y a ella asistieron exclusivamente los miembros de las dos familias más un pequeño puñado de amigos cercanos. Nadie más. Lucía de casó con corona de flores y mantilla blanca larguísima. Sandro de blanco y camisa salmón, a tono con el vestido de la esposa. Y como si el evento no hubiese

sido digno de un tiempo de festejo más importante, uno más holga-
do, tras el casamiento, cada quien volvió a sus quehaceres a la carrera.

Ese rasgo siempre fue muy característico de las familias, la Bosé
en especial, más que la Dominguín, la falta de celebración de todo,
en general. Cayeran bautizos, comuniones, cumpleaños, bodas o
entierros, daba igual. Se le dedicaba mínimo y estricto necesario,
ni un segundo más. Como si al hacerlo se incurriese en algún pe-
cado indeleble. Como si el exceso de regocijo, o de sufrimiento y
pesar, fuese nada saludable, no ya para el cuerpo o la mente, sino
para la reputación. Uno se alegraba lo justo y padecía lo debido, ni
un gramo más. Y después pitando pa casa. ¿La verdad? Somos
alérgicos a las reuniones.

La boda de mi hermana Lucía no cayó en la excepción y eso que
a la Tata le hubiese gustado tener más tiempo de disfrute. «Esta va a
ser la única que pase por el altar», decía. «Ya lo he visto en vida. De
Paolitis, no sabría qué decir. Ahora, por el que sí meto yo la mano en
el fuego es por Miguel. Ese no se casa ni atao».

Poco tiempo antes, en Roma, había ocurrido una tremenda desgracia...

Unos meses después de que Lucía hermana anunciara su embarazo, Barbara, mi novia, anunció el suyo. La noticia nos cayó a
todos como una bendición. Sandro y yo, como cabezas de futuras
familias, empezamos a hacer planes adultos. Nos veíamos com-
partiéndolo todo, haciendo vidas juntos como una gran abultada
tribu. Los bebés tendrían muy poca edad de diferencia y a todos
nos pillaba... ¡tan jóvenes! La vida por delante sería bella, amorosa
e idílica. Soñábamos.

A la vuelta de un rodaje, Esa de Simone me pidió que llamara
con urgencia a casa de Barbara. «Algo ha pasado y no debe de ser
nada bueno», comentó. «La persona del otro lado del teléfono parecía muy asustada».

La noticia que me dieron fue que «Barbara ha tenido un accidente de Vespa... está fuera de peligro... muchos golpes y rasguños, moratones y alguna contusión, nada grave realmente, pero... ha perdido el bebé». Estaba de muchos meses, ya avanzada. El golpe fue

durísimo. Todos aquellos sueños felices quedaron rotos en un descuido. La tristeza invadió muy rápido todo lo bueno vivido y la barrena depresiva en la que Barbara entró se hizo insondable. A pesar de las atenciones y de la entrega que le di, no hubo manera de recuperarla. Se me fue y para siempre. Rompimos, nos distanciamos y el amor cayó por un sumidero de reproches y de lágrimas horriblemente amargo y cruel.

Me refugié en Meralda, en su calor, su cariño y en sus especulaciones. Se preguntaba sin cesar qué hubiese sido de nosotros de haber entrado a ser familia, si estaríamos acurrucados, lamiéndonos las penas el uno al otro como ahora, o qué tipo de relación tendríamos. «Nada, Meralda. Nada de eso hubiese sido posible», le repetía sin cesar. «No quieras cambiar las cosas, hay que dejarlas estar. Ese juego te está perturbando. Si te apetece, puedes adoptarme».

Los Caracciolo estaban emparentados con los Visconti y ella se divertía elucubrando en qué hubiese sido de mí si mi madre, en su momento, se hubiera casado con Edoardo Visconti, hermano de Luchino, y no con el torero. «¿Qué hubiese sido de ti?», me preguntaba. «¿A quién te parecerías? ¿Tendrías esta gran nariz aguileña que todos tenemos y nuestro carácter pestífero? ¿Te parecerías más a Bambi Parodi o a mi hijo Edoardo? ¿O tal vez a Verde?». El deseo de que formase parte de su familia cargaba con tanto empeño que insistía en demostrármelo a diario. Sentada en su diván, cigarrillo en mano, grácil como una gacela, me ponía al día de sus movidas. Que si su hermana es una estirada, que si su exmarido tiene una novia insoportable, que si sus hijos, Edoardo y Anna (ambos bellísimos), no se aclaran con sus futuros, que si esto, que si lo otro, que si Athos, que si Portos, que si Aramis... Todo era un combatir contra el mundo que la excluía y parecía no aceptarla. Mucho menos entenderla. Escurrida en el interior de sus largos vestidos *hippies*, como de Laura Ashley, se agarraba al auricular del teléfono con garra de pigargo, hinchando todas las venas que su extrema delgadez ramificaba a vista hasta el punto de oírlas latir y, enarbolando causas generalmente perdidas, atacaba a su interlocutor hasta babear por las comisuras. Tenía un sentido de justicia muy personal y su mundo era de otras épocas.

En uno de los rodajes, uno de los actores me preguntó si tenía intereses políticos y respondí que no. Me dijo: «¡Hay que posicionarse, Miguel! Debemos defender nuestros derechos y nuestros ideales. ¡Mírate! Eres exactamente el tipo de persona que el sistema busca fabricar, alguien entumecido y ajeno a los daños que los gobiernos infligen a sus ciudadanos. ¿Crees que a ellos les importas? ¿Crees que ellos te protegen? No, querido, no. Ellos lanzan su carnada para que piques en campaña, y una vez que la tragas, ¡estás olvidado, muerto! Un tipo como tú tiene madera de líder. Piensa a cuántas chicas podrías llevarte de calle con un buen discurso. En qué tipo de héroe te convertirías en los barrios marginales, en donde a la gente solo le interesa que les prometas las cuatro cosas que ellos reclaman, baratijas. Pero, sobre todo, un buen semblante, la imagen de quien les promete, esa es la clave. Y tú... es que lo tienes todo para triunfar en la política, ¿y lo mejor?... Que tienes toda la vida por delante. Más grande sea tu carrera en el cine, más lo será en la política».

No creo recordar algo que me interesara menos que la política y aún menos los discursos zafios y tópicos con los que aquel tipo me solía abordar. Cada vez que se me acercaba, curvaba hacia el lado opuesto para evitarle. Era muy simpático pero extremadamente pesado. Me dijo: «El próximo sábado es mi cumpleaños. Doy una pequeña fiesta en mi apartamento. Conoces a casi todos y habrá baile en el balcón. Si te apetece te espero a las siete». Y fui.

En efecto, casi todos los presentes formaban parte del equipo del rodaje. Llegué tarde y la fiesta ya estaba animada. En uno de los divanes del salón, un hombre de unos cuarenta y cinco años, de pelo blanco y largo, daba una charla a un grupo de personas. Le escuchaban con mucha atención y parecían hipnotizados por él. Me acerqué a oír y no tardé en quedar atrapado por su discurso cabal y lleno de sentido común. Todo lo que decía me resonaba. Hablaba con entusiasmo, apasionadamente, y los argumentos, en su voz ligeramente rota, se hacían vibrantes. Quise conocerle. Una vez disuelta la reunión, me acerqué y me presenté. Me dijo: «Me llamo Marco, Marco Pannella, y soy el actual presidente del Partido Radical italiano». Caí en quién era. Le había visto decenas de veces por televisión, removiendo las palabras de sus discursos en el aire, con manos y brazos, como si fuese prestidigitador. Que de hecho lo era. Tenía un fuerte carisma y un magnetismo nada común. Cualquier estrado que asaltara se convertía en la proa de sus ideales, desde el que lanzaba con extraordinaria retórica las propuestas visionarias que le asaltaban durante las noches de estudio en vela, en las que muchos de nosotros, los más jóvenes, acabábamos por acompañarle. Necesitaba el debate para contrastar sus proyectos, lo necesitaba como el agua, y quería voces que le trabaran las ruedas, que le cuestionaran lo que no era capaz de discernir. Aleatoriamente, escogía grupos de cinco o seis, haciendo rotar a todos, para compartir aquellas maravillosas veladas durante las que, al tiempo que nos formaba, le hacíamos de *sparring*.

Acabamos siendo grandísimos amigos, muy estrechos, muy íntimos. Como pasó con todos sus escogidos, Pannella nos acercó a la realidad política de una Italia estancada. El proyecto del Partido Radical, por entonces aún extraparlamentario y de centro izquierda, pretendía reavivar el discurso de las necesidades sociales básicas, «las banderas del progreso», así las llamábamos. Entre ellas estaban la ley del divorcio y del aborto, las políticas verdes y medioambientales. Éramos antibelicistas, pro diálogo de paz. A la cabeza del programa feminista, en nombre del cual se hicieron las mayores manifestaciones, además de las de prodivorcio, las más masivas, estaban dos mujeres de extrema brillantez política: Adele Faccio y Emma Bonino. Ambas de igual protagonismo en el partido que Marco. Ellos tres, puedo asegurar con toda certeza y orgullo, fueron mis maestros de mis primeros pasos en política. No tardé en sacarme el carné, que aún conservo, y por ende verme integrado en las tareas burocráticas que se requiriesen. Éramos familia, éramos piña. Desde el primer momento, se aprendía a trabajar en equipo. Terminando mis sesiones de rodaje, corría a la sede en Via di Torre Argentina, y me asignaban ocupación. La primera, nada más inscribirme, una de novato, era la de ir a darle de comer a los gatos de Pannella dos veces al día, en su casa de Via della Panetteria. Tenía varios que adoptó, que no solo misteriosamente cambiaban a diario de pelaje, sino que acabaron multiplicándose, llegando hasta los tejados de las más lejanas manzanas. Corrieron la voz.

Mi compromiso político empezó entre aquellas calles del centro romano, Via del Popolo y Via del Babuino. En aquellos metros cuadrados, a escasos minutos a pie de donde vivía, empezó a gestarse otro Miguel. El que más tarde, como ciudadano, pasaría a identificarse con ideologías que con el tiempo se disolverían, transformarían o corromperían, teniendo que activar la musculatura del desencanto. También nació una conciencia de cooperación y solidaridad. La que en años venideros se enzarzaría en cruzadas inagotables en pro de la preservación y defensa de los océanos y los mares, del derecho humano a la paz, de temas medioambientales, y en decenas de otras causas. Fue allí, en aquella época romana, entre los rodajes de cine y otras correrías, allí nació.

Me hice grumete de Marco, «Cristóbal Colón» Pannella, así apodado porque esos eran su perfil, su semblante y su capacidad de comandancia. Como peón de a bordo, pensando que podía cambiar el mundo, me entregué entero al proyecto y a su capitán de navío en cuerpo y alma.

El año en el que el Partido Radical consiguió sus primeros cuatro escaños fue el del comienzo de su declive, de su fin. Marco lo tenía claro, sabía que iba suceder, que era inevitable, pero se trataba de hacer crecer al partido, no de él. Si por él hubiese sido, se hubiese quedado leyendo hasta el amanecer los poemas del poeta francés Victor Segalen, que tanto amaba, que compartíamos, estudiando sus versos y el porqué de sus estructuras, la elección de cada palabra, con fondo de aromas de principios de siglo y opio.

Au compagnon qui quitte ce compagnonnage...
Toujours à toi, mon cher Marco. Toujours dans mon cœur.

En medio de tantas propuestas de cine, me llegó una de España de la mano de Antonio Giménez-Rico, *Retrato de familia*, basada en una novela de Miguel Delibes. El guion era magnífico, el reparto excelente. Mis compañeros serían Mónica Randall, Antonio Ferrandis y Amparo Soler Leal. Dejé Roma por unos meses y volví a Madrid con gran regocijo de la Tata. Durante un tiempo iba a poder atufarme con sus cuidados e intentar engordarme con sus guisos.

Antes de su estreno, la película ya era un éxito. El revuelo que causaba la historia en sí, picante para los tiempos, corría de boca en boca y se especulaba sobre una relación fuera de cámaras entre la Randall y yo. Todo eso creó una expectativa que reventó las salas desde el primer día. No hay mejor campaña que la de las lenguas de la gente. Para bien o para mal. Esa vez ayudaron.

Una noche acompañé a mi madre a una cena que Tomás Muñoz, por entonces presidente de la discográfica CBS, daba en honor a Neil Diamond, artista que arrasaba en el planeta entero. La reunión tendría lugar en el estudio de baile de Antonio el Bailarín, en la calle Cartagena, en Madrid.

Tenía verdadera devoción por Antonio, un artista único, precursor en su época y de inmenso talento. Cada año, como apertura de la temporada del Teatro de la Zarzuela, Antonio el Bailarín presentaba un nuevo espectáculo de danza. Lo componían varios cuadros flamencos con música de Granados o Falla en su mayoría, sus favoritos, de otros con bailes regionales, y como cierre estrella, sus coreografías de clásico español que tanto me gustaban, con su inmenso cuerpo de baile al completo. El vestuario y las escenografías eran soberbios, un viaje a otras comarcas, a otras dimensiones. De niños, nada podía gustarnos más que asistir a sus estrenos en el palco que ponía a nuestra disposición. Eran cuatro los grandes momentos de nuestra infancia: aquel día de la Zarzuela, el del Circo Price para ir a ver a los domadores y a la renombrada trapecista Pinito de Oro, el del Desfile de los Ejércitos de la Nación cada 12 de octubre y la visita al Parque de las Fieras en el Retiro para ver a los osos polares. Y un quinto... la Feria del Campo en la Casa de Campo y sus corrales de animales de granja, los del concurso.

El estudio de Antonio era grande y muy alto de techo. Tenía un escenario importante y una platea con parqué de madera sobre el que instalaron las mesas para la cena. Creo recordar unas quince de a seis comensales, redondas y vestidas impecablemente, ya que entre los invitados se esperaban algunas realezas.

En efecto, entre los invitados, en su mayoría artistas, periodistas y ejecutivos de la compañía, se encontraban Alfonso de Borbón, muy asiduo a las fiestas de Madrid, y los reyes de Bulgaria, Simeón y Margarita. Me tocó estar en la mesa de Margarita, sentado enfrente, y fui testigo de una de las anécdotas más inauditas que recuerde. Ella vestía un traje de terciopelo color anaranjado, óxido vivo tal vez, si mal no recuerdo, un palabra de honor de corsé muy ajustado, abriéndose en flor desde la cintura hasta el suelo, un gran traje de noche. Lucía un ajuar de joyas a tono con el vestido, topacios oscuros probablemente. Se servía un *bisque de homard*, una crema de bogavante. Los camareros, con muy buen pulso y largos cazos, llenaban los platos soperos con delicadeza, hasta que hubo un tropiezo. ¿Tal vez fue culpa de algún brazo suelto y descriptivo de algún comensal que golpeó contra el del que servía? El caso es que la crema voló, yendo a caer sobre el pecho enjoyado de la reina Margarita. La vi escurrirse, bajar canal abajo, y entrar por el hueco de su palabra de honor, paralizando en seco al entorno entero. Flash. Margarita no gritó. A pesar de la insoportable quemadura, simplemente apartó las manos del vestido y, abriendo ojos con boca de asombro, aspiró el aire hacia adentro, como quien se atraganta, y tras unos eternos segundos de espera, exhaló y dijo: «No pasa nada, simplemente un accidente, puede pasarle a cualquiera, prosigan, yo vuelvo en un instante». Se levantó, pidió tranquilidad y desapareció de la fiesta, cubierta de crema de bogavante, del mismo color que su vestido. Ni contar el bochorno que se cortaba.

Con mucha mano izquierda, Simeón dedicó unas palabras al incidente y pidió que todo retomara su curso. Dijo: «Queda cena para largo y lo ocurrido no es más que un avance del menú de entretenimientos que la noche nos depara». Hubo risas y aplausos, y la atmósfera recuperó su normalidad.

Una reina había sido abrasada viva ante mis ojos. La vi cubierta de una sopa que le corría pecho abajo hacia su real ombligo ¿y el hecho no tendría más consecuencias? Aquello me transportaba a los cuentos de mi infancia sobre la Revolución francesa, los del Liceo Francés. Según fui sorbiendo, cortando y masticando, no perdía de vista la entrada por donde aquella reina se había fugado. Esperaba su regreso. Tal vez el de alguien con su cabeza en una bandeja, o a la carrera, perseguida por el pueblo que la reclamaba para su guillotina. Pero algo tenía que pasar, la cosa no podía acabar ahí.

Tocando los postres, Margarita de Bulgaria reapareció. Cambiada y refrescada de pies a cabeza. Volvió sonriendo y saludando de nuevo a todos, bromeando y quitándole hierro al bogavante. Regresó vestida de raso de seda verde esmeralda, a tono con el nuevo aderezo de joyas que lucía con toda naturalidad, un tocado de esmeraldas casi negras engarzadas en una tormenta de diamantes que destellaban júbilo. Nos quedó claro que más valía una reina resucitada que no una achicharrada.

Acabando la cena, Tomás Muñoz subió al escenario dando la bienvenida a los invitados. En especial al personaje para quien la cena iba en honor, «¡el señor Neil Diamond! Recibámosle con un gran aplauso», y Neil Diamond cantó. Nos dedicó a la guitarra varios de sus éxitos, y cuando llegó el momento de su famoso *Song Sung Blue*, todos entramos a corearla como teleñecos. Ver a tanta especie humana dar palmas, oscilando como metrónomos de busto sentado para arriba al unísono en sincronía, no tenía precio. Fue el gran momento de la noche.

Pero la reunión escondía trampa. Mi madre, cómplice, había amañado coordenadas para que un urdido encuentro pareciese casual.

La compañía de discos CBS apenas acababa de establecerse en España. Habían abierto unas oficinas en un edificio de la Plaza de Cuzco, enfrente del Bernabéu, y pretendían hacerse con el mercado. Era una de las primera grandes multinacionales del disco en desembarcar y rastreaban las calles en busca de talento, y yo estaba en la mira.

Como por encanto, surgiendo de la nada y aprovechando el trasiego de invitados que socializaban trago en mano de mesa en mesa, fui asaltado por media docena de ejecutivos encorbatados, bien apretados entre sus patillas Mungo Jerry y sus chaquetas de esmoquin, encabezados por mi madre. Fueron directos al grano. «Te queremos fichar», me dijeron. «Queremos que seas la gran estrella de nuestro catálogo nacional. Ya hemos firmado a una gran artista femenina, a Lolita, Lolita Flores. Nos falta un chico y tenemos puestas nuestras esperanzas en ti. Sabemos que tienes contrato con Ariola, lo cual no es un problema. Si nos dices que sí, seremos el equipo más feliz de la tierra. Sabemos cómo llegar a hacer de ti el artista más importante de la música joven en español, y también podemos hacerlo. Tenemos los medios. Nosotros lo tenemos claro. Ya te vemos en portadas de discos y haciendo grandes giras de conciertos por el mundo entero, de Madrid a Buenos Aires, de Santiago a Nueva York, Italia, Francia, Japón, por todas partes. ¿Qué nos dices? ¿Estás dispuesto?».

No me dieron un segundo de respiro. Hablaban desde todos los ángulos. Me rodearon. Eran José María Cámara, Aurelio González, José Luis Gil, Ramón Crespo, el mismo Tomás Muñoz y alguien más a quien no pongo cara. No supe qué contestar. Mi cabeza, en ese momento, pertenecía totalmente al cine y estaba centrado en mi carrera y en Roma, claro. En mi vida ya afianzada allá, con amigos y costumbres. En el activismo político con el Partido Radical. En la Velletri de Lucía, Sandro y la pequeña Eleonora. En Meralda y en mi escarabajo verde botella, que me ronroneaba... y en lo que me quedaba por crecer. De golpe, la propuesta me vino grande. Antes de decir que no, miré a mi madre. Inolvidable fue aquel intercambio. Juntó los labios, apretándolos con fuerza, contorsionando las comisuras con sorna, y me clavó en las pupilas un brillo de ojos que me llegó hasta la pineal. Como diciendo, «si dejas pasar esta oportunidad, nunca vas a ser nadie». Me resonó muy claro por dentro. Así que, antes de negarme rotundamente, les pedí un tiempo de reflexión. «Como comprenderán, todo esto me pilla a contrapié, me sobrepasa. Volvamos a hablar en unos días». Y ahí quedó la cosa.

La vuelta a casa fue un rosario de silencios. Pero podía oír a mi madre pensar en alto, medio metro más allá. No conseguí dormir. Envenenado por promesas de gloria, no fui capaz de ver nada con claridad. Ningún joven de mi edad hubiese podido. Pensé en la posibilidad de que mi madre dejara de trabajar sin tregua, en darle su merecido descanso tras haber peleado por sus hijos y su casa durante años. Acababa de rodar un par de películas en las que «por exigencias del guion» había hecho desnudos integrales y recuerdo enfurecer, sentir mucha humillación por ella. A eso quería ponerle fin y tal vez la música me proporcionara ingresos holgados como para retirarla de las pantallas. Ese pensamiento se parecía a los de mi padre. Tenía el mismo tono, los mismos argumentos, los mismos exactos celos, unos muy moros y posesivos que la querían misteriosa y solo para mí. Aquel Edipo que tanto se preocupó mi madre en cultivar y mantener vivo seguía dando coletazos, aún traía estela.

Pensé en hacerme cargo de la casa, regalarle a la Tata su tarjeta de El Corte Inglés para que gastase sin límites, algo con lo que soñaba, acercándose cada Navidad. Soñé con poder llevar a todas mis mujeres de vacaciones, a las siete, las que me acompañaron toda la vida, me fueron criando y enseñando por turnos, a las siete. Tumbarlas en la cubierta de algún barco de vela y darles la vuelta al mundo porque se lo merecían. Merecían todo. Demostraron haber sido verdaderas Madres Coraje, mujeres empoderadas, grandes, únicas.

Soñé con viajar a todas partes del planeta, conocer nuevas tierras, culturas y gentes de costumbres exóticas. Soñé con ir a América, a Colombia en especial, y oler la tierra paisa sobre la que mi padre creció y entenderle mejor. Soñé tanto que amaneció sin haber dormido.

En el desayuno, mi madre me preguntó que si había tomado una decisión. Pensé la respuesta durante unos segundos, el tiempo que le tardó al tintineo de su cucharilla de taza de café en taladrarme el cerebro, y contesté.

—Creo que voy a decirles que sí, mamá... voy a firmar.

—Me parece que estás haciendo lo correcto... enhorabuena... ¿y cómo te vas a llamar?... Quiero decir... ¿cuál será tu nombre de arte?

Alcé el auricular del teléfono, marqué el número que me habían dado y hablé con el señor Tomás Muñoz. Le dije que mi decisión estaba tomada y que nos viésemos por la noche, a cenar.

Durante la charla en el restaurante, entre percebe y centolla, se me fue diseñando el proceso que culminaría en convertirme en «la próxima y más grande estrella de la música joven». Se comenzaría por la búsqueda de un repertorio adecuado a mi voz. De ello nos encargaríamos juntos mi productor asignado, José Luis Gil, ejecutivo de la CBS, y yo. Él viajaría a Roma las veces que hiciese falta hasta tenerlo bien amarrado, sin interferir en mis días de rodaje.

—Con una habitación y un pequeño tocadiscos bastará... Yo veo un repertorio de corte italiano, no sé qué pensará usted, señor Bosé... y de versiones de éxitos consumados... Con eso nos aseguramos que cada elección sea un single potencial... ustedes dos escucharían las canciones de los cantantes y autores que decidan, las que a usted, señor Bosé, más le gusten, hasta doce... Sí, creo que aunque no todas vayan a publicarse, sí que deben ser grabadas para tener un colchón por si los acasos... Seguidamente, usted haría un buen reportaje de fotos, amplio y con diferente vestuario, que sirva tanto para las portadas de los singles como para la del LP... Y poco más... promoción... eso sí... promoción extensa y en la mayor cantidad posible de países... ¿Qué le parece?

—¿Y tendré tiempo libre para seguir haciendo mermeladas?

—¿Cómo es eso? ¿Me está usted lanzando alguna metáfora que tenga que descifrar, señor Bosé?

—No... en absoluto... lo que le pregunto es lo que es, nada más... ¿tendré tiempo libre para seguir haciendo mermeladas?

—La verdad... Usted no tendrá nunca más tiempo para hacer nada, señor Bosé... pero si eso pasa, querrá decir que hemos dado en el clavo... que usted ya forma parte del Olimpo... y el único tiempo libre del que vaya a disponer será el dedicado a disfrutar de su éxito... ¿Estoy siendo claro?

—No sabe cuánto, señor Muñoz... y no sabe de qué manera se lo agradezco.

Y sacando un fajo de papeles que resultaron ser los contratos, dando por hecho que aceptaba, me prestó su pluma y señaló:

—Firme usted aquí... aquí... aquí y en donde vea una cruz...

—¿No debería antes dárselos a leer a mi abogado?

—¡Abogados!... firme usted primero y luego léalo en casa con su madre... ¡Abogados!... Somos gente de palabra, ¡por favor!... nos irá conociendo... ¡Ah!... y por favor... de hoy en adelante puede usted llamarme Tomás. —Y firmé.

Al acabar el rodaje en España volví a Roma. Había cerrado un par de películas más y me dispuse a incorporarme a mi recién traicionada industria. No le conté a nadie lo que acababa de hacer. Estallaba de las ganas. Esa de Simone sería la primera, decidí, al fin y al cabo era mi madre sustituta, vivía en su casa y, tarde o temprano, la Bosé iba a largárselo. Me pegó una bronca sin precedentes y me echó en cara el esfuerzo tan grande y el tanto tiempo invertido en el cine, ¿para luego qué?, ¿para luego nada? Pero sabía que en su tono había más miedo de perderme que reproche. Más tarde me confesó que así fue, y que me echó tremendamente de menos. Que el apartamento se quedó vacío, resonando ecos por todas partes.

Tomé la carrerilla y empecé a propagar la noticia, que por algunos fue acogida con alegría, por otros con tristeza. «Entonces, ¿dejas Roma?», me preguntó Meralda. «Sí, acabando este rodaje me voy a Almería a rodar mi última película y ya». «Entonces, hasta el día que te vayas pretendo raptarte y salir todas las noches», declaró. «Te quiero solo para mí, mi pequeño Luchino».

El Jackie O' era LA DISCOTECA, con mayúsculas. Durante toda la semana, cada noche se daban cita las mayores celebridades de Roma, residentes o de paso. El *tutto Roma*, el Roma que cortaba el pastel, abarrotaba el local, el más divertido de la tierra. Lo de menos era bailar. Lo importante era que te vieran, y si tenías algún proyecto en ciernes, contarlo para que el mundo entero lo supiera. Y ese fue mi altavoz. A todos conté mi siguiente aventura. Desde mi amada Ursula Andress, pasando por Valentino o Roger Moore, hasta la mismísima Jacqueline Onassis, quien prestó su nombre al local, eran clientes recurrentes. Y Meralda y yo no nos perdimos una sola noche. La última, antes de partir, no quiso salir. Me preparó una pequeña cena en su casa y hablamos de todo menos de abandonarnos. Hacía esfuerzos por estar divertida, pero era evidente que la tristeza en su corazón la estaba apagando. Sintió que un hijo la dejaba, una sensación amarga con la que envolver una cena de despedida. Hasta que no aguantó más. Rompió a llorar con tal intensidad que creí necesaria la presencia de un doctor. Era mucho más que un desahogo. Era un desahucio. Me abrazó largo tiempo y, una vez en calma, me agarró la cara entre sus manos, me besó fuerte y me dijo: «Y ahora ve, que los ángeles te protejan. No olvides llamarme de cuando en cuando y contarme. Quiero saberlo todo. Te quiero con el alma, más incluso que a ella. Ve ahora y ve en paz, *mio piccolo Luchino*».

20

26 DE ABRIL DE 1977

En el desierto de Almería hacía un calor que partía las piedras, y eso que era mediados de enero. A pesar de ello, José Luis Gil trepó por los riscos hasta el lugar del rodaje, envuelto en un abrigo de lince o de zorro ártico, no sé bien cual, uno de pelo largo blanco y moteado. Alto y delgado como la Pantera Rosa, el sol le picaba la bola brillante de la cabeza, pero gateaba ajeno a ello. Parecía un recortable. Llegaba justo cuando mi última sesión de rodaje de *California*, western que rodé junto a Giuliano Gemma, estaba por terminar. Justo a tiempo.

Abracé a Michele Lupo, el director, me despedí del resto del equipo y abandoné el set. Camino del aeropuerto, José Luis me fue explicando cómo sería el proceso, el orden del día y de la entera semana. Básicamente, íbamos a estar grabando cada día, de sol a sol, encerrados en el estudio hasta acabar de cantar el repertorio entero, sin descanso. Lo llevaba todo apuntado en papeles que resguardaba en carpetas de cartulina. Una copia para él, otra para mí, otra para la gente del estudio de grabación de Madrid y otra de reserva, «por si los acasos».

Gil era minucioso, metódico y ordenado. Era muy joven, el más joven de la plantilla de CBS. No dejaba nada al azar. Improvisar le ponía nervioso. Más tarde, se convertiría en el rey del salto al vacío, pero hasta entonces fue el tipo más organizado que nunca conocí. Era mi productor y mi jefe de producto a la vez. La campaña (brillante) de *marketing* fue diseñada por José María Cámara. En la de medios estaba Aurelio González, dedicado sobre todo a las radios, que eran la mayor potencia, por no decir la única, para la promoción del producto musical. La jefa de «promocioneros» era su mujer, Nieves García, una fiera, la mejor de la historia. Con todos ellos acabé teniendo una amistad sólida que dura hasta hoy. Ellos fueron, junto al visionario cordobés, Tomás Muñoz, los responsables directos de la explosión de mi carrera.

Tomás Muñoz era un tipo muy peculiar. Cuando entrabas en su despacho, mientras te invitaba a tomar asiento, te ofrecía «un té, un café, un consomé», coletilla que todos solían repetir entrando en cualquier otro despacho. Trataba de usted a todos, no solo por respeto, sino por actitud literaria. A los artistas, porque así se merecían ser tratados, con la debida altura. A sus ejecutivos, por mantener esa distancia que permite repartir broncas sin herir demasiado. Un «usted» es alguien que sólitamente está a tu lado, que se te parece, que es más importante que tú, pero que no eres tú, es ajeno. Así también se dirigía a sus amantes, con el debido cariño y reverencia. Era un tipo chapado a la antigua que acabó en la música cuando iba para cura.

Llegamos al aeropuerto de Almería y el coche nos metió directamente en pista, al pie de una avioneta que nos llevaría a Madrid sin tener que pasar por horarios fijos ni trámites tediosos que no harían sino retrasar el comienzo de la grabación. El tiempo corría inexorable y, para recortarlo, CBS tiraba la casa por la ventana.

Una avioneta privada era una demostración tangible de poderío, de a ver quién la tiene más grande. Y de entrada, ellos la tenían enorme.

Desde la ventanilla del aparato, que zumbaba agudo como el timbre de voz de una recepcionista, miraba pasar los kilómetros de playa hasta virar y planear por encima de Castilla la Nueva, Murcia, Albacete, Toledo y, finalmente, Madrid. Vuelta a casa y comienzo de una nueva era.

En el estudio Eurosonic, en Coslada, a nada de Barajas, aguardaba mi futuro, y según ganábamos metros, me fui poniendo nervioso y a nada estuve de detener la operación. Años más tarde, la misma sensación se volvería a repetir. Ante todas las situaciones decisivas, siempre sentí esa misma urgencia, la de querer pararlo todo, de querer vomitar. Todas ellas marcarían después el principio de eventos que revolucionaron algo en mi vida, haciéndola crecer, llevándola más allá. Pero ese día aún no conocía el futuro.

Entramos en la sala de control y me presentaron al responsable de los arreglos del álbum entero. Nada más y nada menos que Danilo Vaona. Un talento musical en alza, de mucho renombre, italiano lombardo, responsable de toda la producción y repertorio de la gran Raffaella Carrà. Y de nuevo tiraban la casa por la ventana, apostaban fuerte. Con Danilo, grabé ese disco y otros, además de componer, junto a Pietro Felisatti, la mayoría de los éxitos de la primera década de mi carrera. Un tipazo, gran músico y arreglista, inmenso productor, compositor eficaz e inspirado, y un buen amigo.

Directamente atacamos *Linda*, por si acaso fuese a morir en el intento y no me diese tiempo a grabarla. Triple tirabuzón con doble mortal y carpado, y me zambullí en el primer single, sin perder comba. *Linda*, del grupo italiano Pooh, había reventado en su país, pero la versión española pasó desapercibida. De ahí la idea de retomarla, dándole otro giro, uno más adecuado para voz solista.

Esa fue la clave, la de envolverme de un sonido a la italiana, coherente con mis raíces. Rompió todo. Terminando, ataqué otra, y otra... hasta que Danilo dijo «por hoy basta». Me senté en el sillón del fondo del *East Lake* para hacer una escucha de lo grabado durante el día, y caí profundamente dormido. Había empezado la jornada despertando a las cinco de la mañana en Almería, había terminado de rodar una película, y horas más tarde, había viajado a Madrid en avioneta para grabar un tercio del repertorio de mi primer álbum, el primero de muchos de una carrera que estaba amaneciendo.

A la mañana siguiente, la Tata entró en mi habitación dando palmas y órdenes de levantarme, «que los señores de los discos te vienen a buscar dentro de una hora», gritó irrumpiendo. Durante los siguientes días, la rutina fue la misma. Entraba en el estudio a las once para tener la voz descansada, y durante el resto del día, solo cantar y más cantar. Se grababan una docena de pistas de voz para cada canción, de las que más tarde se extraería lo mejor en la edición. Cada canto se doblaba para dar más empaque y cuerpo al timbre. Al terminar el trabajo me dieron días libres, emplazándome una semana más tarde para el reportaje fotográfico de las portadas. De todas las sesiones que hice, la de Gil en el jardín de casa, con mi vestimenta de diario, abrazando a mi braco alemán Pachouli, fueron las que tuvieron más éxito entre la gente de la compañía, exceptuando a Tomás Muñoz, que veía más un retrato con corbata y un buen contraluz que resaltara los pelos de la coronilla, como los que acostumbró a ver en las portadas del pasado. Uno más formal y clásico.

Enfurecí. Recuerdo que tras aquel arranque, Muñoz entendió que habría terrenos en los que no iba a poder opinar, y así sucedió. Muy pronto empecé a plantarme y no solo en materia de imagen, no. También en la elección de los fotógrafos, en la puesta en escena de las sesiones, en el concepto de cada portada. Incluido el repertorio y en aquello que directa o indirectamente tuviese que ver con mi carrera. Es decir, en todo. Muñoz tuvo que aprender, a su pesar y a regañadientes, que en mi mundo no se entraba y que era de mi exclusiva incumbencia la imagen y el contenido musical. Pero existía un irrefutable porqué en aquella toma de posesión de determinados territorios. Se comprobó que era mucho más eficaz defendiendo aquello en lo que creía que en lo que me era impuesto. Les bastó un solo error para dejarles sin argumentos para siempre. Fue el primer single del segundo álbum titulado *Amor mío, ¿cómo estás?* Se empeñaron en aquella canción por ser un tema compuesto por los mismos autores de *Linda.* Me opuse a ello, al final cedí y me equivoqué, nos equivocamos todos. Fue la primera y última vez que le haría caso a una casa discográfica en el resto de mis días. Y hasta hoy.

Las portadas de los tres siguientes singles, y la del LP, presentaban a un chico parecido a sus contemporáneos. De eso se trataba. De darle a las generaciones de la nueva transición un ídolo que tuviese sus mismos valores, su misma actitud, su misma forma de pensar y de necesitar romper con lo establecido por sus padres. La imagen de una España fresca, más cercana a Europa que a sí misma, la que apenas se dejaba atrás, la del Régimen. Y también con su misma forma de vestir, tema que a Tomás Muñoz le levantaba llagas, era un escollo.

Disponíamos apenas de dos meses y medio para preparar el lanzamiento, y eso no era tiempo. Desde que llegué de Almería, íbamos pillados. El disco, después de ser cantado, necesitaba de ulteriores pasos. Faltaba meter coros, cuerdas y metales, alguna que otra percusión, editarlo, masterizarlo y planchar los acetatos correspondientes para el control de niveles y equilibrios acústicos. Mientras que todo eso seguía su proceso, fui adelantando sesiones para publicaciones en papel, nacionales y extranjeras, y lo que hiciera falta.

—Supongo que para la presentación del Florida Park, usted ya habrá pensado en su indumentaria, ¿no es así, querido? —me lanzó Tomás Muñoz, cerrando la pregunta con una de sus carcajadas que sonaban a falso, un tanto engoladas, con las que pretendía distender por adelantado cualquier agresión que se le fuese a perpetrar.

—Sí, Tomás, lo tengo pensado y lo tengo claro... Es más, ya he ido a tomar medidas y la primera prueba la tengo pasado mañana.

—¿Tomar medidas, dice usted, querido? —Otra palabra que solía yuxtaponer a usted y que conseguía irritarme mucho—. Entiendo que estamos pensando en un traje, ¿no es así?

—Será un traje, Tomás, pero no uno convencional... como me han contado que esperabas, no... uno de corte más moderno, de más inspiración... Me puse en contacto con Jean Louis Mathieu, como me sugeriste... a propósito, ¡qué tipazo!... y me aconsejó un emergente diseñador... Pedro del Hierro... ¿le conoces?

—No... no le conozco.

—Tiene un estilo que es exactamente lo que estaba buscando.

—¿Y cómo será el traje?... Si me permite saberlo, querido...

—Será de hilo de algodón, color azul royal, cruzado y sin forro para no pasar calor... pantalón ajustado, camiseta de manga corta de licra a tono con el traje... ribeteada en rojo en cuello y mangas... y zapatillas de deporte, las más cómodas, las que tenga más usadas... esas... sin calcetín... suda mucho el pie cuando bailas...

—Ha dicho usted... ¿bailas?

—Así es... voy a bailar uno de los números... entramos en audiciones para encontrar bailarines esta misma tarde... ¡Hay montado un revuelo!

Según le iba contando, Tomás Muñoz fue cambiando de semblante, pasando por una gama de formas y de colores como nunca antes había visto en una persona. Tampoco en una sepia. La descripción del traje le cortó el aire y su cuello se retractó como el de una tortuga que quiere desaparecer en el interior de su caparazón. Su color, rojo morado. Cuando abordé la camiseta, al no oír por ningún lado la palabra «corbata», los ojos se le salieron de las órbitas, como a un chihuahua, virando a verde. Y ya en la descripción del calzado, se hinchó de amarillos bilis y casi explota. Entró en *shock*. Fue demasiado para él. Me contaron que, acabando mi reunión, convocó a la oficina entera, compartiéndole su estupor, las inmensas dudas que tenía sobre mi atuendo, y cómo era posible que nadie le hubiera comunicado ¡que iba a bailar! «Desde cuando el señor Bosé baila, y ¿qué baila? ¿Es clásico o regional?, porque nos la estamos jugando», balbuceó atufado.

—No, señor Muñoz —dijo Cámara—, es *jazz,* un estilo contemporáneo que todos los jóvenes quieren practicar, pero aquí no hay dónde... Miguel estuvo cursando en Londres en la mejor escuela de danza... y perdone usted que no le avisáramos de ello... pero... nos dijo que él mismo se encargaría... y ya veo que lo ha hecho... A lo mejor no se lo ha sabido transmitir bien... el chico baila de forma espectacular y a todos nos pareció que no solo sería un plus en su presentación... pensamos que sería... ¡la bomba!... Nadie canta y baila... solo algunos artistas en Europa lo hacen... ¡tiene usted que verlo!

A pesar de la traición cometida, de tantas decisiones cómplices a sus espaldas y en clandestinidad, Tomás Muñoz sabía perfectamente entender y discernir en las propuestas de otros si había o no potencial. Y lo vio. Lo tuvo clarísimo. Lo visualizó y convirtió la idea en valor de negocio. Pidió asistir a uno de los ensayos, «siempre con el permiso del señor Bosé, no quisiera disgustarle», añadió.

Salió de los ensayos pletórico. Se encendió un puro habano e invitó a su ejecutiva a una mariscada. Quedó totalmente fascinado y los halagos que dispensó a todos durante la comida, aunque regados de buen vino, fueron inolvidables y sinceros. Acordaron echar los restos, tirar otras dos o tres casas más por la ventana. La euforia estaba disparada y el día del estreno en televisión, en el programa de los martes de José María Íñigo, *Esta noche... fiesta*, quedaba a la vuelta de la esquina.

Las dos últimas semanas fueron una locura. Todo el equipo se levantaba con igual de ganas y de prisas que de nervios. La cuenta atrás nos tenía a todos sobre la cuerda floja.

José María Íñigo pidió que le echásemos una mano para adornar con personalidades la platea del teatro y, de nuevo, junto a Jean Louis Mathieu, el mejor relaciones públicas del momento, tiramos de agenda. Conseguimos juntar en la misma noche a la gente más dispar. Desde Dewi Sukarno hasta James Hunt pasando por Lola Flores y consorte, Joe Dallesandro y Stefania Casini. La lista de celebridades y famosos nacionales e internacionales fue inmensa. La noche brilló en cada rincón. Y por supuesto, como protagonista, estaba la reunión entera de la familia Dominguín Bosé, a la que hacía años no se veía junta. Todo estaba listo. Mientras la gente acudía para rebosar la sala, un piso más abajo, por debajo del escenario, otra dimensión pululaba. Un hormiguero apretado entre el espacio de un corto pasillo y unos cuantos camerinos.

En poco más de dos metros por tres, mis seis bailarines y yo dábamos los últimos retoques a la coreografía de Carl Paris de *Eres todo para mí*, uno de los tres temas que esa noche, la de mi debut, iba a interpretar. La única bailada. La gente entraba y salía. Desde camareros con bebidas frescas y cosas de picar, hasta el regidor, voceando los minutos que faltaban para saltar a escena. Cada anuncio apretaba más los nervios. Había que salir ya, ya mismo, o íbamos a reventar todos.

En el momento más delicado, entró Gil, José Luis Gil, y pidió un momento a solas con el artista. Todos salieron. Se cerró la puerta y el ruido ensordecedor, por un momento, quedó tapiado. Recuerdo la descompresión en mi cabeza. Quedaban escasos minutos y aquel gesto fue un alivio. Me puse la chaqueta, remangué sus mangas y guardé en el bolsillo trasero derecho de mi pantalón el paliacate rojo con el que estuve secándome el sudor, uno de los que cada año me traía de México mi adorada amiga María Elena Galindo, la Gordita. Gil habló.

—Bueno, Miguel... hasta aquí hemos llegado... ha sido un placer haber trabajado contigo... te deseo lo mejor para esta noche, pero no te va a hacer falta... vas a brillar... vas a comerte el mundo entero... a partir de mañana, tu vida habrá cambiado... pero yo ya no estaré contigo... a tu lado para seguir volando... ya no te hago falta... hasta aquí llegó mi compromiso... siento decírtelo así y ahora, en este momento tan delicado... pero no voy a quedarme a ver tu actuación... Sé que en Roma hablamos de trabajar juntos, de que yo me ocuparía de tu carrera... pero, mientras tanto, han sucedido muchas cosas que no deben de mezclarse con lo que viene... ni mucho menos con nuestra amistad... De nuevo... te deseo lo mejor del mundo... lo vas a tener... sé feliz»... Se dio media vuelta y se marchó.

La congoja me estrujó el corazón. Me faltó el aire, se me hizo el vacío. Antes de empezar el viaje, sufría el primer abandono. Me quedé mirando al suelo y me entró un vértigo desolador. La seguridad que José Luis Gil me había dado durante todo el proceso, desde la búsqueda de repertorio en Roma hasta el último golpe de ensayo era irremplazable. En el estudio, su presencia, su sola presencia... Bastaba con una mirada y volvía el confort, la autoestima. Me cargó con las primeras herramientas, las básicas para empezar a enfrentar a una industria que se presentaba como un monstruo que todo lo engullía, que todo lo trituraba, y me enseñó a hacer músculo. Habíamos hecho planes de futuro y soñábamos con conquistar el planeta. Sus cuidados habían sido discretos y eficaces. Sus consejos no pudieron ser más acertados, y de las decisiones que yo tomaba, él fue el respaldo. La pregunta que me hacía, a cinco minutos de echar la moneda al aire, era: ¿qué iba a ser mi de vida, de mi carrera, a partir de mañana, sin José Luis Gil?

Se abrió la puerta de golpe y llamaron a escena. En un revuelo de prisas escaleras arriba, sin saber cómo ocurrió, abrí los ojos y me encontré en medio del escenario, micrófono en mano, cantando *Mi libertad*, de Claudio Baglioni, cegado por los focos, inmerso en otra dimensión en la que se respiraba magia. Todo quedaba atrás...

Un tronar de aplausos y un griterío ensordecedor, mil gracias y unas torpes reverencias mientras me deshacía de la chaqueta. Salió el cuerpo de baile, y de aquella manera, lo mejor que en aquel angosto espacio pudimos, bailamos el *Eres todo para mí* que acabó en un delirio. ¡El chico resulta que además baila! Como guinda en el pastel, llegó la tan esperada *Linda*, la gran culpable, mi primera compañera, que definitivamente cautivó a todos los presentes asestándoles el golpe de gracia final.

Si he de hacer memoria de los detalles, confieso que la perdí. Pero no en el camino, no. La perdí mientras las cosas fueron sucediendo. Ahí, *in situ*. Mi cabeza no daba para tanto y ella sola decidió qué recordar y qué no guardar. Tuve que concentrarme en la responsabilidad del bien ejecutar lo aprendido, lo único que contaba en aquel preciso instante. Lo demás, lo recordarían los otros, seguro.

De igual manera, supongo que pasó con el resto de mi vida, la que viví antes y después de aquel memorable 26 de abril de 1977 en el Florida Park del Retiro de Madrid.

Los recuerdos que son abordados, al principio, están rodeados de niebla, y penetrar en ellos es tarea delicada. Ninguno se resiste completamente en realidad, si quieres hablar de ellos. Pero, sí, todos quieren ser contados de la manera más ocurrente. Los hay que piden ser dramáticos y lo consiguen, mandando una información que acaba por convencerte. Otros se regodean más en el detalle, prefieren las texturas y los olores, las luces y temperaturas a la acción en sí. Muchos, muchísimos, solo hablan. Hablan constantemente y con precisión microscópica, forense. El resto quiere ser desentumecido, despertado y ayudado para volver a ser. Si a eso le añadimos las estaciones, a unos les gusta más aparecer en invierno, al calor de la lumbre o en otoño, viendo los árboles deshojarse. Todos se llevan un pedazo de ti, y aunque reviviéndolos, reavivándolos, parezca que vuelven para recomponerte, no es así. Un rompecabezas, como una vida, está lleno de faltas, de huecos y de rendijas por donde pasa el aire, se filtra la luz o se hacen goteras. Todos ellos, una vez despertados y usados, regresan a su lugar en el tiempo. Muchos de ellos, hechos para ser recordados solo una vez, se desvanecen al ser escritos, justo un nanosegundo después. La distorsión que crean es de lo más favorable y apeteci-ble que pueda suceder, todos querrían cirugía. Pero, al final del día, de los años y del tiempo, una vida es lo que uno recuerda, no lo que en verdad fue.

Nací llamándome Luis Miguel Luchino González Bosé el 3 de abril de 1956, en el siglo pasado, en Ciudad de Panamá, Panamá. A lo largo del tiempo me llamaron Miguelito, *Mighelino*, Miguelón y Miguel. En mi pasaporte soy Miguel Bosé Dominguín, para uste-des Miguel Bosé, Don Diablo, el Amante Bandido; a fin de cuen-tas... el hijo del Capitán Trueno.

Índice